Heinrich Adolf Köstlin

Geschichte des christlichen Gottesdienstes

Heinrich Adolf Köstlin

Geschichte des christlichen Gottesdienstes

ISBN/EAN: 9783743672161

Hergestellt in Europa, USA, Kanada, Australien, Japan

Cover: Foto ©ninafisch / pixelio.de

Weitere Bücher finden Sie auf **www.hansebooks.com**

GESCHICHTE

DES

CHRISTLICHEN GOTTESDIENSTES

EIN HANDBUCH

FÜR

VORLESUNGEN UND ÜBUNGEN IM SEMINAR

VON

HEINRICH ADOLF KOESTLIN

D. THEOL. UND DR PHIL.,

PROFESSOR AM PREDIGERSEMINAR ZU FRIEDBERG

MIT 2 TABELLEN

FREIBURG I. B. 1887

AKADEMISCHE VERLAGSBUCHHANDLUNG VON J. C. B. MOHR

(PAUL SIEBECK).

Vorwort.

Zur Herausgabe des vorliegenden Buches wurde der Verfasser zunächst durch den Wunsch veranlasst, den Candidaten der Theologie, welche er am hiesigen Prediger-Seminare in die Geschichte des Cultus einzuführen hat, das zeitraubende Geschäft des Nachschreibens eines Collegienheftes, sich selbst die ermüdende und aufhaltende Arbeit des Dictirens zu ersparen und so für diejenige Art des Studiums Zeit zu gewinnen, welche ihm als die der Bestimmung eines Predigerseminars angemessenste erscheint: für die praktische Durcharbeitung der hervorragenden liturgischen Denkmale und für die eigentliche Uebung. So unerlässlich es ist, den Gang der Entwickelung in zusammenfassender Uebersicht kennen zu lernen, so nöthig ist zum eigentlichen Verständniss die gründliche und möglichst selbstthätige Versenkung in die liturgischen Schöpfungen der einzelnen Zeiten und der einzelnen Kirchen. Dadurch erst schärft sich und erweitert sich der Blick und befreit sich der Liturgiker von den Fesseln des Schematismus und Doctrinarismus.

Im Blick auf das wachsende Interesse, welches gegenwärtig dem liturgischen Ausbau des Gottesdienstes der evangelischen Kirche zugewendet wird, darf der Verfasser sich der Hoffnung hingeben, durch seine Arbeit auch weiteren Kreisen willkommene Handreichung zu bieten. Denn dass das geschichtliche Verständniss die Grundlage für alle weitere Discussion der sogenannten liturgischen Frage bilden muss, versteht sich wohl von selbst. Der Verfasser hat sich redlich bemüht, die geschichtliche Entwickelung objectiv und mit liebevoller Versenkung in den Geist der einzelnen Epochen und Kirchen zu erfassen. Dass er namentlich den Versuchen der Gegenwart gegenüber die Kritik zurückhielt, bedarf wohl kaum einer Entschuldigung: eine Geschichte der Liturgie darf der systematischen Liturgik, der sie nur das Material zuführen soll, nicht vorgreifen. Ob es dem Verfasser vergönnt sein wird, einmal eine solche in Angriff zu nehmen, vermag derselbe noch nicht abzusehen.

Es liegt in der Natur eines „Handbuches", dass es vieles, insbesondere längere Beweisführungen und Erörterungen, der mündlichen Behandlung überlassen und sich darauf beschränken muss, das Wichtigste in möglichst knapper und übersichtlicher Zusammenfassung zu geben. Die Beschränkung auf den Hauptgottesdienst wird einer Rechtfertigung in den Augen derer kaum bedürfen, die den Umfang und die Weitschichtigkeit des ganzen Gebietes kennen.

Die Beilagen, auf welche im Texte verwiesen wird, sollen — so Gott will — im Laufe des kommenden Jahres in einem besonderen Bändchen erscheinen, welches zugleich ein Veranschaulichungsmittel und ein Uebungsbuch darstellen soll.

Noch erübrigt es dem Verfasser, Allen, welche ihm in freundlicher Weise Handreichung gethan haben, besonders den ver. Herren Vorständen der Königlichen öffentlichen Bibliothek in Stuttgart, den wärmsten Dank auszusprechen.

Friedberg, 10. November 1886.

Heinrich Adolf Köstlin,
Dr theol. et philos.

Inhalt.

Ergänzungen zur Literatur.

Zu Seite 43: BONWETSCH, Wesen, Entstehung und Fortgang der Arkandisciplin in Kahnis Zeitschrift für die historische Theologie. 1873. S. 203 ff. VON ZEZSCHWITZ, „Arkandisciplin" in Herzog's Real-Encyklop. II. Aufl. Bd. 1. S. 637.

Zu Seite 52: D. KLEINERT, Zur Praktischen Theologie. In den Theolog. Stud. und Kritiken. 1880. S. 293 ff. 1882. S. 7 ff.
KLEINERT, Bemerkungen zur Composition der Clemens-Liturgie. ibid. 1883. S. 33 fl.
BRÜCKNER, Ueber die Zusammensetzung der Liturgie im VIII. Buch der Apostolischen Constitutionen. ibid. 1883. S. 7 ff.

Zu Seite 64: ETHERIDGE, The syrian churchs, their early history, liturgies and literature. London. 1846.
BADGER, The Nestorians and their rituals. London. 1852.
STEITZ, Die Abendmahlslehre der griechischen Kirche in ihrer geschichtlichen Entwickelung. In den Jahrb. für deutsche Theologie. Bd. IX. (1862) S. 409. ff. Bd. X. S. 64 ff. Bd. XI. S. 193 ff.
DENZINGER, Ritus orientalium, Coptorum, Syrorum et Armeniorum in administrandis sacramentis. Herbip. 1863.
HAMMOND, Liturgies eastern and western. Oxford. 1878.
HAMMOND, Ancient liturgy of Antioch. Oxford. 1879.
SWAINSON, The greek Liturgies chiefly by original authorities. 1884.

Zu Seite 91: STEITZ, „Messe" in Herzog's Real.-Encykl. II. Aufl. Bd. IX. S. 620 ff.

Zu Seite 147: SCHAARSCHMIDT, Die ursprüngliche Gottesdienstordnung der evangelischen Kirche. 1879.
STEINMEYER, Die Eucharistie und der Kultus. Berlin. 1877.
Z. 16 von oben: KÖNIG, Bibliotheca agendorum. Celle. 1726.

Zu Seite 149: DÄCHSEL, Agende für die evangelische Kirche in den K. Preuss. Landen. Berlin. 1880.
F. A. STRAUSS, Liturgische Andachten der K. Hof- und Domkirche für die Feste des Kirchenjahres. 4. Aufl. Berlin. 1886.

GESCHICHTE

DES

CHRISTLICHEN GOTTESDIENSTES

Geschichte des christlichen Gottesdienstes.

Literatur zum Ganzen.

a. Zur Geschichte der Liturgie.

Assemanni, Codex liturgicus ecclesiae universae. Rom 1749—1766
(13 Bände). — Binterim, Geschichtliche Darstellung der Verrichtung der Sacramente. Bamberg 1818. — Brenner, Geschichtliche Darstellung der Verrichtung und Ausspendung der Sacramente. Von Christus bis auf unsere Zeit.
I. II. III. (sollten 7 Bde. werden). 1818—24. — Höfling, Sacrament der Taufe
nebst den übrigen damit zusammenhängenden Acten der Initiation. Bd. 1. 1846.
— E. Ranke, Das kirchliche Perikopensystem aus den ältesten Urkunden der
römischen Liturgie dargelegt und erläutert. Berlin 1847. — Heinrich Alt,
Der christliche Cultus. Berlin 1847. 1851. — Daniel, Codex Liturgicus Ecclesiae in Epitomen redactus. Lipsiae 1847—1853 (4 Bände). — Neale, Tetralogia
liturgica. London 1849. — F. Probst, Brevier und Breviergebet. Tüb.
1. A. 1854. 2. A. 1868 (Gesch. des kirchl. Stundengebets). — Th. Kliefoth,
Liturgische Abhandlungen. 8 Bände. Schwerin 1854 ff. 2. A. 1868. — Hefele,
Beiträge zur Kirchengeschichte, Archäologie und Liturgik. Tübingen 1864.
2 Bände. — Fr. Dietrich, Morgengebete der alten Kirche des Orients für
die Festzeiten. Leipzig 1864. — Gaume, Ueber das Weihwasser im 19. Jahrhundert, deutsch, Regensburg 1866. — E. L. Th. Henke's nachgelassene
Vorlesungen über Liturgik und Homiletik. Für den Druck bearbeitet und
herausgegeben von Dr. W. Zschimmer. Halle a. S. 1876. — G. von Zezschwitz, System der praktischen Theologie. S. 246 ff. Leipzig 1876. Ders.
„Liturgie" in Herzog's Realencyklopädie. Bd. 9. S. 789 ff. Leipzig 1881. —
Harnack, Praktische Theologie. Bd. I. Erlangen 1877. (Die weiteren Quellen s. u.)

b. Zur Archäologie, Kunst, u. s. f.

Selvaggi, Institutiones antiquitatum christianarum. I. 1772/74? (Mainz
1786). — Pellicia, De christianae ecclesiae primae, mediae et novissimae aetatis
politia libri sex. Neapol. 1777. (I. II.) (auch Cöln 1829—1838). — Schöne,
Geschichtsforschungen über die kirchlichen Gebräuche und Einrichtungen der
Christen, ihre Entstehung, Ausbreitung und Veränderung. Berlin 1819—1822. —
Augusti, Denkwürdigkeiten aus der christlichen Archäologie. Leipzig 1821. —

Augusti, Beiträge zur christlichen Kunstgeschichte und Liturgik. Leipzig 1841. — Binterim, Vorzüglichste Denkwürdigkeiten der christkatholischen Kirche aus den ersten, mittleren und letzten Zeiten, mit besonderer Rücksichtnahme auf die Disciplin der katholischen Kirche in Deutschland. Mainz 1825—1831. 2. Ausg. 1838. — Rheinwald, Die kirchliche Archäologie. Berlin. 1830. — Böhmer, Die christlich-kirchliche Alterthumswissenschaft. Breslau 1830—39 (2 Bde.). — Hofstadt, Gothisches ABC Buch, das ist Grundregeln des gothischen Styls für Künstler und Werkleute. Frankfurt a. M. 1840. — H. Alt, Die Heiligenbilder oder die bildende Kunst und die theol. Wissenschaft in ihrem gegenseitigen Verhältniss histor. dargestellt. Berlin 1845. — F. Piper, Mythologie und Symbolik der christlichen Kunst von der ältesten Zeit bis in's sechzehnte Jahrhundert. Weimar 1847—1851. — E. Förster, Denkmale deutscher Baukunst, Bildnerei und Malerei von Einführung des Christenthums bis auf die neueste Zeit. Leipzig 1853—1858. — Springer, Die Baukunst des christlichen Mittelalters. Bonn 1854. — Ders. Handbuch der Kunstgeschichte. Stuttgart 1855. — Kugler, Geschichte der Baukunst. 3 Bde. Stuttgart 1855—60. — Krüll, Christliche Altertumskunde. Regensburg 1856. — Fr. Bock, Geschichte der liturgischen Gewänder des Mittelalters oder Entstehung und Entwickelung der kirchlichen Ornate und Paramente in Rücksicht auf Stoff, Gewebe, Farbe, Zeichnung, Schnitt und rituelle Bedeutung. Bonn I. 1856—1858. II. 1866. III. 1871. — Jakob, Die Kunst im Dienste der Kirche. 1. A. Landshut 1857. 2. A. 1870. 3. A. 1880. — Laib und Schwarz, Studien über die Geschichte des christlichen Altars. Stuttgart 1858. — Dieslbn. Formenlehre des romanischen und gothischen Baustyls. 2. A. Stuttgart 1858. — Guericke, Lehrbuch der christlich-kirchlichen Archäologie. 2. A. Berlin 1859. — Otte, Geschichte der deutschen Baukunst von der Römerzeit bis auf die Gegenwart. Leipzig, 2. A. 1874. — Schnaase, Geschichte der bildenden Künste. 2. A. Düsseldorf 1866 ff. (besonders Band 4 und 5). F. Piper, Einleitung in die monumentale Theologie. Gotha 1867. — Andr. Schmid, Der christliche Altar und sein Schmuck. Regensburg 1871. — Wilh. Lübke, Geschichte der Architektur. 6. A. Leipzig 1884. Ders. Abriss der Geschichte der Baustyle, unter Zugrundelegung seines grösseren Werkes, jedoch mit besonderer Berücksichtigung des ornamentalen und constructiven Details. Leipzig 1878. Ders. Vorschule zum Studium der kirchlichen Kunst des deutschen Mittelalters. 6. A. Leipzig 1873. — Heinrich Otte, Handbuch der kirchlichen Archäologie des deutschen Mittelalters. 5. A. Leipzig 1883—84 (1. A. 1845). — Ders. Archäologisches Wörterbuch. Leipzig 1857. 2. A. 1877. Ders. Archäologischer Katechismus. ib. 1859. — Garrucci, Storia della arte cristiana nei primi otto secoli della chiesa. Prato. 1873—1881. — F. X. Kraus, Ueber Begriff, Umfang und Geschichte der christlichen Archäologie. Freiburg 1879. Ders. Realencyklopädie der christlichen Alterthümer. I. Freiburg 1882.

c. Zur kirchlichen Musik:

M. Gerbert, De cantu et musica sacra a prima ecclesiae aetate usque ad praesens tempus. S. Blas. 1774. — J. E. Häuser, Geschichte des Kirchengesanges und der Kirchenmusik. Quedlinburg und Leipzig 1834. — H. M. Schletterer, Uebersichtliche Darstellung der kirchlichen Dichtung und geistlichen Musik. Nördlingen 1866. — R. Schlecht, Geschichte der Kirchenmusik.

Regensburg 1871. — J. Sittard, Compendium der Geschichte der Kirchenmusik mit besonderer Berücksichtigung des kirchlichen Gesanges. Stuttgart 1881.

Unter den Werken über die Geschichte der Musik überhaupt vergleiche besonders: Ambros, Geschichte der Musik. Breslau 1862 ff. — A. von Dommer, Handbuch der Musikgeschichte von den Anfängen bis zum Tode Beethovens. Leipzig, 2. A. 1878. — H. A. Köstlin, Geschichte der Musik im Umriss. 3. A. Freiburg und Tübingen 1884 (woselbst die weitere specielle Literatur nachzusehen ist).

Zur kirchlichen Dichtung vgl. Daniel, Thesaurus hymnologicus. 5 Bde. Leipzig 1841—56. K. Simrock, Lauda Sion. Cöln 1850. 2. A. Stuttgart 1868. J. F. H. Schlosser, Die Kirche in ihren Liedern durch alle Jahrhunderte. Mainz 1852. (2. A. Freiburg 1863). E. E. Koch, Geschichte des Kirchenlieds und Kirchengesangs der christlichen, insbesondere der deutschen evangelischen Kirche. Stuttgart. 3. A. 1866—71 (woselbst die weitere specielle Literatur nachzusehen ist).

Einleitung.

Die Geschichte des christlichen Gottesdienstes ist nur ein Ausschnitt der allgemeinen Kirchengeschichte. Im Cultus prägt sich ab und verfestigt sich die geistige Physiognomie, welche der kirchlichen Entwickelung und dem kirchlichen Bewusstsein bestimmter Epochen und Völkergruppen eignet. Zum voraus lässt sich daher annehmen, dass die Hauptformen, in welchen die jeweilige liturgische Entwickelung zu einem gewissen Abschluss kommt, im Wesentlichen den grossen Kirchenbildungen entsprechen, in welchen das Leben der Gesammtkirche verläuft und sich darstellt. Demgemäss haben wir das Recht, unseren Stoff in drei Entwickelungsreihen zu ordnen: die erste umfasst das christliche Alterthum, auch in liturgischer Hinsicht die Zeit schöpferischer Neugestaltung.

Auf sie folgt die Zeit kirchlich normirender und stylisirender, das im ersten Geistesdrang Gewordene von üppigen Auswüchsen reinigender Arbeit, deren Resultat einerseits das Cultusdrama der griechischen Kirche, andererseits das liturgische Kunstwerk der römischen Messe ist.

Die Reformation steht der bisherigen liturgischen Entwickelung zunächst kritisch gegenüber, ohne für die von ihr vertretenen Principien und religiösen Lebensgedanken die abschliessende liturgische Form geschaffen zu haben. Diese zu finden ist vielleicht die Aufgabe der Gegenwart und der nächsten Zukunft.

Erster Hauptabschnitt.

Der altchristliche Gottesdienst.

Literatur.

FERRARI, De ritu sacrarum veteris ecclesiae concionum. Mediol. 1621. — Jos. BINGHAM, († 1723), Origins eccl. or the Antiquities of the Christian church. London. 8 Bde. 1708—1722. Uebersetzt von GRISCHOVIUS, Origines sive antiquitates ecclesiasticae. Halae 1824 ff. 10 B. — MOSHEIM, Commentarius de rebus Christianorum ante Constantinum. Helmstedt 1753. — DÖLLINGER, Die Eucharistie in den drei ersten Jahrhunderten. Mainz 1826. — R. ROTHE, De primordiis cultus sacri christianorum. Bonn 1851. — ABEKEN, Der Gottesdienst in der alten Kirche. Berlin 1853. — HARNACK, Der christliche Gemeindegottesdienst im apostolischen und altkatholischen Zeitalter. Erlangen 1854. — A. RITSCHL, Die Entstehung der altkatholischen Kirche. Bonn 1857. — J. L. KÖNIG, Die Hauptliturgien der alten Kirche. Neustrelitz. 1865. — F. PROBST, Liturgie der drei ersten christlichen Jahrhunderte. Tübingen 1870 (kath.). Ders. Sacramente und Sacramentalien in den drei ersten christlichen Jahrhunderten. Tübingen 1872.

Die Grenze unseres Zeitraums wird durch das Heraustreten der christlichen Kirche aus dem Stadium der Verfolgung bezeichnet.

Den literarischen Abschluss der liturgischen Entwickelung dieses Zeitraums bildet die Liturgie des VIII. Buches der apostolischen Constitutionen, welche ihrerseits den Ausgangspunkt für die Weiterentwickelung der Liturgie im Morgen- und Abendlande darstellt.

Der Gottesdienst wird vorwiegend als Feier der Gemeinde, als unmittelbarer Verkehr der Gemeinde mit Gott und Gottes mit der Gemeinde gefasst.

Deutlich jedoch hebt sich die erste Hälfte des Zeitraums von der zweiten ab: in der ersten Hälfte trägt der Gottesdienst den Charakter einer spontanen Lebensäusserung des neuen Glaubensgeistes, in der zweiten wird er unwillkürlich erst unter den Gesichtspunkt des pflichtmässigen Bekenntnisses, dann unter denjenigen einer an und für sich werthvollen, Gott wohlgefälligen Leistung gerückt; in der ersten Hälfte erscheint der Gottesdienst als der natürliche und freie Ausdruck des Verhältnisses Gottes zur Gemeinde und der Gemeinde zu Gott, die Gemeinde selbst ist das Opfer, das sie darbringt, der rituelle Vollzug der gottesdienstlichen Handlung als solcher fällt unter den Gesichtspunkt der Ordnung und Erbauung, in der zweiten Hälfte beginnt der Vollzug des Gottesdienstes als solcher Selbstzweck zu werden; die gottesdienstliche Handlung selbst fällt unter den Gesichtspunkt des Opfers. Somit ist auseinander-zuhalten der Cultus des apostolischen und nachapostolischen Zeit-alters einerseits und der Cultus der altkatholischen Kirche andererseits.

Erster Abschnitt.

Der christliche Gottesdienst im apostolischen und nachapostolischen Zeitalter.

Literatur.

Dr. F. DÜSTERDIECK, Der altchristliche Gottesdienst. Vortrag. (Jahrbücher für deutsche Theologie. Bd. 14. S. 276 ff.) — VOLTZ, Untersuchungen über die Anfänge des christlichen Gottesdienstes. (Theol. Stud. und Krit. 1872; 1.) — THIERSCH, Die Kirche im apostolischen Zeitalter. Frankfurt 1852. — JACOBY, Die constitutiven Factoren des apostolischen Gottesdienstes. (Jahrbücher für deutsche Theologie. 1873. S. 539 ff.) — C. WEIZSÄCKER, Die Versammlungen der ältesten Christengemeinden. (Jahrbücher für deutsche Theologie 1876. S. 474 ff.) — R. SEYERLEN, Der christliche Cultus im apostolischen Zeitalter. (Zeitschrift für praktische Theologie. Von BASSERMANN und EHLERS. I. S. 222 ff. II. 289 ff. Frankfurt 1881). — C. WEIZSÄCKER, Das apostolische Zeitalter der christlichen Kirche. Freiburg i. B. 1886. (Vgl. weiter die bekannten Werke über die Gesch. des apostolischen Zeitalters von ZELLER, SCHWEGLER, LECHLER, SCHÜRER etc.) — A. THIERFELDER, De christianorum psalmis et hymnis usque ad Ambrosii tempora. Leipzig 1868.

So deutlich sich das apostolische und nachapostolische Zeit-alter im Ganzen vermöge der Physiognomie, die ihm eignet, von demjenigen der altkatholischen Kirche abhebt, so schwer ist es, zumal auf unserem Gebiete, die Grenze genau zu bestimmen. Nur so viel wird festgehalten werden können: in unseren Zeitraum gehört noch herein Justin der Märtyrer († 166), dessen Darstellung des Gottesdienstes die apostolische Tradition erkennen lässt. Bei Irenäus und Tertullian dagegen finden sich schon die Anzeichen von der Scheidung des Gottesdienstes in die missa katechumenorum und die missa fidelium, welche im engsten Zusammenhang mit der

Arcandisciplin steht und eine veränderte Anschauung vom Cultus verräth. Diese beiden Kirchenväter markiren somit den Uebergang von unserem Zeitraum zum folgenden.

1. Der Gottesdienst im apostolischen Zeitalter.

a. Quellen.

Die Hauptquelle, aus welcher wir zu schöpfen haben, um uns ein Bild von dem gottesdienstlichen Leben der apostolischen Zeit entwerfen zu können, bilden die Schriften der Apostel, in erster Linie die Briefe des Apostels Paulus, in zweiter Linie die Apostelgeschichte und endlich die Offenbarung Johannis, sofern die Züge des himmlischen Gottesdienstes, den sie schildert, der damaligen Form der gottesdienstlichen Versammlungen abgenommen oder doch von derselben unwillkürlich beeinflusst sind.

Die Schriften der apostolischen Väter und der Apologeten können nur bedingter Weise und mit Vorbehalt für die Zeichnung der liturgischen Verhältnisse der apostolischen Zeit verwerthet werden: wohl gestattet, ja fordert die von ihnen überlieferte Tradition gewisse Rückschlüsse auf apostolische Stiftung und Anordnung, zumal da auf liturgischem Gebiete so vieles der mündlichen Ueberlieferung anvertraut war (1 Cor. 11, 34. 23; Justin. dial. c. Tr. c. 116. 117. Tert. de coron. c. 4 „Traditio tibi practendetur auctrix, consuetudo confirmatrix et fides observatrix“), und das, was die Apostel bezüglich des Gottesdienstes persönlich anordneten, nicht sowohl durch schriftliche Fixirung [1]), als vielmehr durch die Pietät und durch den lebendigen Sinn für Ordnung erhalten und befestigt wurde. — Aber was nun als apostolische Stiftung angeführt wird, darf nicht immer ohne Weiteres als solche genommen werden. Vielmehr haben wir die wesentlichen Grundprincipien und Grundzüge der christlichen Gemeindefeier in der apostolischen Zeit zunächst den apostolischen Schriften selbst zu entnehmen. Freilich wird es nie gelingen, in denselben „das von Christus und den Aposteln selbst herrührende Muster“ zu finden, nach welchem „in der ersten Zeit die Liturgie, was ihr Wesen und den Gang der Handlung betrifft, gefeiert worden“ wäre, oder auch nur den „Rahmen“ zu bestimmen, „innerhalb dessen sich der celebrirende Priester frei

---

[1]) Erst im 2. Jahrhundert finden sich schriftliche Aufzeichnungen für das Abendmahlsgebet und auch diese mehr zur Instruction für den Priester, als zum unmittelbaren liturgischen Gebrauch.

bewegen[1])" durfte; denn weder Christus noch die Apostel haben von einem „celebrirenden Priester" etwas gewusst oder die Absicht gehegt, eine statutarische Gottesdienst-Ordnung aufzustellen. Wohl aber lassen uns die Schriften der Apostel als die unmittelbaren Zeugnisse von dem Original-Leben und Original-Geiste der ersten Gemeinden deutlich erkennen, worauf es im Gottesdienste denjenigen angekommen ist, die noch unter dem frischen Eindruck der Persönlichkeit Jesu und unter der unmittelbaren Zucht und Leitung des hl. Geistes gestanden sind und klar auseinandergehalten haben, was unantastbare Stiftung des Herrn (1 Cor. 11, 23) und was nur um der Ordnung und Wohlanständigkeit willen geschaffene, im Einzelnen dem freien Ermessen der Gemeinden zu überlassende Formen sind. Nur das, was von dem Herrn selbst angeordnet ist als unveräusserlicher Grundzug der Kirche, hat verbindliche Kraft für alle Zeiten, die Einrichtungen aber, welche die Apostel, je nach Befund der localen Verhältnisse und Bedürfnisse getroffen haben, gehören zunächst zur ersten Erscheinungs- und Existenzform der Kirche, die nicht ohne Weiteres dogmatisirt werden darf. Vielmehr ist erst im Einzelnen zu untersuchen, in welchem Verhältnisse die Einrichtungen und Ordnungen zu den von Jesus selbst seiner Stiftung eingeprägten Grundzügen steht, ob in einem inner-wesentlichen, oder ob in einem geschichtlich zufälligen: denn ob auch die apostolische Kirche als die Originalschöpfung des hl. Geistes angesehen werden muss, so ist sie doch nicht die volle, adäquate, letzte und abschliessende Auswirkung desselben, sondern die erste, unbeschadet der Originalität, Unberührtheit und relativen Reinheit doch auch durch zeitliche Verhältnisse bedingte Erscheinungsform.

b. Princip des Cultus.

Die Grundprincipien, unter welche die apostolische Zeit die gottesdienstlichen Einrichtungen und Handlungen gestellt haben will, sind — wie aus den Worten des Apostels Paulus (1 Cor. 14, 33. 40. 12; 3. 4. 17. 1 Cor. 11, 20 u. a.) erhellt,

1. das der Erbauung (οἰκοδομή) als des Ziels und der Frucht aller Gemeindefeier;

2. das der Ordnung und Wohlanständigkeit als der selbstverständlichen Bedingung und Voraussetzung aller Erbauung („εὐσχημόνως καὶ κατὰ τάξιν");

---

[1]) Wie z. B. Probst a. a. O. meint.

3. das der Pietät gegen die von den Zeugen Jesu überkommene Ueberlieferung und gegen das der Gesammtheit Gemeinsame als der Voraussetzung und Folge des in der Gemeindefeier sich Ausdruck gebenden Gemeinschaftsgefühls.

ad 1) Gemäss dem Ausspruche des Herrn Joh. 4, 24 erklärt der Apostel Paulus die völlige Hingabe der ganzen Person an den Herrn, die Erneuerung des Sinnes und die treue Bewährung und Ausprägung des göttlichen Willens im Wandel für den eigentlichen, wahren, vernünftigen Gottesdienst Röm. 12, 1 („λογικὴ λατρεία“). Röm. 6, 13 (cf. 1 Petr. 2, 5). Alles äussere gottesdienstliche Thun ist wahrer Gottesdienst nur in dem Masse, als es Ausdruck dieser λογικὴ λατρεία ist und diese fördert. Alles was beim Zusammenkommen der Christusgläubigen vorkommt, ob es auch freier, aus unmittelbarem Herzens- und Geistesdrang hervorquellender, Erguss ist, hat seine objective Berechtigung nur sofern und so weit es die οἰκοδομή Aller fördert. 1 Cor. 14, 3. 4. 12. 17. Voraussetzung dafür ist ja natürlich die subjective Wahrheit dieser Geistesergüsse, wie 1 Cor. 11, 20 ff. der innere Widerspruch zwischen dem Bild, welches die von σχίσματα zerspaltene Gemeinde thatsächlich darstellt, mit dem Bilde, welches sie als Leib Christi bei der Feier des Herrnmahls darzustellen hat, also die innere Unwahrheit der Abendmahlsfeier als Haupthinderniss einer würdigen Feier und wahren οἰκοδομή erscheint; ebenso 1 Cor. 11, 20 der Widerspruch zwischen der Bedeutung und Heiligkeit der Handlung, die mit der Autorität des Herrn gedeckt wird, und der äusseren und inneren Verfassung, mit welcher sie dieselbe begehen. Für den von ihm vertretenen Grundsatz, dass der objective Werth der Charismen sich nach ihrer erbauenden Wirkung bemesse, beruft sich Paulus 1 Cor. 14, 37 auf das Zeugniss derjenigen, welche vermöge ihrer Geistesausrüstung zum Urtheil hierüber berufen sind und als competente Richter erscheinen.

ad 2) Wohlanständigkeit und Ordnung erscheint als die conditio sine qua non der οἰκοδομή in 1 Cor. 14, besonders v. 33 und 40, letztere also als eigentlicher Zweck; gerade so wie die subjective Wahrheit Voraussetzung der Erbauung ist, weil sonst der Grund in den Personen fehlt, auf welchen gebaut werden könnte, so ist Ordnung und Anstand die Bedingung, unter welcher überhaupt, die innere Wahrheit vorausgesetzt, gemeinsame Erbauung getrieben werden kann.

ad 3) Gemeinsam in Wahrheit kann die Feier nur sein, wenn das Gemeinsame festgehalten, dem Bewusstsein der Gemeinschaft thatsächlich Ausdruck gegeben wird sowohl innerhalb der Gemeinde selbst (Liebesmahl), wie der Gesammtheit der Christusgläubigen gegenüber durch Liebessteuer und durch pietätvolle Achtung vor dem Allen Gemeinsamen (Act. 15. 1 Cor. 11, 4—16 „συνήθεια“).

Unter Wahrung dieser Principien soll dem schöpferischen Drange des neuen Geistes nicht gewehrt werden (1 Cor. 14, 39 [Ephes. 4, 30]; 1 Thess. 5, 19), und so stellt sich der urchristliche Gottesdienst dar als die natürliche, nicht absichtlich gemachte, sondern spontan gewordene, Form und Bethätigung des neuen Glaubenslebens: ebenso dessen vollströmender, unwillkürlicher Erguss, wie dessen mächtiges Förderungsmittel, οἰκοδομή im vollsten Sinne des Wortes nicht der Tendenz, aber der Wirkung nach.

Subject des Gottesdienstes ist die Gemeinde als Organ des hl. Geistes. Die Gemeinde als das Volk von Priestern waltet ihres priesterlichen Berufes im unmittelbaren Verkehr mit dem Herrn als dem unsichtbar gegenwärtigen Haupte seines geistlichen Leibes, und erbaut sich selbst auf dem Grunde, der gelegt ist, zum geistlichen Tempel, dessen Grund- und Eckstein Jesus Christus ist[1]). Die erbauende Thätigkeit ist nicht an ein Amt, sondern an die charismatische Ausrüstung gebunden: nicht das Glied oder der Delegirte der empirischen Gemeinde, sondern der vom Geist Berufene erbaut die Gemeinde: der Redende und Handelnde ist nicht „Mund“ oder „Organ“ der Gemeinde, sondern Organ des hl. Geistes, Träger und Dolmetscher des göttlichen Wortes 1 Cor. 14, 26. 12, 7 oder das Subject des Gottesdienstes ist nicht die empirische Gemeinde als solche, sondern die Gemeinde, sofern und soweit sie Organ des hl. Geistes ist[2]), sich unter dessen Zucht und Leitung stellt, in letzter Beziehung also der Herr, der Geist, das Geisteswort selbst. So ist der Gottesdienst zwar Selbstdarstellung der Gemeinde, aber der vom Geist ergriffenen, er ist zwar Selbsterbauung, aber auf dem Grunde und durch das Mittel des Geisteswortes.

Mit der äusseren Leitung befassen sich die Apostel Act. 6, 4 (vgl. v. 6) nicht von Amtswegen, als ob sie die Wahrnehmung der gottesdienstlichen Functionen als ein ihnen zukommendes Recht in Anspruch genommen hätten, sondern als die durch ihre Stellung zu dem Herrn besonders hiezu berufenen und Ausgerüsteten, und unter dem Gesichtspunkt der Zweckmässigkeit und Ordnung ib. 6, 2 cf. 1 Cor. 12, 28; Ephes. 4, 11. 12.

Gegenstand der Anbetung ist der Herr selbst, der gemäss seiner Verheissung Matth. 28, 20 unsichtbar gegenwärtig ist und dessen Segenswirkung im Wachsthum der Gemeinde wie in einzelner Führung empfunden wird. (Act. 1, 24; 2, 47; 4, 31. u. a.)

---

[1]) Ephes. 2, 20—22. 1 Cor. 3, 16; 2 Cor. 6, 16; Hebr. 3, 6; 1 Petr. 2, 5. 9; 1 Joh. 2, 20. 27.

[2]) Vgl. Joh. 6, 45; 7, 38; 1 Thess. 4, 9; 2 Cor. 1, 21. 22. Eph. 1, 13. 4, 30; 1 Joh. 2, 20. 27.

c. Die Ordnung des Gottesdienstes.

aa. Gemäss der religiösen Doppelstellung, welche die Urgemeinde einnahm, kam das religiöse Leben auf zweifache Weise zu gottesdienstlichem Ausdrucke.

Das Bewusstsein, dass die Gemeinde der Christusgläubigen die wahre theokratische Gemeinde, mithin den wahren Israel darstelle, und die mit diesem Bewusstsein gegebene Aufgabe (Matth. 5, 13. 19), Israel zu bekehren, manifestirte sich in den öffentlichen Versammlungen der Gemeindegenossen. Dieselben schlossen sich nach Ort und Zeit der Gewohnheit des Volks und bezüglich der Form dem in den Tempelhallen stattfindenden Synagogen-Gottesdienste an, um in die gewohnten Formen der Erbauung die Fülle des neuen Glaubenslebens zu giessen und die Verkündigung von Christo an die Herzen und Gewissen der noch nicht zu Christus als dem Messias bekehrten Volksgenossen heranzubringen. Diese, den Charakter plerophorischen Selbstzeugnisses mit der Energie der für Christus werbenden Liebe verbindenden, ebenso dem Zwecke der Selbsterbauung, wie dem der Mission dienenden gottesdienstlichen Zusammenkünfte fanden anfangs täglich (Act. 2, 46; 5, 42) zu den üblichen Gebetsstunden (Act. 2, 15; 3, 1; 10, 9; 22, 17) statt und zwar der Regel nach, doch nicht ausschliesslich (vgl. Act. 2, 15 u. a.) im Tempel, beziehungsweise in einer der Tempelhallen. Sie trugen theils den Charakter von einfachen Gebetsversammlungen, theils den von Erbauungsgottesdiensten, deren Schwerpunkt in der erbaulichen Auslegung des Schriftsworts lag, wie sie im Sinne von Joh. 5, 39 Philippus dem Kämmerer gegenüber trieb (Act. 8, 32 ff), und wie sie nach Act. 5, 42 bezeichnet werden kann als ein διδάσκειν, das zum εὐαγγελίζεσθαι wird, Erweisung Christi aus der hl. Schrift. — Mit der Loslösung der christlichen Gemeinde vom jüdischen Tempel und der Constituirung der Christusgläubigen zu einer besonderen Gemeinschaft (einer αἵρεσις mit eigener ὁδός Act. 24, 5 [1]) mit eigenem προστάτης Jac. 2, 2 „συναγωγή“; Hebr. 10, 24: „ἐπισυναγωγή“, mit πρεσβύτεροι Jac. 5, 14, ἡγούμενοι Hebr. 13, 7 an der Spitze) tritt das spezifisch christliche Gepräge auch in diesem Gottesdienst

---

[1] WEIZSÄCKER, Die Versammlungen etc. S. 529 „Die Christusgläubigen konnten ebensogut eine eigene Synagoge in Jerusalem gründen, wie andere Fremdensynagogen dort bestanden. Sie scheinen den Namen „Nazoraeer“ geführt zu haben.“

schärfer heraus, dessen feste Gliederung in Gebet, Lection, Auslegung und Segen sich in Apoc. cc. 1. 4. 5 ff. spiegelt[1]).

Zu voller Ausprägung kam das Neue und Charakteristische
des christlichen Bewusstseins in der nur die Gemeindegenossen umfassenden Abendversammlung, der Gemeindefeier im engeren
und eigentlichen Sinn: im gemeinsamen Mahle stellen sich die Gläubigen
vor dem unsichtbar gegenwärtigen Hausvater (Matth. 10, 25; 20, 1;
Luc. 13, 25; Joh. 12, 6; 13, 29; Luc. 22, 35) dar einerseits als
seine Hausgenossen, als seine eigentliche Hausgemeinde, welche,
indem sie sein Vermächtniss vollzieht (1 Cor. 11; Luc. 24, 35)
und seinen Tod verkündigt, seine himmlischen Gaben empfängt als
Angeld und Vorausnahme dessen, was die Vollendung bringen wird
(Luc. 12, 37; 13, 29; 22, 30. 18. Apc. 3, 20), andererseits als die
Gottesfamilie, die durch den Herrn erkaufte und in ihm untereinander durch die Liebe verbundene Gemeinschaft der Brüder. Es
ist Herrnmahl und Liebesmahl zugleich, intensivster Ausdruck der
Gemeinschaft mit dem Herrn und untereinander.

In Gruppen, deren Grösse und Zusammensetzung durch die
Beschaffenheit und Lage des betreffenden Versammlungshauses bestimmt war[2]), traten die Gläubigen — je als eine Jüngerfamilie
nach dem Vorbild der von Jesus selbst berufenen — zum gemeinsamen Mahle zusammen, dessen Höhepunkt und Schluss das segnende
Brodbrechen bildete.

Die Handlung, welche der ganzen Feier den Namen gab
(κλάσις τοῦ ἄρτου), verlief in der Form, welche den Jüngern durch

---

[1]) So nach WEIZSÄCKER a. a. O. S. 480: Am Tage des Herrn „hat der
Seher seine Offenbarung in der Einsamkeit, in welcher er sich auf Patmos befindet. Wir dürfen ohne Zweifel mit Recht annehmen, dass dies der Tag ist,
an welchem die Gemeinde ihre Versammlung hat, und der Herr mit seinem
Geiste unter sie tritt. Der Prophet wird aber dies Mal in eine andere Versammlung geführt. Er betritt den Himmel und sieht den Thron Gottes und
das Lamm Gottes; aber um ihn schliessen 24 Aelteste einen Kreis und beten
ihn an. Da ist dann die erste Handlung, dass ein Buch gebracht wird, das
geöffnet, gelesen und verstanden werden soll. Das Lamm allein ist würdig,
dasselbe zu öffnen. Die Weissagung wird dann mit der fortschreitenden Oeffnung
des Buches verkündigt, aber statt der blossen Worte treten die Gestalten selbst
auf, und das Auge darf schauen, wie die Dinge sich vollziehen, die da kommen
sollen. Und diese Enthüllungen in ihrer Reihenfolge sind wiederum begleitet
von der Handlung der himmlischen Gemeinde, ihren Gebeten und Gesängen.
Es lässt sich kaum verkennen, dass dem Verfasser dabei die Umrisse einer Gemeindeversammlung vorschweben." — — „Was dann die himmlischen Aeltesten
mit Gebet und Gesang thun, entspricht ohne Zweifel ebenso dem, was in jener
Versammlung von Seiten der Gemeinde geschieht und sich an das Lesen und
Erklären heiliger Schriften anschliesst." — Die weissen Gewänder?? —
[2]) So ganz richtig SEYERLEN a. a. O. S. 290.

die Erinnerung an das unvergessliche Zusammensein mit dem Herrn
am letzten Abend vor seinem Tode (Matth. 26, 20 vgl. Matth. 14,
19; Act. 27, 35; Luc. 24, 30. 35; Joh. 21, 12) vorgezeichnet
war und sicherlich bis auf die kleinsten Züge hinaus unauslöschlich
in ihrem Gedächtniss haftete (vgl. 1 Cor. 11, 23 ff.). Demnach
war es der 3. Becher der Passah-Mahlzeit, der „Segensbecher"
(„ποτήριον τῆς εὐλογίας = הַבְּרָכָה כּוֹס (kôs haberacháh) [1]), welcher
herumgereicht und als der Erinnerungskelch des Todes Jesu gesegnet
wurde im Andenken an jene unvergessliche Stunde, da Jesus selbst
diesen dritten Becher des Passah-Mahles zu seinem Opfertod in so
enge Beziehung gebracht hatte. Wie sich mit der Feier des Passah
die Verkündigung der Gottesthat verband, an welche das Passah
das Volk erinnerte, so verband sich mit der Wiederholung jenes
Brodbrechens und Kelchreichens die feierliche Verkündigung der
Worte, die der Herr dazu gesprochen hatte, die Handlung wurde
so ein εὐαγγελίζεσθαι im höchsten und vollsten Sinn und in der
prägnantesten Form.

Gerade der Anschluss an das Vorbild jenes letzten Mahles
Jesu mit seinen Jüngern brachte es mit sich, dass die heilige Handlung von Anfang an umschlossen war von Gebet und Lobgesang,
wofür die Formen zunächst in den Psalmen vorlagen. Matth. 26,
26. 27. 30 finden sich die Bezeichnungen εὐλογεῖν, εὐχαριστεῖν, ὑμνεῖν;
Act. 2, 47: αἰνεῖν; diesen verschiedenen Ausdrücken je verschiedene
Gattungen von Gebeten und Gesängen unterzulegen geht schon
darum nicht an, weil diese Ausdrücke promiscue gebraucht werden.
So kann denn auch über die musikalische Beschaffenheit der Gesänge

---

[1]) So mit KEIM, Leben Jesu III, 269 und SEVERLEN a. a. O. S. 295 Anm.
gegen HEINRICI, Erklärung der Corintherbriefe I. S. 273. Darnach wäre die
Bezeichnung ποτήριον τῆς εὐλογίας „der auf den Abendmahlskelch übertragene
Name des Kôs Haberacháh, des dritten Bechers beim Passahmahl," weil es
eben dieser war, den Jesus zum Erinnerungskelch seines Todes gemacht hatte
und den wir desshalb als solchen segnen. Der Sinn von 1 Cor. 10, 16 wäre
somit: „wer mit uns den Segensbecher, welchen Christus zum Erinnerungs-
becher seines Opfertodes gemacht hat, segnet, eignet sich eben diese Thatsache
zu, bekennt sich damit zur κοινωνία τοῦ αἵμ. τ. χρ., kann sich also nicht zugleich
durch Theilnahme an den Götzenmahlzeiten zur κοινωνία des Teufels v. 21 bekennen;
das Eine Bekenntniss, die Zugehörigkeit zu dem Einen, schliesst das Andere
aus. Die Unmöglichkeit, beides, das εὐλογεῖν des Segenskelchs, wodurch man
sich zur κ. τ. αἵμ. χρ. bekennt und das πίνειν — wodurch man sich zur κοινωνία
des Teufels bekennt — zu vereinen in Einem Subject, bildet den Beweispunkt,
nicht die Vorstellung, dass durch den Kelch-Inhalt objective eine Lebensver-
bindung mit Christus hergestellt werde; letztere liegt ausserhalb des Textes,
so wenig wir sie an sich läugnen. Die Logik des Beweises ist dieselbe, wie
z. B. Matth. 6, 24.

kaum mehr gesagt werden, als dass sich dieselben im musikalischen Vortrag dem hebräischen Psalmengesang angeschlossen haben; dieser ist als melodisch modulirte Recitation zu denken, bei welcher das Hauptgewicht auf die Worte fiel, während die melodischen Flexionen nur die Bedeutung von musikalisch stylisirten Accenten haben konnten, deren Ordnung nicht sowohl durch das Gesetz der musikalischen Schönheit, als vielmehr durch die grammatische Structur des Satzes bestimmt war.

bb. Noch selbständiger als in den judenchristlichen Gemeinden, prägt sich das Eigenthümliche des christlichen Glaubenslebens in den von Paulus gegründeten, unter dem Einfluss seiner Persönlichkeit stehenden h e i d e n c h r i s t l i c h e n G e - m e i n d e n aus.

Was die Z e i t der gottesdienstlichen Versammlungen betrifft, so löst sich der Zusammenhang mit dem Judenthum auch darin, dass an die Stelle des Sabbath-Tages der erste Tag der Woche als „Tag des Herrn" (Gedächtnisstag seiner glorreichen Auferstehung) tritt (Act. 20, 7; 1 Cor. 16, 2; Offb. 1, 10): war dieser Tag auch nicht der einzige, welcher durch gottesdienstliche Feier ausgezeichnet wurde, so nahm er in der Werthschätzung der Christen doch eine hervorragende Stellung ein und entbehrte unter keinen Umständen der gottesdienstlichen Zusammenkünfte.

Diese fanden theils in Privathäusern („ἐχχλησίαι χατ' οἶχον", so zu Ephesus 1 Cor. 16, 19, in Rom Röm. 16, 5. 14. 15), theils in öffentlichen Versammlungslokalen statt, welche entweder von der Gemeinde zu diesem Zweck gemiethet waren oder von Einzelnen der Gemeinde überlassen wurden (so versammelt Paulus Act. 19, 9 die Jünger in der σχολή Τυράννου, d. h. in einem Versammlungslokal, welches sonst den Zwecken eines heidnischen Collegiums diente) [1]).

Die Leitung der Gemeindeangelegenheiten wie der gottesdienstlichen Versammlungen liegt bei der Gemeinde selbst, welche damit jeweils die mit dem Charisma der χυβέρνησις ausgerüsteten betraut. Dieses Amt, ein Ehren- und Vertrauensamt, fällt unter den Gesichtspunkt der διαχονία 1 Cor. 16, 15, nicht den eines höheren Rangs innerhalb der Gemeinde, und hat nur formelle Befugnisse: die Beschlüsse der Gemeindeversammlung auszuführen und die Versamm-

---

[1]) Holtzmann, Pastoralbriefe S. 198 Anm. 3.

lungen im Interesse der Ordnung zu leiten. Keineswegs aber sind diese Vertrauensmänner, diese Ehren-Senioren der Gemeinde (προϊστάμενοι 1 Thess. 5, 12 ff., ἐπίσκοποι καὶ διάκονοι Philipp. 1, 1, ἀντιλήψεις, abstr. für διάκονοι, κυβερνήσεις, abstr. für ἐπίσκοποι cf. 1 Cor. 12, 38 und Röm. 12, 7. 8) die Träger der gottesdienstlichen Erbauung selbst oder die vor anderen berechtigten Sprecher.

Erst auf der Neige des Zeitalters, als die charismatische Begabung zu verlöschen begann, geht das Lehramt an die Inhaber des Ordnungs- und Leitungsamtes über (Eph. 4, 11 sind ποιμένες und διδάσκαλοι in Eine Rubrik gestellt).

Ueber die etwaigen Einflüsse der hellenischen Cultvereine auf die Verfassung und Gestaltung des Gemeindelebens in Corinth vgl. SEYERLEN a. a. O. S. 231; C. WEIZSÄCKER, Die Kirchenverfassung des apostolischen Zeitalters in den Jahrbüchern für deutsche Theologie Bd. 18 S. 630 ff. (1873); HEINRICI, Die Christengemeinde Corinth's und die religiösen Genossenschaften der Griechen, in HILGENFELD's Zeitschrift für wissenschaftliche Theologie 1876 S. 465 ff.; HEINRICI, Zur Geschichte der Anfänge paulinischer Gemeinden ibid. 1877 S. 89; HEINRICI, Zum genossenschaftlichen Charakter der paulinischen Gemeinden, in den Theol. Studien und Kritiken 1881, Heft 3, S. 505 ff.; FOUCART, Les associations religieuses chez les Grecs. Paris. 1873.

HOLSTEN, Das Evangelium des Paulus (Berlin 1880) trifft unzweifelhaft das Richtige, wenn er S. 243 sagt: „Was von vornherein zu erwarten war, dass Paulus die Lebensformen einer Cultgenossenschaft der Dämonen (1 Cor. 10, 20) nicht werde benutzt haben für die Lebensformen einer Gemeinde Gottes, das bestätigt das wirkliche Leben der korinthischen Gemeinde. Von allen Berührungen der Formen des christlichen Gemeindelebens mit denen der hellenischen Cultvereine bleibt thatsächlich nur, dass die Blutsgenossenschaft Christi, wie die Genossenschaft einer heidnischen Gottheit, sich an einem und demselben Orte zur Ausübung des Cultus versammelte. Denn alle übrigen Berührungen, soweit sie thatsächlich in der korinthischen Gemeinde sich finden: die Gleichberechtigung aller Gläubigen, Hellenen und Juden, Freien und Sclaven, Männer und Frauen; die Gerichtsbarkeit der Gemeinde über ihre Glieder; die Entscheidungsmacht der Vollgemeinde; der freie Dienst Einzelner zur Förderung der Lebensinteressen der Gemeinde — alle diese Berührungen folgen für die Gottesgemeinde des Paulus aus ihm eigenthümlichen christlichen Principien".

Auch in der korinthischen Gemeinde finden wir zweierlei gottesdienstliche Versammlungen: eine Versammlung im weiteren Kreise, welche der Erbauung mittelst der Darreichung der im ersten Frühling des Christenthum's in reicher Fülle und in unerschöpflicher Mannigfaltigkeit der Gemeinde zuströmenden und die den Einzelnen von Natur verliehenen Kräfte aufs Höchste steigernden und heiligenden Geistesgaben (χαρίσματα) diente und zu welcher auch ἰδιῶται 1 Cor. 14, 16, ja selbst ἄπιστοι 1 Cor. 14, 24, erstere an einem ihnen zugewiesenen bestimmten Platze, Zutritt hatten, und eine Versammlung im intimen, geschlossenen Kreise der Brüder zur Feier der Eucharistie („συνέρχεσθαι εἰς τὸ φαγεῖν sc. δεῖπνον κυριακόν" 1 Cor. 10, 16—18; 11, 33).

ἰδιώτης, in der Sprache der hellenischen Cultvereine der noch nicht geweihte, ἀμύητος, der zwar für eine gewisse Abgabe im Heiligthum der Genossenschaft opfern darf, aber nicht zu den ὀργεῶνες gehört, „οἷς μέτεστιν τοῦ ἱεροῦ", ist der dem Evangelium Zugewandte, aber noch nicht Getaufte (der spätere Katechumene). HEINRICI, Erkl. der Corintherbr. I. S. 514; in HILGEN-FELD'S Zeitschr. 1876 S. 512. HOLSTEN a. a. O. 395. 423. — ἄπιστος der Nicht-Christ.

Das schöpferische Subject der οἰκοδομή ist der hl. Geist, welcher sich in den Einzelnen zu besonderen Gaben individualisirt: der Gottesdienst ist also φανέρωσις des hl. Geistes, Geisteswort, nicht „fortgesetzte Selbstverwirklichung der Gemeinde (activ) als des Organismus Christi" (SEYERLEN a. a. O. S. 300), sondern fortgesetztes Erbautwerden (passiv) durch den Geist Christi 1 Cor. 14, 26 (ἔχει = hat im Besitz, hat zu geben).

Die Hauptformen der gegenseitigen Erbauung sind 1 Cor. 14, 26: ψαλμός, διδαχή, ἀποκάλυψις (προφητεία), γλῶσσα [5]), also

1. Gebet, ψαλμός (ψάλλειν τῷ νοΐ 1 Cor. 14, 15), betende Aussprache, Gebetserguss des vom Geiste dazu Berufenen, von der Gemeinde bekräftigt mit Amen 1 Cor. 14, 16 (mit Wiederholung der doxologischen Schlussworte? Offb. Joh. 4, 11; 5, 14. 13 ff. u. a.), dem Inhalte nach theils Bitte (προσευχή 1 Cor. 14, 15), theils Lobgebet (ψαλμός im engeren Sinn 1 Cor. 14, 16), theils Dankgebet (εὐλογία, εὐχαριστία 1 Cor. 14, 17).

2. διδαχή = ruhige Lehraussprache, die in logisch geordnete Rede umgesetzte γνῶσις, die „durch discursive Denkthätigkeit vermittelte Explicirung des Offenbarungsinhalts" (SEYERLEN), das eine Mal mehr theologischer Natur (λόγος γνώσεως), wenn der Inhalt die Ausdrucksweise allein bestimmt, letztere nichts weiter ist noch sein

---

[1]) Der Apostel will mit dieser Aufzählung weder die zeitliche Aufeinanderfolge innerhalb des Gottesdienstes, sei es, wie sie war, sei es, wie er sie haben wollte, angeben, wiewohl diese Annahme (WEIZSÄCKER a. a. O. S. 492) etwas Verführerisches hat, sofern sich folgte: ψαλμός (ψάλλειν τῷ νοΐ), Gebet, διδαχή ruhige Lehraussprache, προφητεία — Steigerung bis zur γλῶσσα „Ekstase"; noch die Rang-Ordnung, denn dem Apostel steht ἡ προφητεία, weil sie erbauend auf Andere wirkt, höher, als die γλῶσσα, sondern er will nur die Gattungen und Hauptformen der in Corinth thatsächlich vorhandenen Geistesaussprache anführen.

will, als Organ und Ausdrucksmittel des ersteren, das andere Mal mehr künstlerischer und dialektischer Natur (λόγος σοφίας 1 Cor. 12, 8), wenn sich mit dem Interesse der Wahrheitsmittheilung das künstlerische Interesse der edlen Form oder das philosophische der dialektischen Vermittlung des Inhalts mit dem vorauszusetzenden Bewusstsein verbindet.

Vgl. fürs Folgende die feine Ausführung bei SEYERLEN a. a. O. S. 319 ff. Die γνῶσις ist „die Erkenntniss des Heilswillens und der Heilswege Gottes, wie sie in den Thatsachen der Geschichte und im Buchstaben der Schrift als μυστήριον 1 Cor. 13, 2 gegeben sind. Erkannt wird das μυστήριον dadurch, dass der Geist hinter der Erscheinung der Thatsachen und des Buchstabens in den Geist der Thatsachen und des Buchstabens eindringt, in den Zweck, welchen der göttliche Wille in den Thatsachen verwirklicht, in den Sinn, den das göttliche Denken in dem Buchstaben ausgedrückt hat" (HOLSTEN, a. a. O. S. 382). Object der γνῶσις und der dieselbe in verständiger Rede entwickelnden διδαχή ist der im Kreuzestod Christi offenbar gewordene Heilsrathschluss, die σοφία θεοῦ 1 Cor. 2, 7. 8: ihr Organ ist der νοῦς, welcher auf den vom πνεῦμα gegebenen Inhalt reflectirt, somit das, was die πίστις unmittelbar hat, in begriffliche Ordnung bringt; oder die γνῶσις und διδαχή ist die Selbstverständigung über den Glauben.

Ob der Lehraussprache bei den Heidenchristen alttestamentliche Schriftlesung zu Grunde gelegt worden ist? In Corinth jedenfalls nicht. Eigentliche Schriftauslegung finden wir erst 1 Tim. 4, 13 ff.; 5, 18.

3. Die dritte Form der erbauenden Thätigkeit ist die προφητεία, die in Rede umgesetzte intuitive Erkenntniss, deren Inhalt durch die vom πνεῦμα gewirkte ἀποκάλυψις gegeben (nicht auf dem Wege des logischen Erkennens gewonnen) ist; deren Form zwar auch vom νοῦς geordnet und in Zucht gehalten 1 Cor. 14, 32. 33, vorwiegend aber von der in Bildern sich bewegenden Phantasie beherrscht und bestimmt ist und darum den Charakter des von der persönlichen Ergriffenheit getragenen Zeugnisses trägt (Hebr. 10, 22: πληροφορία τῆς πίστεως; 6, 11 πλ. τῆς ἐλπίδος) und desshalb der Prüfung nach der ἀναλογία τῆς πίστεως bedarf Röm. 12, 6. 1 Cor. 12, 10, da die von ihr dargebotenen ἀποκαλύψεις nicht in Widerspruch treten können mit dem Inhalt der πίστις.

Organ der προφητεία ist somit nicht der νοῦς, sondern die künstlerische, dichterische Phantasie; Ausdrucksmittel nicht der Begriff, sondern das Bild, das Gleichniss; Zweck weniger die verständige Ueberredung, die Erweisung der Wahrheit vor dem νοῦς, als vielmehr die Uebertragung, die Ueberströmung der eigenen Ergriffenheit auf die Hörenden durch die Gewalt des herzandringenden, Gemüth und Gewissen in ihrem Grunde erschütternden Zeugnisses; daher immer auf das Herz und Gewissen zielend, ob sie als παραμυθία oder als παράκλησις auftritt 1 Cor. 14, 3. Die διδαχή erhebt die fides quae creditur in das Denken;

die προφητεία ist in den Strom der herzandringenden Rede sich ergiessende fides qua creditur; dabei „Rede aus bewusstem Geist (πνεῦμα) unter der Herrschaft des Selbstbewusstseins" (SEYERLEN a. a. O. S. 316), bei welcher sich der Redende keineswegs wie ein blosses ὄργανον θεοῦ ἠχοῦν verhält[1]).

4. Die höchste Steigerung der pneumatischen Ergriffenheit bezeichnet das γλώσσαις λαλεῖν (= λέγειν 1 Cor. 14, 16): hier tritt der νοῦς vollständig zurück, der Redende ist passives Organ des πνεῦμα, welches die Laute, die Wortbildungen, die Töne und Tonfälle erzeugt; was der von der Ekstase Ergriffene lallt, ist ihm selbst, ist keinem Sterblichen verständlich, erscheint als Angeld und Vorausnahme jener ἄρρητα ῥήματα 2 Cor. 12, 4, die wir einst drüben vernehmen werden. Darum kann die γλῶσσα in den Dienst der Erbauung treten, nur wenn ihr die ἑρμηνεία zur Seite tritt, welche den Inhalt dem menschlichen Auffassungsvermögen vermittelt.

So setzt sich der Erbauungsgottesdienst zusammen aus Acten der feiernden Anbetung (ψαλμός, γλῶσσα) und der erbauenden, an den Wahrheitssinn und an das Gewissen sich richtenden Ansprache (διδαχή, προφητεία); untereinander unterscheiden sich diese Acte wieder dadurch, dass das eine Mal die denkende Betrachtung vorwiegt (ψαλμός, διδαχή), das andere Mal die geniale Ergriffenheit, das eine Mal der νοῦς, das andere Mal die künstlerische Phantasie. Das Interesse der οἰκοδομή fordert, dass das lehrhafte Element getragen sei von der Ergriffenheit des Zeugnisses, die διδαχή sich verbinde mit der προφητεία, und dass das genial-schöpferische Element, die unmittelbare Ergiessung und Ausströmung des pneumatischen Lebens, verständlich gemacht werde durch das erklärende, die bewegte Geistesergiessung deutende Wort, dass die Glossolalie sich verbinde mit der in Worte gefassten Gebetsaussprache des ψαλμός.

Als die ausserordentliche Erregung und Gewalt des pneumatischen Lebens, wie sie die erste Zeit charakterisirte, allmählich nachliess und die ausserordentlichen Geistesbezeugungen festen Formen des religiösen Lebens und der Erbauung Platz machten, ist die προφητεία mit der διδαχή zu Einer Form verschmolzen und die Glossolalie im ψαλμός aufgegangen. Die mit der Gabe der Prophetie Ausgerüsteten wurden immer seltener, an ihre Stelle rückte das geordnete Lehramt. An die Stelle der Glossolalie trat als das Element der aus religiöser Ergriffenheit heraus schaffenden künstlerischen

---

[1]) HOLSTEN a. a. O. weist besonders darauf hin, wie Paulus den alttestamentlichen Begriff der Prophetie gegenüber dem philonischen wieder in sein Recht einsetzt.

Intuition die heilige Tonkunst, die künstlerisch stylisirte und geadelte
Form für die Ergiessung der genialen Ergriffenheit, deren elementare
Aeusserungsform die Glossolalie darstellt. So kennt schon die spätere
apostolische Zeit verschiedene Formen des heiligen Gesanges, neben
ψαλμοί auch ὕμνοι und ᾠδαί Col. 3, 16; Eph. 5, 19; als ein Ana-
logon und Nachklang der γλῶσσα darf vielleicht die Jubilation des
gregorianischen Gesanges (s. u.) bezeichnet werden, das sogenannte
πνεῦμα, der jubilus, jene melodische Ergiessung, in welche das Halleluja ausmündet. „Die Sänger, vom Texte der Lieder anfänglich zu
heiliger Freude begeistert, werden bald von seligen Gefühlen so
überfüllt, dass sie durch Worte nicht mehr auszudrücken vermögen,
was in ihrem Innern vorgeht; sie lassen daher das Wort beiseite
und strömen ihre Gefühle in eine Jubilation aus. Die Jubilation ist
nemlich ein Gesang, der den Aufschwung desjenigen Herzens offen-
bart, welches durch Worte seinen Gefühlen keinen Ausdruck mehr
zu geben vermag" (Augustin, enarr. in Psalm. Ps. 92, conc. 1.).

So viel freien Spielraum der Apostel Paulus dem Ermessen der
Gemeinde und dem schöpferischen Drange des Geistes gelassen
haben will, wenn nur das Hauptziel, die οἰκοδομή, nicht ausser Acht
gelassen wird, so nachdrücklich dringt er, was die Feier des Herrn-
Mahles betrifft, auf den stiftungsgemässen, der Absicht des Herrn
und der einzigartigen, centralen Bedeutung dieser heiligen Handlung
entsprechenden Vollzug. Die Theilnahme an der Feier des hl.
Abendmahles ist für ihn nicht bloss Ausdruck der subjectiven Zugehörigkeit zu der Gemeinde Jesu Christi, also höchster und feier-
lichster Bekenntnissact, sondern sie begründet ein Verhältniss der
Zugehörigkeit zu Christo im objectiven Sinne, das dem Feiernden
zum Segen oder zum Gericht wird.

Daher will Paulus das hl. Abendmahl von der Mahlzeit getrennt
wissen: die Feier soll sich ausdrücklich als Cultushandlung darstellen, wenn auch, getreu dem von Jesu gegebenen Vorbild in der
Form eines Mahles, das aus den von den Einzelnen mitgebrachten
Gaben zugerüstet und für Alle zur selben Zeit gehalten wird (1 Cor.
11, 22. 27. 28. 33), so dass die Tisch-Gemeinde sich darstellt als
die durch die ἀγάπη verbundene Gemeinde des Herrn, als sein Leib.

Den Höhepunkt bildet das Brodbrechen und das Kelchreichen
und die damit verbundene Verkündigung des Todes Jesu (καταγγέλλειν
τὸν θάνατον τοῦ κυρίου), durch welche die Handlung und die bei derselben Betheiligten in die innigste Beziehung zu dem Versöhnungstod des Herrn und der durch denselben gestifteten Bundesgemein-

schaft gebracht („ὑπὲρ ὑμῶν [χλώμενον]“ ; „ἡ καινὴ διαθήκη ἐν τῷ ἐμῷ αἵματι“ ;) und unter Christi Stiftung gestellt werden („τοῦτο ποιεῖτε εἰς τὴν ἐμὴν ἀνάμνησιν).

Der liturgische Vollzug ist 1 Cor. 11, 24 angedeutet: dem εὐχαριστεῖν (dem Tischgebet), welches den Segen Gottes auf die Gaben herabwünscht (benedictio), folgt unter der feierlichen Verkündigung der Worte Jesu, durch welche die irdischen Gaben mit Leib und Blut Christi in Beziehung gesetzt werden (consecratio), das Brechen des Brotes und das Reichen des Kelches. Dankgebet und Lobgesang umschloss die hl. Handlung.

Bezüglich der Authenticität der Einsetzungsworte, wie sie Paulus gibt, vgl. JACOBY a. a. O. S. 541, dem wir völlig zustimmen. Eine prägnante liturgische Austheilungsformel überliefert erst Apost. Const. I, 1. — Die Worte 1 Cor. 11, 22—26 bilden den Kern des Consecrationsgebetes Ap. Const. VIII, 11 (der entwickelten paulinischen Liturgie s. KÖNIG a. a. O. S. 35).

2. Der Gottesdienst im nachapostolischen Zeitalter.

Das nachapostolische Zeitalter bewahrt pietätvoll die apostolische Ueberlieferung; einzelne Formen der Erbauung befestigen sich und werden stehend, andere werden, dem Bedürfniss der Zeit und des Ortes gemäss, weiter ausgebildet und entwickelt (Gebete, Lectionen), andere werden seltener und verschwinden zuletzt ganz (προφητεία, γλῶσσα) oder gehen in die nächstverwandte Form über — aber die principielle Auffassung des Gottesdienstes bleibt dieselbe, wie im Zeitalter der Apostel: erst am Schluss des Zeitalters klingt ein neuer Priester- und Opferbegriff herein, welcher der apostolischen Zeit und Auffassung fremd gewesen war und in der Folge eine veränderte Anschauung von Wesen, Zweck und Werth des Cultus anbahnte.

Die wichtigsten

a. Quellen

sind:

1. Der erste Brief des CLEMENS ROMANUS an die Corinther, der nach den Einen, (so neuestens noch nach WIESELER) aus den Jahren 64—68, nach Anderen (so ZAHN) aus dem Jahre 96, nach der Meinung der Mehrzahl aus den Jahren 93—97 stammt (so nach JUNIUS, COTELIER, TILLEMONT, GIESELER, ROTHE, RITSCHL, GUNDERT, LIPSIUS, TISCHENDORF, VON GEBHARDT, HARNACK); dieser Brief lässt deutlich erkennen, wie das Princip der Ordnung zu stärkerer Be-

tonung des Amtes der Gemeinde und zu grösserer Werthschätzung und Stützung der Autorität desselben hindrängt. Für die Geschichte des Cultus ist dieser Brief desshalb besonders interessant, weil wir in den (durch BRYENNIUS zuerst neuentdeckten) cap. cap. 59—61[1]), die im Ganzen treue Wiedergabe des Kirchengebetes der römischen Gemeinde erkennen dürfen. Die Disposition des ganzen Briefes aber als durch den Gang der Liturgie bestimmt aufzufassen und so aus derselben den Gang des römischen Gottesdienstes zu reconstruiren, wie PROBST glaubt versuchen zu dürfen, scheint gewagt und ist ohne Zuhilfenahme der Constit. Ap. nicht möglich.

Das Kirchengebet nach Clem. Rom. ad Cor. 59—61 lautet so:

59. ἡμεῖς δὲ ἀθῷοι ἐσόμεθα ἀπὸ ταύτης ἁμαρτίας (des Nichtgehorchens etc.) καὶ αἰτησόμεθα, ἐκτενῆ τὴν δέησιν καὶ ἱκεσίαν ποιούμενοι, ὅπως τὸν ἀριθμὸν τὸν κατηριθμημένον τῶν ἐκλεκτῶν αὐτοῦ ἐν ὅλῳ τῷ κόσμῳ διαφυλάξῃ ἄθραυστον ὁ δημιουργὸς τῶν ἁπάντων διὰ τοῦ ἠγαπημένου παιδὸς αὐτοῦ Ἰησοῦ Χριστοῦ, δι' οὗ ἐκάλεσεν ἡμᾶς ἀπὸ σκότους εἰς φῶς, ἀπὸ ἀγνωσίας εἰς ἐπίγνωσιν δόξης ὀνόματος αὐτοῦ, (hier wäre nach BRYENNIUS einzusetzen: „Δὸς, δέσποτα“) ἐλπίζειν ἐπὶ τὸν ἀρχέγονον πάσης κτίσεως ὄνομά σου, ἀνοίξας τοὺς ὀφθαλμοὺς τῆς καρδίας ἡμῶν εἰς τὸ γινώσκειν σε τὸν μόνον ὕψιστον ἐν ὑψίστοις,

ἅγιον ἐν ἁγίοις ἀναπαυόμενον·
τὸν ταπεινοῦντα ὕβριν ὑπερηφάνων,
τὸν διαλύοντα λογισμοὺς ἐθνῶν,
τὸν ποιοῦντα ταπεινοὺς εἰς ὕψος καὶ τοὺς ὑψηλοὺς ταπεινοῦντα·
τὸν πλουτίζοντα καὶ πτωχίζοντα,
τὸν ἀποκτείνοντα καὶ ζῆν ποιοῦντα,
μόνον εὐεργέτην πνευμάτων καὶ θεὸν πάσης σαρκός·
τὸν ἐπιβλέποντα ἐν ταῖς ἀβύσσοις,
τὸν ἐπόπτην ἀνθρωπίνων ἔργων,
τὸν τῶν κινδυνευόντων βοηθόν,
τὸν τῶν ἀπηλπισμένων σωτῆρα,
τὸν παντὸς πνεύματος κτίστην καὶ ἐπίσκοπον·
τὸν πληθύνοντα ἔθνη ἐπὶ γῆς καὶ ἐκ πάντων ἐκλεξάμενον τοὺς ἀγαπῶντάς σε διὰ Ἰησοῦ Χριστοῦ τοῦ ἠγαπημένου παιδός σου, δι' οὗ ἡμᾶς ἐπαίδευσας, ἡγίασας, ἐτίμησας·

---

[1]) Vgl. Clem. Rom. ad. Cor. in den Patr. ap. ed. O. de GEBHARDT et A. HARNACK, LIPS. 1876, S. 97 ff. ZAHN, Das älteste Kirchengebet und die älteste Predigt. Zeitschrift für Protestantismus und Kirche. 1876, S. 194 ff.

ἀξιοῦμεν, δέσποτα, βοηθὸν γενέσθαι καὶ ἀντιλήπτορα ἡμῶν·

τοὺς ἐν θλίψει ἡμῶν σῶσον·

τοὺς ταπεινοὺς ἐλέησον·

τοὺς πεπτωκότας ἔγειρον,

τοῖς δεομένοις ἐπιφάνηθι,

τοὺς ἀσθενεῖς ἴασαι,

τοὺς πλανωμένους τοῦ λαοῦ σου ἐπίστρεφον·

χόρτασον τοὺς πεινῶντας,

λύτρωσαι τοὺς δεσμίους ἡμῶν,

ἐξανάστησον τοὺς ἀσθενοῦντας,

παρακάλεσον τοὺς ὀλιγοψυχοῦντας·

γνώτωσαν ἅπαντα τὰ ἔθνη ὅτι σὺ εἶ ὁ θεὸς μόνος καὶ Ἰησοῦς Χριστὸς ὁ παῖς σου καὶ ἡμεῖς λαός σου καὶ πρόβατα τῆς νομῆς σου.

Σὺ τὴν ἀέναον τοῦ κόσμου σύστασιν διὰ τῶν ἐνεργουμένων ἐφανεροποίησας·

σὺ, κύριε, τὴν οἰκουμένην ἔκτισας,

ὁ πιστὸς ἐν πάσαις γενεαῖς·

δίκαιος ἐν τοῖς κρίμασι,

θαυμαστὸς ἐν ἰσχύϊ καὶ μεγαλοπρεπείᾳ·

ὁ σοφὸς ἐν τῷ κτίζειν καὶ συνετὸς ἐν τῷ τὰ γενόμενα ἑδράσαι·

ὁ ἀγαθὸς ἐν τοῖς σωζομένοις καὶ πιστὸς ἐν τοῖς πεποιθόσιν ἐπὶ σέ·

ἐλεῆμον καὶ οἰκτίρμον,

ἄφες ἡμῖν τὰς ἀνομίας ἡμῶν καὶ τὰς ἀδικίας καὶ τὰ παραπτώματα καὶ πλημμελείας·

μὴ λογίσῃ πᾶσαν ἁμαρτίαν δούλων σου καὶ παιδισκῶν, ἀλλὰ καθαρεῖς ἡμᾶς τὸν καθαρισμὸν τῆς σῆς ἀληθείας καὶ κατεύθυνον τὰ διαβήματα ἡμῶν ἐν ὁσιότητι καρδίας πορεύεσθαι καὶ ποιεῖν τὰ καλὰ καὶ εὐάρεστα ἐνώπιόν σου καὶ ἐνώπιον τῶν ἀρχόντων ἡμῶν.

Ναί, δέσποτα, ἐπίφανον τὸ πρόσωπόν σου ἐφ' ἡμᾶς τῇ χειρί σου τῇ κραταιᾷ καὶ ῥυσθῆναι ἀπὸ πάσης ἁμαρτίας τῷ βραχίονί σου τῷ ὑψηλῷ, καὶ ῥῦσαι ἡμᾶς ἀπὸ τῶν μισούντων ἡμᾶς ἀδίκως.

Δὸς ὁμόνοιαν καὶ εἰρήνην ἡμῖν τε καὶ πᾶσι τοῖς κατοικοῦσι τὴν γῆν, καθὼς ἔδωκας τοῖς πατράσιν ἡμῶν ἐπικαλουμένων σε αὐτῶν ἐν πίστει καὶ ἀληθείᾳ, ὑπηκόοις γινομένοις τῷ παντοκράτορι καὶ παναρέτῳ ὀνόματί σου.

Τοῖς δὲ ἄρχουσι καὶ ἡγουμένοις ἡμῶν ἐπὶ τῆς γῆς σύ, δέσποτα, ἔδωκας τὴν ἐξουσίαν τῆς βασιλείας αὐτοῖς διὰ τοῦ μεγαλοπρεποῦς καὶ ἀνεκδιηγήτου κράτους σου, εἰς τὸ γινώσκοντας ἡμᾶς τὴν ὑπό σου αὐτοῖς δεδομένην δόξαν καὶ τιμὴν ὑποτάσσεσθαι αὐτοῖς, μηδὲν ἐναντιουμένους τῷ θελήματί σου· οἷς δὸς, κύριε, ὑγίειαν, εἰρήνην, ὁμόνοιαν, εὐστάθειαν, εἰς τὸ διέπειν αὐτοὺς τὴν ὑπὸ σοῦ δεδομένην αὐτοῖς ἡγεμονίαν ἀπροσκόπως·

σὺ γὰρ, δέσποτα ἐπουράνιε βασιλεῦ τῶν αἰώνων, δίδως τοῖς υἱοῖς τῶν ἀνθρώπων δόξαν καὶ τιμὴν καὶ ἐξουσίαν τῶν ἐπὶ τῆς γῆς ὑπαρχόντων·

σὺ, κύριε, διεύθυνον τὴν βουλὴν αὐτῶν κατὰ τὸ καλὸν καὶ εὐάρεστον ἐνώπιόν σου, ὅπως διέποντες ἐν εἰρήνῃ καὶ πραΰτητι εὐσεβῶς τὴν ὑπὸ σοῦ αὐτοῖς δεδομένην ἐξουσίαν ἵλεώ σου τυγχάνωσιν.

ὁ μόνος δυνατὸς ποιῆσαι ταῦτα καὶ περισσότερα ἀγαθὰ μεθ᾽ ἡμῶν, σοι ἐξομολογούμεθα διὰ τοῦ ἀρχιερέως καὶ προστάτου τῶν ψυχῶν ἡμῶν Ἰησοῦ Χριστοῦ δι᾽ οὗ σοι ἡ δόξα καὶ ἡ μεγαλοσύνη καὶ νῦν καὶ εἰς γενεὰν γενεῶν καὶ εἰς τοὺς αἰῶνας τῶν αἰώνων· ἀμήν.

2. Noch stärker als Clemens Romanus betont IGNATIUS in seinem, freilich sehr starken kritischen Bedenken ausgesetzten, Briefe an die Gemeinde zu Smyrna das Gewicht des Amtes im Interesse des wirksamen Abschlusses der christlichen Kirche gegenüber von Häretikern und Schismatikern.

Den drei Amtsträgern, die er kennt, Bischof, Presbyter, Diakonus, erscheint der Bischof als der Repräsentant der Einheit der Gemeinde, als der Leiter der Cultushandlung, der allein die Aechtheit und Integrität der apostolischen Ueberlieferung garantirt. Er ist Christi Stellvertreter, die Presbyter sind die Nachfolger der Apostel. Die Hauptstellen sind:

ad Smyrn. c. VII Εὐχαριστίας καὶ προσευχῆς ἀπέχονται διὰ τὸ μὴ ὁμολογεῖν, τὴν εὐχαριστίαν σάρκα εἶναι τοῦ σωτῆρος ἡμῶν Ἰησοῦ Χριστοῦ, τὴν ὑπὲρ τῶν ἁμαρτιῶν ἡμῶν παθοῦσαν, ἣν τῇ χρηστότητι ὁ πατὴρ ἤγειρεν. — — — προσέχειν δὲ τοῖς προφήταις, ἐξαιρέτως δὲ τῷ εὐαγγελίῳ, ἐν ᾧ τὸ πάθος ἡμῖν δεδήλωται καὶ ἡ ἀνάστασις τετελείωται.

ad Smyrn. c. VIII:

Πάντες τῷ ἐπισκόπῳ ἀκολουθεῖτε, ὡς Χριστὸς Ἰησοῦς τῷ πατρί· καὶ τῷ πρεσβυτερίῳ ὡς τοῖς ἀποστόλοις· τοὺς δὲ διακόνους ἐντρέπεσθε ὡς θεοῦ ἐντολήν.

Μηδεὶς χωρὶς τοῦ ἐπισκόπου τι πρασσέτω τῶν ἀνηκόντων εἰς τὴν ἐκκλησίαν· ἐκείνη βεβαία εὐχαριστία ἡγείσθω ἡ ὑπὸ τὸν ἐπίσκοπον οὖσα· ἢ ᾧ ἂν αὐτὸς ἐπιτρέψῃ.

Ὅπου ἂν φανῇ ὁ ἐπίσκοπος, ἐκεῖ τὸ πλῆθος ἔστω· ὥσπερ ὅπου ἂν ᾖ Χριστός Ἰησοῦς, ἐκεῖ ἡ καθολικὴ ἐκκλησία.

Οὐκ ἐξόν ἐστιν χωρὶς τοῦ ἐπισκόπου οὔτε βαπτίζειν, οὔτε ἀγάπην ποιεῖν· ἀλλ᾽ ὃ ἂν ἐκεῖνος δοκιμάσῃ, τοῦτο καὶ τῷ θεῷ εὐάρεστον, ἵνα ἀσφαλὲς ᾖ καὶ βέβαιον πᾶν ὃ πράσσεται.

Noch stärker ist die Hierarchie in c. IX betont (vgl. O. v GEBHARDT und
A. HARNACK, Patrum Apostolic. Opera, Fascic. II [Ignatii et Polycarp. Epist.
Martyr. Frag. rec. TH. ZAHN] S. 89 ff.).

3. Der nächste Zeuge ist PLINIUS SECUNDUS, zwischen 104 und
111 Statthalter von Bithynien, welcher in seinem Berichte an Kaiser
Trajan eine kurze Beschreibung des Gottesdienstes der Christen gibt
Lib. X. epistola 96, welche freilich nicht sofort und ohne weiteres
als vollständig anzunehmen ist, da die Christen, aus welchen er
diese Mittheilungen durch Foltern auspresste, insbesondere vom
hl. Abendmahl wenig oder nichts gestanden zu haben scheinen [1]).

Die Stelle, welche für unsere Schlüsse in Betracht kommt,
lautet:

Plinius Secundus, X. 96 cp.

„alii ab indici nominati hanc fuisse summam vel culpae suae vel
erroris, quod essent soliti stato die ante lucem convenire carmenque
Christo quasi Deo dicere secum invicem, seque sacramento non in
scelus aliquod obstringere, sed ne furta, ne latrocinia, ne adulteria
committerent, ne fidem fallerent, ne depositum appellati abnegarent;
quibus peractis morem sibi discedendi fuisse rursusque (coëundi) ad
capiendum cibum, promiscuum tamen et innoxium: quod ipsum facere
desisse post edictum meum, quo secundum mandata Tua hetaerias
esse vetueram.“

4. Von hohem Interesse ist für die Geschichte der Liturgie die
„Διδαχὴ τῶν Ἀποστόλων“, die älteste der bisher bekannt gewordenen
Kirchenordnungen, deren Entstehungszeit muthmasslich in die Jahre
120—140 nach Christus zu setzen ist.

Die für unseren Zweck besonders wichtigen cap. cap. 7—12
lauten (Uebersetzung von A. HARNACK) [2]):

---

[1]) Hierher epistola ad Diognetam: c. 4: Der Gottesdienst wird „μυστήριον“
genannt, das „Niemand werde mittheilen“.

[2]) Literatur: Διδαχὴ τῶν Ἀποστόλων ἐκ τοῦ Ἱεροσολυμιτικοῦ χειρογράφου
νῦν πρῶτον ἐκδιδομένη μετὰ προλεγομένων καὶ σημειώσεων, ἐν οἷς καὶ τῆς Συνόψεως
τῆς Π. Δ., τῆς ὑπὸ Ἰωάννου τοῦ Χρυσοστόμου σύγκρισις καὶ μέρος ἀνέκδοτον ἀπὸ
τοῦ αὐτοῦ χειρογράφου ὑπὸ Φιλοθέου Βρυεννίου μητροπολίτου Νικομηδείας. Con-
stantinop. 1883.
HILGENFELD, Nov. test. extra can. rec. etc. 1884. IV.
D. WÜNSCHE, Lehre der 12 Apostel nach der Ausgabe des Metropoliten
Bryennios mit Beifügung des Urtextes etc. Leipzig. 1884.
Die neuentdeckte Lehre der Apostel und die Liturgie. In der Zeitschrift
für kathol. Theol. VIII, S. 400—412.
LUTHARDT, Forschungen zur Geschichte des Kanons. III. 278—319.
O. VON GEBHARDT und A. HARNACK, Texte und Untersuchungen zur Ge-
schichte der altchristlichen Literatur. II. 1. 1. Hälfte.
HARNACK in der Theol. Lit. Zeitung 1886 nro. 12 und 15. „Zur Lehre
der 12 Apostel“.

7. Was aber die T a u f e betrifft, so taufet so: Taufet nachdem ihr obige Lehren (d. h. die moralischen Unterweisungen) vorher mitgetheilt, auf den Namen des Vaters und des Sohnes und des hl. Geistes in f l i e s s e n d e m Wasser. Wenn du aber fliessendes Wasser nicht hast, so taufe in anderem Wasser; wenn kein kaltes da ist, in warmem. Wenn du aber beides nicht hast, so begiesse das Haupt drei Mal mit Wasser auf den Namen des Vaters und des Sohnes und des hl. Geistes. Vor der Taufe aber soll der Täufer und der Täufling fasten und wer es sonst noch vermag. Dem Täufling aber sollst du befehlen, dass er einen oder zwei Tage vorher faste.

8. Euere Fasten sollen nicht so geordnet sein, wie die der Heuchler; denn diese fasten am Montag und Donnerstag. Ihr aber sollt am Mittwoch und Freitag fasten. Auch sollt ihr nicht beten wie die Heuchler, sondern wie der Herr in seinem Evangelium befohlen hat, so betet: Vater Unser (nach Matth. 6).

Dreimal des Tages sollt ihr so beten.

9. Was aber die Eucharistie betrifft, so sollt ihr also danksagen: Erstlich in Bezug auf den Trank:

„Wir danken Dir, unser Vater, für den hl. Weinstock Deines Kindes David, den Du uns durch Dein Kind Jesus offenbar gemacht hast."

„Dir sei Ehre in Ewigkeit!"

In Bezug auf das gebrochene Brod aber:

„Wir danken Dir, unser Vater, für das Leben und die Erkenntniss, die Du uns kund gethan hast durch Dein Kind Jesus."

„Dir sei Ehre in Ewigkeit!"

„Wie dieses gebrochene Brod zerstreut war auf den Hügeln (scil. als Körner) und zusammengeführt und Eins wurde, so möge Deine Kirche zusammengeführt werden von den Enden der Erde in Dein Reich; denn Dein ist die Ehre und Kraft durch Jesus Christus in Ewigkeit!"

Niemand aber esse oder trinke von euerer Eucharistie als die auf den Herrn-Namen Getauften; denn in Bezug hierauf hat der Herr gesagt: Ihr sollt das Heilige nicht den Hunden geben.

10. Nachdem ihr euch aber gesättigt habt, sollt ihr also danken:

„Wir danken Dir, heiliger Vater, für Deinen hl. Namen, dem Du Wohnung bereitet hast in unseren Herzen, und für die Erkennt-

niss und den Glauben und die Unsterblichkeit, die Du uns kund
gethan hast durch Dein Kind Jesus!"

„Dir sei Ehre in Ewigkeit!"

„Du, allmächtiger Herr, hast Alles geschaffen um Deines
Namens willen; Speise und Trank hast Du den Menschen
gegeben zur Niessung, dass sie Dir Dank sagen; uns aber hast
Du gnädig gespendet geistliche Speise und Trank und ewiges
Leben durch Dein Kind. Vor allem danken wir Dir, weil Du
mächtig bist."

„Dir sei Ehre in Ewigkeit!"

„Gedenke Herr, Deiner Kirche, sie herauszuführen aus allem
Uebel und sie zu vollenden in Deiner Liebe, und führe sie zu Hauf
von den vier Winden, sie, die geheiligte, in Dein Reich, welches
Du ihr bereitet hast. Dein ist die Kraft und die Ehre in Ewigkeit!"

„Es komme die Gnade und es schwinde diese Welt dahin!"

„Hosiannah dem Sohne Davids!"

„Wer heilig ist, trete herzu! Wer es nicht ist, der thue Busse.
Maranatha! Amen."

11. Jeder aber, der im Namen des Herrn kommt, der werde
aufgenommen, dann aber sollt ihr ihn prüfen und erkennen, was an
ihm ist; denn ihr sollt Unterscheidungsgabe haben für das Gute und
Böse (σύνεσιν γὰρ ἕξετε δεξιὰν καὶ ἀριστεράν).

Ist der Ankömmling ein Durchreisender, so helft ihm, so viel
ihr könnt. Er wird aber nicht bei euch bleiben, es sei denn zwei
oder drei Tage lang, wenn's nöthig ist.

Wenn er sich aber bei euch niederlassen will als Handwerker,
so soll er arbeiten und essen.

Versteht er aber kein Handwerk, so tragt gemäss euerer verständigen Einsicht Vorsorge (wie es einzurichten), dass kein Arbeits-
loser mit euch als Christ lebe.

Will er sich aber darnach nicht richten, so ist es Einer, der
mit Christus Gewinn treibt. Haltet euch fern von solchen.

12. Wer nun (zu euch) kommt und euch dies Alles, was da eben
gesagt ist, lehrt, den nehmt auf. Wenn aber der Lehrende selber
in Verkehrung eine andere Lehre lehrt, so dass er jenes auflöst,
den höret nicht; lehrt er aber, so dass er Gerechtigkeit und Erkenntniss des Herrn vermehrt, so nehmt ihn auf wie den Herrn.

Betreffs der Apostel und Propheten aber sollt ihr gemäss der
Verfügung des Evangeliums also verfahren:

Jeglicher Apostel der zu euch kommt, werde aufgenommen wie der Herr. Er wird nicht länger bleiben als einen Tag, wenn's nöthig ist, noch einen zweiten; bleibt er drei Tage, so ist er ein Pseudo-Prophet.

Wenn der Apostel wieder auszieht, so nehme er nichts mit sich ausser eine Tagesration Brod; verlangt er Geld, so ist er ein Pseudo-Prophet.

Und jeglichen Propheten, der „im Geiste" redet, den versuchet nicht noch beurtheilt ihn; denn jede Sünde wird vergeben; diese Sünde aber wird nicht vergeben.

13. Jeder wahrhaftige Prophet aber, der sich bei euch niederlassen will, ist seines Unterhaltes werth.

Ebenso ist ein wahrhaftiger Lehrer wie der Arbeiter seines Unterhaltes werth.

Alle Erstlinge nun der Erträge deiner Kelter und Tenne, deiner Rinder und Schafe sollst du nehmen und den Propheten geben; denn sie sind euere Hohenpriester.

Habt ihr aber keinen Propheten bei euch, so gebt's den Armen. Wenn du einen Teig machst, so nimm seinen Anbruch und gib ihn gemäss der Verordnung. Ebenso wenn du ein Wein- oder Oelgefäss öffnest, so nimm den Anbruch und gib ihn den Propheten.

Von Geld aber und Kleidern und jeglichem Besitz nimm die Erstlinge nach deinem Ermessen und gib sie gemäss der Verordnung.

14. Am Herrntage (κατὰ κυριακὴν κυρίου) sollt ihr euch versammeln und das Brod brechen und. Dank sagen, nachdem ihr euere Verfehlungen bekannt habt, damit euer Opfer (sacrificium?) rein sei.

Ein jeder aber, der Streit hat mit seinem Freunde, der trete nicht mit euch zusammen, bis sie sich ausgesöhnt haben, damit nicht euer Opfer profanirt werde.

Darauf bezieht sich das vom Herrn gesprochene Wort: „An jeglichem Ort und zu jeglicher Zeit soll man mir ein reines Opfer darbringen; denn ein grosser König bin ich, spricht der Herr, und mein Name ist wunderbar bei den Völkern."

15. Bestellet euch (χειροτονήσατε) ferner Bischöfe und Diakonen, die würdig sind des Herrn, sanftmüthige und nicht geldgierige, und aufrichtige und erprobte Männer; denn euch leisten auch sie den Dienst der Propheten und Lehrer (ὑμῖν γὰρ λειτουργοῦσιν καὶ αὐτοὶ τὴν λειτουργίαν τῶν προφητῶν καὶ διδασκάλων).

Verachtet sie also nicht; denn sie sind die Geehrten (τετιμημένοι) unter euch zusammen mit den Propheten und Lehrern.

Ueberführet einander, nicht in Zorn, sondern in Frieden, wie ihr es in dem Evangelium findet, und so einer an seinem Nächsten sich verfehlt hat, so spreche Niemand mit ihm, noch höre er ein Wort von euch, bis er seinen Sinn geändert hat.

Euere Gebete aber und Almosen und alles, was ihr thut, thut so, wie ihr es in dem Evangelium unseres Herrn findet.

16. Wachet über euerem Leben; euere Leuchten sollen nicht verlöschen und euere Lenden sollen nicht schlaff werden, sondern seid bereit; denn ihr kennet die Stunde nicht, in welcher unser Herr kommt.

Häufig aber sollt ihr euch vereinigen und nach dem suchen, was eueren Seelen Noth ist; denn nichts wird euch die ganze (bisherige) Zeit eueres Glaubens nützen, wenn ihr nicht in der letzten Zeit vollkommen geworden seid.

Denn in den letzten Tagen werden die Pseudopropheten und die Verderber sich vermehren und werden die Schafe in Wölfe verkehren, und die Liebe wird sich in Hass verkehren. Denn wenn die Ungerechtigkeit überhand nehmen wird, werden sie einander hassen und verfolgen und überantworten, und dann wird erscheinen der Weltverführer, als wäre er der Sohn Gottes, und wird Zeichen und Wunder thun, und die Erde wird in seine Hände überantwortet werden, und er wird Frevelhaftes thun, solches, was niemals geschehen ist seit Anbeginn der Zeit.

Dann wird die Schöpfung der Menschen (d. h. alle Menschen) in das Feuer der Bewährung kommen und viele werden ein Aergerniss nehmen und verloren gehen. Die aber ausharren in ihrem Glauben werden gerettet werden (σωθήσονται ὑπ' αὐτοῦ τοῦ καταθέματος).

Und dann werden erscheinen die Zeichen der Wahrheit: erstens das Zeichen, dass sich der Himmel aufthut; dann das Zeichen des Posaunenstosses und drittens die Auferstehung der Todten, jedoch nicht Aller, sondern wie da gesagt ist: Kommen wird der Herr und alle Heiligen mit ihm. Dann wird die Welt den Herrn kommen sehen auf den Wolken des Himmels.

Aber nicht jeder, der „im Geiste" redet, ist ein Prophet, sondern nur wer das Betragen des Herrn aufweist. An dem Betragen also wird der Pseudo-Prophet und der Prophet erkannt.

Kein Prophet, der „im Geiste" (redend) eine Mahlzeit bestellt, isst von derselben, er sei denn ein Pseudo-Prophet. Jeder Prophet ferner, der die Wahrheit lehrt, ist, wenn er, was er lehrt, nicht thut, ein Pseudo-Prophet. Aber jeglicher Prophet, erprobt und wahrhaftig, der da handelt in Hinsicht auf das Geheimniss der Kirche hienieden, dabei aber die Anderen nicht lehrt zu thun, was er selbst thut — der soll bei euch nicht gerichtet werden; denn bei Gott steht sein Gericht; denn ebenso haben auch die alten Propheten gehandelt.

Wer aber „im Geiste" sagt: gib mir Geld oder etwas Anderes, den höret nicht; wenn er aber von Gaben in Bezug auf andere Nothleidende spricht, so soll Niemand ihn richten.

5. Den Abschluss bildet JUSTIN DER MÄRTYRER († 166 p. Chr.), dessen Apologie (c. 139) ein vollständiges Bild von dem Gottesdienste der damaligen Christen gibt. Die Stelle (cap. 65—67) lautet:

a)[1]) Ἡμεῖς δὲ μετὰ τὸ οὕτως λοῦσαι τὸν πεπεισμένον καὶ συγκατατεθειμένον ἐπὶ τοὺς λεγομένους ἀδελφοὺς ἄγομεν ἔνθα συνηγμένοι εἰσί, κοινὰς εὐχὰς ποιησόμενοι ὑπέρ τε ἑαυτῶν καὶ τοῦ φωτισθέντος καὶ ἄλλων πανταχοῦ πάντων εὐτόνως, ὅπως καταξιωθῶμεν τὰ ἀληθῆ μαθόντες καὶ δι' ἔργων ἀγαθοὶ πολιτευταὶ καὶ φύλακες τῶν ἐντεταλμένων εὑρεθῆναι, ὅπως τὴν αἰώνιον σωτηρίαν σωθῶμεν.

b) Ἀλλήλους φιλήματι ἀσπαζόμεθα παυσάμενοι τῶν εὐχῶν.

c) Ἔπειτα προσφέρεται τῷ προεστῶτι τῶν ἀδελφῶν ἄρτος καὶ ποτήριον ὕδατος καὶ κράματος, καὶ οὗτος λαβών, αἶνον καὶ δόξαν τῷ πατρὶ τῶν ὅλων διὰ τοῦ ὀνόματος τοῦ υἱοῦ καὶ τοῦ πνεύματος τοῦ ἁγίου, ἀναπέμπει καὶ εὐχαριστίαν ὑπὲρ τοῦ κατηξιῶσθαι τούτων παρ' αὐτοῦ ἐπὶ πολὺ (ausführlich?) ποιεῖται· οὗ συντελέσαντος τὰς εὐχὰς καὶ τὴν εὐχαριστίαν, πᾶς ὁ παρὼν λαὸς ἐπευφημεῖ λέγων Ἀμήν. Τὸ δὲ Ἀμὴν τῇ Ἑβραΐδι φωνῇ „τὸ γένοιτο" σημαίνει.

d) Εὐχαριστήσαντος τοῦ προεστῶτος, καὶ ἐπευφημήσαντος παντὸς τοῦ λαοῦ οἱ καλούμενοι παρ' ἡμῖν διάκονοι διδόασιν ἑκάστῳ τῶν παρόντων μεταλαβεῖν ἀπὸ τοῦ εὐχαριστηθέντος ἄρτου καὶ οἴνου καὶ ὕδατος, καὶ τοῖς οὐ παροῦσιν ἀποφέρουσιν. Καὶ ἡ τροφὴ αὕτη καλεῖται παρ' ἡμῖν εὐχαριστία, ἧς οὐδενὶ ἄλλῳ μετασχεῖν ἐξόν ἐστιν, ἢ τῷ πιστεύοντι ἀληθῆ εἶναι τὰ δεδιδαγμένα ὑφ' ἡμῶν, καὶ λουσαμένῳ τὸ ὑπὲρ ἀφέσεως ἁμαρτιῶν καὶ εἰς ἀναγέννησιν λουτρὸν καὶ οὕτως βιοῦντι ὡς ὁ Χριστὸς παρέδωκεν. Οὐ γὰρ ὡς κοινὸν ἄρτον οὐδὲ κοινὸν πόμα ταῦτα λαμβάνομεν, ἀλλ' ὃν τρόπον διὰ λόγου Θεοῦ σαρκοποιηθεὶς Ἰησοῦς Χριστὸς ὁ σωτὴρ ἡμῶν καὶ σάρκα

---

[1]) Beschreibt die missa fidelium, in welche eben der Neugetaufte eingeführt wird.

καὶ αἷμα ὑπὲρ σωτηρίας ἡμῶν ἔσχεν, οὕτως καὶ τὴν δι' εὐχῆς λόγου τοῦ παρ' αὐτοῦ εὐχαριστηθεῖσαν τροφήν ἐξ ἧς αἷμα καὶ σάρκες κατὰ μεταβολήν τρέφονται ἡμῶν, ἐκείνου τοῦ σαρκοποιηθέντος Ἰησοῦ καὶ σάρκα καὶ αἷμα ἐδιδάχθημεν εἶναι. Οἱ γὰρ ἀπόστολοι ἐν τοῖς γενομένοις ὑπ' αὐτῶν ἀπομνημονεύμασιν, ἃ καλεῖται εὐαγγέλια, οὕτως παρέδωκαν ἐντετάλθαι αὐτοῖς τὸν Ἰησοῦν, λαβόντα ἄρτον εὐχαριστήσαντα εἰπεῖν τοῦτο ποιεῖτε εἰς τὴν ἀνάμνησίν μου, τουτέστι τὸ σῶμά μου· καὶ τὸ ποτήριον ὁμοίως λαβόντα καὶ εὐχαριστήσαντα εἰπεῖν Τοῦτό ἐστιν αἷμά μου· καὶ μόνοις αὐτοῖς μεταδοῦναι. Ὅπερ καὶ ἐν τοῖς τοῦ Μίθρα μυστηρίοις παρέδωκαν γίνεσθαι μιμησάμενοι οἱ πονηροὶ δαίμονες· ὅτι γὰρ ἄρτος καὶ ποτήριον ὕδατος τίθεται ἐν ταῖς τοῦ μυουμένου τελεταῖς μετ' ἐπιλόγων τινῶν, ἢ ἐπίστασθε ἢ μαθεῖν δύνασθε. Ἡμεῖς δὲ μετὰ ταῦτα λοιπὸν ἀεὶ τούτων ἀλλήλους ἀναμιμνήσκομεν, καὶ οἱ ἔχοντες τοῖς λειπομένοις πᾶσιν ἐπικουροῦμεν, καὶ σύνεσμεν ἀλλήλοις ἀεί. Ἐπὶ πᾶσί τε οἷς προσφερόμεθα εὐλογοῦμεν τὸν ποιητὴν τῶν πάντων διὰ τοῦ υἱοῦ αὐτοῦ Ἰησοῦ Χριστοῦ καὶ διὰ πνεύματος τοῦ ἁγίου.

e) Καὶ τῇ τοῦ ἡλίου λεγομένῃ ἡμέρᾳ πάντων κατὰ πόλεις ἢ ἀγροὺς μενόντων ἐπὶ τὸ αὐτὸ συνέλευσις γίνεται, καὶ τὰ ἀπομνημονεύματα [1]) τῶν ἀποστόλων ἢ τὰ συγγράμματα τῶν προφητῶν ἀναγινώσκεται μέχρις ἐγχωρεῖ [2]).

f) Εἶτα παυσαμένου τοῦ ἀναγινώσκοντος ὁ προεστὼς διὰ λόγου τὴν νουθεσίαν καὶ πρόκλησιν τῆς τῶν καλῶν τούτων μιμήσεως ποιεῖται.

g) Ἔπειτα ἀνιστάμεθα κοινῇ πάντες καὶ εὐχὰς πέμπομεν.

h) καί, ὡς προέφημεν, παυσαμένων ἡμῶν τῆς εὐχῆς ἄρτος προσφέρεται καὶ οἶνος καὶ ὕδωρ, καὶ ὁ προεστὼς εὐχὰς ὁμοίως καὶ εὐχαριστίας, ὅση δύναμις αὐτῷ, ἀναπέμπει καὶ ὁ λαὸς ἐπευφημεῖ λέγων τὸ ἀμήν.

Καὶ ἡ διάδοσις καὶ ἡ μετάληψις ἀπὸ τῶν εὐχαριστηθέντων ἑκάστῳ γίνεται καὶ τοῖς οὐ παροῦσι διὰ τῶν διακόνων πέμπεται.

Οἱ εὐποροῦντες δὲ καὶ βουλόμενοι κατὰ προαίρεσιν ἕκαστος τὴν ἑαυτοῦ ὃ βούλεται δίδωσι, καὶ τὸ συλλεγόμενον παρὰ τῷ προεστῶτι ἀποτίθεται, καὶ αὐτὸς ἐπικουρεῖ ὀρφανοῖς τε καὶ χήραις, καὶ τοῖς διὰ νόσον ἢ δι' ἄλλην αἰτίαν λειπομένοις, καὶ τοῖς ἐν δεσμοῖς οὖσι, καὶ τοῖς παρεπιδήμοις οὖσι ξένοις, καὶ ἁπλῶς πᾶσι τοῖς ἐν χρείᾳ οὖσι κηδεμὼν γίνεται.

i) Τὴν δὲ τοῦ ἡλίου ἡμέραν κοινῇ πάντες τὴν συνέλευσιν ποιούμεθα, ἐπειδὴ πρώτη ἐστὶν ἡμέρα, ἐν ᾗ ὁ θεὸς τὸ σκότος καὶ τὴν ὕλην τρέψας κόσμον ἐποίησε, καὶ Ἰησοῦς Χριστὸς ὁ ἡμέτερος σωτὴρ τῇ αὐτῇ ἡμέρᾳ ἐκ νεκρῶν ἀνέστη τῇ γὰρ πρὸ τῆς κρονικῆς ἐσταύρωσαν αὐτὸν καὶ τῇ μετὰ τὴν κρονικήν, ἥτις ἐστὶν ἡλίου ἡμέρα, φανεὶς τοῖς ἀποστόλοις αὐτοῦ καὶ μαθηταῖς ἐδίδαξε ταῦτα, ἅπερ εἰς ἐπίσκεψιν καὶ ὑμῖν ἀνεδώκαμεν.

---

[1]) Die Evangelien.
[2]) „So lang Zeit und Umstände es gestatten" (nicht Perikopen). Mozarab. Lit.

b. Die principielle Auffassung des Cultus

ist im Ganzen dieselbe, wie in der apostolischen Zeit; der Gottesdienst fällt zwar unter den Gesichtspunkt des Bekenntnisses und Zeugnisses, insbesondere die Feier des hl. Abendmahles, wird aber so wenig als eine vor Gott verdienstliche oder an sich, ex opere operato, werthvolle und nothwendige Leistung angesehen, dass nach dem Berichte des Plinius die Christen in Folge des kaiserlichen Decrets gegen die Hetärien ihre Abendversammlungen ausgesetzt haben. Auch jetzt erscheint der Gottesdienst als spontane Lebensäusserung des Glaubens, als ein „πνευματικῶς λειτουργεῖν“, als Ausdruck der Selbsthingabe nach Röm. 12, 1. 2 und des Herzensgebetes, welch' letztere die eigentlichen Opfer sind, welche die Christen Gott darbringen[1]); Ziel des Cultus ist die οἰκοδομή im ethischen (Plinius: seque sacramento non in scelus aliquod obstringere sed ne furta, ne latrocinia, ne adulteria committerent etc. Justin „ὅπως καταξιωθῶμεν τὰ ἀληθῇ μαθόντες καὶ δι᾿ ἔργων ἀγαθοὶ πολιτευταὶ καὶ φύλακες τῶν ἐντεταλμένων εὑρεθῆναι, ὅπως τὴν αἰώνιον σωτηρίαν σωθῶμεν“) und religiösen (Irenäus: Zweck des Abendmahlsgenusses ἵνα — τῆς ἀφέσεως τῶν ἁμαρτιῶν καὶ τῆς ζωῆς αἰωνίου τύχωσιν) Sinne. — Subject des Gottesdienstes ist die Gemeinde als die „würdigen Priester“ (Justin), als die „freien Kinder Gottes“: wohl liegt die Leitung immer ausschliesslicher in der Hand des προεστώς, des ἐπίσκοπος, aber nicht etwa desswegen, weil derselbe vermöge seines Amtes oder kraft einer diesem Amte als solchen verliehenen göttlichen Vollmacht in den Augen der Gemeinde der allein zur formellen Leitung des Gottesdienstes Berechtigte gewesen wäre, sondern im Interesse der Ordnung und der Pietät gegen die apostolische Ueberlieferung. Schien diese doch wie die Stetigkeit und Gleichförmigkeit der Entwickelung am besten gesichert, wenn sie an das Amt gebunden war, dem überhaupt die Ordnung des Gemeindelebens oblag und das als Vertrauensamt nur Männern übertragen wurde, deren Charaktereigenschaften und Lebensalter einigermassen die Garantie dafür bot, dass sie als das verkörperte Gewissen und als Träger der apostolischen Tradition ihres Amtes walteten, Diener und Beauftragte zwar der empirischen Gemeinde, aber Organe des heiligen Geistes, oder Repräsentanten

---

[1]) Irenaeus spricht von einer „νέα προσφορά“, welche die Christen darbringen, aber diese ihre Opfer sind die Gebete der Heiligen Apoc. 5, 8; ihr Selbst Röm. 12, 1. 2. das Lobopfer als Frucht der Lippen Hebr. 13, 15 „ἡ προσφορὰ τῆς εὐχαριστίας οὐκ ἔστι σαρκική, ἀλλὰ πνευματικὴ καὶ ἐν τούτῳ καθαρά.“ — „οἱ οὖν ταύτας τὰς προσφορὰς ἐν τῇ ἀναμνήσει τοῦ κυρίου ἄγοντες οὐ τοῖς τῶν Ἰουδαίων δόγμασι προσέρχονται ἀλλὰ πνευματικῶς λειτουργοῦντες τῆς σοφίας υἱοὶ κληθήσονται.“

der idealen Gemeinde („würdig des Herrn", „erprobt", „aufrichtig", Διδ. τ. 'Αποστ.).

Subject der Erbauung sind nach der Lehre der Apostel in erster Linie immer noch die Propheten und Apostel, d. h. die charismatisch Ausgerüsteten, sofern sie als unmittelbare Organe des hl. Geistes, der die Gemeinde erbaut und in alle Wahrheit leitet, gelten. Die Thatsache freilich, dass mit dem Prophetentitel und mit dem Reden im Geist vielfacher Missbrauch getrieben worden, nöthigte zur Aufstellung gewisser Maximen, nach welchen die aus den ab- und zureisenden Propheten redenden Geister geprüft werden sollen, ob sie aus Gott seien oder nicht (cf. Διδ. τ. 'Απ. c. 11 ff.); naturgemäss wurde diese Prüfung in erster Linie den Organen zugewiesen, welche überhaupt über die Ordnung des Gemeindelebens in Lehre und Cultus zu wachen hatten: die Inhaber des Amtes wurden gleichsam die Träger und Organe der legitimirten und als göttlich bewährten Geistesoffenbarung gegenüber derjenigen, die sich erst als göttliche zu bewähren hatte. In Ermangelung von charismatisch Begabten konnten sie also auch den Dienst der Propheten und Lehrer ausserordentlicher Art leisten (c. 15), sofern sie nur streng an die bewährte und allgemein anerkannte Geistesoffenbarung sich hielten, wie dieselbe in den Briefen der Apostel und Väter, und in den hl. Schriften fixirt war. Als die ausserordentliche Gabe immer seltener wurde und ganz verlöschte, war es am natürlichsten, dass die Aufgabe der Lehre, des Erbauens, ordentlicher Weise an die Inhaber des Aufsichtsamtes überging, aber wiederum nicht, weil sie für kraft ihres Amtes gleichsam Inspirirte, für unmittelbare Organe des hl. Geistes gegolten hätten, wie die „Propheten" und „Apostel", sondern weil sie die zuverlässigsten Träger der überlieferten apostolischen Lehre waren und, mit der Aufsicht über Lehre und Leben schon vorher betraut, die Garantie boten, dass sie selbst bei der bewährten Lehre bleiben werden — also als Organe der genuinen Ueberlieferung und als treue Interpreten der Offenbarungsschriften. Das eigentliche Subject der Erbauung waren also nicht sie selbst, sondern der durch die hl. Schriften zur Gemeinde redende hl. Geist, dessen Ermahnungen der Vorsteher nur auf die Gemeinde applicirte (Justin: „διὰ λόγου τὴν νουθεσίαν καὶ πρόκλησιν τῆς τῶν καλῶν τούτων μιμήσεως ποιεῖται" s. o.): nicht inspirirte Personen, sondern der als Autor der hl. Schrift gedachte Geist Gottes ist die eigentliche Stimme der Erbauung; an die Stelle der Propheten tritt das inspirirte Schriftwort.

Ebenso ist bei der Eucharistie der προεστώς, der ἐπίσκοπος nur der Träger der Ordnung und das Organ der treuen Ueberlieferung: Subject der eucharistischen Gnade ist (wie Subject der οἰκοδομή) der hl. Geist (Irenaeus: „προσφέρομεν γάρ τῷ θεῷ τὸν ἄρτον καὶ τὸ ποτήριον τῆς εὐλογίας εὐχαριστοῦντες αὐτῷ, ὅτι τῇ γῇ ἐκέλευσεν ἐκφῦσαι τοὺς καρποὺς τούτους εἰς τροφὴν ἡμετέραν, καὶ ἐνταῦθα τὴν προσφορὰν τελέσαντες ἐκκαλοῦμεν τὸ πνεῦμα τὸ ἅγιον, ὅπως ἀποφήνῃ τὴν θυσίαν ταύτην καὶ τὸν ἄρτον σῶμα τοῦ Χριστοῦ καὶ τὸ ποτήριον τὸ αἷμα τοῦ Χριστοῦ, ἵνα οἱ μεταλαβόντες τούτων τῶν ἀντιτύπων τῆς ἀφέσεως τῶν ἁμαρτιῶν καὶ τῆς ζωῆς αἰωνίου τύχωσιν), bezw. der Herr selbst: der Gottesdienst ist unmittelbares Handeln der Gemeinde als des Volks von Priestern mit dem Herrn in Gebet und Selbsthingabe (nicht durch den Vorsteher oder Bischof, sondern mit dem Vorsteher und Bischof an der Spitze) und unmittelbares Handeln Gottes mit der Gemeinde durch Wort und Sacrament als die Organe des hl. Geistes.

c. Ordnung des Gottesdienstes.

Der Tag des Gottesdienstes ist nunmehr allgemein der erste Wochentag, der Sonntag, der Tag des Herrn, der Tag Seiner glorreichen Auferstehung.

Barnab. Epist. c. 15 „Διὸ καὶ ἄγομεν τὴν ἡμέραν τὴν ὀγδόην, ἐν ᾗ καὶ Ἰησοῦς ἀνέστη ἐκ τῶν νεκρῶν καὶ φανερωθεὶς ἀνέβη εἰς τοὺς οὐρανούς.

Ignatius, Ep. ad Magnes. c. 9: „Εἰ οὖν παλαίοις γράμμασιν ἀναστραφέντες εἰς καινότητα ἐλπίδος ἦλθον μηκέτι σαββατίζοντες, ἀλλὰ κατὰ κυριακὴν ζωὴν ζῶντες, ἐν ᾗ καὶ ζωὴ ἡμῶν ἀνέτειλεν δι' αὐτοῦ.

Plinius a. a. O. (s. o.) „stato die".

Justinius M. Apol. s. o. i, „Τὴν δὲ τοῦ ἡλίου ἡμέραν". — —

Was den Ort des Gottesdienstes betrifft, so erhellt aus der Schilderung Justins, dass die Versammlungen in einem grösseren gemeinschaftlichen Locale stattfanden und dass die Plätze nach bestimmten Gesichtspunkten vertheilt waren. Ueber die innere Ausstattung fehlen uns bestimmte Anhaltspunkte; aus Apoc. 11, 1. 2, wo das himmlische Heiligthum in θυσιαστήριον, ναὸς, αὐλὴ ἡ ἔξωθεν zerfällt, auf die Dreitheiligkeit der christlichen Versammlungslokale schliessen zu wollen, scheint schon darum gewagt, weil das nachapostolische Zeitalter sich in gottesdienstlicher Hinsicht viel weniger an den Tempeldienst, als an die Erbauungsformen der Synagoge anlehnte, das Vorbild des ersteren erst von da an bestimmend auf den Cultus einwirkte, als man denselben im Zusammenhang mit dem neuaufkommenden Priester- und Opferbegriff als neuen Opferdienst aufzufassen anfing.

Was den Verlauf des Gottesdienstes betrifft, so lässt der Bericht des Plinius noch deutlich das Bild der apostolischen Zeit erkennen: es finden zwei zeitlich geschiedene Versammlungen statt („ante lucem" und „ad capiendum cibum"), eine Frühversammlung, welche der gegenseitigen Erbauung gewidmet war, und eine Abendversammlung, ohne Zweifel zur Feier der Eucharistie. Das von Plinius berührte kaiserliche Decret veranlasste die Christen, die gesonderte Abendversammlung einzustellen und die Feier der Eucharistie mit der allgemeinen Erbauungsversammlung zu verbinden; letzteres war um so natürlicher, als auch diese Versammlung unter dem Druck der Christenverfolgung den Charakter geschlossener Intimität angenommen hatte, der Kreis, der an der Einen theil nahm, zusammenfiel mit dem Kreis, welcher die Eucharistie feierte. So finden wir bei Justin nur noch Einen Gottesdienst, der dafür in zwei Abtheilungen zerfiel, von welchen die erste vorwiegend der Erbauung, die zweite der Feier der Eucharistie gewidmet war. Der

erste Theil

wird eingeleitet durch

1. Psalmengesang

(Plinius: „carmenque Christo quasi deo dicere invicem"; Justin spricht nicht ausdrücklich davon. „invicem" — ob dieser Ausdruck auf epiphonische, hypophonische oder antiphonische Vortragsweise deutet? Eusebius, Hist. eccl. II, 17, § 13 gibt eine Beschreibung von den Abendversammlungen der Therapeuten, in welcher er viele Berührungspunkte mit dem findet, wie es die Christen in ihren Versammlungen hielten. Wäre es gestattet, von diesem Bilde zurückzuschliessen auf die Versammlungen der Christen, so würde das „carmen dicere invicem" überraschend illustrirt durch folgende Stelle (vgl. A. HARNACK, „Therapeuten" in Herzogs R. E. B. 15. S. 546):

„Καὶ ἔπειτα ὁ πρόεδρος ἀναστὰς ὕμνον ᾄδει πεποιημένον εἰς τὸν θεὸν ἢ καινὸν αὐτὸς πεποιηκὼς ἢ ἀρχαῖόν τινα τῶν πάλαι ποιητῶν .... Μεθ' ὃν καὶ οἱ ἄλλοι κατὰ τάξεις ἐν κόσμῳ προσήκοντι, πάντων κατὰ πολλὴν ἡσυχίαν ἀκροωμένων, πλὴν ὁπότε τὰ ἀκροτελεύτια (Schlussworte) καὶ ἐφύμνια (Refrain?) ᾄδειν δέοι· τότε γὰρ ἐξηχοῦσι πάντες τε καὶ πᾶσαι .... Ἄγεται δὲ ἡ παννυχὶς (μετὰ τὸ δεῖπνον) τὸν τρόπον τοῦτον· ἀνίστανται πάντες ἀθρόοι („in geschlossener Reihe") καὶ κατὰ μέσον τὸ συμπόσιον δύο γίγνονται τὸ πρῶτον χοροί, ὁ μὲν ἀνδρῶν, ὁ δὲ γυναικῶν. Ἡγεμὼν δὲ καὶ ἔξαρχος αἱρεῖται καθ' ἑκάτερον ἐντιμότατός τε καὶ ἐμμελέστατος· εἶτα ᾄδουσι πεποιημένους εἰς τὸν θεὸν ὕμνους πολλοῖς μέτροις (rhythmisch mannigfaltige Hymnen) καὶ μέλεσι [ᾠδή das gesungene opp. gesprochene Lied, μέλος das Lied, sofern es vollständige Tonsetzung erhalten hat; νόμος das melodisch-rhythmische Gefüge]; (Melodien), τῇ μὲν συνηχοῦντες, τῇ δὲ ἀντιφώνοις ἁρμονίαις ἐπιχειρονομοῦντες καὶ ἐπορχούμενοι (den einen im Einklang mitsingend, den andern mit Gegenmelodien unter Pantomimen und Tanz beantwortend).

Hierauf folgt

2. Die Schriftlesung und zwar nur Eine, entweder aus den Evangelien oder aus den Schriften der Propheten, deren Dauer nicht festbestimmt war, sondern von Zeit und Umständen abhing.

Justin M. s. o. „τὰ ἀπομνημονεύματα τῶν ἀποστόλων ἢ τὰ συγγράμματα τῶν προφητῶν ἀναγινώσκεται μέχρις ἐγχωρεῖ (so weit es angeht", wohl nicht mit Daniel „quoad licet", was schon auf bestimmte Anordnung bezüglich der Grösse des Abschnitts weisen würde); vgl. Ignatius ad Philad. c. 5 „προσφυγὼν τῷ εὐαγγελίῳ ὡς σαρκὶ Ἰησοῦ Χριστοῦ καὶ τοῖς ἀποστόλοις ὡς πρεσβυτερίῳ ἐκκλησίας. καὶ τοὺς προφήτας δὲ ἀγαπῶ ὡς Χριστὸν καταγγείλαντας, ὡς τοῦ αὐτοῦ πνεύματος μετασχόντας οὗ καὶ οἱ ἀπόστολοι. Ignat. ad Smyrn. c. 7 wird unterschieden „νόμος, προφήτης, εὐαγγελισάμενος" (passt besser in die folgende Periode).

An die (wohl) einem der διάκονοι übertragene Schriftlesung schliesst sich an die

3. Ansprache des Vorsteher's, welche unmittelbar an das Gelesene anknüpfte, vorwiegend paränetischen Charakter trug und so nichts anderes sein wollte, als die praktische Anwendung und Auslegung des Schriftwortes („εἶτα παυσαμένου τοῦ ἀναγινώσκοντος ὁ προεστὼς διὰ λόγου τὴν νουθεσίαν καὶ πρόκλησιν τῆς τῶν καλῶν τούτων μιμήσεως ποιεῖται).

Darauf erhebt sich die ganze Gemeinde zu dem

4. Gebet, dem allgemeinen (entsprechend der Stelle 1 Tim. 2, 1) sicherlich reich und mannigfaltig gegliederten, die Bedürfnisse und Anliegen der Gemeinde und der Kirche in Bitte und Fürbitte zum Ausdruck bringenden Kirchengebete (ἔπειτα ἀνιστάμεθα [1])

---

[1] Irenäus: „τὸ δὲ ἐν κυριακῇ μὴ κλίνειν γόνυ, σύμβολόν ἐστι τῆς ἀναστάσεως, δι' ἧς τῇ τοῦ Χριστοῦ χάριτι τῶν τε ἁμαρτημάτων καὶ τοῦ ἐπ' αὐτῶν τε θανατουμένου θανάτου ἠλευθερώθημεν· ἐκ τῶν ἀποστολικῶν χρόνων ἡ τοιαύτη συνήθεια ἔλαβε τὴν ἀρχήν". (Fragm. über d. Passah. HARNACK a. a. O. 847.)

κοινῇ πάντες καὶ εὐχὰς πέμπομεν"; a) „κοινὰς εὐχὰς ποιησόμενοι ὑπέρ τε ἑαυτῶν καὶ τοῦ φωτισθέντος καὶ ἄλλων πανταχοῦ πάντων εὐτόνως [anhaltend, eifrig], ὅπως καταξιωθῶμεν τὰ ἀληθῆ μαθόντες καὶ δι' ἔργων ἀγαθοὶ πολιτευταὶ καὶ φύλακες τῶν ἐντεταλμένων εὑρεθῆναι, ὅπως τὴν αἰώνιον σωτηρίαν σωθῶμεν). — Hier würde sich das dem Abschnitt c. 59—61 der Ep. I. ad Corinth des Clem. Rom. zu Grund liegende Kirchengebet der römischen Gemeinde einfügen (S. 20).

Unmittelbar darauf (also ohne scharfe Scheidung der beiden Theile des Gottesdienstes) folgt der
zweite Theil
die Eucharistie, eingeleitet durch

1. den **Friedenskuss** als das Zeichen, durch welches die Gemeinde sich darstellt als eine Gemeinschaft von Brüdern.

Justin M. s. o. b. „Ἀλλήλους φιλήματι ἀσπαζόμεθα παυσάμενοι τῶν εὐχῶν". Διδ. τ. Ἀπ. c. 14. s. o.

Dann folgt die

2. **Zurüstung und Aufstellung der Gaben** (durch die Diakonen) „ἄρτος προσφέρεται καὶ οἶνος καὶ ὕδωρ (b. „καὶ ποτήριον ὕδατος καὶ κράματος"; cf. Iren. V, 2 „κεκραμένον ποτήριον").

3. Ueber den Abendmahlsgaben spricht der Vorsteher ein dreifach gegliedertes **Lob- und Dankgebet** (Justin. s. b. καὶ οὕτως λαβὼν αἶνον καὶ δόξαν τῷ πατρὶ τῶν ὅλων διὰ τοῦ ὀνόματος τοῦ υἱοῦ καὶ τοῦ πνεύματος, τοῦ ἁγίου ἀναπέμπει) [1]) für die göttlichen Wohlthaten der Schöpfung Erlösung und Heiligung, das den Charakter der Benediction (εὐλογία) trägt [2]), und für welches wir — cum grano salis — das ausnehmend schöne, würdige, prägnante Abendmahls- (Tisch-) Gebet der Διδαχὴ τῶν Ἀποστόλων vielleicht hier einsetzen dürfen, mit dem bekräftigenden Amen der Gemeinde („καὶ ὁ λαὸς ἐπευφημεῖ λέγων τὸ ἀμήν"):

Zum Kelch („καὶ οὗτος λαβών"):

„Wir danken Dir, unser Vater, für den heiligen Weinstock Deines Kindes David, den Du uns durch Dein Kind Jesus offenbar gemacht hast.

Dir sey Ehre in Ewigkeit!

Gemeinde: Amen.

---

[1]) Irenaeus: „προσφέρομεν γὰρ τῷ θεῷ τὸν ἄρτον καὶ τὸ ποτήριον τῆς εὐλογίας εὐχαριστοῦντες αὐτῷ, ὅτι τῇ γῇ ἐκέλευσεν ἐκφῦσαι τοὺς καρποὺς τούτους εἰς τροφὴν ἡμετέραν."

[2]) und dem an dieser Stelle stehenden Gebet beim Passah („Gesegnet seist Du") entpricht.

Zum Brod [1]):

„Wir danken Dir, unser Vater, für das Leben und die Erkenntniss, die Du uns kund gethan hast durch Dein Kind Jesus."

Dir sey Ehre in Ewigkeit!

Gemeinde: Amen.

(„εὐχή".)

„Wie dies gebrochene Brod zerstreuet war auf den Hügeln und zusammengeführt und Eins wurde, so möge Deine Kirche zusammengeführt werden von den Enden der Erde in Dein Reich."

(Doxologie:) „Denn Dein ist die Ehre und die Kraft durch Jesus Christus!"

Gemeinde: Amen.

4. Dem Benedictionsgebete folgt das — im weiteren Sinne so von uns genannte — Consecrationsgebet („καὶ εὐχαριστίαν ὑπὲρ τοῦ κατηξιῶσθαι τούτων"), das die Einsetzungsworte enthält und durch die Anrufung des hl. Geistes [2]) die Gaben in Beziehung setzt zum Versöhnungstod Jesu.

5. Sodann folgt Austheilung und Empfangnahme der gesegneten Gaben (καὶ ἡ διάδοσις καὶ ἡ μετάληψις ἀπὸ τῶν εὐχαριστηθέντων ἑκάστῳ γίνεται), die auch den Abwesenden gebracht werden (καὶ τοῖς οὐ παροῦσι διὰ τῶν διακόνων πέμπεται). Da die Diakonen die Elemente austheilen, ist anzunehmen, dass die Communicanten in ihren Plätzen verbleiben: die Diakonen bringen einem jeden die Gaben, der Empfänger nimmt Brod und Kelch in die Hand.

Die Διδαχὴ τ. 'Α. gibt noch ein Schlussgebet, das hier n a c h dem Spendeact fällt, aber unschwer die Elemente und Ansätze für die später unmittelbar demselben vorausgehenden Gebete erkennen lässt.

(Dank.)

Wir danken Dir, heiliger Vater, für Deinen heiligen Namen, dem Du Wohnung bereitet hast in unseren Herzen, und für die Erkenntniss, und für den Glauben, und für die Unsterblichkeit, die Du uns kund gethan hast durch Dein Kind Jesus!

Dir sei Ehre in Ewigkeit!

Gemeinde: Amen.

Du, allmächtiger Gott, hast alles geschaffen um Deines Namens willen!

---

[1]) Bei Justin nach 1 Cor. 11, 23 erst Brod, dann Kelch!

[2]) Irenaeus: „ἐπικαλοῦμεν τὸ πνεῦμα τὸ ἅγιον, καὶ ἀποφήνῃ τὴν θυσίαν ταύτην ὅπως τὸν ἄρτον σῶμα τοῦ Χριστοῦ καὶ τὸ ποτήριον τὸ αἷμα τοῦ Χριστοῦ, ἵνα οἱ μεταλαβόντες τούτων τῶν ἀντιτύπων τῆς ἀφέσεως τῶν ἁμαρτιῶν καὶ τῆς ζωῆς αἰωνίου τύχωσιν."

Speise und Trank hast Du den Menschen gegeben zur Niessung, dass wir Dir Dank sagen!

Uns aber hast Du gnädig gespendet geistliche Speise und Trank und ewiges Leben durch Dein Kind!

Vor allem danken wir Dir, weil Du mächtig bist!

Dir sei Ehre in Ewigkeit!

Gemeinde: Amen.

(Bitte.)

Gedenke, Herr, Deiner Kirche, sie herauszuführen aus allem Uebel und sie zu vollenden in Deiner Liebe — und führe sie zu Hauf' von den vier Winden, sie die geheiligte, in Dein Reich, welches Du ihr bereitet hast!

Dein ist die Kraft und die Ehre in Ewigkeit!

Gemeinde: Amen.

Es komme die Gnade und schwinde diese Welt dahin!

Hosanna dem Sohne Davids!

Wer heilig ist, trete herzu, wer es nicht ist, der thue Busse! Maranatha!

Gemeinde: Amen.

Zu beachten ist der schöne Parallelismus der beiden Gebete sowohl in der Anordnung des Ganzen, wie im Einzelnen!

Sinnig und bezeichnend ist, dass die später unmittelbar die Wandlung einleitenden Worte „Hosanna" hier nach der Spendung kommen: denn nicht dem eucharistischen Christus gilt der heilige Gruss, sondern dem Christus der Hoffnung, der kommt (der Parusie); seines Kommens Angeld ist die sacramentale Gabe. Die letzten Worte sind liturgische Auseinanderlegung des „bis dass er kommt" 1 Cor. 11, 26.

Zweiter Abschnitt.

Der christliche Gottesdienst in der altkatholischen Kirche.

HÖFLING, Das Sacrament der Taufe nebst den andern damit zusammen-
hängenden Acten der Initiation. Erlangen 1846. — HÖFLING, Des Clemens von
Alexandrien Lehre vom Opfer im Leben und Cultus der Christen. Erlangen
1842. — HÖFLING, Die Lehre Tertullian's vom Opfer im Leben und Cultus
der Christen. Erlangen 1843. — HÖFLING, Die Lehre der ältesten Kirche vom
Opfer im Leben und Cultus der Christen. Erlangen 1851. — GOTTSCHICK, Der
Sonntagsgottesdienst der christlichen Kirche in der Zeit vom 2.—4. Jahrhundert.
(Zeitschr. für prakt. Theologie, 1885. S. 214 ff. und S. 304 ff.)

Der Zeitraum umfasst die liturgische Entwickelung ungefähr
vom Ende des zweiten Jahrhunderts bis zu dem relativen Abschluss,
welchen sie in der Liturgie des VIII. Buches der apostolischen
Constitutionen gefunden hat.

a. Die Quellen

bilden die Schriften der Kirchenväter Tertullian († 220) und Cyprian
(† 258), vielleicht, jedoch unter Vorbehalt, die von Hiob Ludolf 1691
herausgegebene (vgl. BUNSEN's „Hypolitus, deutsch) äthiopische
Liturgie, vor allem aber die Bücher II, VII und VIII der apostolischen Constitutionen, endlich die V. mystagogische Katechese des
Cyrill von Jerusalem.

Wiewohl sämmtliche Bücher der apostolischen Constitutionen eine letzte
redigirende Bearbeitung erfahren haben, so dass nur schwer sich ausscheiden
lässt, was älterer Zeit angehört und was von letzter Hand stammt, beziehungsweise im Sinne späterer Zeit eingeschoben oder anders gewendet worden ist,
so lässt doch die Liturgie des II. Buches die Spuren höheren Alters (3. Jahrhundert?) gegenüber von derjenigen des VIII. erkennen, so dass sie als das
Mittelglied angesehen werden darf, welches den Cultus der apostolischen und
nachapostolischen Zeit mit dem der altkatholischen verbindet, dessen abschliessende Form eben das ungefähr dem 4. Jahrhundert entstammende VIII. Buch
gibt, in welchem zwei Formulare ineinandergeschoben sind.

b. Das Princip des Cultus.

Gemäss ihrem Charakter einer Uebergangsperiode lässt diese
Periode zwei Strömungen erkennen, die erst nebeneinander hergehen,
deren eine aber am Ausgang der Periode vollständig von der anderen
verdrängt und überwunden wird.

Einerseits wirkt in der Anschauung der Zeit die Auffassung
des apostolischen Zeitalters noch mächtig nach: der Gottesdienst
ist Gemeindefeier; das Opfer, welches die Gemeinde darbringt, ist

sie selbst[1]): „haec enim est hostia spiritualis, quae pristina sacrificia delevit . . nos sumus veri adoratores et veri sacerdotes, qui spiritu orantes spiritu sacrificamus orationem hostiam Dei propriam et acceptabilem[2]) (Tert. de or. c. 28), entsprechend den Worten des Irenaeus: „non sacrificia sanctificant hominem, sed conscientia ejus qui offert, sanctificat sacrificium". Der wahre, in diesem Sinne einzige, allein die Gemeinde vor Gott wirklich vertretende Priester ist Jesus Christus.

Auf der anderen Seite wird die principielle Auffassung von dem Wesen und Werthe des Cultus durchaus verändert durch einen neuen, der apostolischen Auffassung durchaus entgegengesetzten Priesterbegriff, der seinerseits Nahrung zieht aus dem mit dem Begriff des Gottesdienstes sich verbindenden Opferbegriff, dessen Correlat er bildet.

Schon der Kampf gegen die falsche Gnosis erhöhte die Bedeutung des Gemeindeamtes, welches die feste, ungetrübte apostolische Ueberlieferung, die „gesunde Lehre", die ἀναλογία τῆς πίστεως pflichtmässig vertrat gegenüber von den Wandlungen und Schwankungen menschlicher Lehrauffassung und Schulmeinung.

Das letzte Drittel des zweiten Jahrhunderts brachte der Kirche den Kampf mit dem neuen Prophetenthum des Montanismus. Das die bewährte Ueberlieferung, somit die legitimirte und anerkannte göttliche Offenbarung vertretende Amt sah sich einer neuen Offenbarung gegenübergestellt, welche sich auf unmittelbare, göttliche Inspiration berief und darum auf unmittelbare göttliche Autorität Anspruch machte. Sollte die Autorität des Amtes und mit ihr das Ansehen und die Geltung der durch das Amt vertretenen apostolischen Ueberlieferung als einer die Offenbarung Gottes in Jesu Christo rein erhaltenden und bewahrenden sich behaupten, so musste der prätendirten, auf directe göttliche Eingebung sich berufenden Autorität der neuen Propheten im Amte selbst eine göttliche Autorität gegenübergestellt, beziehungsweise das Gewicht und das Ansehen des Amtes durch den Titel einer göttlichen Institution verstärkt, und mit diesem der göttliche Charakter und Ursprung, wie

---

[1]) Der Gottesdienst ist Ausdruck dieses geistigen Opfers.

[2]) Dass es ein Gemeindeact ist, der im Opfer sich vollzieht, klingt noch in dem Gebet nach, welches nach Ap. Const. II, 57 der Bischof vor dem Opferact spricht: „Hilf, Herr, Deinem Volke und segne Dein Erbe, das Du Dir erworben hast und besitzest durch das kostbare Blut Deines Gesalbten, und das Du genannt hast königliches Priesterthum und Volk". Vgl. GOTTSCHICK, a. a. O. S. 317.

das göttliche Ansehen der durch das Amt bewahrten und vertretenen Ueberlieferung gedeckt werden. Der Bischof wird der Nachfolger der Apostel; er steht nicht mehr nur an der Spitze der Gemeinde als das von ihr beauftragte, durch ihr Vertrauen getragene Organ der Aufsicht über die Ordnung in Lehre, Cultus und Disciplin, sondern er tritt der Gemeinde gegenüber als Organ einer göttlichen Ordnung, als Inhaber eines von Gott gestifteten, mit besonderer Vollmacht ausgerüsteten Amtes.

So hebt schon TERTULLIAN den ordo der Priester scharf ab von der plebs und führt die Thatsache, dass Vorsteher sein müssen, nicht mehr nur auf das Bedürfniss einer geordneten Gemeindeleitung oder der Stetigkeit der Ueberlieferung zurück, sondern auf die Anordnung der Kirche: „differentiam inter ordinem et plebem constituit ecclesiae auctoritas et honor per ordinis consensum sanctificatur". Bei CYPRIAN erscheinen die Bischöfe als die Nachfolger der Apostel, als die Erben des Apostolat's, welche in die vollen Rechte dieses ausserordentlichen Amtes eintreten, wesshalb mit dem Amte des Bischofs eine besondere Einwirkung des hl. Geistes verbunden ist. So nur konnte das Amt dem Prophetenthum das Gleichgewicht halten: was die Propheten ausserordentlicher Weise empfingen, die Gabe des hl. Geistes, das besass das Amt ordnungsmässig, als stehende Amtsgabe und Amtsgnade.

Das Correlat des neuen Priesterbegriffs bildete der neue Opferbegriff und die im Zusammenhang mit demselben sich vollziehende Auffassung vom Wesen und Werth des Gottesdienstes, nach welcher derselbe unter den Gesichtspunkt einer an und für sich Gott wohlgefälligen Leistung, eines geistlichen Werkes, eines sacrificium gerückt und sein Werth in den objektiven Vollzug der gottesdienstlichen Handlung, in die Geistlichkeit des Werkes selbst gelegt wird.

Schon TERTULLIAN gebraucht den verhängnissvollen Ausdruck von der Eucharistie: „sacrificium offertur"; Cyprian redet von einem „celebrare" des „sacrificium", von einem „offerre calicem, sanguinem Christi"; für die Eucharistie taucht die Bezeichnung „dominica hostia" auf, lauter Anzeichen davon, dass in der Anschauung der Zeit die Abendmahlsfeier immer einseitiger unter dem Gesichtspunkt einer Opferhandlung aufgefasst wurde und dass der Schwerpunkt der Handlung immer mehr in den Act der Darbringung selbst rückte.

Hiezu trug wesentlich eine specielle Concession bei, welche man der durch die Verfolgungsstürme im Ansehen gehobenen Askese machte: den Fastenden wurde gestattet, den Wein gar nicht zu geniessen, das Brod aber nach Hause zu nehmen. Ganz abgesehen davon, dass durch diese scheinbar geringfügige rituelle Concession die Stiftung des Herrn der Askese untergeordnet, der besondere an die verdienstliche Leistung des Fastens geknüpfte Segen im Grunde höher gestellt wurde als der Segen des Sacraments, ja der letztere gleichsam durch ersteren bedingt vorgestellt und damit der einseitigen Werthschätzung der geistlichen Leistung als einer verdienstlichen Vorschub geleistet wurde [1]), trennte jene liturgische Concession den Consecrationsact und die Niessung von einander. Unwillkürlich musste die letztere als zur Handlung nicht wesentlich gehöriges Moment in der Werthschätzung zurücktreten, während die Consecration in den Mittelpunkt der Handlung rückte und den Schwerpunkt derselben bildete. Dadurch aber gewann das Thun des Priesters das Uebergewicht über das Thun der Gemeinde: das eigentliche Subject des Gottesdienstes wird der die Segnung der Elemente durch die Kraft seines Gebetes und die an sein Amt geknüpfte Vollmacht erwirkende Priester; als das Wesentliche im Gottesdienst erschien das priesterliche Handeln als solches.

Verstärkt wurde endlich das Gewicht des priesterlichen Actes und die Vorstellung von der an dasselbe geknüpften besonderen Segenswirkung des Cultus durch die Sitte der Oblationen und durch die Arkandisciplin.

Die Pietät gegen die Blutzeugen und das Bedürfniss, die über den Tod hinaus reichende Gemeinschaft mit ihnen zu bezeugen, fand einen ebenso schönen wie sinnigen Ausdruck in den Oblationen für die Verstorbenen, d. h. in der Sitte, dass Einer oder mehrere Gemeindegenossen die üblichen Opfergaben an Stelle des Verstorbenen darbrachten, dieser ebendesshalb als gegenwärtig und mitfeiernd betrachtet und seiner im Gebet gedacht wurde. Mit der Zeit fasste man diesen Act der Pietät, dieses Zeugniss lebendiger

---

[1]) Sehr gut betont GOTTSCHICK a. a. O. S. 308: „Die Auffassung des Christenthums als eines neuen Gesetzes, welche schon im 2. Jahrhundert die Idee der in Christus gegenwärtigen Gnade beschränkt hatte, steigert sich früh zu der Verkehrung, das menschliche Thun als eine überpflichtmässige und verdienstliche Leistung aufzufassen. Und unter dem Einfluss dieses Gedankens wird nun nicht nur der Umfang des Opferbegriffes erweitert, so dass Fasten und Askese, dass Märtyrerthum, ja dass alles cultische Handeln als Opfer bezeichnet wird, sondern auch die Bedeutung des Opfers wird verändert: es wird nicht mehr als Dankopfer, nicht mehr als Symbolisirung der dankbaren und demütigen Herzensgesinnung betrachtet, sondern es wird ihm verdienstliche und satisfactorische Kraft zugeschrieben, die Kraft, das Wohlgefallen Gottes zu erwerben oder es in Hinsicht der lässlichen Sünde wiederzugewinnen". Ueberhaupt kennt diese gesetzliche Zeit „kein stetiges Verhältniss, keinen einheitlichen Stand der Sündenvergebung, sondern immer nur eine Vergebung einzelner Sünden".

Hoffnung und brüderlicher Gemeinschaft als etwas Verdienstliches, als eine besonders verdienstliche und anerkennenswerthe Leistung auf, die ebenso dem, welcher sie leistete, wie dem, für welchen sie geleistet wurde, zu gut komme, sofern sie ihm die Kraft des priesterlichen Gebetes persönlich zuwende in der an die oblatio geknüpften namentlichen commemoratio. Auch diese Sitte also trug zur Kräftigung der Vorstellung bei, als ob dem priesterlichen Handeln als solchem eine besondere Segenskraft inne wohnte, somit zur Verlegung des Schwerpunktes der gottesdienstlichen Feier in das theurgische Thun des Priesters.

Dieses gewann vollends das Ansehen eines von magischer Kraft begleiteten, ex opere operato wirksamen und werthvollen Handelns („operativer Latrie") durch die Arkandisciplin, welche die Feier der Eucharistie mit dem Schleier des Geheimnisses umgab.

Die Arkandisciplin kam in der ersten Hälfte des 3. Jahrhunderts auf, blühte in dem 4. und 5., und verfiel im 6. Jahrhundert. Sie war zunächst veranlasst durch den berechtigten Wunsch, die christliche Centralfeier, die Eucharistie, vor der Entweihung durch Unwürdige zu bewahren und ihr den Charakter der Intimität zu erhalten.

Dieser Wunsch machte sich geltend, als erst in den Ruhezeiten nach den einzelnen Verfolgungsstürmen, von 321 an allgemein, die Gotteshäuser der Christen sich auch den Ungetauften öffneten, welche Interesse für das Christenthum hatten oder auch demselben schon anhingen, ohne durch die Taufe sich vollständig in die Gemeinschaft der Kirche aufnehmen zu lassen. Hielt man daran fest, dass die Feier der Eucharistie nur denjenigen zugänglich sein sollte, welche Christen im vollsten Sinne des Wortes, Getaufte, waren, so musste man den Gottesdienst in zwei Hälften scheiden: in einen exoterischen, der Allen zugänglich war, und in einen esoterischen, an dem nur die Getauften theilnehmen durften. Sollte diese Scheidung nicht eine illusorische sein, so musste alles das, was sich auf die esoterische Feier bezog, dem Auge und Ohr der Nichtgetauften entzogen bleiben. Die Geheimhaltung der specifisch christlichen Heiligthümer, wie des Taufsymbols, des Abendmahlsritus u. a. war ohnehin durch die Verfolgungszeiten Gewöhnung geworden; Irenaeus bezeichnet das Taufsymbol als ein Heiligthum, das nicht dem Papier, sondern dem Geheimniss des Herzens anvertraut werde[1]); es ist ein fidei commissum; ebendarum nur dem anzuvertrauen, welcher eine gewisse Bürgschaft dafür gibt, dass er es heilig halten wird.

---

[1]) Adv. Haer. 3, 4 und 8.

Diese Rücksicht bedingte einerseits die Gewohnheit, im exoterischen Gottesdienst (der späteren missa katechumenorum) von dem, was sich auf das Abendmahl bezog, zu schweigen oder nur in Andeutungen zu reden, die niemand als den Eingeweihten verständlich waren, andererseits die Einführung in die Geheimnisse des Christenthums schrittweise an die christliche Unterweisung zu knüpfen.

Die Arkandisciplin bildete sich daher im engsten Anschluss an die Entwickelung des christlichen Katechumenats aus[1]).

Die Nichtgetauften hatten vor dem Beginn der Eucharistie die Versammlung zu verlassen. — Im 4. und 5. Jahrhundert wurde den das Christenthum Begehrenden eine zweijährige Probezeit auferlegt; nachdem sie diese bestanden, wurden sie unter die competentes aufgenommen; jetzt erst begann die Einführung in die christliche Offenbarungslehre unter der Verpflichtung zu absoluter Geheimhaltung der Mittheilung. Den Abschluss bildete die Taufe, mit welcher der mystagogische Unterricht, die Einführung in die heilige Eucharistie begann[2]).

c. Ordnung des Gottesdienstes.

Der Tag des Gottesdienstes im hervorragenden Sinn ist der erste Wochentag, der Sonntag. Doch dauert das Bewusstsein fort, dass das ganze Leben des Christen ein Gottesdienst, eine Anbetung Gottes im Geist und in der Wahrheit sein soll, in der Benennung der Wochentage (feria) und in der gottesdienstlichen Prägung der Woche selbst, sofern jeder Wochentag durch die von der Synagoge überkommenen, durch die Erinnerung an Christi Kreuzestod aber zu besonderer Bedeutung erhobenen Gebetsstunden (horae) die gottesdienstliche Weihe erhält, und unter den Wochentagen selbst der vierte und sechste (feria quarta — Mittwoch; feria sexta — Freitag), der Tag, an welchem Jesus verrathen und der Tag, an welchem er gekreuzigt wurde, als dies stationum hervortreten, die durch Fasten (je bis zur Todesstunde des Herrn, 3 Uhr) ausge-

---

[1]) Vgl. FROMMANN, De disciplina arcani quae in vet. eccl. christ. obtinuisse fertur. Jena 1833. ROTHE, R., De disciplinae arcani quae dicitur in eccles. christ. origine. Heidelb. 1841. CREDNER, s. Jenaische Lit. Zeitung. 1844. S. 164/65. HEFELE, „Arkandisciplin" in WETZER-WELTE's Kirchenlexikon. Freiburg 1846 u. a.

[2]) Dass auf diese weitere Ausgestaltung der Arkandisciplin im Einzelnen das Vorbild der Mysterien unwillkürlich und unbewusst eingewirkt hat, ist nur natürlich; dass die Arkandisciplin aber die bewusste, tendenzmässige Uebertragung des Mysteriencults in's Christliche gewesen, lässt sich nicht nachweisen. GOTTSCHICK a. a. O. S. 310.

zeichnet wurden, und die dunkle Folie (πάσχα σταυρώσιμον) bildeten zu dem die österliche Freude abspiegelnden Sonntag (πάσχα ἀναστάσιμον), „diem solis laetitiae indulgemus (Tert. apol. 16). Die dominico jejunium nefas ducimus vel de geniculis adorare“.

Die Versammlungshäuser der Christen wachsen der Zahl und der Grösse nach, wie aus der Erzählung des Eusebius († 340) erhellt: dass in der zwischen der Verfolgung des Decius und der diokletianischen liegenden Ruhezeit die Zahl der Christen so gewachsen sei, dass man an Stelle der alten kleinen Bethäuser grössere Kirchen habe bauen müssen („Πῶς ἄν τις διαγράψειε τὰς μυριάνδρους ἐκείνας ἐπισυναγωγὰς καὶ τὰ πλήθη τῶν κατὰ πᾶσαν πόλιν συναθροισμάτων, τάς τε ἐπισήμους ἐν τοῖς προσευκτηρίοις συνδρομάς· ὧν δὴ ἕνεκα μηδαμῶς ἔτι τοῖς παλαιοῖς οἰκοδομήμασιν ἀρκούμενοι, εὐρείας εἰς πλάτος ἀνὰ πάσας τὰς πόλεις ἐκ θεμελίων ἀνίστων ἐκκλησίας. Hist. eccl. VIII, 1). Der Ausdruck ἐκκλησία, ecclesia wird gebräuchlich für den Ort, das Gebäude (so Tert. de idol.). Aber noch sind die Kirchen nicht an sich heilige Stätten, sacrosanct im objectiven Sinne; sie sind heilig nur um des Zweckes willen, dem sie dienen. „Quod enim“, fragt Minucius Felix, Octav. c. 32, „simulacrum Deo fingam, quum si recte existimes, sit Dei homo ipse simulacrum? templum quod ei exstruam, quum totus hic mundus ejus opere fabricatus eum capere non possit?“ Aehnlich spricht sich Origenes († 253) contra Cels. VIII aus: „Ἐκτρεπόμεθα τῷ πάσης ζωῆς χορηγῷ ἀψύχους καὶ νεκροὺς οἰκοδομεῖν νεώς· ἀκουέτω ὁ βουλόμενος τίνα τρόπον διδάσκομεθα· ὅτι τὰ σώματα ἡμῶν ναὸς τοῦ θεοῦ ἐστι, καὶ εἴ τις διὰ τῆς ἀκολασίας ἢ τῆς ἁμαρτίας φθείρει τὸν ναὸν τοῦ θεοῦ, οὗτος ὡς ἀληθῶς ἀσεβὴς εἰς τὸν ἀληθῆ ναὸν φθαρήσεται“.

Ueber die Einrichtung und Ausstattung der Versammlungsstätten gibt erst das 2. Buch der apost. Constit. c. 57 Auskunft: Der Bischof soll, wie für die Ordnung und Würde des gottesdienstlichen Lebens, so auch für die richtige, zweckentsprechende Beschaffenheit des Versammlungshauses besorgt sein. Die leitenden Bestimmungen dabei sind: „καὶ πρῶτον μὲν ὁ οἶκος ἔστω ἐπιμήκης κατ’ ἀνατολὰς τετραμμένος ἐξ ἑκατέρων τῶν μερῶν τὰ παστοφόρια („Zellen oder Kapellen, worin nach lib. VIII, 13 die Ueberbleibsel der heiligen Brode aufbewahrt wurden und die wohl sonst noch zur Aufbewahrung heiliger Geräthschaften dienten“, Drey Neue Unters. über die Constit. u. Kan. der Apostel 1832. p. 61). Πρὸς ἀνατολήν, ὅς τις ἔοικε νηί.

Κείσθω δὲ μέσος ὁ τοῦ ἐπισκόπου θρόνος, παρ’ ἑκάτερα δὲ αὐτοῦ καθεζέσθω τὸ πρεσβυτέριον καὶ οἱ διάκονοι παριστάσθωσαν εὐσταλεῖς τῆς πλείονος ἐσθῆτος· ἐοίκασι γὰρ ναύταις καὶ τοιχάρχοις.

Πρόνοια δὲ τούτων εἰς τὸ ἕτερον μέρος οἱ λαϊκοὶ καθεζέσθωσαν μετὰ
πάσης ἡσυχίας καὶ εὐταξίας, καὶ αἱ γυναῖκες κεχωρισμένως καὶ αὐται
καθεζέσθωσαν, σιωπὴν ἄγουσαι.

Μέσος δ' ὁ ἀναγνώστης ἐφ' ὑψηλοῦ τινος ἑστὼς ἀναγινωσκέτω.

Was den Verlauf des Gottesdienstes betrifft, so ist das Bild,
welches uns das II. Buch der apostolischen Constitutionen entwirft,
dem Bilde noch sehr ähnlich, welches uns Justin der Märtyrer gibt.
Der Gottesdienst ist zweitheilig (Tert. De cultu femin. II, c. 11
„Aut sacrificium offertur, aut Dei sermo administratur“), der erste
Theil leitet auf den zweiten hin: Zielpunkt und Strebepunkt ist die
Eucharistie.

Der Leiter des Gottesdienstes ist der Bischof („Ὅταν συνα-
θροίζῃς τὴν τοῦ θεοῦ ἐκκλησίαν, ὡς ἂν κυβερνήτης νηὸς μεγάλης, μετ'
ἐπιστήμης πάσης κέλευε ποιεῖσθαι τὰς συνόδους, παραγγέλλων τοῖς διακόνοις
ὡσανεὶ ναύταις, τοὺς τόπους ἐκτάσσειν τοῖς ἀδελφοῖς καθάπερ ἐπιβάταις
μετὰ πάσης ἐπιμελείας καὶ σεμνότητος“ Ap. Const. II. c. 57), aber ihm
stehen als Mitfunctionäre zur Seite die Presbyter und die Diakonen,
die Thürhüter u. s. f., alle achtend auf Ordnung und würdige Haltung.

Die Gemeinde sitzt nach bestimmter Ordnung: die Geschlechter
und Altersklassen nehmen je einen besonderen Platz ein („Στηκέτωσαν
δὲ οἱ μὲν πυλωροὶ εἰς τὰς εἰσόδους τῶν ἀνδρῶν, φυλάσσοντες αὐτάς, αἱ δὲ διάκονοι εἰς τὰς τῶν γυναικῶν, δίκην ναυστολόγων“. „Erant qui in prora constituti,
tum navem intrantes recipiebant tum vero cum navigaturis de futuro
itinere colloquebantur, de nauleo paciscebantur“ Daniel a. a. O. IV, S. 16).
(„Καὶ γὰρ καὶ ἐν τῇ σκηνῇ τοῦ μαρτυρίου, ὁ αὐτὸς παρηκολούθει λόγος καὶ
ἐν τῷ ναῷ τοῦ θεοῦ. Εἰ δέ τις εὑρεθῇ παρὰ τόπον καθεζόμενος ἐπιπλησσέ-
σθω ὑπὸ τοῦ διακόνου ὡς πρωρέως, καὶ εἰς τὸν καθήκοντα αὐτῷ τόπον
μεταγέσθω, οὐ μόνον γὰρ νηΐ, ἀλλὰ καὶ μάνδρῃ ὁμοίωται ἡ ἐκκλησία.
Ὡς γὰρ οἱ ποιμένες ἕκαστον τῶν ἀλόγων, αἰγῶν φημὶ καὶ προβάτων, κατὰ
συγγένειαν καὶ ἡλικίαν ἱστῶσι, καὶ ἕκαστον αὐτῶν τὸ ὅμοιον τῷ ὁμοίῳ συν-
τρέχει· οὕτω καὶ ἐν τῇ ἐκκλησίᾳ, οἱ μὲν νεώτεροι ἰδίᾳ καθεζέσθωσαν, ἐὰν
ᾖ τόπος, εἰ δὲ μή, στηκέτωσαν ὀρθοί, οἱ δὲ τῇ ἡλικίᾳ προβεβηκότες καθεζέσθωσαν ἐν τάξει, τὰ δὲ παιδία ἑστῶτα προσλαμβανέσθωσαν αὐτῶν οἱ πατέρες
καὶ μητέρες· αἱ δὲ νεώτεραι πάλιν ἰδίᾳ, ἐὰν ᾖ τόπος, εἰ δὲ μή γε ὄπισθεν
τῶν γυναικῶν ἱστάσθωσαν· αἱ δὲ ἤδη γεγαμηκυῖαι καὶ τεκναγοῦσαι ἰδίᾳ
ἱστάσθωσαν, αἱ παρθένοι δὲ καὶ χῆραι καὶ πρεσβύτιδες πρῶται πασῶν
στηκέτωσαν ἢ καθεζέσθωσαν“ Ap. Const. II.). Der betreffende Diakon
weist die Eintretenden in ihre bezüglichen Plätze („Ἔστω δὲ τῶν
τόπων προνοῶν ὁ διάκονος, ἵν' ἕκαστος τῶν εἰσερχομένων εἰς τὸν ἴδιον τόπον

ὁρμᾷ καὶ μὴ παρὰ τὸν ἰντρόιτον καθέζωνται" ib.). Nicht hierarchische Gesichtspunkte bestimmen diese Ordnung, sondern noch immer das Princip des Wohlanständigen und des geordneten Verlaufs der Feier, der Vermeidung jeglicher Störung und jeglichen die Erbauung hindernden und beeinträchtigenden Anstosses. In demselben Interesse der Zucht und des Anstandes haben die Diakonen über die Haltung der Einzelnen Aufsicht zu üben („Ὁμοίως ὁ διάκονος ἐπισκοπείτω τὸν λαὸν ὅπως μήτις ψιθυρίσῃ (zischle) ἢ νυστάξῃ (einnicke) ἢ γελάσῃ ἢ νεύσῃ· χρὴ γὰρ ἐν ἐκκλησίᾳ ἐπιστημόνως καὶ νηφαλέως καὶ ἐγρηγορότως ἑστάναι ἐκτεταμένην ἔχοντα τὴν ἀκοὴν ἐπὶ τὸν τοῦ κυρίου λόγον" 16.).

Der erste Theil

des Gottesdienstes („Dei sermo administratur" Tertull.) umfasst

1. die von Psalmengesang umschlossene vierfache Schriftlesung;
2. die an dieselbe angeschlossenen Ansprachen;
3. das allgemeine Kirchengebet.

1. Die Anweisung im 2. Buche der Apost. Const. schiebt den Psalmengesang zwischen die 2 ersten und die zwei letzten Lectionen ein: ein Einzelner recitirt, die Gemeinde respondirt („Ἀνὰ δύο γενομένων ἀναγινωσμάτων ἕτερός τις τοὺς τοῦ Δαβὶδ ψαλλέτω ὕμνους, καὶ ὁ λαὸς τὰ ἀκροστίχια ὑποψαλλέτω").

Der Vorleser („ἀναγνώστης") — nach Tertullian „in loco altiori", nach den Ap. Const. II. „ἐφ' ὑψηλοῦ τινος ἑστώς" — liest, nachdem er die Gemeinde mit dem Friedensgruss begrüsst und den Gegengruss der Gemeinde empfangen hat, zuerst zwei Lectionen aus dem alten Testament, dann eine aus dem neuen Testament, deren Dauer der Bischof bestimmt — (lectio continua). Tertullian „legem et prophetam cum evangelicis et apostolicis literis miscet"; Ap. Const. II: „ἀναγινωσκέτω τὰ Μωσέως καὶ Ἰησοῦ τοῦ Ναυῆ, τὰ τῶν κριτῶν καὶ τῶν βασιλείων, τὰ τῶν παραλειπομένων καὶ τὰ τῆς ἐπανόδου (Esra, Nehemia, Esther) πρὸς τούτοις τὰ τοῦ Ἰὼβ καὶ τοῦ Σολομῶνος καὶ τὰ τῶν ἑκκαίδεκα προφητῶν — — — Μετὰ τοῦτο (nach der Psalmodie) αἱ πράξεις αἱ ἡμέτεραι ἀναγινωσκέσθωσαν, καὶ ἐπιστολαὶ Παύλου τοῦ συνεργοῦ ἡμῶν, ἃς ἐπέστειλε ταῖς ἐκκλησίαις καθ' ὑφήγησιν τοῦ ἁγίου πνεύματος".

— Nun liest der Diakon einen Abschnitt aus den Evangelien:

„Καὶ μετὰ ταῦτα διάκονος ἢ πρεσβύτερος ἀναγινωσκέτω τὰ εὐαγγέλια ἃ ἐγὼ Ματθαῖος καὶ Ἰωάννης παρεδώκαμεν ὑμῖν, καὶ ἃ οἱ συνεργοὶ Παύλου παρειληφότες κατέλειψαν ὑμῖν Λουκᾶς καὶ Μάρκος καὶ ὅταν ἀναγινωσκόμενον ᾖ τὸ εὐαγγέλιον, πάντες οἱ πρεσβύτεροι καὶ οἱ διάκονοι καὶ πᾶς ὁ λαὸς στηκέτωσαν μετὰ πολλῆς ἡσυχίας. Γέγραπται·

Σιώπα καὶ ἄκουε Ἰσραήλ· καὶ πάλιν· Σὺ δὲ αὐτοῦ στῆθι καὶ ἀκούσῃ· (man beachte diese Begründung des Stehen's bei der Vorlesung des Evangeliums, sie ist ein schüchternes Anzeichen der nunmehr aufkommenden gesetzlichen Auffassung des Gottesdienstes.)

2. Hierauf folgt (nach Tertullian entweder Psalmodie oder Ansprache oder Gebet „prout scripturae leguntur, aut psalmi canuntur aut adlocutiones proferuntur, aut petitiones deleguntur" — der Regel nach aber sofort) die erbauliche Ansprache, vom Bischof und den Presbytern gehalten („καὶ ἑξῆς παρακαλείτωσαν οἱ πρεσβύτεροι τὸν λαὸν, ὁ καθεὶς αὐτῶν, ἀλλὰ μὴ ἅπαντες· καὶ τελευταῖος πάντων ὁ ἐπίσκοπος"), welche sich eng an den Text anschloss (Origenes contra Celsum III, 50: „ἢ τί τούτοις παραπλήσιον πράττομεν οἱ καὶ δι' ἀναγνωσμάτων, καὶ διὰ τῶν εἰς αὐτὰ διηγήσεων προτρέποντες μὲν ἐπὶ τὴν εἰς τὸν θεὸν τῶν ὅλων εὐσέβειαν, καὶ τὰς συνθρόνους ταύτῃ ἀρετάς· ἀποτρέποντες δ' ἀπὸ τοῦ καταφρονεῖν τοῦ θεοῦ, καὶ πάντων τῶν παρὰ τὸν ὀρθὸν λόγον πραττομένων"), praktisch-paränetisch gehalten war und noch der eigentlichen rhetorischen Künste entbehrte (Cyprian Ep. I. ad Donatum: „In concione pro rostris opulentia facundia volubili ambitione jactetur. Cum vero de Deo domino vox est, vocis pura sinceritas non eloquentiae viribus nititur ad fidei argumenta, sed rebus.")

3. Nun folgt das allgemeine Kirchengebet, welches die Gemeinde stehend, gegen Osten gerichtet (Tert.: „ad orientis regionem"), nach Tertullian mit emporgehobenen Armen („manibus expansis quia innocuis"), die Männer entblösten Hauptes („capite nudo quia non erubescimus"), die Weiber verschleiert nach des Apostels Vorschrift vollzieht. Es wird wohl von Einem vorgesprochen, von der Gemeinde respondirt. (Ap. Const.: „καὶ μετὰ τοῦτο συμφώνως ἅπαντες ἐξαναστάντες καὶ ἐπ' ἀνατολὰς κατανοήσαντες μετὰ τὴν τῶν κατηχουμένων καὶ τὴν τῶν μετανοούντων ἔξοδον προσευξάσθωσαν τῷ θεῷ, τῷ ἐπιβεβηκότι ἐπὶ τὸν οὐρανὸν τοῦ οὐρανοῦ, κατὰ ἀνατολὰς (Ps. 68, 34) ὑπομιμνησκόμενοι καὶ τῆς ἀρχαίας νομῆς τοῦ κατὰ ἀνατολὰς παραδείσου, ὅθεν ὁ πρῶτος ἄνθρωπος ἀθετήσας τὴν ἐντολὴν ὄφεως συμβουλίᾳ πεισθεὶς ἀπεβλήθη").

Auf das Fürbittegebet folgt der

zweite Theil

die Eucharistie (sacramentum eucharistiae, nach Cyprian „sacramentum sacrificii dominici") der Idee und Auffassung nach noch immer Gemeindefeier; doch ist der Ordner, das vollziehende Subject dieses geistlichen Opferdienstes („sacrificium spirituale" „θυσία") ausschliesslich der Bischof, (Tertullian de cor. c. 3 „nec de aliorum

manu quam praesidentium sumimus" sc. sacramentum eucharistiae").
Dieser geistliche Opferdienst vollzieht sich in drei Acten, dem Zu-
rüstungs-, Weihe- und Spende-Act.

1. **Zurüstung.** Nach Tertullian schliesst sich unmittelbar an
das Gemeindegebet als „signaculum orationis", als thatsächliche
Bekräftigung der brüderlichen Gemeinschaft der Friedenskuss („osculum sanctum", „osculum pacis"), worauf die oblatio, die Darbringung
der Opfergaben von Seiten der Gemeindeglieder folgt (oblationes
ferre, reddere).

Nach der Gottesdienst-Ordnung des II. B. der ap. Const. geht
die letztere voraus und folgt der erstere nach:

aa) „Οἱ δὲ διάκονοι μετὰ τὴν προσευχήν, οἱ μὲν τῇ προσφορᾷ τῆς
εὐχαριστίας σχολαζέτωσαν, ὑπηρετούμενοι τῷ τοῦ κυρίου σώματι μετὰ
φόβου· οἱ δὲ τοὺς ὄχλους διασκοπείτωσαν καὶ ἡσυχίαν αὐτοῖς ἐμποιείτωσαν.

bba) Λεγέτω δὲ ὁ προεστὼς τῷ ἀρχιερεῖ διάκονος τῷ λαῷ μή τις
κατά τινος· μή τις ἐν ὑποκρίσει.

β) Εἶτα καὶ ἀσπαζέσθωσαν ἀλλήλους οἱ ἄνδρες καὶ ἀλλήλας αἱ
γυναῖκες τὸ ἐν κυρίῳ φίλημα, ἀλλὰ μή τις δολίως ὡς Ἰούδας τὸν κύριον
φιλήματι προέδωκε".

2. Der **Weiheact** umfasst als Hauptmomente das Lob- und
Dankgebet über den Gaben, und das durch Anrufung Gottes, bzw.
des hl. Geistes und durch die Recitation der Stiftungsworte die
Gaben mit dem Opfertod Christi in Beziehung setzende Consecrationsgebet.

Bei Tertullian gliedert sich das letztere wieder in zwei abgestufte Acte, die eigentliche Darbringung der Gaben vor Gott durch
den Priester[1]) und die darauf sich gründende Bitte um gesegneten
Empfang, zwischen welche beide Acte sich die commemorationes für
die Entschlafenen einschoben. Der ganze Gebetsact mündet aus in
das Vaterunser.

Nach Ap. Const. II gliedert sich dieser Act folgendermassen:

a) Lob und Fürbittegebet (Prosphonese) gesprochen vom Diakonus, respondirt von der Gemeinde: („καὶ μετὰ τοῦτο προσευχέσθω
ὁ διάκονος ὑπὲρ τῆς ἐκκλησίας ἁπάσης καὶ παντὸς τοῦ κόσμου καὶ τῶν
ἐν αὐτῷ μερῶν καὶ ἐκφοριῶν, ὑπὲρ τῶν ἱερέων καὶ τῶν ἀρχόντων, ὑπὲρ τοῦ
ἀρχιερέως καὶ τοῦ βασιλέως, καθόλου εἰρήνης").

b) Segnung der Gemeinde durch den ἀρχιερεύς mit dem hohe-
priesterlichen Segen (Num. 6, 24 ff.): „καὶ μετὰ τοῦτο ὁ ἀρχιερεὺς ἐπ-

---

[1]) bei Cyprian schon des geopferten Christus.

εὐχόμενος τῷ λαῷ εἰρήνην, εὐλογείτω τοῦτον, ὡς καὶ Μωσῆς ἐνετείλατο ἱερεῦσιν εὐλογεῖν τὸν λαὸν τούτοις τοῖς ῥήμασιν·"

„Εὐλογήσαι σε κύριος καὶ φυλάξαι σε·"

„Ἐπιφάναι ὁ κύριος τὸ πρόσωπον αὐτοῦ ἐπί σε,
καὶ δώῃ σοι εἰρήνην."

c) Weihgebet des Bischof's: „Ἐπευχέσθω οὖν καὶ ὁ ἐπίσκοπος καὶ λεγέτω."

„Σῶσον τὸν λαόν σου, κύριε, καὶ εὐλόγησον τὴν κληρονομίαν σου ἣν ἐκτήσω καὶ περιεποιήσω τῷ τιμίῳ αἵματι τοῦ Χριστοῦ σου, καὶ ἐκάλεσας αβσίλειον ἱεράτευμα καὶ ἔθνος ἅγιον."

d) Darbringung: „μετὰ δὲ ταῦτα γινέσθω ἡ θυσία, ἑσ ξτος πάντος τοῦ λαοῦ καὶ προσευχομένου ἡσύχως.

3. Spendeact, wohl von Psalmgesang umschlossen. Ap. Const.:
„Καὶ ὅταν ἀνενεχθῇ, μεταλαμβανέτω ἑκάστη τάξις καθ᾽ ἑαυτὴν τοῦ κυριακοῦ σώματος καὶ τοῦ τιμίου αἵματος ἐν τάξει, μετὰ αἰδοῦς καὶ εὐλαβείας ὡς βασιλέως προσερχόμενοι σώματι καὶ γυναῖκες κεκαλυμμέναι τὴν κεφαλὴν, ὡς ἁρμόζει γυναικῶν τάξει, προσερχέσθωσαν.

Φυλαττέσθωσαν δὲ αἱ θύραι, μή τις ἄπιστος εἰσέλθοι ἢ ἀμύητος".

Für die Feier der Eucharistie ist von hohem Interesse die von Ludolf 1691 mit äthiopischem und lateinischem Text herausgegebene äthiopische Liturgie, deren Alter freilich nicht mit Sicherheit [1]) angegeben werden kann. Sie lautet nach der Uebersetzung von J. L. König (Die Hauptliturgien der alten Kirche etc., Neustrelitz 1865, S. 46):

Bischof: Der Herr sei mit Euch Allen!

Gemeinde: Und mit Deinem Geiste.

B. Empor erhebet die Herzen!

G. Sie sind beim Herrn, unserem Gotte.

B. Lasset uns danken dem Herrn!

G. Recht ist es und gerecht.

(Hierauf sagen sie das Danksagungsgebet — orationem eucharisticam —, indem sie dem vorangehenden Bischof nachfolgen):

„Dank sagen wir Dir, Herr, durch Deinen geliebten Sohn Jesus Christus, den in den letzten Tagen Du uns gesandt hast zum Heiland und Erlöser, den Boten Deines Rathes. Er ist das Wort,

---

[1]) Aus dem einen Umstand, dass diese Liturgie das Fürbitten-Gebet nicht enthält, zu schliessen, dass dieselbe vor Tertullian zu setzen sei, wie Bunsen und König thun, scheint uns zu gewagt, da die Liturgie sich nur auf die Eucharistie bezieht und der Umstand, dass sie dieses Gebet nicht enthält keineswegs beweist, dass dasselbe nicht im Gottesdienst vorgekommen sei!

welches aus Dir ist, durch welches Du alles gemacht hast nach
Deinem Willen. Und gesandt hast Du ihn vom Himmel in den
Schoos der Jungfrau. Fleisch ist er geworden und getragen worden
in ihrem Leibe, und als Dein Sohn ist Er geoffenbaret worden von
Deinem Geiste, damit er Deinen Willen erfüllte, und ein Volk Dir
bereitete durch Ausbreitung Seiner Hände; gelitten hat Er, damit
Er die Leidenden befreite, die auf Dich trauen. Der nach Seinem
Willen übergeben ist in das Leiden, damit Er den Tod auflösete,
die Bande des Satans zerbräche und die Heiligen hinausführete und
die Auferstehung offenbarete.

(Worte der Einsetzung:) Nehmend also das Brod sagte er
Dank und sprach: Nehmet, esset, dies ist mein Leib, der für Euch
gebrochen wird.

Und ähnlicher Weise auch den Kelch und sprach: dies ist mein
Blut, das für Euch vergossen wird; wann Ihr dies thut, so thut es
zu meinem Gedächtniss.

(Anrufung mit der Doxologie:) Eingedenk also Seines Todes
und Seiner Auferstehung opfern wir dies Brod und (diesen) Kelch,
Dank Dir sagend, dass Du uns würdig gemacht hast, vor Dir zu
stehen und Priesterdienst Dir zu verrichten.

Und demüthig bitten wir Dich, dass Du Deinen heiligen Geist
auf die Opfer dieser Gemeinde sendest, und gleicher Weise allen,
die davon nehmen, verleihest Heiligkeit, dass sie erfüllt werden vom
hl. Geiste und zur Bestärkung des Glaubens in der Wahrheit, dass
sie Dich feiern und loben in Deinem Sohne Jesus Christus, in
welchem Dir Lob und Macht (gebühret) in der heiligen Kirche sowohl jetzt wie immer und in die Ewigkeit der Ewigkeiten. Amen.

G. Wie es war, ist und sein wird in die Geschlechter der Geschlechter und in die Ewigkeit der Ewigkeiten. Amen.

B. Wiederum flehen wir zum allmächtigen Herrn, dem Vater
unseres Herrn und Heilands Jesus Christus, dass er uns gewähre,
zum Segen zu empfangen dieses hl. Sakrament, und dass er Nie-
manden unter uns schuldig mache, Alle würdig mache, welche das
hl. Sacrament des Leibes und Blutes Christi [1]), des allmächtigen
Herrn, unseres Gottes, nehmen und empfangen.

Diakonus. Betet!

(Weihung der Communicanten, indem der Priester vorangeht):
Allmächtiger Herr, indem wir empfangen dies hl. Geheimniss, er-

---

[1]) alt?

theile uns Stärke und mache nicht irgend Jemanden unter uns schuldig, sondern segne Alle in Christo, in dem Dir mit Ihm und mit dem hl. Geiste (gebühret) Lob und Macht, jetzt und immer und in die Ewigkeiten der Ewigkeiten. Amen.

(Versiegelung oder Segnung des niedergesunkenen und sich weihenden Volkes).

Diakonus. Ihr, die ihr stehet, senket euere Häupter.

B. Ewiger Herr, der Du kennst das Verborgene, es hat Dir sein Haupt gebeuget Dein Volk und Dir unterworfen die Härte des Herzens und Fleisches. Blicke von Deiner bereiten Wohnung und segne Männer und Frauen (illos et illas). Neige zu ihnen Deine Ohren und erhöre ihre Gebete. Stärke sie mit der Kraft Deiner Rechten und schütze sie vor bösen Leiden. Sei ihr Schirmherr so am Körper wie an der Seele. Vermehre sowohl ihnen wie uns Glauben und Furcht.

Durch Deinen einigen Sohn, in dem Dir mit Ihm und mit dem hl. Geiste sei Lob und Macht für immer und in die Ewigkeiten der Ewigkeiten. Amen.

D. Lasset uns aufmerken!

B. Das Heilige den Heiligen!

G. Der Eine Vater ist heilig, der Eine Sohn ist heilig, der Eine Geist ist heilig.

B. Der Herr sei mit euch Allen!

G. Und mit Deinem Geiste.

Darauf erheben sie den Lobhymnus.

(Communion)

Und das Volk tritt ein, das Mittel für seine Seele, wodurch die Sünde vergeben wird, empfangend.

Das Gebet, nachdem er (die Eucharistie) gereicht hat:

Allmächtiger Gott, Vater unseres Herrn und Heilands Jesu Christi, wir danken Dir, dass Du uns gestattet hast, dass wir von Deinem heiligen Geheimnisse empfiengen, nicht sei es uns zur Schuld, und nicht zur Verdammniss, sondern zur Erneuerung der Seele, des Körpers und des Geistes durch Deinen einzigen Sohn, in dem Dir sammt Ihm und dem hl. Geist sei Lob und Macht beständig und immer und in die Ewigkeit der Ewigkeiten. Amen.

G. Amen.

(Händeauflegung, nachdem sie es empfangen haben.)

B. Der Herr sei mit euch Allen!

4*

Ewiger Herr, der Du Alles regierst, Vater unseres Herrn und Heilandes Jesu Christi, segne Deine Knechte und Mägde. Schütze und hilf und errette sie durch die Kraft Deiner Engel. Behüte und stärke sie in Deiner Furcht durch Deine Majestät. Schmücke sie, dass sie, was Dein ist, denken, und verleihe ihnen, dass sie, was Dein ist, glauben, und dass sie, was Dein ist, wollen; Eintracht ohne Sünde und Zorn schenke ihnen

durch Deinen einigen Sohn, in dem Dir sammt etc.

Der Herr sei mit euch Allen!

G. Und mit Deinem Geiste.

Gehet hin im Frieden.

Und nach diesem ist die Eucharistie beendet.

Den Abschluss der liturgischen Entwickelung des Zeitalters der altkatholischen Kirche bildet die Liturgie, welche sich im VIII. Buch der apostolischen Constitutionen findet. (1. Beil. 3 a.).

(Ueber die Zeit der Abfassung s. Krabbe, Ueber den Ursprung und Inhalt der apost. Constitutionen des Clemens Romanus. Hamburg. 1829.

DREY, Neue Untersuchungen über die Constitutionen und Kanones der Apostel. 1832.

MOXE, Lateinische und griechische Messen aus dem 2. — 6. Jahrhundert. Frankfurt a. M. 1850 (S. 63 ff.),

KÖNIG, Die Hauptliturgien der alten Kirche in wortgetreuer Uebersetzung Neustrelitz. 1865.

Wir pflichten DREY bei, welcher die Abfassung der Liturgie in der vorliegenden Gestalt in die ersten Jahrzehnte des 4. Jahrhunderts setzt: nicht später, weil die Bezeichnung Christi mit dem Prädicat „ὁμοούσιος" noch nicht vorkommt, somit der arianische Streit noch nicht die Kirche bewegte; weil ferner die Christen nach dem Gebete in metallis schmachten, was nach 321 kaum mehr der Fall war; endlich weil mit den Commemorationen keine Heiligen erwähnt, und die Maria nicht genannt wird; nicht früher: weil an der Stelle der ὑπηρέται und πυλωροι die ὑποδιάκονοι getreten sind und unmittelbar nach den Clerikern die Asketen als eigener Stand und als offenbar sehr angesehener Stand aufgeführt werden. Allen Spuren nach gehört die Liturgie der antiochenischen Kirche an. Mit derjenigen des Cyrill stimmt sie bis auf das Vaterunser vor der Communion, welches Cyrill hat, die Liturgie der ap. Const. nicht (dagegen Tertullian s. o.); auch erwähnt Cyrill den ersten Theil des Gottesdienstes nicht, was sich jedoch aus dem Zweck der 5. mystagog. Katechese von selbst ergibt, sofern dieselbe speciell über den mystagogischen Gottesdienst orientiren will.

Das VIII. Buch behandelt zuerst die Ordination des Bischofs; nachdem dieselbe vollzogen ist, hat der Bischof sofort den Gottesdienst zu halten. Nachdem er auf seinen Platz geleitet und von den übrigen anwesenden Bischöfen mit dem „φίλημα τὸ ἐν κυρίῳ" begrüsst worden, beginnt (dieser Theil wird nur summarisch beschrieben, daher z. B. vom Psalmgesang, der jedenfalls stattfand, nichts gesagt) der

I. Theil

mit vierfacher Schriftlesung.

1. („ἀνάγνωσις"), nämlich
   a) aus dem Pentateuch („νόμος");
   b) aus den Propheten („προφῆται");
   c) aus der Apostelgeschichte und den Briefen „ἐπιστολαὶ καὶ πράξεις"
   d) aus den Evangelien „εὐαγγέλια" (letztere wie oben vgl. S. 46).

2. Salutation: Nun erhebt sich der Bischof und begrüsst die Gemeinde mit dem apostolischen Grusse:

„Die Gnade unseres Herrn Jesu Christi und die Liebe Gottes des Vaters (τοῦ θεοῦ καὶ πατρός) und die Gemeinschaft des hl. Geistes sei mit Euch Allen!"

worauf die Gemeinde antwortet:

„Und mit Deinem Geiste!"

3. Ansprache: Nun folgt die wohl praktisch-erbaulich gehaltene Ansprache des Bischofs („λόγοι παρακλήσεως" „ὁ τῆς διδασκαλίας λόγος")

Nachdem diese geschlossen ist, betritt der Diakon den erhöhten Platz (ἐφ' ὑψηλοῦ τινος ἀνελθὼν κηρυττέτω) und verkündigt:

„Keiner von den Akroomenen"!

„Keiner von den Ungläubigen"!

für diese letzteren das Zeichen, sich zu entfernen.

Nachdem dies geschehen und wieder völlige Stille eingetreten ist, beginnt der

4. Gebetsact, welcher jetzt ungemein reich und schön gegliedert ist und in zwei Reihen, beziehungsweise zwei Acte zerfällt: in die Entlassung derjenigen, die zwar durch das Band der Gemeinschaft mit der Kirche verbunden sind, aber an der Feier der Eucharistie nicht Theil nehmen dürfen, der Katechumenen, Energumenen, der Competenten und Pönitenten einerseits und in das eigentliche

Kirchengebet, das Gebet der sich nun in engerem Kreis zusammen-
schliessenden Gemeinde der Gläubigen.

So bildet dieser Gebetsact den Uebergang von dem exoterischen
Gottesdienst, an welchem selbst Ungläubige theil nehmen dürfen, zu
dem esoterischen, dessen handelndes Subjekt nur die Gemeinde der
Voll-Christen sein kann, und repräsentirt gar sinnig und schön
durch seine Gliederung die Kirche als die zugleich werdende und
seiende, als die erziehende Mutter und als die feiernde Gemeinde
der Kinder Gottes. Darum ist auch bei den Gebeten für die
zu Entlassenden der Diakonus nur der Vorbeter; was gesprochen
wird, ist Gebet der Gemeinde, die dies durch das „Kyrie eleyson"
ausdrücklich zu erkennen gibt. Der Bischof fasst die Fürbitte
jedesmal in feierliches Segensgebet zusammen, mit welchem die Fürbitte für die einzelne Abtheilung abschliesst und dieselbe entlassen wird.

Nachdem die Gemeinde der Abendmahlsgenossen, der Gläubigen
im engeren Sinne, sich in intimer Gemeinschaft zusammengeschlossen
hat, erfolgt (erst in zweiter Reihe) das eigentliche Kirchengebet.

So jedenfalls nach dem einen der beiden im VIII. Buch der
Constit. ineinandergeschobenen Formulare; dasselbe wiederholt
die Fürbitten in gedrängter Kürze nach der Consecration, die im
Kirchengebet schon in die Liebes- und Gebetsgemeinschaft Auf-
genommenen gleichsam einschliessend in die Opfergemeinschaft,
der Fürbitte Kraft verleihend durch den Hinweis auf das Opfer
Christi. An dieser Stelle der Liturgie hat sich das Fürbitten-
gebet behauptet.

Das zweite (wohl etwas spätere) Formular gibt die Fürbitte
ausführlich nach der Epiklese des hl. Geistes, also auch nach der
Consecration und verräth dadurch, dass dieses Gebet jetzt hier
seine wesentliche Stelle gefunden hat.

Das Gebet, durch welches sich die Gemeinde als Christi Abendmahlsgemeinde constituirt hat, leitet über zum

II. Theil,

der Abendmahlsfeier.

Der Diakon ruft: „Lasset uns aufmerken!"

Der Bischof begrüsst die Gemeinde mit dem Friedensgrusse:
„Der Friede Gottes sei mit euch Allen!"

Die Gemeinde antwortet: „Und mit Deinem Geiste!"

Nun folgt auf die Aufforderung des Bischofs: „Begrüsset
einander mit dem hl. Kuss!"

1. der **Friedenskuss** [1]). (Die Geistlichen küssen den Bischof, die Männer die Männer, die Weiber die Weiber.)

Heilige Stille und Sammlung wird geboten. Nach dem zweiten Formular ruft der Diakon warnend:

„Keiner von den Katechumenen!“ (Μή τις τῶν κατηχουμένων.)

„Keiner von den Zuhörenden!“ (Μή τις τῶν ἀκροωμένων.)

„Keiner von den Andersgläubigen!“ (Μή τις τῶν ἑτεροδόξων.)

„Die ihr das erste Gebet betet, entfernt euch!“

„Die Kinder nehmt an euch, ihr Mütter!“

„Niemand wider jemand!“ (Μή τις κατά τινος.)

„Niemand in Heuchelei!“ (Μή τις ἐν ὑποκρίσει.)

„Aufrecht zum Herrn mit Furcht und Zittern lasst uns bereit stehen, zu opfern!“ (Ὀρθοὶ πρὸς κύριον μετὰ φόβου καὶ τρόμου ἑστῶτες ὦμεν προσφέρειν.) — Es beginnt

2. die **Darbringung** (προσφορά).

(Nach dem ersten Formular bringt einer der Unterdiakonen den Priestern eine Abspülung für die Hände, „ein Sinnbild der Reinheit der Seelen, die sich Gott geweiht haben“.)

Diakonen bringen die Gaben (δῶρα) auf den Altar (θυσιαστήριον). Der Bischof (ἀρχιερεύς), angethan mit glänzendem Festgewand, wendet sich, nachdem er die Stirne bekreuzigt („Siegeszeichen des Kreuzes“!) und ein stilles Gebet verrichtet, mit dem apostolischen Gruss („τοῦ παντοκράτορος θεοῦ —!“) zur Gemeinde, von welcher er den Gegengruss empfängt. Dann spricht er feierlich:

„Empor den Sinn!“ (Ἄνω τὸν νοῦν.) (Die Herzen in die Höhe.)

G. Wir heben ihn zum Herrn! (Ἔχομεν πρὸς τὸν κύριον.)

B. Lasset uns Dank sagen dem Herrn! (εὐχαριστήσωμεν τῷ κυρίω.)

G. Würdig und recht (ἄξιον καὶ δίκαιον).

Unmittelbar an diese Worte („Würdig fürwahr und recht —“) anknüpfend spricht der Bischof

a) Das **Dankgebet** für Gottes Schöpfung und Wohlthaten (εὐλογία), welches zu hymnischem Schwung sich erhebt und in das von der Gemeinde mitgesprochene „Heilig“ (Jes. 6) ausmündet (Cyrill. „wir sagen dies von den Engeln überkommene Lob Gottes, um uns mit ihnen zu vereinigen“). Dann folgt

b) der **Dank** für die Erlösung. Höher steigt das Gebet, wieder unmittelbar an die Worte der Gemeinde anknüpfend

---

[1]) Vgl. II. b der Constit., wo derselbe nach der Opferung stattfindet.

(„denn heilig bist Du" —), vergegenwärtigt der feiernden Gemeinde das Werk der Erlösung, geleitet den Herrn von der Geburt bis zum Kreuz, vom Kreuz bis zur Himmelfahrt, alles, was er erduldet, zusammendrängend in die Worte der Einsetzung des hl. Abendmahls — so dass diese als der sprechendste Ausdruck, als die gedrängteste Zusammenfassung seiner Liebesthat hervortreten. „Eingedenk seines Leidens und der Auferstehung von den Todten und der Rückkehr in den Himmel und seiner künftigen zweiten Ankunft, in welcher er kommen wird mit Herrlichkeit und Macht, zu richten die Lebenden und die Todten und vergelten wird einem Jeglichen nach seinen Werken, bringen wir Dir, dem König und Herrn, nach seiner Anordnung dies Brod und diesen Kelch dar, durch ihn Dir Dank sagend, der Du uns gewürdigt hast, vor Dir zu stehen und Dir als Priester zu dienen, und bitten Dich, dass Du wohlgefällig herabschauest auf diese vor Dir liegenden Gaben, Du Gott, der Du nichts bedarfst, und sie wohlgefällig aufnehmest zur Ehre Deines Christus" [1]). Das Dankgebet gipfelt in

c) der Epiklese des hl. Geistes, „dass Du herabsendest Deinen hl. Geist, den Zeugen der Leiden des Herrn Jesus; dass er dieses Brod mache zu dem Leibe Deines Christus und diesen Kelch zu dem Blute Deines Christus." [2]) — Hieran (den eigentlichen Consecrationsakt) schliesst das II. Formular die Fürbitten, Cyrill das Vaterunser, mit welchem die Gemeinde sich dem Gebete des Priesters selbstthätig anschliesst. In der Lit. des VIII. B. geschieht dies durch einfaches Amen.

Nach dem schönen Weihegebet (welches das erste Formular durch gedrängte Fürbitte und die, das wahre Opfer zum Ausdruck bringenden Worte einleitet: „aufgestanden, lasset uns Gott uns ergeben durch seinen Christus —"), welches der Bischof spricht, die Gemeinde mit Amen sich zueignet, folgt

3. Die Spendung. Der Diakon spricht: „Lasset uns aufmerken!" (πρόσχωμεν.)

---

[1]) Vgl. Gottschick a. a. O. S. 319. „Dieses unverkennbare Opfergebet ist nun offenbar nichts weniger als ein solches, das zur Begleitung einer durch vermittelndes Priesterthum für die Gemeinde dargebrachten sühnenden Wiederholung des blutigen Opfers Christi passte, sondern jede Wendung dieses Gebets, dass Brod und Wein dem Gotte gebracht wurden, der nichts bedarf, dass sie danksagend dargebracht wurden, dass die priesterliche Gemeinde sie bringt, ist ein Beweis, dass auch dieser Passus des eucharistischen Gebets aus dem 2. Jahrh. stammt."

[2]) Ueber die äussere Haltung mag die dem Herrn beim Speisungswunder, wo er Brod und Fische segnet, gegebene Haltung auf der Darstellung in den Katacomben Licht geben. A. Schultze, Die Katacomben S. 112.

Der Bischof: „Das Heilige den Heiligen!" (Ἅγια τοῖς ἁγίοις.)

Die Gemeinde begrüsst den unsichtbar Gegenwärtigen mit der Doxologie:

a) „Einer ist heilig, Einer Herr, Einer Jesus Christus, zum Ruhm des Vaters gepriesen in Ewigkeit. Amen."

b) „Ehre sey Gott in der Höhe und Friede auf Erden und den Menschen ein Wohlgefallen!"

c) „Hosiannah dem Sohne Davids, gelobt sei, der da kommt in dem Namen des Herrn. Gott der Herr ist uns erschienen. Hosiannah in der Höhe!"

und dem „Hosiannah". Der Bischof reicht das Brod [1]), der Diakonus den Kelch; die Gemeinde tritt herzu in geordneter Reihenfolge; erst Bischof, Presbyter, Diakonen, Anagnosten, Sänger, Asketen, unter den Frauen erst die Diakonissen, die Jungfrauen und Witwen, dann die übrigen Gemeindeglieder.

Der Bischof spricht: „Leib Christi!"

Der Empfänger: Amen.

Der Diakonus reicht den Kelch mit den Worten: „Das Blut Christi, der Kelch des Lebens!"

Während der Communion wird der 34. Psalm („Schmecket und sehet") recitirt.

Nachdem Alle communicirt haben, werden die Elemente in die Seitengemächer (παστοφόρια) gebracht.

Prosphonese (Aufforderung zum Danke) des Diakonus und Segensgebet des Bischofs beschliessen den Act, worauf die Gemeinde vom Diakonus entlassen wird.

---

[1]) Nicht eine Hostie, sondern nach den Darstellungen in den Katacomben ein vom Bäcker bereitetes Brod, oft in Form eines Reifens oder Kranzes, das in Stücke gebrochen wird.

Zweiter Hauptabschnitt.

Der katholische Gottesdienst.

Begriffsbestimmung. Der wesentliche Unterschied, durch welchen sich der katholische Gottesdienst als solcher von dem urchristlichen abhebt, liegt nicht zunächst in der Form des Gottesdienstes, sondern in dem Princip, das sich in dieser Form Ausdruck gibt.

Allerdings unterscheidet sich der katholische Gottesdienst von dem urchristlichen schon auf den ersten Blick auch durch den Reichthum und die Mannigfaltigkeit der liturgischen Formen; aber diese, ob sie auch von der schlichten Einfachheit der apostolischen Zeit absticht, begründet noch keineswegs einen Gegensatz zu derselben. Reichthum der Erbauungsformen und Erbauungsmittel, lebendige Mannigfaltigkeit in der Gliederung des Gottesdienstes, Anlehnung an die Vorbilder des alttestamentlichen Tempeldienstes und antiker Culte, ja Herübernahme einzelner antiker Kunstformen in den Rahmen des christlichen Gottesdienstes macht noch lange nicht den Gottesdienst zu einem specifisch katholischen; das was ihn als solchen charakterisirt, was ihn als specifisch katholischen Gottesdienst in einen eigentlichen Gegensatz zu dem urchristlichen Gottesdienst bringt, als etwas Neues und Eigenartiges diesem gegenüber kennzeichnet, als die theilweise Verneinung, beziehungsweise Rückbildung des specifisch-Christlichen erscheinen lässt, das ist die der urchristlichen Anschauung nicht bloss durchaus fremde, sondern geradezu entgegengesetzte Werthschätzung und Ueberschätzung der gottesdienstlichen Handlung als solcher, die Auffassung des Cultus als eines in bestimmter, objectiver Form von Gott angeordneten und ebendesshalb im objectiven Sinne heiligen Dienstes.

Während nach der urchristlichen Anschauung der Werth alles äusseren gottesdienstlichen Thuns sich nach dem Masse bestimmte, in welchem es der Ausdruck der inneren Stellung zu Gott, der

Richtung des Herzens auf Gott, also der Anbetung Gottes im Geist und in der Wahrheit ist, und diese fördert, nach dem Masse, in welchem der Gottesdienst subjective Wahrheit hat und Erbauung wirkt, liegt nach der specifisch katholischen Anschauung der Werth des gottesdienstlichen Handelns in diesem selbst, im Vollzug der an und für sich, im objectiven Sinn heiligen, weil von Gott angeordneten Handlung.

Allerdings ist auch nach katholischer Auffassung der Zweck des Gottesdienstes in Bezug auf diejenigen, welche daran Theil nehmen, die Erbauung, die persönliche Aneignung der an den Vollzug des heiligen Dienstes geknüpften Gnaden und Güter, und es ist selbstverständlich die Erreichung dieses Zweckes für den Einzelnen durch die subjective Beschaffenheit bedingt, in welcher er an dem hl. Dienste theilnimmt: aber einerseits ist dieser Zweck nicht der eigentliche und ausschlaggebende — vielmehr ist der Gottesdienst als Vollzug des von Gott angeordneten Dienstes, mit welchem er sich dienen lassen will, Selbstzweck, er verliert oder gewinnt nichts an seinem objectiven Werthe und Gehalt durch die Zahl oder durch die Beschaffenheit derjenigen, welche daran theilnehmen und den an den Vollzug des Gottesdienstes geknüpften Segen sich persönlich zueignen; andererseits ist die Realität dieses Segens eine durchaus objective: die durch den Gottesdienst gewirkte Erbauung besteht nicht zunächst in einer Wirkung auf das Geistesleben, auf Herz und Gewissen, sondern in der Mittheilung objectiver Gnadengaben und Gnadenkräfte, die ja wohl in der Hebung des Geisteslebens, in der Reinigung und Läuterung des Herzens und Lebens sich äussern, diese zur Folge haben, aber nicht mit ihr identisch sind, oder es ist magische, nicht ethische Wirkung, Erweiterung und Vermehruug des Gnadenbesitzes, nicht Erhöhung des Geisteslebens. Diese Auffassung hat zur Folge, dass diejenigen Factoren des Cultus, welche der Erbauung im strengen (subjectiven) Sinne des Wortes dienen, direct und unmittelbar auf die Förderung der Erkenntniss, die Anregung des Willens, die Schärfung des Gewissens abzielen, denjenigen untergeordnet werden, welche den heiligen Dienst, den eigentlichen Träger und die wirkende Ursache des gottesdienstlichen Segens, constituiren; obgleich daher zunächst die Predigt einen gewaltigen Aufschwung nimmt und, mit allen Mitteln der antiken Rhetorik ausgestattet, an die Massen das Evangelium heranbringt, führt doch verhältnissmässig frühe schon die Consequenz der katholischen Auffassung dahin, dass die Predigt zurücktritt und zuletzt stille steht. Denn, meint Cäsarius von Arelate Hom. 12. 37 († 543), der eigentliche Werth des Kirchenbesuches liegt in der Anwohnung der Messe (nicht in der Erbauung durch die Predigt, sondern in der Aneignung der an den Vollzug der Eucharistie geknüpften Gnadengüter).

Es entspricht dieser Anschauung, dass nunmehr die Darbringung der Opfergaben (προσφορά, oblatio) an die Spitze des ganzen Gottesdienstes gerückt und ebendamit der ganze Gottesdienst mit allen seinen Acten in das eucharistische Opfer eingefasst, als eine an und für sich, im objectiven Sinne, heilige Handlung, als ἱερουργία charakterisirt wurde.

Diese Fassung des Gottesdienstes als eines heiligen Dienstes, welchem an und für sich schon Segenskraft innewohne, war durch die bisherige Entwickelung vorbereitet worden: in den Zeiten der schweren Verfolgung rückte die Theilnahme am Gottesdienste unwillkürlich unter den Gesichtspunkt des Bekenntnisses, und unmerklich, eben als Bethätigung der Bekenntnisstreue und der auch vor dem Zeugentode nicht zurückschreckenden Opferfreudigkeit, unter den Gesichtspunkt einer anerkennenswerthen, ja verdienstlichen Leistung; die theokratische Prägung des Priesterbegriffs und des Opferbegriffs schwächte den Gegensatz des neutestamentlichen Priesterthums und Opfers als des geistlichen Priesterthums und Opfers zum alttestamentlichen als dem theokratischen und rituellen immer mehr ab: nicht mehr bildet das neutestamentliche Priesterthum als das auf der inneren Heiligkeit des Personlebens beruhende den Gegensatz zu dem theokratischen, durch das heilige Amt verliehenen; nicht mehr bildet das neutestamentliche Opfer als das geistliche, in der dankbaren Hingabe des ganzen Menschen an den Herrn bestehende, den Gegensatz zu dem alttestamentlichen als dem nur ceremoniellen und rituellen von Gott angeordneten Act, sondern das neutestamentliche Priesterthum ist die höhere Stufe des alttestamentlichen Priesterthums, das neutestamentliche Opfer das vollkommenere weil vollgültige Opfer, Priesterthum und Opfer aber sind für das Christenthum ebenso constitutive Factoren, wie für die alttestamentliche Theokratie: denn das Christenthum ist die Vollendung der Theokratie, nicht in dem Sinne, dass es die Vergeistigung, Verklärung und Verinnerlichung der alttestamentlichen, in die Form der theokratischen Ordnung gefassten Heilsoffenbarung und damit deren Ziel und volle Realisirung darstellt, sondern in dem Sinne, dass die neutestamentliche Heils-Anstalt oder Theokratie das vollkommen darstellt und bietet, was die alttestamentliche nur unvollkommen darstellte und bieten konnte: die christliche Kirche ist nicht die Auflösung, sondern die Erbin der alttestamentlichen Theokratie, es ist sozusagen potenzirte Theokratie, welche die alttestamentliche dem Inhalt und dem Umfang nach vollendet, sofern sie das vollkommene Heilsgut schafft und alle Nationen der Erde umfasst.

Die neue Auffassung des Gottesdienstes als eines theokratischen Opferdienstes prägt sich in charakteristischer Weise schon im Kirchenbau aus, der seit der Anerkennung des Christenthums durch Constantin einen glänzenden Aufschwung nimmt (Basilica von Tyrus 313—322; Marienkirche in Bethlehem 330; Kirche des hl. Grabes 328—336; Apostelkirche in Constantinopel; in Rom die vatikanische 336, die lateranensische, die Kirche Paolo fuori le mura 388 u. a.) und dessen Grundgedanke nicht sowohl die Herstellung eines Versammlungshauses oder einer Erbauungsstätte, als vielmehr die Aufrichtung des neutestamentlichen Heiligthums ist, die Schaffung des würdigen Raumes für den Opferdienst des neutestamentlichen Priesterthums; ausdrücklich knüpft der Kirchenbau an das Vorbild des jüdischen Tempels an, dessen Mittelpunkt der Altar bildet; den Tempel zu Jerusalem an Pracht und Herrlichkeit um so viel zu übertreffen als die Herrlichkeit der neutestamentlichen Theokratie die der alttestamentlichen überstrahlt, das ist Justinians Ehrgeiz gewesen, wenn er bei der Vollendung der Sofien-Kirche stolz ausruft: „Ich habe Dich übertroffen, o Salomo!" —

Die consequente Durchführung des specifisch-katholischen Cultusprincips stellt der Cultus der römischen Kirche dar, der wesentlich in der realen (nicht bloss symbolischen) Darbringung des neutestamentlichen Opfers, des am Kreuz geopferten Christus durch das Priesterthum der neutestamentlichen Theokratie besteht. —

Mit ihm theilt der Cultus der griechisch-katholischen Kirche das Princip, wornach das Wesen des Gottesdienstes in der gottesdienstlichen Handlung als solcher besteht und aufgeht, diese selbst den Schwerpunkt und Mittelpunkt bildet, Selbstzweck ist.

Aber während die gottesdienstliche Handlung nach römisch-katholischer Auffassung ein real auf Gott gerichtetes Thun, eine wirkliche λατρεία, die von Gott geordnete reale Wiederholung des Opfers auf Golgatha, bezw. die täglich erneuerte Darbringung desselben vor Gott ist, trägt die gottesdienstliche Handlung nach griechisch-katholischer Auffassung den Charakter der symbolischen Darstellung: was vor den Augen der Andächtigen sich vollzieht, ist nicht die Sache selbst, sondern deren Andeutung durch Sinnbild und

Handlung, es ist nicht das von Gott zur Erlösung der Welt durch seinen Sohn vollbrachte Opfer oder dessen reale Wiederholung auf der hl. Opferstätte, sondern die geheimnissvoll-allegorische Vorführung des auf die Erlösung der Welt gerichteten göttlichen Thuns, das im Opfer auf Golgatha und in der glorreichen Auferstehung des Herrn sich vollendet. Ob daher auch im griechischen Cultus das Handeln der Gemeinde völlig zurücktritt, so kann er doch der Beziehung auf dieselbe so wenig entbehren, wie das Drama der Beziehung auf eine Zuhörerschaft: er vollzieht sich ohne Mitwirkung der Gemeinde, aber er setzt ihre Anwesenheit voraus, er hat als symbolisch-dramatische Darstellung ohne diese keinen Sinn und Zweck, während der römische Cultus nicht bloss ohne Mitwirkung der Gemeinde sich vollziehen kann, sondern auch, was seinen effectiven Erfolg anbelangt, von der Anwesenheit oder Abwesenheit einer Gemeinde nicht berührt wird (Privatmesse).

So stellt der Cultus der griechisch-katholischen Kirche die Uebergangsform dar zwischen dem altchristlichen und dem katholischen Gottesdienst: mit dem ersteren theilt er die Beziehung auf die Gemeinde und den Zweck der Erbauung, sofern er nicht durch sich selbst ex opere operato Gnade hervorbringt, gleichsam die auf die Erlösung der Welt gerichtete Thätigkeit Gottes ablöst und in dieselbe einrückt, wie der Opfercult der römischen Kirche, sondern durch sinnbildlich-dramatische Darstellung Gottes Thun der Gemeinde vorführt und nahebringt. Mit dem römisch-katholischen Cultus aber theilt er die Verwandlung der Gemeindefeier in einen priesterlichen Act, die Verlegung des Schwerpunktes in das Handeln der Priesterschaft.

Die letztere jedoch, welche nach römisch-katholischer Auffassung die Bedeutung eines die Heilsgnade real vermittelnden Priesterthums hat, erscheint im griechischen Cultus mehr noch als die heilige Genossenschaft der Eingeweihten, welcher die göttlichen Geheimnisse anvertraut sind und welche mit der Handhabung der geheiligten Formen technisch vertraut ist. Während also hier Vorstellungen der antik-heidnischen Welt leise nachklingen, ist in der römischen Kirche der Begriff des levitischen Priesterthums der alttestamentlichen Theokratie mit voller Consequenz auf das gottesdienstliche Amt der christlichen Kirche angewendet.

Ebenso lässt sich bei der griechischen Kirche in Bezug auf die künstlerische Einfassung und formelle Gliederung ihres Gottesdienstes eine gewisse Anlehnung an das antike classische Drama, dieses

Central-Bildungs- und Erbauungsmittel der antiken Welt nicht verkennen — man denke nur an die Gestaltung und Gliederung des gottesdienstlichen Raumes, an die Vertheilung der Handlung unter Priester, Diakon und Chor, an die sprachliche Gliederung der Gebete und Gesänge, an die in älterer Zeit vorkommenden Chor-Reigen u. a.

Die römische Kirche hat auch bezüglich der liturgischen Einfassung und Gliederung den ganzen Gottesdienst nach der Idee eines realen Opfers orientirt: ihr Gotteshaus gravitirt im Opfer-Altar, ihr Gebet concentrirt sich auf die Opferhandlung, diese Handlung selbst ist nicht Symbol, das den Geist nach oben lenken will, sondern an sich selbst gottgeordneter Gottes-Dienst.

So hat auch auf die Prägung des christlichen Gottesdienstes einerseits der durch Symbol und Gleichniss zum Ewigen aufsteigende Kunstgeist des Griechenthums eingewirkt, andrerseits der streng und nüchtern auf die Sache gerichtete und an die Sache sich haltende Geist des antiken Römerthums, dessen Grundzug rückhaltlose Consequenz ist.

<hr />

Erster Abschnitt.
Der Gottesdienst der griechisch-katholischen Kirche.

Literatur.

Maro, Expositio liturgiae Jacobi (Assem. Cod. lit. I. 4 p. 2.) — Simeon (von Thessalonich), † 1429. De fide, ritibus et mysteriis ecclesiasticis. (Simeonis archiepiscopi Thessal. opera graece. Ghiazii 1683.) — Nicol. Kabascla zu Thessalonich (14. sec.), Expositio liturgiae. — Germanus (Patriarch von Constantinopel im 13. sec.) theoria ecclesiasticarum rerum. — Clemens de Sainctes, Λειτουργίαι τῶν ἁγίων πατέρων. Graece. Paris 1560. — Is. Haberti, Ἀρχιερατικον, liber pontificalis eccl. gr. Paris 1643. — Jos. Aloisii Assemanni, Codex liturgicus ecclesiae universae 13. Tom. Rom. 1749—66. — A. P. Krazer, De apostolicis nec non antiquis ecclesiae occidentalis liturgiis etc. Augustae Vindel. 1786. — E. Renaudot, Liturgiarum orientalium collectio. Paris 1715. II. A. Frankfurt a. M. 1847. — Leo Allatius, De libris et rebus ecclesiasticis Graecorum dissertationes variae. Paris 1646. — Leo Allatius, De templis Graecorum recentioribus de narthese ecclesiae veteris, nec non de Graecorum hodie quorundam opinionibus. Col. 1645. — Jacob Goar, Euchologion (s. Rituale) Graecorum (complectens ritus et ordines). Paris 1645.) Venet. 1730. — Schmitt, Die morgenländische griechisch-russische Kirche. Mainz 1826. — Lienhart, De antiquis liturgiis. Strassburg 1829. — Muralt, Lexidion der morgenländischen Kirche. Leipzig 1838. — Theiner, L'église schismatique russe. Paris 1846. — H. Wdmer, Die griechische Kirche in Russland. Dresden und Leipzig 1848. — A. N. Murawieff, Geschichte der russischen Kirche. Deutsch von König.

Karlsruhe 1857. — A. N. Murawieff, Briefe über den Gottesdienst der morgenländischen Kirche. Aus dem Russischen übersetzt und aus dem Griechischen erläutert von E. v. Muralt. Leipzig 1838. — Rajewsky, Euchologion aus dem
griechischen Originaltexte der orthodox-katholischen Kirche. Wien 1865. —
L. Boissard, L'église de Russie. Paris 1867. — Philaret, Geschichte der
Kirche Russlands. Ins Deutsche übersetzt von Dr. Blumenthal. Frankfurt 1872.
— Strahl, Geschichte der russischen Kirche. Halle 1830. — Strahl, Beiträge
zur russischen K.-G. 1827. — H. Schmitt, Geschichte der neugriechischen und
der russischen Kirche, mit besonderer Berücksichtigung ihrer Verfassung in der
Form einer permanenten Synode. Mainz 1840. — J. F. H. Schlosser, Die
morgenländisch-orthodoxe Kirche Russlands und das europäische Abendland.
Heidelberg 1845. — D. W. Gass, Symbolik der griechischen Kirche. Berlin 1872.
— Basaroff, Die russische orthodoxe Kirche. Ein Umriss ihrer Entstehung
und ihres Lebens. Stuttgart 1873.

1. Quellen.

Schriftliche Aufzeichnung der vollständigen Liturgie ist vor dem
5. Jahrhundert nicht anzunehmen. Ausdrücklich sagt Basilius M.
(† 379) de spiritu sancto c. 27: „Τὰ τῆς ἐπικλήσεως·ῥήματα ἐπὶ τῇ
ἀναδείξει τοῦ ἄρτου τῆς εὐχαριστίας καὶ τοῦ ποτηρίου τῆς εὐλογίας, τίς
τῶν ἁγίων ἐγγράφως ἡμῖν καταλέλοιπεν; οὐ γὰρ δὴ τούτοις ἀρκούμεθα,
ὧν ὁ ἀπόστολος ἢ τὸ εὐαγγέλιον ἐπεμνήσθη, ἀλλὰ καὶ προλέγομεν καὶ
ἐπιλέγομεν ἕτερα, ὡς μεγάλην ἔχοντα πρὸς τὸ μυστήριον ἰσχὺν ἃ ἐκ τῆς
ἀγράφου διδασκαλίας παρελάβομεν.“

Die Ordnung der gottesdienstlichen Feier beruhte auf dem Her-
kommen, auf der in den Grundzügen überall gleichen Ueberlieferung,
deren Wahrung und Einhaltung die Sache des Bischofs war [1]).

Damit ist nicht ausgeschlossen, dass schon vor dem 5. Jahrhundert einzelne Stücke der Liturgie aufgezeichnet worden sind,
theils um dem Gedächtniss zu Hilfe zu kommen, theils um den
Unterricht der Cleriker zu unterstützen.

So hat Celsus (Orig. contra Cels. VI. c. 40) ohne Zweifel
Diptychen gesehen, Verzeichnisse der Märtyrer, der Entschlafenen
etc., für welche bei der Darbringung der Opfergaben namentlich gebetet wurde. Die Zahl derselben wuchs schon frühe, wie es ja in
der Natur der Sache lag, so sehr an, dass der Betende, wollte er
sicher sein, keinen Namen zu übergehen, der Zuhilfenahme eines
Verzeichnisses kaum entrathen konnte.

---

[1]) Dass der Gang der Handlung je nach Umständen gedehnt oder gekürzt
werden konnte, erhellt aus der Erzählung Gregor's von Nazianz, vat. 1: dass
sein Vater, als er auf dem Krankenlager das hl. Abendmahl bei sich feierte, „so
wenig Gebete als möglich" gebetet habe — dass er consecrirt habe mit den
Worten und Gebeten „ut fert consuetudo".

Auch sind uns in der Lehre der Apostel und im ersten Briefe des Clemens Romanus Gebete aufgestossen: allein dieselben waren sichtlich nicht zum agendarischen Gebrauch, sondern zur Orientirung der Gemeinde, beziehungsweise zur Instruction der Geistlichen bestimmt. Wenn die Synode zu Hippo 393 im 21. Canon[1]) bestimmt, „fremder (d. i. nicht durch die Gewohnheit in der betr. Gemeinde fest eingebürgerter) Gebetsformeln soll sich Niemand bedienen, nisi prius eas cum instructioribus fratribus contulerit", wenn die 11. Synode von Carthago 407 im 9. Canon bestimmt[2]): „Nur vom Concilium geprüfte und von Einsichtigeren gesammelte Gebetsformulare sollen angewendet werden"[3]), so erhellt, dass die Einzelnen sich Gebete für den gottesdienstlichen Gebrauch sammelten und dass Sammlungen von Gebetsformularen von Einzelnen veranstaltet wurden, aber ebenso, dass diese weder zum unmittelbaren agendarischen Gebrauch bestimmt waren, noch den Charakter von Agenden trugen, sondern den Einzelnen als liturgisches Hilfsmittel, als eine Art Vademecum liturgicum dienten[4]).

Freilich, als die Zahl der Gebete wuchs, als die Liturgie sich immer reicher und mannigfaltiger gestaltete, als zu den ein für alle Mal feststehenden, in jedem Gottesdienst vorkommenden und darum dem Gedächtniss leicht einzuprägenden Stücken solche kamen, welche sich nach der Physiognomie der Kirchenzeit, oder nach einzelnen Anlässen richteten, wurde das Bedürfniss der schriftlichen Aufzeichnung zunächst der wechselnden Stücke der Liturgie zum eigentlichen agendarischen Gebrauche fühlbarer und dringender. Ein solches, die wechselnden Bestandttheile („de tempore") der Messe enthaltendes Buch („libellus") hat GREGOR VON TOURS im Auge, wenn er De vita patr. c. 16 erzählt: „Quadam dominica ad missarum celebranda sollemnia invitatur dixitque fratribus: jam oculi mei caligine obte-

---

[1]) HEFELE, Conciliengeschichte II. S. 54.
[2]) HEFELE a. a. O. S. 89.
[3]) Vgl. Codex canonum ecclesiae africanae (419) can. 103.
[4]) So RENAUDOT a. a. O. I. S. LXXIX über die Kopten: „In tota sacrae actionis serie orationes omnes non ex libro recitat, sed memoriter dicit. Unde canonibus variis statutum est, nemo ordinetur qui Liturgias, Officium Baptismale et quaedam alia memoriter non teneat. Als Parallele aus neuerer Zeit führt er hiezu an (Vgl. ibid. S. LXVIII): „Nihil aut parum intererat apud Coptitas Alexandrinos, quos inter non ex libro sacerdotes, sed memoriter Liturgiam recitabant. Sunt insignes aliquot Ecclesiae, ut Metropolitana Rotomagensis (Rouen), in quibus nihil ex libro legitur, omnia ex memoria dicuntur et canuntur. Nullam idcirco disciplinam in illis Ecclesiis fuisse quisquam existimabit, quia multa ad eam spectantia scripta non sunt, sed traditionis successione conservata".

guntur nec possum libellum aspicere" (vgl. die von MONE herausgegebenen, in ihrer schriftlichen Fixirung keinesfalls über das 5. Jahrhundert zurückreichenden, nur die wechselnden Bestandttheile der Messe enthaltenden Messen, s. u.).

Vollständige, auch die stehenden Bestandttheile der Liturgie umfassende agendarische Formulare finden sich erst vom 10. und 11. Jahrhundert an. (MURATORI, Lit. Rom. I. p. 82.)

So kann denn die schriftliche Fixirung der orientalischen Liturgieen in der Form, wie sie vorliegen, in gar keinem Fall über das 5. Jahrhundert zurückdatirt werden. Die genaue, oder auch nur annähernd genaue Feststellung des Zeitpunktes der schriftlichen Abfassung ist vorerst noch unmöglich, da die Handschriften, auf die es ankommt, noch viel zu wenig bekannt und zugänglich, in Folge dessen noch viel zu wenig geprüft und kritisch gesichtet sind.

Wenn nach NEALE's Vorgang DANIEL (IV. S. 33) und KÖNIG (a. a. O. S. 35 ff.) diese Liturgieen in Familien ordnen, so kann diese Gruppirung, so viel im Einzelnen für sie sprechen mag, doch bei dem vorläufigen Stand der Sache nur den Werth einer Classification beanspruchen, deren Richtigkeit sich erst durch die kritische Durchforschung des Materials erweisen lassen wird.

(Näheres s. DANIEL a. a. O. T. IV. KÖNIG a. a. O. S. 35 ff. SCHÖNE, Geschichtsforschungen über die kirchlichen Gebräuche und Einrichtungen der Christen, ihre Entstehung, Ausbildung und Veränderung. 1821 B. 1. S. 121. REIMOLD, Die angeblichen apostolischen Liturgieen aus historisch-kritischem Gesichtspunkt. 1831. Diese beiden letzteren sprechen sich höchst skeptisch über die Aechtheit und Verlässlichkeit der Urkunden aus. Besonnen und reservirt in aller Kürze das Beste: v. ZEZSCHWITZ, „Liturgie" in Herzog's Realencykl. 2. Aufl. B. 9 S. 778 ff.)

Eine andere Frage als die nach dem Zeitpunkt der schriftlichen Abfassung ist die nach der Herkunft und dem Alter der durch die schriftliche Fixirung überlieferten und durch die Autorität eines apostolischen Namens gedeckten Liturgieen.

In der altchristlichen Zeit war die Ordnung des Gottesdienstes die Sache des Bischofs gewesen; jede Gemeinde hatte ihre eigene Liturgie, die unbeschadet einzelner localer Eigenthümlichkeiten in der Hauptsache dem κανών und der συνήθεια der Gesammtheit entsprach. Das im Zug der Zeit liegende, durch den Kampf gegen

die Häretiker begründete Streben nach Centralisation verlieh den
Stadtbischöfen ein Uebergewicht über die Landbischöfe, den Bischofs-
sitzen der grösseren Mittelpunkte ein Uebergewicht über die übrigen.
Die steigende Werthschätzung der Form machte empfindlich auch
gegen kleine liturgische Differenzen und liess auch auf diesem Gebiet
Einheit als wünschenswerth erscheinen, und so greift das Concil von
Nicaea als die Repräsentanz der Gesammtkirche ordnend und norm-
gebend in die liturgische Freiheit der Einzelkirchen ein, wenn es
im Interesse der Einheitlichkeit und übereinstimmenden Gleichheit
bezüglich der Kniebeugung can. 20 verordnet: „Ἐπειδή τινές εἰσιν
ἐν τῇ κυριακῇ γόνυ κλίνοντες καὶ ἐν τῆς πεντεκοστῆς ἡμέραις (von Passah
bis Pfingsten vergl. Tertull. de corona c. 3. Corpus juris can. 13.
Dist. 3 De consecr.) ὑπὲρ τοῦ πάντα ἐν πάσῃ παροικίᾳ φυλάττεσθαι,
ἑστῶτας ἔδοξε τῇ ἁγίᾳ συνόδῳ τὰς εὐχὰς ἀποδιδόναι τῷ θεῷ", oder wenn
(übereinstimmend mit der Synode von Arles a. 314, can. 15: „Ut
diakones non offerant. De diakonibus quos cognovimus multis locis
offere, placuit minime fieri debere) bezüglich der ausschliesslichen
Berechtigung der Presbyter und Bischöfe zum Vollzug des hl. Opfers
nachdrücklich und energisch verordnet wird:

(Concil von Nicaea).

Can. XVIII. Ἦλθεν εἰς τὴν ἁγίαν καὶ μεγάλην σύνοδον, ὅτι ἔν τισι
τόποις καὶ πόλεσι τοῖς πρεσβυτέροις τὴν εὐχαριστίαν οἱ διάκονοι
διδόασιν, ὅπερ οὔτε ὁ κανὼν οὔτε ἡ συνήθεια παρέδωκε, τοὺς
ἐξουσίαν μὴ ἔχοντας προσφέρειν τοῖς προσφέρουσι διδόναι τὸ σῶμα
τοῦ Χριστοῦ· κἀκεῖνο δὲ ἐγνωρίσθη, ὅτι ἤδη τινὲς τῶν διακόνων καὶ
πρὸ τῶν ἐπισκόπων τῆς εὐχαριστίας ἅπτονται· ταῦτα μὲν ἅπαντα
περιῃρήσθω καὶ ἐμμενέτωσαν οἱ διάκονοι τοῖς ἰδίοις μέτροις, εἰδότες
ὅτι τοῦ μὲν ἐπισκόπου ὑπηρέται εἰσί, τῶν δὲ πρεσβυτέρων ἐλάττους
τυγχάνουσι· λαμβανέτωσαν δὲ κατὰ τὴν τάξιν τὴν εὐχαριστίαν
μετὰ τοὺς πρεσβυτέρους, ἢ τοῦ ἐπισκόπου διδόντος αὐτοῖς ἢ
τοῦ πρεσβυτέρου· ἀλλὰ μηδὲ καθῆσθαι ἐν μέσῳ τῶν πρεσβυτέρων
ἐξέστω τοῖς διακόνοις· παρὰ κανόνα γὰρ καὶ παρὰ τάξιν ἐστὶ τὸ
γινόμενον.

Ebenso greift die Synode von Laodicea (c. 360) in uniformi-
render Tendenz ein, wenn sie in den Can. 15—18 gottesdienstliche Anordnungen trifft.

(Concil von Laodicea:)

Can. 15: „Dass ausser den dazu bestellten Psalmsängern, die
den Ambo besteigen und aus dem Buche singen, andere in

der Kirche nicht singen sollen" (dagegen z. B. Patrik in Irland die im Psalliren Nachlässigen tadelt.

Can. 16: „Dass am Samstage die Evangelien und andere Theile der Schrift vorgelesen werden sollen."

Con. 17: „Dass man bei den gottesdienstlichen Versammlungen die Psalmen nicht aneinander fortsingen, sondern nach jedem Psalm eine Lesung abhalten soll."

Can. 18: „Dass derselbe Gottesdienst überall sowohl in der neunten Stunde als Abends statthaben soll" (d. h. ob man das Fest um 3 Uhr oder erst um 6 Uhr schliesst, den Beschluss soll immer dasselbe Gebet bilden (s. van Espen, Hefele etc.).

und bezüglich des Hauptgottesdienstes verordnet:

Can. 19: „Dass nach der Homilie des Bischofs zuerst apart das Gebet für die Katechumenen verrichtet werden soll, und nachdem die Katechumenen hinweggegangen sind, soll das Gebet für die Büssenden statthaben, und wenn auch diese die Händeauflegung empfangen und sich wieder hinwegbegeben haben, so sollen ebenso drei Gebete für die Gläubigen geschehen, eines und zwar das erste soll stillschweigend, das zweite und dritte aber laut vollzogen werden".

„Hierauf gibt man sich den Frieden. Und nachdem die Priester dem Bischof den Frieden gegeben haben, dann sollen sich auch die Laien den Frieden geben, und so soll das heilige Opfer (προσφορά) vollzogen werden".

„Und nur den Geistlichen (ἱερατικοῖς) soll es erlaubt sein, zu dem Opferaltare (θυσιαστήριον) hineinzugehen und theilzunehmen."

Es war nicht mehr als natürlich, dass alles Gewicht normgebender Autorität nach stillschweigender Uebereinkunft Aller sich sammelte auf die ursprünglichen Mittelpunkte des christlichen Lebens: Jerusalem, Antiochien, Edessa und Alexandrien, und so ist es leicht zu begreifen, dass auch die Liturgien, wie sie in diesen Centren der morgenländischen Kirche sich entwickelt hatten, je für den nächsten Umkreis massgebend wurden und die localen Liturgieen verdrängten wie auch, dass dieses thatsächliche, in der Natur der Sache gelegene Uebergewicht dogmatisirt wurde, indem man diese Liturgieen auf die Urheberschaft apostolischer Männer zurückführte, beziehungsweise in ihnen die genuine, geradlinige Entwickelung der von den Aposteln selbst getroffenen Anordnungen erkannte und ehrte.

Ebenso natürlich freilich war es, dass das Streben nach Centralisation auch vor den durch die ehrwürdigen Erinnerungen und durch die älteste Ueberlieferung geheiligten Metropolitansitzen nicht Halt machte, sondern das Gewicht der sie alle überragenden Autorität auf die Reichshauptstadt Constantinopel concentrirte. So kam es, dass die Liturgie der constantinopolitanischen Kirche alle übrigen verdrängte.

Die Denkmäler dieser Entwickelung sind zunächst die, in ihrer jetzt vorliegenden Gestalt vielfach interpolirten, dem Grundstock nach aber in's Alterthum zurückreichenden Liturgieen der alten Metropolitansitze, sodann die constantinopolitanische Liturgie, welche die Grundlage der griechisch-russischen Liturgie bildet.

Unter den ersteren stellen wir voran die auf Alexandrien weisende Liturgie des Marcus, welche die Grundlage der heutigen Liturgie der monophysitischen Kopten und Aethiopier bildet. Sie ist jünger als die schon oben aufgeführte äthiopische Liturgie, ihr relatives Alter geht daraus hervor, dass die Gemeinde mit zahlreichen und bedeutsamen Responsorien bedacht ist. Ob freilich die Prägnanz und Kürze mit Sicherheit als Merkmal höheren Alter's oder nicht vielmehr als Merkmal späterer, kürzender Redaction zu nehmen sei, lässt sich nur unter Berücksichtigung anderer Umstände entscheiden, die zu erörtern hier nicht der Ort ist.

Einen in das christliche Alterthum zurückreichenden Grundstock enthält die dem JACOBUS zugeschriebene Liturgie; dafür spricht, dass die Gemeinde noch weit mehr als später activ betheiligt ist, z. B. das Vaterunser laut mitbetet; in ihrer jetzigen Form stellt diese Liturgie eine spätere Ueberarbeitung dar, wie die Ausdrücke „ὁμοούσιος" (von Christus und dem hl. Geist gebraucht), „θεοτόκος" und „ἀειπαρθένος" (von Maria gebraucht) darthun, ebenso der Umstand, dass an den Anfang des ersten Theils ein Sündenbekenntniss gestellt und nach den Lectionen das Glaubensbekenntniss eingerückt ist. Zahlreiche Berührungspunkte mit dem Cyrill von Jerusalem weisen auf Palästina als den Ort der Herkunft dieser Liturgie hin, welche denn auch das Ansehen der ursprünglichen Liturgie der jerusalemischen Gemeinde geniesst. Wie mit Cyrill, so ist sie auch mit der wohl aus Antiochien stammenden Clementinischen Liturgie des VIII. Buchs der apostolischen Constitutionen verwandt, deren höheres Alter bei der Vergleichung beider Liturgieen sofort in die Augen springt.

Auf Edessa gehen die ältesten Bestandtheile der liturgia apo-

stolorum (Liturgie des Adaios und des Maris) zurück, welche neben
der des THEODOR interpres († 429) und des NESTORIUS († 440) bei
den Nestorianern im Gebrauch ist.

Ueber die weiteren bei den Aethiopiern im Gebrauche stehenden Liturgieen s. RENAUDOT I, S. 1 ff. Alexandrinischer Herkunft
ist unter denselben der allgemeine Kanon (Kanon kadoso, canon
universalis) der Aethiopier, die Liturgie des Kyrill von Alexandrien und die koptische Liturgie des Basilius. (?)

Der antiochenisch-jerusalemisch-constantinopolitanischen Familie
gehören nach NEALE 41, nach RENAUDOT 31 (meist aus dem Syri-
schen übersetzte) Liturgieen an, unter welchen die Gregors des
Erleuchters Erwähnung verdient, sofern sich in derselben die Fürbitte für den russischen Kaiser befindet, ein Beweis, wie weit herab
die durch das locale und augenblickliche Bedürfniss veranlassten
Einschiebungen in den alten Liturgieen reichen.

Vom 6. Jahrhundert an steht die liturgische Entwickelung im
Morgenland im Grossen und Ganzen still, abgesehen von der Fort-
bildung einzelner Zweige bei den Nestorianern (Kirchenjahr) und
Armeniern. Einer organischen Weiterentfaltung stand schon der
Umstand im Wege, dass die Volkssprache und die liturgische Sprache
auseinandertraten, der lebendige Contact des wirklichen Gemeindelebens mit der Liturgie mehr und mehr aufhörte und die letztere
ausschliesslich in die Hand der Priester kam.

Die Liturgieen der einzelnen Metropolitankirchen wurden verdrängt durch die constantinopolitanische Liturgie, welche die Entwickelung abschliesst und die Namen BASILIUS des Grossen und des
hl. CHRYSOSTOMUS trägt, freilich in der uns vorliegenden Gestalt
jedenfalls erst dem 7. und 8. Jahrhundert angehört („Omnes ecclesiae sequi debent morem novi Romae et sacra celebrare juxta traditionem magnorum doctorum et luminorum pietatis, sancti Chry-
sostomi et Basilii“, Theod. Bals. in Bd. V seines griech.-römischen
Rechts). Durch die Slavenapostel CYRILL und METHODIUS bürgerte
sich diese Liturgie in Bulgarien ein; 987 adoptirte sie der Gross-
fürst Wladimir für die russische Kirche [1]).

---

[1]) HARNACK, Prakt. Theol. I. S. 549: „Es ist eine eklektische, höfisch
verfeinerte Composition der traditionellen provinziellen Formen, die man vor-
fand, zugleich aber auch eine Umgestaltung der Liturgie zu einer symbolisch-
dramatischen, zwischen Priester, Diakonus und Chor verlaufenden Darstellung
der heiligen Geschichte, besonders des Lebens, Leidens, Sterbens und der
Auferstehung Jesu Christi“.

3. Gestalt und Gliederung des griechischen Cultus.

A. Der gottesdienstliche Raum.

Das Vorbild für den kirchlichen Kunstbau, der erst im Zeitalter Constantins einen lebhaften Aufschwung nahm, war die foren-
sische Basilica [1]) der Römer, die öffentliche Kauf- und Gerichts-
halle, welche sich dem Bedürfniss der Christen als die geeignetste
empfahl.

Die römische Basilika [2]) war eine länglich viereckige, auf allen
vier Seiten von Säulenstellungen umgebene und von Mauern ein-
geschlossene Halle, welche für den Markt- und Handelsverkehr bestimmt war: die umlaufenden Säulengänge trugen eine Galerie,
welche mit einem auf einer zweiten Säulenreihe ruhenden Dache
bedeckt war. Die von den Säulengängen umschlossene Halle selbst
war unbedacht. An der einen Schmalseite derselben befand sich
eine Vorhalle (chalcidium), an die andere schloss sich eine grosse,
erhöhte, halbrunde Nische (hemicyclium, tribuna) an: der für die
Gerichtsverhandlungen bestimmte Raum, in welchem nur die unmittelbar bei den Verhandlungen betheiligten Personen Platz fanden,
während den Zuhörern die Galerie angewiesen war, welche über
der diesen halbrunden Raum von der Halle trennenden Säulen-
stellung hinführte.

Schon die dreifache Gliederung empfahl diese Form der damaligen christlichen Gemeinde: das Tribunal ergab den Raum für
die Priesterschaft, welche der neue Amtsbegriff über die Gemeinde
emporhob; die grosse mittlere Halle umschloss die Gemeinde der
Getauften, von welcher sich die durch die Arcandisciplin von der
intimen Gemeindefeier noch ausgeschlossenen Nichtgetauften auch
räumlich deutlich und scharf abhoben, sofern sie ihren Platz in der
Vorhalle fanden.

Demgemäss ist das Bild einer altchristlichen Basilika [3]) folgen-
des: wir betreten zuerst den Vorhof (αἴθριον, später paradisus genannt), in dessen Mitte sich der Waschbrunen (φιάλη, κρήνη, φρέαρ,
cantharus) befindet. Hier hatten die Büssenden des schwersten
Grades ihren Platz (locus hiemantium, χειμαζομένων, χειμαζόντων,

---

[1]) Basilica nach der Halle in Athen, in welcher der zweite ἄρχων (der
ἀ. βασιλεύς) Gericht hielt, genannt.
[2]) Genaueres bei BUNSEN, die Basiliken des christlichen Roms. ZESTER-
MANN, De basilicis, 1847 u. a.
[3]) Vgl. EUSEBIUS, Hist. eccl. l. X. c. 4.

weil sie den Unbilden des Wetters preisgegeben waren — locus lugentium, flentium, προςκλαιόντων — weil sie die Eintretenden unter Thränen um ihre Fürbitte anflehten).

Durch das vestibulum (πρόπυλον), die auf Säulen ruhende, an Festtagen mit Vorhängen geschmückte Pforte, treten wir ein in die eigentliche Vorhalle (Narthex), den Raum für die Katechumenen und für die Pönitenten der leichteren Grade (locus audientium, genuflectentium, substratorum).

Von hier führen uns die Thüren (πύλαι ώραϊαι) — in der Basilica von Tyrus entsprechend den drei Schiffen der Kirche, drei — in den Hauptraum (βασίλειος οἶκος, βασιλικὴ στόα, in Erinnerung an den salomonischen Tempel βασίλεως νέως oder νάος, nach der Beziehung auf das Schifflein Christi ναῦς, navis). Nächst den Thüren, an deren mittlerer sich Wasserbecken befinden, oft auch das Bild des hl. Christophorus, sind die Plätze der consistentes (συνιστάμενοι); den übrigen Raum füllt die Gemeinde der Gläubigen aus, die nach Geschlechtern getrennt ist — links die Frauen, rechts die Männer; am Ostende des Frauenschiffs befinden sich die Plätze für die dem hl. Dienst sich widmenden Frauen (matronaeum, μιτρονίκιον), am Ostende des Männerschiffs die Plätze für die Mönche.

Den Abschluss des Hauptschiffs bildet die zu einem kunstvollen Triumphbogen (arcus triumphalis) ausgebildete Säulengalerie. Durch diesen Triumphbogen betreten wir den erhöhten, für die Geistlichkeit vorbehaltenen Raum (Eusebius: „τὸ τῶν ἁγίων ἅγιον"; tribunal, presbyterium, sacrarium, sanctuarium). Den Mittelpunkt desselben bildet der über der „confessio" d. h. dem Märtyrergrab erbaute, die Form des Sarkophags imitirende Altar (θυσιαστήριον, τράπεζα, mensa, ara, altare). Als das Langschiff durch ein Querschiff gekreuzt wurde, rückte der Altar unter die sogenannte Vierung: ein von vier Säulen getragener Baldachin (ciborium) überdachte die hl. Stätte und Vorhänge entzogen sie dem profanen Blick. Vor demselben auf erhöhtem Boden befanden sich die Plätze für die niederen Cleriker vom Subdiakon abwärts, insbesondere für die Anagnosten und Psalten (ὠδεῖον). Dieser Platz hiess die σώλεα, solea, Unterchor, Chortenne, und war durch eine Schranke (lectionarium, Lettner) vom Hauptschiff geschieden, an deren linker Seite der Evangelienpult, an deren rechter der Epistelpult angebracht war.

Hinter dem Altar sass im Scheitelpunkt der Apsis der Bischof, umgeben von Presbytern und Diakonen auf erhöhtem Platz (θρόνος κάθεδρα). Links vom Altar stand das oblationarium, „πρόθεσις," der Tisch für die Zurüstung des Opfers, rechts befand sich der Ankleideraum für die Geistlichen (diaconicum).

An das Kirchengebäude waren noch Räume zur Aufbewahrung kirchlicher Geräthe u. s. f. angeschlossen (ἔξεδραι, οἶκοι, παστοφόρια).

So entsprach denn in der That der gottesdienstliche Raum ganz der Idee des Schiffes Christi: jedem, vom Bischof als dem obersten Befehlshaber und Lenker des Schiffes an — war nach genauer hierarchischer Abstufung sein Platz angewiesen.

Neben der Grundform des Langschiffes findet sich schon frühe diejenige des Rundbaues insbesondere für die Baptisterien und Grabkirchen (memoriae): den Mittelpunkt, als dessen architektonische Umhüllung sich der Bau darstellt, bildet das Taufbassin, beziehungsweise der Sarkophag. Als Vorbild dienten die römischen Thermen-Bauten und die Mausoleen. Da hier und dort auf Fundamenten heidnischer Tempel christliche Gotteshäuser errichtet wurden, so mag die ursprüngliche Anlage des Baues die Wahl des Centralbaues auch für Kirchen im eigentlichen Sinne des Wortes mitbestimmt haben. Im Abendlande jedoch bildet die Rundkirche die Ausnahme. Hier kam ja im Cultus die Idee des heiligen Opfers zu consequenter und voller Durchführung: der Gottesdienst ging auf in der Darbringung des Opfers durch das mittlerische Priesterthum: wie innerhalb des Gottesdienstes die Opferhandlung alle Aufmerksamkeit und Andacht der mitbetenden und mitfeiernden Gemeinde auf sich concentrirte, so musste im Gotteshause die hl. Opferstätte den Mittelpunkt und Schwerpunkt des Ganzen bilden, das Gotteshaus sich wesentlich darstellen als der Opferraum, dessen Construction und Gliederung jedem gestattet, den Acten der heiligen Handlung zu folgen. Dazu war die Basilica mit dem weithin sichtbaren Altar als dem Schwerpunkt des Ganzen und der hinter und vor dem Altar im Angesicht der ganzen Gemeinde ihres heiligen Dienstes wartenden Priesterschaft der geeignetste Raum.

Im Morgenland kam die Grundform des Centralbaues zu nahezu ausschliesslicher Geltung. Mögen hiezu architektonische Neigungen des Morgenlandes, oder auch äussere Umstände wie die Natur des vorliegenden Materials beigetragen haben: jedenfalls entsprach diese Form ganz merkwürdig dem Cultus, wie ihn die griechische Kirche ausgebildet hat. Sie schuf die Bühne, die Scene für das im Opfer auf Golgatha gipfelnde mystisch-allegorische Cultusdrama, als welches sich der griechische Gottesdienst darstellt. Die durch den Kuppelbau bedingte Ausdehnung in die Höhe verleiht dem ohnedies die

grösste Fläche einnehmenden Mittelraum das Uebergewicht: vor
ihm schrumpft der Altarraum zusammen zur Bühne; der Mittelraum
selbst stellt sich dar als ein mächtiger Zuschauerraum, innerhalb
dessen die Unterschiede verschwinden: die Säulen, welche in der
Basilica den Raum in Abtheilungen scheiden, treten vor den mächtigen,
die Kuppel tragenden Pfeilern zurück: sie haben nur dekorative
Bedeutung und dienen als Träger der Galerien, welche die Wand-
flächen beleben und die Plätze für die Frauen bilden (γυναικεῖα). —

„Beide Bauweisen, die mehr dem Abendlande angehörende
Basilica und der byzantinische Centralbau müssen in genauem Zusammenhange aufgefasst werden als Geschwister, die aus dem Schoosse
der altchristlichen Bildung hervorgegangen, unter verschiedenen
äusseren und inneren Einflüssen sich sehr verschieden, fast ent-
gegengesetzt, entwickelt haben, und dennoch nur in ihrer Vereinigung unter einem gemeinsamen Punkte der Betrachtung den
Geist jener Epoche in seiner ganzen Tiefe und Vielseitigkeit spiegeln.

Steht der byzantinische Centralbau an Originalität der Conception
und der Durchbildung, an technischem und constructivem Neugehalt,
an Pracht der Ausstattung dem Basilikenbau unbedenklich voran,
so hat jedoch jener wieder den unübertrefflichen Vorzug, das einfachste, anspruchsloseste und zugleich dem praktischen Zwecke, wie
der geistigen Bedeutung am nächsten kommende Princip gefunden
zu haben. Trotz allen Aufwands an Mitteln und Einsicht brachte
der Centralbau mit grosser Mühe nur eine complicirte und unklare
Grundform zu Stande, in welcher er, gleichsam mit Erschöpfung
seiner ganzen Erfindungsgabe, unrettbar erstarrte. Die Basilika
dagegen gab in jener schlichten Gestalt des mehrschiffigen, auf den
Altarraum hinführenden Langhauses dem frischen schöpferischen
Geiste der germanischen Völker eine jener Grundformen, welche
eben wegen ihrer unbewussten Einfachheit den Keim reichster Entfaltung in sich tragen. Desshalb nahm die Architektur des Mittelalters in der Folge von den Byzantinern zwar wohl die treffliche
Technik, die neuen Bereicherungen der Construction und in der
Durchführung einige Einzelformen auf: aber das Gerüst, aus welchem
sie ihre herrlichen Schöpfungen, wie aus dem Embryo einen lebens-
kräftigen Organismus entwickelte, war die Basilika." (LÜBKE, Gesch.
der Archit. Leipzig 1884, I. S. 402.)

Vgl. BUNSEN, Die Basiliken des altchristlichen Rom. München 1843. —
ZESTERMAEN, De basilicis Cl. III. Brüssel 1847. (Deutsch: Die antiken und
christlichen Basiliken nach ihrer Entstehung, Ausbildung und Beziehung zu

einander dargestellt. 1847.) — MOTHES, Die Basilikonform bei den Christen der ersten Jarhunderte. Leipzig 1865. — HÜBSCH, Die altchristlichen Kirchen nach den Baudenkmalen und älteren Beschreibungen 1859—63.

TEXIER und PULLAN, Architecture Byzantine. 1854. — SELZENBERG, Altchristliche Baudenkmale von Constantinopel vom 5—12. Jahrhundert. — M. DE VOGÜÉ, Les églises de la terre sainte. — LENOIR, Architecture monastique p. I. S. 235 ff. — UNGER, Griechische Kunst in der Encyklopädie von ERSCH und GRUBER.

Ausserdem: KUGLER, Geschichte der Baukunst. 1854—60. — LÜBKE, Geschichte der Architektur. 6. A. 1885. — LÜBKE, Vorschule zur Geschichte der Kirchenbaukunst. 4. A. 1858.

Betreten wir das Innere einer griechischen Kirche, so fällt uns als charakteristische Besonderheit sofort in's Auge die den Altar-Raum völlig abschliessende Bilderwand (εἰκονόστασις); rechts erblicken wir auf derselben Christus, links Maria, um sie geschaart Apostel und Heilige. Der fromme Sinn schmückt die heiligen Gestalten mit Goldblech und Edelgestein.

Vor der Bilderwand, durch eine niedere Brustwehr vom Hauptraum getrennt (entsprechend der Chor-Tenne in der Basilika) befindet sich der Raum, auf welchem dasjenige von dem Cultusdrama sich vollzieht, was die Gemeinde schauen darf: links und rechts ragen mächtige Leuchter empor, sie tragen die zahlreichen, von den Gemeindegliedern gestifteten Wachskerzen: im Lichte derselben, das durch den spiegelnden Glanz der silber- und goldgeschmückten Bilder verstärkt wird, walten Priester und Diakonen des Amtes. Zu ihrer Seite steht der Chor der Sänger.

Von diesem Raume führen drei Thüren, deren mittlere die königliche [1]) heisst (in der Osterwoche ist die letztere für jedes Gemeindeglied geöffnet, sonst nur dem Priester, während die Gemeindegenossen nur durch die beiden anderen Thüren eintreten dürfen); vor der mittleren Thüre bezeichnet ein Teppich, auf welchen das Bild der Taube als Symbol des h. Geistes gestickt ist, den Platz, welcher für den Kaiser vorbehalten war.

Im Altarraum steht links (auf der Nord-Seite) der Rüsttisch (oblationarium, πρόθεσις); rechts (auf der Süd-Seite) befindet sich das Diakonicum, der Ankleideraum für die fungirenden Geistlichen. In der Mitte steht der Altar, der das heilige Grab symbolisirt. Zur cultischen Stätte wird er erst durch die Bedeckung mit dem „Antimensium", einer vom Bischof geweihten, seidenen Altardecke, auf

---

[1]) Auch die Thüre des Czars, weil ausser dem Oberpriester nur dieser durch dieselbe in den Altarraum zur Communion gehen darf.

welcher das Begräbniss Christi dargestellt ist und welche in einer der 4 Enden eine Märtyrer - Reliquie enthalten muss. Erst die Ausbreitung des Antimensium's auf dem Altartisch vollendet die Weihung einer Kirche.

Auf dem Altare befindet sich ein liegendes Kreuz (Eusebius, Chrysostomus, Augustin wissen davon noch nichts; erst Sozomenos c. 440), ausserdem schmücken ihn Kerzen und hl. Lampen.

Das kostbarste Stück des Altars ist das Sacramentshäuschen, das zur Aufbewahrung der geweihten Hostien dient und häufig mit grosser Kunst gearbeitet ist.

Endlich liegt auf dem Altar das Evangelienbuch, welches Ehrfurcht und Pietät gleichfalls mit Gold und Silber und mit künstlerischem Schmuck ausstattet.

Die Kleidung der fungirenden Personen ist genau abgestuft.

Der Anagnost trägt nur das sticharion (ursprünglich die bis auf die Füsse herabgehende dalmatica), ein mit Goldstickerei verziertes, talarartiges weites Gewand.

Zu diesem kommt bei dem Diakonus das Orarium (von ὥρα), ein handbreites, langes, mit goldgestickten Kreuzen übersäetes Band, das über die linke Schulter gelegt wird und vorne wie hinten bis auf die Kniee herabreicht.

Statt des Orariums erhält der Presbyter das Epitrachelium, ein gleichfalls mit Kreuzen reich gesticktes Band, welches über beide Schultern gelegt wird. Ausserdem erhält er das phelonium, einen unten reich verzierten Mantel.

Der Bischof trägt statt des pheloniums den σάκκος, einen eng anschliessenden, bis an die Füsse reichenden Rock mit weiten Aermeln; darüber trägt er das Schulterkleid (ὁμοφώριον), dessen Enden bis zum Saum des Gewandes herabgehen; auf der Brust trägt er das πανάγιον, ein reich mit Edelsteinen verziertes goldenes Kreuz, an der Seite das rechts am Sakkus in der Gegend des Kniees getragene Epigonatium, „ein rautenförmiges, steif gefüttertes, violettes, rothes oder schwarzes Stück Sammt, mit einem goldenen Kreuz in der Mitte, als Symbol des Wortes Gottes, das der Bischof gleich einem Schwerte brauchen soll" (Alt, a. a. O. I, 128), auf dem Haupte die mitra, eine Krone mit einer mässig darüber hinausragenden, prächtig mit Gold verzierten Sammet-Mütze.

Von Geräthen sind dem griechischen Cultus eigenthümlich: der zweiarmige Leuchter (διχήριον, Symbol der zwei Naturen Christi), der dreiarmige Leuchter (τριχήριον, Symbol der Dreieinigkeit), die hl. Lanze zur Bereitung der eucharistischen Gaben, der Discus (unserer Patene entsprechend) zur Aufstellung derselben u. a.

Vgl. DANIEL, Codex liturgicus IV. S. 373 ff.

B. Die gottesdienstlichen Zeiten.

Der christliche Grundgedanke, dass der wahre Gottesdienst sich nicht auf besondere Zeiten und Tage beschränken dürfe, vielmehr als Anbetung Gottes im Geist und in der Wahrheit sich über das ganze Leben erstrecke, gibt sich Ausdruck in der gottesdienstlichen Prägung der Woche und des Jahres.

Zwar ist der erste Tag der Woche als der Tag des Herrn der für den eigentlichen Gottesdienst vorbehaltene Tag: die Sonne unter den Wochentagen, der Höhepunkt und Strebepunkt der Woche, wie die Auferstehung Jesu, deren Gedächtniss er erneuert, die Grund- und Central-Thatsache des christlichen Bewusstseins bildet. Aber der Glanz dieser Sonne umsäumt alle Tage der Woche, diese heissen darum feriae und erhalten ihre gottesdienstliche Weihe und Prägung durch das Stundengebet, die horae, welches die werktägliche Arbeit einfasst in den Gottesdienst, die nüchterne Zeit in die Ewigkeit.

Die Gebetsstunden, ursprünglich die dritte (9 Uhr), sechste (12 Uhr) und neunte (3 Uhr) waren zwar von der israelitischen Gewohnheit herübergenommen worden, hatten aber durch die Erinnerung an Christi Verurtheilung, Kreuzigung und Tod specifisch christliche Bedeutung gewonnen. Zu diesen drei Gebetsstunden sind nach Ap. Const. VIII, 34 die erste und die zwölfte, sowie die Stunde des Hahnenschrei's, 3 Uhr Morgens, gekommen. Der Christ betet „am Morgen zum Dank für das anbrechende Tageslicht, in der dritten Stunde, weil der Herr in dieser von Pilatus das Todesurtheil empfing; in der sechsten, weil er in dieser gekreuzigt worden; in der neunten, wegen des auf den Kreuzestod folgenden Erdbebens und am Abend zum Dank für den vollbrachten Tag und die nach gethaner Arbeit willkommene Ruhe der Nacht und in der Stunde des Hahnruf's, weil es die ist, welche den Anbruch eines neuen Tages verkündigt zur Vollbringung der Werke des Lichts".

Auf Grund der Stelle Ps. 119, 64 („Ich lobe Dich, Herr, des Tages sieben Mal") wurde noch eine siebente Gebetsstunde, die Mitternachtsstunde, hinzugefügt. Bei der Siebenzahl ist das Abendland geblieben, der Orient erhöhte die Zahl der Gebetsstunden gemäss Nehem. 9, 3 („Und stunden auf an ihrer Stätte, und man las im Gesetzbuch des Herrn, ihres Gottes, viermal des Tages; und sie bekannten, und beteten an den Herrn, ihren Gott, vier Mal des Tages") auf acht:

1. μεσονύκτιον, nocturnum, 12 Uhr;
2. Matina (matutinum, laudes), 3 Uhr;
3. prima, 6 Uhr;
4. tertia, 9 Uhr — die Stunde des Hauptgottesdienstes am Sonntag, daher unter den Gebetsstunden ausgezeichnet mit dem τυπικόν d. h. der Lesung der Makarismen, Epistel, Evangelium, Trisagion, Credo, Vaterunser, Kyrie, Psalm 34.
5. sexta, 12 Uhr Mittags;
6. nona, 3 Uhr;
7. Vesper (6 Uhr), vor den Festtagen Beginn der vigilia;
8. completorium, 9 Uhr;

Die vorgeschriebenen Gebete für die Horen enthält das Horologium und das Menologium.

Wie unter den Stunden des Tages die durch das Andenken an Christi Kreuzestod markirten für die christliche Pietät besonders hervortraten, so unter den Tagen der Woche diejenigen, welche durch die Erinnerung an die bedeutsamen Ereignisse der Leidenswoche vor anderen geheiligt waren: der Tag der Kreuzigung selbst (Freitag), der Tag, da Jesus verrathen ward (Mittwoch), der Tag des letzten Mahles (Donnerstag) und der Tag des Begräbnisses (Samstag). Die beiden erstgenannten Tage galten als Tage stiller Trauer und wurden durch Gebet und Fasten [1]) ausgezeichnet.

Der Donnerstag trug als der Tag der Stiftung des hl. Abendmahles den Charakter dankbarer Freude: ebenso im Orient der Sonnabend als der Gedächtnisstag der Schöpfung (Ap. Const. VIII, 33), während der Occident längere Zeit auch den Samstag durch Fasten auszeichnete.

Was der Sonntag in der Reihe der Wochentage, das ist die österliche Zeit in der Reihe der Wochen, die das Jahr zusammensetzen: sie währt vom Ostertag bis zum Pfingstfest; wie sie im Anfangspunkt die Thatsache feiert, auf welche sich das Heil gründet, so am Schlusse die Thatsache, darin es sich vollendet; den Mittelpunkt bildet das Osterfest selbst (τὸ πάσχα, ἡ κυριακὴ μεγάλη), eingeleitet durch die Ostervigilie, beginnend mit dem „Osterkuss", aus-

---

[1]) Der Mittwoch in Alexandrien durch eine Predigt.

klingend in der Oster-Octave (Dominica in albis); die Ostervigilie war feierliche Taufzeit, am Sonntag nach Ostern trugen die Neugetauften zum letzten Mal die weissen Taufgewänder. Seit dem 4. Jahrhundert findet sich das Fest der Himmelfahrt Christi (ἑορτὴ τῆς ἀναλήψεως) am 40. Tag nach Ostern. Den Schluss der festlichen Zeit bildet das freudenreiche Pfingstfest. Wie nun innerhalb der Woche dem Sonntag die stillen Trauertage, die dies stationum vorbereitend vorausgehen, so geht auch innerhalb des christlichen Jahres der österlichen Freudenzeit eine zweifach abgestufte Vorbereitungszeit voraus, zunächst die Quadragesima, die Passionszeit im weiteren Sinn [1]), deren heiliger Ernst culminirt in der Charwoche (hebdomas magna oder passionis). Diese beginnt mit dem Palmsonntag und schliesst mit dem grossen Sabbath (sabbathum magnum); ihre Höhepunkte bilden der Gründonnerstag als der Tag der Einsetzung des hl. Abendmahles und der Charfreitag als der Tag der Kreuzigung und des Todes Jesu.

Die Festzeit mit der ihr vorangehenden Vorbereitungszeit erscheint so als die Ausstrahlung der christlich geprägten Woche im weiteren Kreise des Jahres: den Mittelpunkt der beiden concentrischen Kreise, der in die Erlösungsthatsache eingefassten Woche und des dieselbe in weiterem Raum wiederholenden Jahres bildet der Ostertag, die Thatsache: „Der Herr ist wahrhaftig auferstanden!" Zu diesem Mittelpunkte sind sämmtliche Punkte der Peripherie in Beziehung gesetzt durch die Schriftlection des einzelnen Sonntags, gerade so wie innerhalb der Woche die einzelnen Tage durch das Stundengebet zum Sonntag in Beziehung gesetzt sind. In Alexandrien wird seit Clemens Alexandrinus das Epiphanienfest als Tauffest und Tag der Geburt Christi gefeiert. Doch gewann es eine centrale Bedeutung innerhalb des orientalischen Kirchenjahres nicht.

Dem durch die Auferstehungsthatsache bestrahlten Jahr des Erlösers steht gegenüber das Jahr der Kirche, beziehungsweise die Reihe der Heiligen- und Märtyrer-Gedenktage, die sich zusammenfasst in dem Allerheiligenfest, der Octave des Pfingstfestes (κυριακὴ τῶν ἁγίων πάντων, seit Chrysostomus).

Wie durch die Beziehung der Sonntage zum Ostertag und der Wochentage zum Sonntag, durch die Einfassung der Zeit in die

---

[1]) Da die griechische Kirche nicht bloss den Sonntag, sondern auch den Samstag vom Fasten ausnimmt, so braucht sie, um die 40 Fasttage zu gewinnen, eine grössere Reihe von Wochen, als die römische, wesshalb die geschlossene Zeit der Fasten früher beginnt, als in der abendländischen Kirche.

Feier der Erlösung jeder Tag in seiner Weise Zeuge ist von der Gnade Gottes in Christo, von dem, was in Christus der Menschheit geschenkt ist, so ist wiederum jeder Tag als Gedächtnisstag eines Heiligen oder Märtyrers zugleich Zeuge der Wirkung, welche die Gnade hervorbringt, Zeuge dessen, was der Herr aus dem Menschen macht, und insofern kann gesagt werden, die beiden Fest-Reigen des Herrnjahres und des im Allerheiligenfest culminirenden Heiligenjahres verhalten sich zu einander wie zwei Chöre im Wechselgesang: sie bilden eine Antiphonie, welche den verherrlichten Christus preisend feiert.

C. Gliederung des griechischen Gottesdienstes.

Alle die grossen, das Heil des Christen zusammensetzenden Thatsachen, welche der Reigen der Sonn- und Festtage der Reihe nach zur feiernden Betrachtung vorführt, bringt, wie in einem Brennpunkt gesammelt, allsonntäglich die Liturgie den Gläubigen zur Anschauung: denn diese ist mystisch-allegorische Darstellung der Heilsgeschichte, durchflochten von der Ektenie des Chores, der gleichsam den Widerhall gibt auf Gottes Wort und That, sich also zum Handeln von Priester und Diakon verhält wie die Heiligentage zu den Sonn- und Festtagen des im Ostertag wurzelnden Kirchenjahres.

Der Hauptgottesdienst des Sonntags wird vorbereitet durch

I. die Vesper am Sonnabend,

welche die Heilsgeschichte von der Schöpfung bis zur Geburt des Heilandes symbolisirt.

In der Kirche ist es still und dunkel; mit dem Glockenzeichen öffnen sich die heiligen Thüren; aus dem Altarraum erklingt aus dem Munde des Presbyters:

1. (Gloria patri.) Ehre sei dem Vater und dem Sohne und dem hl. Geiste jetzt und immerdar und in Ewigkeit! Amen.

Zur Gemeinde: Kommt und lasst uns die Kniee beugen vor dem Herrn Christus, unserem Gott!

2. Der Diakon erscheint nun unter der Thüre, zwei brennende Kerzen in der Hand, welche Licht in das Dunkel des Raums bringen — erinnernd an den ersten Schöpfungstag, da Gott sprach: „es werde Licht!" und es ward Licht —; mit ihm tritt der Presbyter unter die Thüre mit dem Rauchfass, dessen wallende Thymianwolken den alles belebenden Odem Gottes versinnbildlichen. Während beide, der Presbyter hinter dem Diakon, die Kirche feierlich durchschreiten, intonirt der Chor den 104. Psalm.

Wenn der letzte Ton desselben verklungen, verschwinden Presbyter und Diakon im Heiligthum, die Thüren schliessen sich, wie sich die Pforten des Paradieses hinter den sündigen Menschen geschlossen haben.

3. In die Stille sendet der Chor die Verkündigung des Weges, der aus der Gottverlassenheit die Menschen zu Gott zurückführt:

a) (Ps. 1, 1.) „Wohl dem, der nicht wandelt im Rath der Gottlosen, noch tritt auf den Weg der Sünder! Halleluja!"
(Ps. 2, 11.) „Dienet dem Herrn mit Furcht und freuet euch mit Zittern. Wohl dem, der auf ihn trauet! Halleluja!"

b) (Ps. 3, 8a. 9.) „Auf Herr und hilf mir, mein Gott! Bei dem Herrn findet man Hilfe und Segen über Dein Volk! Halleluja!"

c) (Ps. 141, 1. 2 [während der Diakon mit dem Rauchfass erscheint, das Gebetsopfer der Gemeinde symbolisirend].) „Herr ich rufe zu Dir, eile zu mir! Vernimm meine Stimme, wenn ich Dich anrufe. Mein Gebet müsse vor Dir taugen wie ein Rauchopfer, meiner Hände Aufheben wie ein Abendopfer!"
(Ps. 142, 8.) „Führe meine Seele aus dem Kerker, dass ich danke Deinem Namen."

d) (Ps. 130, 3. 4. 5. 7. 8. 9.) „So Du, Herr, willst Sünde zurechnen, wer wird bestehen? Doch bei Dir ist Vergebung. Meine Seele wartet auf den Herrn von einer Morgenwache zur andern. Israel hoffe auf den Herrn! Denn bei dem Herrn ist Gnade und viel Erlösung bei ihm. Er wird Israel erlösen von allen seinen Sünden."

4. (Erhörung.) Die Thüre öffnet sich, der Presbyter tritt heraus, der Diakon mit dem Rauchfass voranschreitend, bedeutet mit dem Rufe: „Weisheit" —, dass der Heiland und in ihm die göttliche Weisheit erschienen sei. Nachdem beide wieder in's Heiligthum zurückgegangen, stimmt der Chor den Abendhymnus (des Athenogenes) an: Φῶς ἱλαρὸν ἁγίας δόξης.

„Freundliches Licht der heiligen Herrlichkeit des ewigen Vaters, des himmlischen, heiligen, seligen Jesus Christus!

Indem wir zum Sonnenuntergang gekommen sind und das Abendlicht erblicken, preisen wir Dich Vater, Sohn und hl. Geist, der Du würdig bist, allezeit gepriesen zu werden mit Stimmen und mit Gesängen, o Sohn Gottes, der Du hingegeben hast Dein Leben, wofür die Welt Dich preist!" (Nach Alt).

3. Abendlied (Φῶς ἱλαρὸν ἁγίας δόξης).
(Nach Schlosser.)

Licht, heitres, der heiligen Glorie,
Des unsterblichen Vaters, des himmlischen,
Des heiligen, seligen,
Jesu Christe!
Da wir nahen dem Sinken der Sonne,
Und der Abendstern uns glänzet,
Lobsingen wir dem Vater und dem Sohne,
Und dem heiligen Geiste, Gott dem Herrn.
Würdig bist Du zu allen
Zeiten, dass Loblieder von heiligen
Lippen Dir erschallen, Gottes Sohn,
Der Du Leben uns gabst, darob
Preiset die Welt Deine Ehre!

Hierauf folgt die

5. Lection aus den Propheten.

6. Hierauf schreitet der Presbyter unter Vorantritt des zwei Kerzen tragenden Diakons in die Halle vor, wo einst die Pönitenten standen, andeutend, dass die in der Verheissung vorausleuchtenden Strahlen der Heilssonne auch ihnen gelten.

7. Schluss (die Ankunft des Heilands anzeigend).

a) „Herr, nun lässest Du Deinen Diener" etc. Luc. 2, 29—32.

b) (zu Maria im Geist sich wendend, die hl. Mutter grüssend.)
„Gegrüsset seist Du, Holdselige, der Herr ist mit Dir, Du Gebenedeyete unter den Weibern."

Gesegnet — geht die Gemeinde von dannen.

Nun folgt der Frühgottesdienst, die

II. Matine,

die symbolisch-liturgische Vorführung des heiligen Lebens Jesu von dessen Geburt bis zum Antritt seines Lehramtes.

In der Kirche ist es still und dunkel (wie in der Nacht, da Christus geboren ward): nur vor dem Bilde Christi und der Maria brennen einzelne Lichter — ebenso im Altarraum.

Mit dem Glockenzeichen erscheinen Presbyter und Diakon an den hl. Thüren und sprechen, nach dreimaliger Verbeugung vor den hl. Bildern:

A. Eingang: Vorbereitung.

1. Reinigungsact (Kyrie?).

Presbyter: Gelobt sei unser Gott allezeit, jetzt und immerdar und in Ewigkeit!

Diakonus: O König des Himmels! Tröster und Geist der Wahrheit, der Du allerwärts bist und alles füllest, Du Schatz alles Guten und Geber alles Lebens! komm' herab, wohne in uns, reinige uns von aller Unreinigkeit und errette unsere Seelen, o Allgütiger.

(Trisagion.) Heiliger Gott, heiliger starker Gott, heiliger Unsterblicher, erbarme Dich unser!

(Gloria.) Ehre sey dem Vater und dem Sohn und dem hl. Geist, wie es war etc.

O heilige Dreieinigkeit, sey uns gnädig, o Herr, reinige uns von unseren Sünden und vergib uns unsere Uebertretungen!

O Heiliger, sieh' an unsere Schwächen und heile sie um Deines Namens willen!

Herr, erbarme Dich!

Herr, erbarme Dich!

Ehre sey dem Vater — — —

Vater unser — — — von dem Uebel.

Presbyter: Denn Dein ist das Reich und die Kraft und die Herrlichkeit des Vaters und des Sohnes und des heiligen Geistes jetzt und immerdar und von Ewigkeit zu Ewigkeit! Amen.

Sei uns gnädig, Herr erbarme Dich! Wir Sünder, die wir keine Entschuldigung haben, bringen dies Gebet vor Dich, unsern Herrn!

Ehre sey dem Vater — — —

Sei uns gnädig, o Herr, denn auf Dich setzen wir unser Vertrauen.

Zürne nicht mit uns und gedenke nicht unserer Vergebungen, sondern siehe gnädig auf uns herab auch zu dieser Zeit, o Barmherziger, und errette uns von allen unseren Feinden!

Denn Du bist unser Gott, und wir Dein Volk, Deiner Hände Werk, die Deinen hl. Namen anrufen, jetzt und immerdar und von Ewigkeit zu Ewigkeit!

(An Maria.)

O gebenedeyete Mutter Gottes, öffne uns die Thore der Gnade, dass wir, die wir unsere Hoffnung auf Dich setzen, nicht verloren gehen, sondern durch Dich aus aller Noth befreit werden mögen: denn Du bist das Heil des christlichen Geschlechts!

(vor das Bild Christi tretend, mit dreimaliger Verbeugung:)

Wir beugen unsere Häupter vor Deinem verehrungswürdigsten Bilde, o Allgütiger, und bitten um Vergebung unserer Sünden, o Christe, unser Gott!

6*

Denn Du stiegst freiwillig an das Kreuz, um uns zu erretten, die Du aus der Knechtschaft des Widersachers erlöst hast.

Daher preisen wir Dich dankend und sagen: Du bist es, der Alles mit Freude und Jubel erfüllt hat, o Heiland, der Du kamst, die Welt zu erlösen!

(vor das Bild der Maria tretend, mit dreimaliger Verbeugung:) O Du, die Du die Quelle der Erbarmung bist, Mutter Gottes! mache uns der Gnade würdig; sieh hernieder auf Dein Volk, das gesündigt hat, und offenbare, wie immer, Deine Kraft an uns: denn auf Dich hoffen wir, und zu Dir, wie ehemals Gabriel, der Fürst der unkörperlichen Geister, sprechen wir:

Gegrüsset seist Du, Holdselige etc.

(Nach stillem Gebet, Begrüssung der Chöre durch Verbeugungen:)

2. (Rüstung.) Eintritt in das Heiligthum mit den Worten:

„Ich will kommen in Dein Haus und anbeten in Deinem heiligen Tempel in Deiner Furcht."

Dreimal sich vor dem Altar verbeugend küsst er diesen und das darauf liegende Evangelienbuch, der Diakon nimmt das Orarium, der Presbyter das Epitrachelium. Es beginnt

B. Der eigentliche Gottesdienst.

Diakon (im Altarraum rufend): „Ehre sei Gott in der Höhe und Friede auf Erden und den Menschen ein Wohlgefallen!"

Lector (am Lesepult vor der Bilderwand): „Herr, thue meine Lippen auf, dass mein Mund Deinen Ruhm verkündige"! (2 Mal.)

1. Lection des Hexapsalmiums (Psalmsprüche aus 6 Psalmen):

a) „Ach Herr, wie sind meiner Feinde so viel und setzen sich wider mich. Viele sagen von meiner Seele: sie hat keine Hilfe bei Gott. Sela. Aber Du, Herr, bist der Schild für mich, und der mich zu Ehren setzt und mein Haupt aufrichtet.

Ich liege und schlafe und erwache; denn der Herr hält mich" (Ps. 3, 2. 3. 4. 6).

b) „Herr, strafe mich nicht in Deinem Zorn, und züchtige mich nicht in Deinem Grimm! Verlass mich nicht, Herr, mein Gott, sei nicht ferne von mir!"

„Eile, mir beizustehen, Herr, meine Hilfe!" (Ps. 38, 2. 22. 23.)

c) (Morgengebet.) „Gott, Du bist mein Gott, frühe wache ich zu Dir; es dürstet meine Seele nach Dir: mein Fleisch verlanget nach Dir in einem trockenen und dürren Lande, da kein Wasser ist.

Meine Seele hanget an Dir; Deine rechte Hand erhält mich (Ps. 63, 2. 9).

Ehre sey dem Vater und dem Sohne und dem hl. Geiste, jetzt und immerdar und von Ewigkeit zu Ewigkeit! Amen.

Halleluja, Halleluja, Halleluja!"

(während der Presbyter, still betend, vor dem Heiligthum erscheint, links kommend, rechts verschwindend).

d) „Herr, Gott, mein Heiland, ich schreie Tag und Nacht vor Dir. Lass mein Gebet vor Dich kommen; neige Deine Ohren zu meinem Geschrei! Warum verstössest Du, Herr, meine Seele und verbirgst Dein Antlitz vor mir?" (Ps. 88, 2. 3. 15).

e) „Lobe den Herrn, meine Seele, und was in mir ist, seinen heiligen Namen. Lobe den Herrn, meine Seele, und vergiss nicht, was er Dir Gutes gethan hat!

Denn er kennt, was für ein Gemächte wir sind; er gedenket daran, dass wir Staub sind.

Der Mensch ist in seinem Leben wie Gras; er blühet, wie eine Blume auf dem Felde.

Wenn der Wind darüber geht, so ist sie nimmer da, und ihre Stätte kennet sie nicht mehr.

Die Gnade aber des Herrn währet von Ewigkeit zu Ewigkeit über die, so ihn fürchten" (Ps. 103, 1. 2. 14—17).

f) „Herr, erhöre mein Gebet, vernimm mein Flehen um Deiner Wahrheit willen, erhöre mich um Deiner Gerechtigkeit willen; und gehe nicht in's Gericht mit Deinem Knechte, denn vor Dir ist kein Lebendiger gerecht.

Denn der Feind verfolgt meine Seele, und zerschlägt mein Leben zu Boden; er legt mich in das Finstere, wie die Todten in der Welt. Und mein Geist ist in mir geängstigt, und mein Herz ist mir in meinem Leibe verzehret.

Ich gedenke an die vorigen Zeiten; ich rede von allen Deinen Thaten und sage von den Werken Deiner Hände. Ich breite meine Hände aus zu Dir, meine Seele dürstet nach Dir wie ein dürres Land. Sela.

Herr, erhöre mich bald, mein Geist vergehet; verbirg Dein Antlitz nicht vor mir, dass ich nicht gleich werde denen, die in die Grube fahren.

Lass mich frühe hören Deine Gnade, denn ich hoffe auf Dich.

Thue mir kund den Weg, darauf ich gehen soll, denn mich verlanget nach Dir.

Errette mich, mein Gott, von meinen Feinden; zu Dir habe ich Zuflucht.

Lehre mich thun nach Deinem Wohlgefallen, denn Du bist mein Gott; Dein guter Geist führe mich auf ebener Bahn.

Herr, erquicke mich um Deines Namens willen, führe meine Seele aus der Noth um Deiner Gerechtigkeit willen. (Ps. 143, 1—11.)

Ehre sey dem Vater und dem Sohn etc. etc.

Halleluja, Halleluja, Halleluja!"

2. Ektenie,

(Diakon) beschlossen vom Presbyter mit der Doxologie.

Chor (den erschienenen Heiland begrüssend): „Gott, der Herr, ist uns erschienen! Gelobt sey, der da kommt im Namen des Herrn!"

3. Troparion (kurzer Hymnus auf den Tagesheiligen, vorgesprochen vom Priester, wiederholt vom Chor).

4. Lection der Kathismen (weil die Gemeinde im Alterthum sitzend zuhörte) durch den Anagnosten, je eine der 20 Abtheilungen:

1. Ps. 1— 8.	8. Ps. 55— 63.	15. Ps. 105—108.
2. Ps. 9—16.	9. Ps. 64— 69.	16. Ps. 109—118.
3. Ps. 17—23.	10. Ps. 70— 76.	17. Ps. 119.
4. Ps. 24—31.	11. Ps. 77— 84.	18. Ps. 120—131.
5. Ps. 32—36.	12. Ps. 85— 90.	19. Ps. 132—142.
6. Ps. 37—45.	13. Ps. 91—100.	20. Ps. 143—150.
7. Ps. 46—54.	14. Ps. 101—104.	

Schluss: Ehre sey dem Vater etc.

Halleluja, Halleluja, Halleluja!

5. Procession. — Der Bischof in einfacher Kleidung, symbolisirend das unscheinbare Aeussere des Herrn, schreitet mit den Geistlichen durch die Kirche, räuchernd, während die Chöre singen:

„Lobet den Herrn! Lobet den Herrn, ihr Knechte des Herrn! Gelobet sei der Herr aus Zion, der zu Jerusalem wohnt!" (Ps. 135, 1. 21.)

„Danket dem Herrn, denn er ist freundlich und seine Güte währet ewiglich!"

„Danket dem Herrn vom Himmel, denn seine Güte währet ewiglich!" (Ps. 136, 1. 26.)

(An Festtagen des Herrn, der Maria, eines Heiligen wird das

betr. Bild auf dem Lesepult liegend, während dieses Actes in feierlicher Procession umgetragen.)

6. Neutestamentliche Lection durch den Presbyter.

Chor (antiphonisch): I. „Da wir die Auferstehung des Herrn
gesehen, so lasset uns ihn verehren, unseren heiligen Herrn Jesum!"

II. „Du bist unser Gott, und ausser Dir kennen wir keinen
andern!"

I. „Siehe, durch das Kreuz ist aller Welt Freude geworden!"

II. „Er, der am Kreuze gelitten, hat den Tod durch den Tod
überwunden!"

7. Diakon: „Erlöse Dein Volk!"

12 mal: „Herr, erbarm' Dich!"

8. Vortrag des Auferstehungscanons, Hymnen, aus je 9 Oden
bestehend, freien poetischen Bearbeitungen der cantica (2. Mos. 15.
5 Mos. 32. 1 Sam. 2, 1—10. Habak. 3. Jes. 26. Jona 2. Gesang
der drei Männer im Feuerofen. Luc. 1, 68—79. Magnificat Luc.
1, 46 f.), wobei der 1. Vers jeder Ode liturgisch cantillirt, die übrigen gelesen werden.

Am Schluss der achten fällt der Chor ein: „Dich singen, Dich
preisen, Dir danken wir, Herr!"

Der Diakon fordert auf zum Preis der allerheiligsten Jungfrau,
darauf von der 9. Ode nur der 1. Vers (Heirmos) [1]), sodann das
Magnificat Luc. 1, 46 ff.

9. Drei Lobpsalmen.

Presbyter unter der Thüre: „Ehre sey Dir, der Du uns das Licht
leuchten lässest!" (Begrüssung der aufgehenden Sonne in der alten Zeit.)

10. Grosses Gloria (unter dessen Klängen im Orient der
Bischof angekleidet wird, um sofort den Hauptgottesdienst zu cele-
briren). Im Abendland folgt nun eine stille Hore.

Sodann beginnt (10 Uhr) der Hauptgottesdienst (ϑεία μυσταγω-
γία, ϑεία καὶ ἱερὰ λειτουργία).

A. Zurüstungsact (προσκομιδή, ἀναφορά)
vollzogen am Rüsttisch (ἱερὸν βῆμα).

1. Bereitung der gottesdienstlichen Personen.

a) Andacht vor den heiligen Bildern.

b) Betreten des Heiligthums. (Ps. 5, 8.)

c) Feierliche Ankleidung, Rüstung der heiligen Geräthe.

2. Bereitung der Gaben.

---

[1]) D. i. Bund, Zusammenfassung, weil der erste Vers jeder Ode den
Inhalt summarisch intonirt, welchen die übrigen (Katabasien) auseinanderlegen.

a) Ausschneidung des Lammes (ἀμνός). (Jes. 53, 7. 8.)

b) Durchstossung des Lammes mit der hl. Lanze, Mischung von Wein und Wasser (Joh. 19, 34), Sammlung der Gebetsgemeinde um das Lamm.

c) Bergung der hl. Gaben auf dem Discus, Verhüllung mit dem hl. Stern (Matth. 2, 9), Decken, Weihung mit Gebet und Räucherung (Apoc. 8, 3).

B. Die Liturgie

I. der Katechumenen.

a) Feierliche Begrüssung von Altar und Evangelium durch die Fungirenden.

b) Beginn der Ektenie (Litanei) (εὐχὴ ἐκτενὴς μεγάλη oder καθολικὴ συναπτή), vorgesprochen vom Diakon, respondirt vom Chor mit „κύριε ἐλέησον".

c) Antiphonischer Vortrag der Seligpreisungen (gleichsam summarische Verkündigung des Evangeliums).

d) Kleiner Einzug (μικρὰ εἴσοδος): das Evangelienbuch wird feierlich in die Kirche getragen.

Chor: Hymnus auf die Dreieinigkeit.

e) Lectionen.

1. Epistel durch den Anagnosten.
Resp.: Halleluja. Psalmodie.

2. Evangelium durch den Diakonus.
Resp.: Lob sei Dir, o Christus!
Segnung mit Trikerion und Dikerion.
Entlassung der Katechumenen.

II. der Gläubigen.

1. Zurüstung und Bereitung.
Stillgebete.
Ausbreitung des Antimensium auf dem Altar.
Chor: Cherubimgesang.
Entzündung des Rauchwerkes.
Händewaschen.
Grosser Einzug (μεγάλη εἴσοδος): die Gaben werden feierlich auf den Altar gebracht (Joh. 18, 41).
Schliessung der hl. Thüren.
Stille Gebete.

2. Eucharistie.
a) Credo (Constituirung der Communiongemeinde).
b) Kanon:

1. Apostolischer Segen.
2. Präfatio.
3. Gebete des Kanons.

    aa) Dank für die Schöpfung.

        Sanctus.

    bb) Dank für die Erlösung.

        (προσφορά, Opfer) R: Das Deine von dem Deinen!

    cc) (Consecration). Epiklese des hl. Geistes.

        Ps. 51, 12. 13 „τελετικὰ ῥήματα".

    dd) Commemorationen.

        Alles kniet.

        Dankhymnus.

    ee) Gebet für die triumphirende Kirche.

    ff) Gebet für die Empfänger.

c) Communion („Das Heilige den Heiligen").

        Chorgesang.

d) Postcommunion.

        Vorzeigung der Elemente.

        Zurückbringung auf den Rüsttisch.

           Chor: Ps. 47.

           Dankgebet.

           Segen.

        Recitation von Ps. 34. 113.

        Austheilung der Antidoren.

           Ablegung der priesterlichen Gewänder.

           Schluss.

           (Liturgie des hl. Chrysostomus.)

In dem so reich gegliederten Cultus der griechischen Kirche kommt dem Chorgesang naturgemäss eine hochbedeutende Stellung zu. Die Wurzeln aller Kirchenmusik liegen in der That in der griechischen Kirche. Insbesondere war es die antiochenische Kirche, welche auf die Entwicklung des liturgischen Gesangs bestimmenden Einfluss ausübte. Hier soll ja schon Ignatius († 116) Wechselchöre eingeführt haben, jene Form des heiligen Gesangs, welche Ambrosius nach dem Abendland verpflanzt hat. Die Namen der Kirchentonarten, die Gestalt der ersten Tonzeichen — alles weist auf die griechische Kirche als die Heimat hin.

Dass auf die Entwickelung des Cultusgesangs die hochentwickelte antike Musik ohne Einfluss gewesen sei, ist um so weniger anzunehmen, als der Einfluss des antiken Geistes auf die Entwickelung von Dogma und Lebensformen ein so mächtiger war, und auch die hebräische Psalmodie sich dem Einfluss der griechischen Musik nicht entzog. Ganz sicher klingt die Antike nicht bloss in dem Namen („νεῦμα“) und der Gestalt der ältesten liturgischen Notenschrift, sondern auch in einer Reihe der Melodieen nach, die heute vor dem Altar erklingen.

Die griechische Kirche hat zwar den Kirchengesang ausschliesslich zur Sache des geschulten Chores gemacht und damit der Gemeinde entfremdet (Concil von Laodicea can. 11); aber sie hat in der Pflego und Entwickelung des liturgischen Gesanges jenen feinen künstlerischen Sinn bewahrt, den wir auf allen Punkten bewundern. So hat sie, oft unter schweren Kämpfen, die Instrumentalmusik von dem Gottesdienst ferngehalten, nicht als ob der Orchesterklang an sich unkirchlich und unwürdig wäre, sondern weil der Klang der Orchesterinstrumente etwas zu Realistisches hat, während am Chorgesang die ideale Rundung und Unberührtheit des Klangs den Eindruck des Reinen und Hohen, über der Prosa des Werktäglichen Stehenden macht.

So hat die griechische Kirchenmusik „den Chorgesang zu einer Höhe der Vollendung gebracht, die in den Kirchen des Abendlandes selten oder nie erreicht ist und noch heute als ein Muster kirchenmusikalischer Leistungen hingestellt zu werden verdient“ (OESTERLEY, Handbuch der musikalischen Liturgik S. 120).

Unter den Kirchencomponisten der griechisch-russischen Kirche ragt hervor DIMITRI BARTNANSKY (Bortniansky), vielfach gefeiert als der russische Palestrina (geb. 1751 zu Gloukoff in der Ukräne): er vermählt in seinen Gesängen die uralte Psalmodie mit dem Glanz und der schwellenden Sinnlichkeit des italienischen Styls (35 4stimmige geistliche Concerte, 10 Concerte für Doppelchor, 1 3stimmige Messe, Cherubimgesang); er starb 9. Oktober 1825 zu St. Petersburg als Kais. Russ. Staatsrath.

Zweiter Abschnitt.

Der Gottesdienst der römisch-katholischen Kirche.

Literatur.

Mittelalter.

Isidorus Hispalensis († 636), De divinis sive ecclesiasticis officiis libri II. Lipsiae 1534. — Ildephonsus von Toledo (607- 667), Liber annotationum de ordine baptismi. (Sancti Hildephonsi, archiepiscopi toletani, opera quae hactenus reperiri potuerunt omnia. Lutet. 1617. 8 B.) — Amalarius von Metz († 837), De ecclesiastico officio libri IV. — Amalarius von Trier, Epistola de caerimoniis baptismi (bisher Alcuin zugeschrieben). — Walafridus Strabo, Abt von Reichenau († 849), De exordiis et incrementis rerum ecclesiasticarum liber unus. — Rhabanus Maurus, Abt von Fulda († 856), De institutione clericorum libri III. — Agobard von Lyon, De divina psalmodia. — Ders. De correctione antiphonarii (Op. omn. Paris 1605, 1665. 1666). — Florus diaco nus, De expositione missae. (Lyon). — B. Remigius von Auxerre, Expositio Missae. — Pseudo-Alcuin, Liber de divinis officiis. — Berno von Reichenau († 1048), De quibusdam rebus ad Missae officium pertinentibus. — Ders. De officio missae. Argent. 1511. — (Ivo von Chartres ?), Micrologus de ecclesiasticis observationibus. — Johannes Beleth (Paris † 12 sec.), Brevis explicatio divinorum officiorum ac eorundem rationum. — Odo von Cambray († 1113), Expositio missae (Erkl. des Kanons). — Honorius von Augustodunum, (Autun) († 1120), Sacramentarium, seu de causis et significatu mystico rituum divini in ecclesia officii. — Ders. Gemma animae, seu de divinis officiis et antiquo ritu missarum deque horis canonicis et totius anni solemnitatibus libri IV. — Bruno von Segni († 1125), De sacramentis ecclesiae, mysteriis atque ecclesiasticis ritibus. — Hildebert von Tours († 1132), Carmen de mysterio Missae. — Rupertus, Abt von Deutz († 1135), De divinis officiis libri XII. (dogmatizans). — Hugo von St. Victor († 1142), De caerimoniis, sacramentis, officiis et observationibus ecclesiasticis. — Innocentius, III. († 1216), Mysteriorum evangelicae legis ac sacramenti Eucharistiae libri VI. — Albertus Magnus († 1280), Opus tripartitum 1° Summa de officio missae. 2° summa de sacramento eucharistiae. 3° sermones 32 super verbo venite comedite. Colon. 1503. — Gulielmus Durandus, B. von Mimato († 1296), Rationale divinorum officiorum libri VIII. — Guido de monte Rotherii († 1330), Curatorum manipulus. — Steph. Durandus (Toulouse † 1589), De ritibus ecclesiae catholicae libri tres. Col. 1692, Rom. 1591, Lugd. 1675. — Radulphus de rivo, de Breda († 1403), De canonum observantia. — Johannes de Lapide, Dr. th. zu Paris († 1477), Resolutorium dubiorum circa celebrationem missarum occurrentium. Basil. 1492. Gabriel Biel (Tüb. † 1495), Sacri canonis missae tam mystica quam literalis expositio. Bas. 1510. — Christof Marcellus, tres libri Rituum eccl. sive sacrar. Cerem. S. R. E. Venet. 1516. — Johann Cochläus († 1552), Speculum antiquae devotionis circa missam et omnem alium cultum dei, ex antiquis et antea nunquam evulgatis per typographos auctoribus laboriose collectum. Mogunt. 1549. — Flacius Illyricus, Missa latina quae olim ante romanam circa sep-

tingentesimum annum in usu fuit. 1557. — CASSANDER, Ordo romanus de officio
missae. Col. 1568. — Ders. Liturgia de ordine dominicae coenae celebrandae. —
Ders. Hymni ecclesiastici praesertim qui Ambrosiani dicuntur, cum scholiis.
Colon. 1556. — Ders. Preces ecclesiasticae, quae vulgo collecta dicuntur, ex
variis libris ecclesiasticis officii conquisitae. — MELCHIOR HITTORP, De divinis
catholicae ecclesiae officiis et ministeriis. Colon 1568. — JAC. PAMELII Missale
SS. patrum latinorum sive liturgicon Latinum. Col. 1571, ib. 1676. — ANGELUS
DE ROCCA, Thesaurus pontificiarum sacrarumque antiquitatum nec non rituum et
caerimoniarum. Romae 1579, ib. 1745. — J. B. RUBENS, Novum rationale divinorum officiorum. Venet. 1627, 1 tom. 4°. — BARTH. GAVANTI, Commentarius
in rubricas Missalis et Breviarii. Rom. 1628. 2. Ausg.: Thesaurus sacrorum rituum
seu comentarius in rubricas Missalis et Breviarii. — NIC. HUGO MENARDUS,
Sacramentarium Gregorianum illustr. Paris. 1641. — CASALIUS, De veteribus
sacris christianorum ritibus explanatio. Rom. 1647. — BONA (Cardinal), Rerum
liturgicarum libri duo. Rom. 1671. — JOH. BONA († 1674), Tractatus de
sacrificio missae. — Ders. Rerum liturgicarum libri II. Paris. 1672. —
DOMINIKUS MACRI, Hierolexicon sive sacrum dictionarium, in quo ecclesiasticae
voces earumque etymologiae, origines, symbola, caeremoniae, dubia barbara
vocabula etc. elucidantur. 1677 lat. Rom. (ital. schon 1750). — JOS. MARIA
THOMASIUS, Codices sacramentar. nongentis annis vetustiores. Romae 1680.
— Ders. Antiqui libri missarum romanae ecclesiae 1691. — Ders. Respon-
sorialia et Antiphonaria missarum Romanae ecclesiae 1686. — MABILLON,
Museum italicum (worin das Sacramentarium) Gallicanum) tom. I. Paris
1724. — Ders. De liturgia gallicana libri III. Lutet. Paris. 1685. — BERNHARD
BISSUS (Benedictiner), Hierurgia, sive rei divinae peractio. Genuae 1686,
2 tom. fol. — CLAUDIUS DE VERT, Explication simple littérale et historique
des cérémonies de l'église. Paris 1697—1698. II. 1707. B. III und IV 1713.
— FRIDERICUS, Liturgia vetus et nova sive collatio rituum liturgicorum
ecclesiae christianae priscae et hodiernae. Cum praefatione G. Ph. Slevogii.
Jena 1705. — LEBRUN, Explication littérale historique et dogmatique des prières
et des cérémonies de la messe. 1716. — Ders. Dissertations historiques et
dogmatiques sur les liturgies des toutes églises du monde chrétien. 1726. —
DOMINIKUS GIORGI, Liturgia romani Pontificis in celebratione missarum solemni
Rom. 1731. — HIERONYMUS BARUFFALDI, Commentaria ad rituale romanum
Venet. 1731. — LORENZ NICOLLIS, Origo sacrorum rituum et caeremoniarum.
Aug. Vind. 1732. — EDMUND MARTÈNE, De antiquis ecclesiae ritibus. Ant-
werpen 1736—38, 4 Bände fol. — LEODEGAR MAYER (Benedictiner), Explicatio
compendiosa literalis-historica caeremoniarum ecclesiasticarum, earum praecipue
quae ad sacram liturgiam spectant. Tugii 1737, Aug. Vind. 1743 8°. — Papst
BENEDICT XIV., der Veranstalter neuer officieller Ausgaben des Pontificale, Caeremoniale episcoporum, Rituale und Martyrologium, schrieb: De sacrosancto
missae officio. 1748. De festis Domini nostri Jesu Christi et beatae Mariae
virginis. 1745. — FRANZ ANTON ZACCARIA, Bibliotheca ritualis. 1776—81 Rom.
3 Bände. — GERBERT, Vetus liturgia alemannica, disquisitionibus praeviis, notis
et observationibus illustrata. 1776 St. Blasien. — Ders. Monumenta veteris
liturgiae alemannicae. 1779. — L. A. MURATORI, Liturgia Romana vetus. Venet.
1747, fol. II. Tom., Neap. 1776, 4° 2 vol. Enthält: Sacramentarium Leonianum
(zuerst herausgegeben von Blanchini 1735); Sacramentarium Gelasianum (zuerst

herausgegeben von Kardinal Maria Thomasius 1680); Sacramentarium Gregorianum; Missale Gothicum; Missale Francorum; Missale Gallicanum vetus (die drei letzteren zuerst herausgegeben von Kardinal Maria Thomasius 1680.) — PINIUS, Liturgia antiqua hispana. 1749. — Jos. CATALANI, Sacrum caerimoniale sive rituum sacrae romanae eccl. libri tres. Rom 1750—51. — Ders. Comm. zum rituale Rom 1757. — Ders. Pontificale. 1738—40. — Ders. Caeremoniale episcoporum. 1747. — L'antica d. della liturgia o sia messa celebrata colle sole offerte per li vivi e per li morti. Venez. 1768. — Jos. MARZOHL und Jos. SCHNELLER, Liturgia sacra oder die Gebräuche und Alterthümer der katholischen Kirche sammt ihrer Bedeutung, nachgewiesen aus der hl. Schrift, den Schriften frühester Jahrhunderte, seltenen Codices etc. Luzern 1834—1843, 5 B. — Jos. KÖSSING, Liturgische Vorlesungen über die hl. Messe. Villingen 1843. — GREG. RIPPEL, Die Schönheit der katholischen Kirche. Dargestellt in ihren äusseren Gebräuchen. Mainz 1842, 16. A. 1873. — Ders. Alterthum und Ursprung aller Caeremonien. Strassburg 1723. — Dr. JACOB FLUCK, Liturgik, 2 B. — MICHAEL SAILER, Geist und Kraft der katholischen Liturgie. München 1820. — GRÄSER, Die römisch-katholische Liturgie nach ihrer Entstehung und endlichen Ausbildung, oder geschichtliche Darstellung aller in der römischen Messe vorkommenden Gebete, Gesänge und Gebräuche. Halle 1829. — F. J. LECOURTIER, Manuel de la messe ou explication des prières et de cérémonies du saint sacrifice. 2. ed. Paris 1841. — HNOGER, Christkatholische Liturgik. Prag 1835—42, 2 Bde. — PROSPER GUERANGER, Abt von Solesmes († 1875), Institutions liturgiques. Paris I. 1840, II. 1841, III. 1851. — FRANZ XAVER SCHMID, Liturgik der christkatholischen Religion. 3. A. Passau, 1840-41 3 Bde. — AMBERGER, Praktische Theologie. — STAUDENMAIER, Der Geist des Christenthums, dargestellt in den hl. Zeiten, hl. Handlungen und der hl. Kunst. 4. A. 2 Th. 1847. — Dr. JOH. BAPT. LÜFT, Liturgik oder wissenschaftliche Darstellung des katholischen Cultus. Mainz 1844-47. — GEHRINGER, Compendium der katholischen Liturgik. Tübingen 1848. — F. G. MONE, Lateinische und griechische Messen aus dem zweiten bis sechsten Jahrhundert. Frankfurt a. M. 1850. — KREUSER, Das hl. Messopfer geschichtlich erklärt. 1854. — Dr. VALENTIN THALHOFER, Handbuch der katholischen Liturgik. I. Freiburg i. B. 1883. — BUCHWALD, Die gallikanische Liturgie. Im Jahresbericht des Gymnasiums zu Gross-Strehlitz, 1886. — CASPARI, Kirchenhistorische Anekdote nebst neuen Ausgaben patristischer und kirchlich-mittelalterlicher Schriften. I. Christiania 1883. — WARREN, Irish Missal. London 1879. — Ders. Stowe missal. London 1881 (9. Jahrhundert?) — WILL. MASKELL, The ancient Liturgy of the church of England according to the uses of Sarum, York, Hereford, and Bangor and the Roman liturgy arranged in parallel columns with preface and notes, third edition. Oxford 1882, 1 tom. 8°. — Ders. Monumenta ritualia ecclesiae anglicanae. Oxford ed. I. 1846, ed. II. 1882. (Ritus der Sacramente und Sacramentalien, Gebetsformularien etc.) — Neuere (private) Choralbücher: J. DUFOUR, Graduale und Antiphonarium. Paris 1857. Graduale für Rheims und Cambrai. Paris 1859. Graduale von HERNSDORFF. Trier 1876.

SCHMID, Cultus der christkatholischen Kirche. Passau 1840. — HÖFLINGER, Manuale rituum in S. S. sacrificio missae et in aliis ecclesiasticis functionibus observandorum in usum neosacerdotum etc. August. 1850.

CHARDON (Benedictiner), Histoire des sacraments. 1745 Paris. — SERRARIUS, Sacri peripatetici sive de ecclesiae catholicae processionibus libri duo. Colon. 1607. — NICOLAUS SERRARIUS, Litaneutici seu de litaniis libelli duo. Colon. 1609. — JOH. GRANCOLA, Commentaire historique sur le bréviaire romain. Paris 1727, lat. Venet. 1734. — FRANC. MACHIETTA, Commentarius historico-theologicus de divino officio. Venet. 1739. (Stundengebet.) — CHRYS. MAYER († 1873), Geschichte des Katechumenats und der Katechese in den ersten sechs Jahrhunderten nebst einer Erklärung des jetzigen römischen Taufritus aus der alten Katechumenatspraxis. Kempten 1868 I.

SCHELLE, Die päpstliche Sängerschule in Rom. Wien 1872. — SCHUBIGER, Die Sängerschule von St. Gallen. Einsiedeln und New-York 1858.

COUSSEMAKER, Drames liturgiques du moyenâge. Rennes 1860. — P. A. SCHUBIGER, Musikalische Spicilegien über das liturgische Drama, Orgelbau und Orgelspiel, das liturgische Lied und die Instrumentalmusik des Mittelalters Berlin 1876.

W. BÄUMKER, Palestrina. Ein Beitrag zur Geschichte der kirchenmusikalischen Reform des 16. Jahrhunderts. Freiburg 1877. — Ders. O. Lassus, der letzte grosse Meister der niederl. Schule. Freiburg 1878.

W. BÄUMKER, Zur Geschichte der Tonkunst. Von den ersten Anfängen bis zur Reformation. Freiburg 1881. — PROSKE, Musica divina. I.—IV. Mainz 1853–64. — Ders. Selectus novus missarum. I. und II. Mainz 1855. — FRANZ COMMER, Collectio operum musicorum Batavorum saeculi XVI. (I—XII.) Ders. Musica sacra. XVI. XVII. saeculorum (13 Bände). — Ders. Cantica sacra (XVI.—XVIII. saec.) I. II.

Gesammt-Ausgabe der Werke Palestrinas von Breitkopf und Härtel.

HOFFMANN, Geschichte des deutschen Kirchenlieds bis auf Luthers Zeit. Hannover 1854. — SEVERIN MEISTER, Das katholische deutsche Kirchenlied in seinen Singweisen. Freiburg I. 1862. — W. BÄUMKER, Das katholische deutsche Kirchenlied in seinen Singweisen. Freiburg I. 1876, II. 1883 (woselbst die das katholische Kirchenlied betreffenden weiteren Quellen nachzusehen sind). — J. ANTHONY, Archäologisch-liturgisches Lehrbuch des Gregorianischen Kirchengesangs. Münster 1820. — F. X. HABERL, Magister choralis. Regensburg 1863. — SCHAFHÄUTL, Der echt gregorianische Choral. München 1869. DOM. JOSEF POTHIER, Der gregorianische Choral, seine ursprüngliche Gestalt und geschichtliche Ueberlieferung. Uebersetzt von P. A. Kienle. Tournay 1881. — A. KIENLE, Choralschule. Freiburg 1884. — P. UTTO KORNMÜLLER, Lexicon der kirchlichen Tonkunst. Brixen 1870.

Dr. WITT, Fliegende Blätter für Kirchenmusik. — NACHBAR, Der gregorianische Kirchengesang oder die Kirchentonarten etc. Schwiebus 1852. — WOLLERSHEIM, Anweisung zur Erlernung des gregorianischen Gesanges. 2. A.

Archiv für christliche Kunst. Organ des Rottenburger Diöcesan-Vereins für christliche Kunst. Herausg. von F. J. Schwarz. Stuttgart 1883 ff.

Musica sacra. Beiträge zur Reform und Förderung der katholischen Kirchenmusik. Herausg. von F. Witt. Regensburg 1867—86.

1. Die Quellen.

Auch im Abendlande hatten die einzelnen Provinzial-Kirchen ihre eigenen Liturgicen. Ueber die Mannigfaltigkeit derselben siegte im Laufe der Zeit die Liturgie der römischen Kirche, der ordo romanus.

Die Welt- und Culturmission der Kirche, in einer von den Fluthen der Barbarei umwogten Zeit den starken Hort und Bergungsort der Gesittung zu bilden, wurde mit klarem Blick erfasst und mit bewundernswerther Folgerichtigkeit durchgeführt von den römischen Bischöfen.

Die Durchführung dieser Mission bedingte die Sammlung aller Kräfte, diese wieder die Einheitlichkeit der Organisation, die Zusammenstimmung aller wesentlichen Lebensformen und Lebensthätigkeiten der Kirche, die Einheit in Bekenntniss und Cultus.

Den Grund hat auch auf unserem Gebiete der Organisator der römischen Welt-Kirche, Gregor der Grosse, gelegt, denn hauptsächlich sein Werk ist die Feststellung der römischen Liturgie in allen wesentlichen Zügen. Vollendet ist die Durchführung der Einheit mit Gregor VII., der den ordo romanus auch in der am längsten widerstrebenden spanischen Kirche einführte.

Die Durchführung der Einheit in der Liturgie, besonders in dem Kirchengesang, die Einführung der römischen Form und Weise machten sich in erster Linie die fränkischen Herrscher Pipin der Kleine, Karl der Grosse und Ludwig der Fromme zur Aufgabe, nicht aus Unterwürfigkeit gegen den römischen Bischof, sondern in der richtigen Erkenntniss des Werthes, welchen die Einheitlichkeit des Cultus für die innere Einigung der verschiedenen, unter ihrem Scepter vereinigten Völker haben musste.

Mächtig gefördert wurde das Werk der liturgischen Uniformirung durch den thatkräftigen Eifer der im Interesse der römischen Kirche wirkenden Missionare, vorab Winfried's, die selbstverständlich überall, wo sie das Kirchenwesen organisirten, römische Form und Ordnung einbürgerten.

Gleichwohl erklärt sich der Sieg des ordo romanus nicht bloss aus dem Streben nach Einheit, auch nicht bloss aus dem Eintreten der fränkischen Könige und der Missionare für Rom, sondern auch aus der unläugbaren Ueberlegenheit, welche Rom, zumal in Gregor M., auch in liturgischen Dingen bewies: mit weitem Blick wusste man sich das Gute und Zweckmässige aller Zeiten und Länder zu assimiliren und das Princip der Geschichtlichkeit, des Archaismus, gelegentlich dem der Lebensfähigkeit und des liturgischen Geschmackes unterzuordnen. Es ist ganz bezeichnend, was Gregor M. dem nach Britannien entsandten Augustinus auf dessen Frage, warum der Einheit des Glaubens eine so grosse Verschiedenheit der Gewohnheiten und Bräuche gegenüber stehe[1]), antwortet: „Novit fraternitas tua Romanae ecclesiae consuetudinem, in qua se meminit enutritam. Sed mihi placet, ut, sive in Romana, sive in Galliarum seu in qualibet ecclesia aliquid invenisti, quod plus omnipotenti Deo possit placere, sollicite eligas, et in Anglorum ecclesia, quae adhuc in fide nova est, institutione praecipua, quae de multis ecclesiis colligere potuisti, infundas. Non enim pro locis res, sed pro bonis rebus loca amanda. Ex singulis ergo qui busque ecclesiis, quae pia, quae religiosa, quae recta sunt, selige, et tunc quasi in fasciculum collecta apud Anglorum mentes in consuetudinem depone". Epist. 64.

Der fromme Eifer, mit welchem die fränkischen Herrscher die provinziellen Eigenthümlichkeiten der Liturgie im Interesse der Uebereinstimmung mit Rom zu verdrängen suchten, hat leider zur Zerstörung einer Menge von Urkunden geführt, deren Besitz uns heute von unschätzbarem Werthe wäre, um uns ein Bild von der Entwickelung machen zu können, welche die Liturgie durchlaufen hat, bis an die Stelle der ursprünglichen Mannigfaltigkeit die Einheit des römischen ordo getreten ist. So aber sind wir auf wenige, dazu mit grosser Vorsicht zu verwerthende Quellen angewiesen.

Suchen wir uns zunächst ein Bild von dem Cultus

A. der Provinzialkirchen des Abendlandes zu machen, so stehen uns bezüglich der afrikanischen Kirche, die in enger Verbindung mit der römischen stand und in Männern wie Cyprian und Augustin bestimmenden Einfluss auf die Gesammtkirche ausübte, nur die in den Schriften Augustins enthaltenen Notizen zu Gebot (besonders Epist. 107. 119 c. 18, 178; de civit. Dei. 10. 21. 24; de dono persev. c. 7. Contra Faustum c. 21; die sermones).

Von der Liturgie der alten Kirche Galliens geben uns ausser Caesarius von Arelate († 542) und Gregor von Tours († 595) die Mone'schen Messen Zeugniss, von welchen freilich keine in der jetzt vorliegenden Gestalt aus dem 2. Jahrhundert stammt, welche aber einzelne, in's 3. Jahrhundert zurückreichende Bestandtheile ent-

---

[1]) Quare cum una sit fides, sint ecclesiarum consuetudines tam diversae: et altera consuetudo missarum est in Romana ecclesia, atque alia in Galliarum ecclesiis tenetur?

halten und den Stand der Dinge in der zweiten Hälfte des 5. Jahrhunderts erkennen lassen. An die MONE'schen Messen wäre das zuerst von Kardinal Thomasius 1680 herausgegebene sogenannte Missale Gothicum anzureihen, das uns wohl die Liturgie im fränkischen Gallien gegen das Ende des 5. Jahrhunderts zeigt.

Darauf folgen das in Bobbio aufgefundene, von Mabillon in dem Museum Italicum unter dem Namen „Sacramentarium Gallicanum" herausgegebene Missale (ein Missale mixtum), sowie das Missale Francorum und das Missale Gallicanum vetus, welche beide von Thomasius 1690 zuerst herausgegeben worden sind, und die Liturgie Galliens zur Zeit des Ueberganges erkennen lassen.

Für Spanien liegt das Zeugniss Isidors von Sevilla († 636) De offic. eccl. vor; ausserdem die mozarabische Liturgie. Dies ist die Liturgie, welche sich in einzelnen, von den Saracenen verschont gebliebenen Gemeinden Toledos erhalten hat und von dem Kardinal Ximenes de Cisneros zum Drucke (durch PETER HAGENBACH) gebracht worden ist, allerdings, nachdem sie aus der gothischen Schreibweise in die lateinische erst umgeschrieben worden. (vgl. HEFELE, Kardinal Ximenes). Sie trägt die Bürgschaft weit zurückreichenden Alters in sich selbst, wenn auch anzunehmen ist, dass im Verlauf der Zeit und unter dem Einfluss der römischen Uebung mancher Zug der ursprünglichen Physiognomie verloren gegangen ist und dafür fremde Züge sich eingewachsen haben.

Zur Kenntniss der älteren Geschichte der Liturgie in England dienen endlich als Quellen zwei von WARREN herausgegebene Missalien, von denen das eine, ein Reise-Missal (Irish missal ed. 1879) dem 12., das andere (Stowe Missal ed. 1881) dem 8. Jahrhundert angehört, sowie die von WILLIAM MASKELL herausgegebenen Liturgien von Sarum, York, Hereford und Bangor (s. o.).

Für die Entwickelung der

B. römischen Liturgie dienen als Quellen: zunächst

1. ein Brief Innocentius' I. (ep. 25) ad Decentium, der schon deutlich den Anspruch auf normative Autorität verräth: „Quis enim nesciat aut non avertat, quod a principe apostolorum Petro Romanae ecclesiae traditum sit ac nunc usque custodiatur, in omnibus debere observari, nec superinduci aut induci aliquid, quod auctoritatem non habeat, aut aliunde accipere videatur exemplum"- — Das Bild der altkatholischen Messe gibt die

2. dem Ambrosius zugeschriebene Schrift „de sacramentis". Directe Quellen sind

3. das von Bianchini zuerst 1735 herausgegebene Sacramentarium Leonianum, unzweifelhaft das älteste Denkmal der römischen Liturgie, das wohl unter Felix III. (483—492) entstanden ist und „eine Sammlung von Messen" darstellt, „wie sie nicht in einer bestimmten, sondern in verschiedenen römischen Kirchen gebraucht wurden" (RANKE, a. a. O. S. 109). Denken wir uns als Zweck dieser Sammlung die Zusammenstellung des Materials für die Herausbildung einer, die gemeinsamen Grundzüge aller vereinigenden Form für alle Kirchen Roms, so hätten wir in diesem Sacramentarium das Zeugniss des ersten Anlaufs, den Rom nahm, um zur Einheit in der Liturgie zu kommen. Auf Grund der im Leonianum vorliegenden Zusammenstellung des in Frage kommenden Materials stellte Gelasius (492—496) eine feste Ordnung auf, deren Grundzüge

4. das Sacramentarium Gelasianum (zuerst herausgegeben 1680 von Thomasius) durchscheinen lässt, freilich durch eine Menge fremder Zusätze.

5. Abschliessend greift endlich Gregor der Grosse ein, wie Johannes Diakonus (Libr. 2 c. 17) berichtet: „Et Gelasianum codicem de missarum solemniis, multa subtrahens, pauca convertens, nonnulla vero adjiciens pro exponendis evangelicis lectionibus in unius libelli volumine coarctavit". Sein Werk lässt uns das freilich erst c. 150 nach seinem Tode anzusetzende Sacramentarium Gregorianum erkennen.

___

Trotzdem im Grossen und Ganzen die römische Weise massgebend war, rissen in den einzelnen Ländern und Provinzen doch immer wieder Abweichungen ein, so dass es für das die römische Kirche neu constituirende tridentinische Concil eine wesentliche Aufgabe bildete, die Liturgie einer gründlichen Neu-Ordnung zu unterwerfen und wirkliche, durchgreifende Einheit im Cultus herzustellen.

Das Resultat der durch das Concil veranlassten Redaction der liturgischen Bücher ist die officielle Ausgabe derselben, wie sie Pius V. publicirte: es erschien

1. das Breviarium romanum 1568;
2. das Missale Romanum 1570;
   Es folgten
3. das Pontificale 1596;
4. das Ceremoniale 1600;
5. das Rituale 1614.

Diese Bücher bilden somit die authentischen Quellen für die Kenntniss des officiellen Cultus der römischen Kirche, welche noch ergänzt werden durch die Sammlung der Decrete der Rituscongregation „Decreta authentica congregationis sacrorum rituum ex actis ejusdem collecta", veranstaltet von A. GARDELLINI, fortgesetzt von J. DE LIGNE.

1. Das Missale enthält die vollständige Ordnung des Hauptgottesdienstes der Messe, hat also von den früher getrennt gebrauchten gottesdienstlichen Büchern in sich aufgenommen und verarbeitet:

a) Das „Sacramentarium" d. h. die Sammlung der Formularien zu den Gebeten des celebrirenden Priesters; (urspr. liber sacramentorum, liber mysteriorum, weil es die sich speciell auf das mysterium als solches, beziehenden, dasselbe constituirenden Bestandtheile der Messe enthält.

b) Das Lectionarium d. i. das Verzeichniss der Episteln und Evangelien auf die einzelnen Sonntage des Kirchenjahres (Näheres hierüber bei RANKE, Das kirchliche Perikopensystem aus den ältesten Urkunden der römischen Liturgie dargestellt. Berlin 1847.)

c) Das Graduale d. i. die Gesänge des Chors zur Messe.

Die ersten, alle diese drei Bücher vereinigenden Missalien erscheinen im 9. Jahrhundert (Missalia plenaria, weil sie die Messe vollständig enthalten nicht zu verwechseln mit jenen „Plenarien" der späteren Zeit, welche die Messe in der Landessprache enthalten und für die Hand der nachlesenden Andächtigen bestimmt sind.)

2. Das Breviarium, welches sämmtliche für die Verrichtung des liturgischen Gebetsdienstes nöthigen Stücke enthält, hat in sich aufgenommen:

a) das Psalterium d. h. den auf die Woche vertheilten Psalter und die cantica;

b) den Codex bibliorum sacrorum, der zur Verlesung der durch den Verlauf des Kirchenjahres vorgeschriebenen Schrift-Lectionen bestimmt war;

c) das Homiliarium, welches für die Lection der Kirchenväter bestimmt war;

d) der Liber passionalis (die Lesung über den jeweils zu verherrlichenden Heiligen);

e) das Hymnarium (Sammlung der recipirten Hymnen);

f) das Antiphonarium d. h. die Sammlung der Chorgesänge, mit dem Responsoriale (Sammlung der Responsorien).

3. Das Pontificale enthält die Formularien zu den dem Bischof vorbehaltenen kirchlichen Acten (Firmelung, Einweihung von Kirchen etc.).

4. Das Caeremoniale (Liber caeremonialis sanctae romanae ecclesiae oder Caeremoniale capellae pontificiae) enthält die Liturgie des Papstes und seiner Curie.

5. Das Rituale enthält die Formularien für die kirchlichen Handlungen überhaupt („manuale", „agenda"), welche der seelsorgerliche Dienst ausser dem öffentlichen Gottesdienst fordert. (Taufe, Trauung, Beerdigung u. s. f.)

Die Chorgesänge bezw. Chorgesangsgebete

1. zur Messe, also die musikalische Ergänzung des Missale, bildet das Graduale Romanum, die

2. zum Brevier das Antiphonarium, welches auch das Responsoriale einschliesst; (hievon ein Ausschnitt ist das Vesperale, welches die Gesänge zur Vespor enthält).

Die liturgischen Gesänge normirte und fixirte zuerst Gregor M. Das von ihm veranstaltete Antiphonar existirt nicht mehr. (Vgl. KÖSTLIN, Geschichte der Musik. III. Afl. S. 63 ff.) Das Antiphonar von St. Gallen ist wohl das älteste und reicht in's 10. Jahrhundert. Dasselbe hat die Gesänge in Neumen notirt; solche neumirte Antiphonarien kommen noch bis in's 12. und 13. Jahrhundert vor. (Ueber die Neumen s. A. KIENLE, der greg. Choral s. o.)

Die authentische Ausgabe der liturg. Gesänge wurde von Pius IX. und Leo XIII. auf Grund der von Paul V. (1614/1615) besorgten Medicäer-Ausgabe veranlasst:

1. Antiphonarium et Psalterium juxta Breviarium romanum cum cantu sub auspiciis Leonis XIII rituum congregatione curante. Ratisbonae Pustet. 2 t.

I. Antiphonarium diurnum 1879.

II. — — — nocturnum 1881.

2. Graduale de tempore et de sanctis juxta ritum romanae ecclesiae cum cantu sub auspiciis Pii IX rituum congregatione curante. Ratisb. 1872. II B.

2. Princip des römisch-katholischen Cultus.

Das Princip, welches die Entwickelung und Ausgestaltung des in der Messe sich vollendenden römisch-katholischen Cultus beherrscht und bestimmt, ist die folgerichtige Durchführung der Opferidee. Die römische Messe ist die wirkliche Darbringung des Opfers Christi vor Gott, der reale Vollzug (confectio) des neutestamentlichen Opfers durch das allein hierzu berechtigte neutestamentliche Priesterthum, zwar für die Gemeinde, aber nicht durch dieselbe und nicht einmal nothwendiger Weise vor der Gemeinde. In dieser Darbringung besteht der von Christus inaugurirte, allein Gott wohlgefällige, daher ex opere operato Gnade vermittelnde und Segen wirkende Gottesdienst (λατρεία), der pneumatische (nach Joh. 4, 24) d. h. von Gott gestiftete, vollkommene Cultus der neutestamentlichen Gemeinde; diese neutestamentliche, von Christus inaugurirte λατρεία ist die vollkommene, absolute, die Versöhnung real erwirkende, weil das Subject (Christus) nicht, wie im alten Testament, ein blosser Mensch, sondern der zwischen Gott und Menschen real vermittelnde Gott-Mensch, das Darbringungs-Object nicht ein Thier, sondern der Sündlose, die Darbringungsform die allein gottgefällige unblutige ist; diese λατρεία ist λογική vermöge ihrer objectiven Wahrheit, ihrer Angemessenheit an die Stiftung des Herrn, beziehungsweise Gottes, sie ist nicht Auflösung und Ablösung der alttestamentlichen λατρεία, sondern deren formale und materiale Vollendung, diejenige Form und Gestalt der λατρεία, durch welche Gott verehrt sein will.

Charakteristisch ist also für den katholischen Cultusbegriff, dass bei strenger Folgerichtigkeit das Princip der materialen, objectiven Wahrheit d. h. der Angemessenheit des Cultus an den Willen, die Anordnung Gottes, ausschliesslich zur Geltung kommt, das der subjectiven Wahrheit aber vollständig zurücktritt: die innere Stellung der an der Cultushandlung Theilnehmenden kommt nur in Betracht, soweit es sich um die persönliche Zueignung der durch die Cultushandlung vermittelten, in der wahren λατρεία perennirenden Heilsgnade handelt; für das Wesen und die Wirkung der Cultushandlung selbst aber bildet die Stellung der gläubigen Subjecte zu ihr kein wesentliches Moment: das Wesen des Cultus liegt in der objectiven Form, die Wirkung ist bedingt durch den correcten Vollzug.

Die bezeichnenden Symptome für die consequente Durchführung dieses Princips, die völlige Verdrängung der Gemeindefeier durch den priesterlichen Act (den „latreutischen Cult") bilden die Privatmesse und die Transsubstantiationslehre. Die Anerkennung der vom Priester allein, ohne Anwesenheit der Gemeinde, celebrirten Messe als eines Gottesdienstes im vollen Sinne des Wortes involvirt die Anschauung, dass das Wesen der Cultushandlung aufgehe im priesterlichen Act als solchem und dass dazu die Anwesenheit oder Abwesenheit der Gemeinde in keiner wesentlichen Beziehung stehe. Die Transsubstantiationslehre verstärkt das Gewicht des Opferactes und macht ihn aus der imitatio passionis, der besonders nachdrücklichen μνήμη des Opfers Christi zur realen confectio von Leib und Blut Christi: damit steigert sich die Wichtigkeit der von so ausserordentlicher Wirkung begleiteten priesterlichen Handlung, und ihr gegenüber kam das Thun der Gemeinde nicht mehr in Betracht (Thomas von Aquino: „perfectio hujus sacramenti non est in usu fidelium, sed in consecratione materiae"; Albertus M.: „Immolatio nostra non tantum est repraesentatio sed immolatio vera, id est rei immolatae oblatio per manus sacerdotum"); die sumtio erwirbt wohl den doppelten Segen, aber schon die manducatio spiritalis genügt, um des Segens der Handlung theilhaftig zu werden.

Klar und deutlich spricht sich das Tridentinum aus.

So in der 13. Sitzung, dem 3. Kapitel: „commue hoc quidem est sanctissimae eucharistiae cum ceteris sacramentis, symbolum esse rei sacrae et invisibilis gratiae formam visibilem: verum illud in ea excellens et singulare reperitur, quod reliqua sacramenta tunc primum sanctificandi vim habent, quum quis illis utitur, at in eucharistia ipse sanctitatis auctor ante usum est". Das „magnum eucharistiae mysterium" (sess. 22, Einl.) ist dasselbe Opfer, wie das auf Golgatha:

„in divino hoc sacrificio quod in missa peragitur, idem ille Christus continetur, et incruente immolatur, qui in ara crucis semel se ipsum cruente obtulit" (sess. 22, c. 2).

„Una enim eademque est hostia, idem nunc offerens sacerdotum ministerio, qui se ipsum tunc in cruce obtulit, sola offerendi ratione diversa. Cujus quidem oblationis cruentae, inquam, fructus per hanc incruentam uberrime percipiuntur, tantum abest, ut illi per hanc quovis modo derogetur".

Es ist daher (sess. 22, can. 1) „verum et proprium sacrificium", das „Deo offerri", (can. 3) „propitiatorium" ex opere operato, ein „sacrificium vere propitiatorium" „non solum pro fidelium vivorum peccatis, poenis, satisfactionibus et aliis necessitatibus, sed et pro defunctis in Christo nondum ad plenum purgatis rite juxta Apostolorum traditionem offertur" (c. 2), es ist (objective) eine „munda oblatio, quae nulla indignitate aut malitia offerentium inquinari potest" (c. 1).

Zwar („optaret" [c. 6]) wünscht der hochheilige Kirchenrath, dass in jeder Messe die beiwohnenden Gläubigen nicht nur durch das innere Verlangen, sondern auch durch den sacramentalen Genuss des Altarsacraments communiciren möchten, damit ihnen die Frucht dieses heiligsten Opfers um so reichlicher zu Theil würde; er verwirft aber desshalb doch, wofern dies nicht immer geschieht, jene Messen, in welchen der Priester allein sacramentalisch communicirt, nicht als heimliche und unerlaubte, sondern er genehmigt und empfiehlt sie sogar: „si quidem illae quoque missae vere communes censeri debent, partim, quod in eis populus spiritualiter communicet, partim vero, quod a publico ecclesiae ministro non pro se tantum, sed pro omnibus fidelibus, qui ad corpus Christi pertinent, celebrentur."

Vgl. besonders noch die canones 1 und 3.

1. „Si quis dixerit: in missa non offerri Deo verum et proprium sacrificium aut quod offerri non sit aliud quam nobis Christum ad manducandum dari: anath. s."

3. „Si quis dixerit, missae sacrificium tantum esse laudis et gratiarum actiones, aut nudam commemorationem sacrificii in cruce peracti, non autem propitiatorium, vel soli prodesse sumenti; neque pro vivis et defunctis pro peccatis, poenis, satisfactionibus et aliis necessitatibus offerri debere: a. s."

Damit stimmt vollständig überein, was einer der neuesten katholischen Liturgen, THALHOFER (a. a. O. S. 233) sagt: „Der gottmenschliche Mittler, das verklärte Haupt der Kirche, vollbringt über unseren Altären durch sichtbare Stellvertreter den einen, unendlich vollkommenen und absolut gottgefälligen Opfercult, welchen er auf Golgatha vollzogen hat. Er weiht der göttlichen Majestät durch seine ordinirten ministri den würdigsten und wirksamsten Cultus des mittlerischen Gebetes, und Er, der da ist salvator corporis sui i. e. ecclesiae, spendet in Sacramenten und Sacramentalien die vielgestaltige Heilsgnade (1 Petr. 4, 10), welche als Frucht seiner auf Erden, endgültig auf Golgatha vollbrachten, in der Kirche geheimnissvoll perennirenden λατρεία erscheint". Der Cultus ist „das gottesdienstliche Thun des durch sichtbare Stellvertreter repräsentirten mittlerischen Hauptes der Kirche für die Glieder seines mystischen Leibes und in Vereinigung mit ihnen nach feststehenden Normen" — oder, da der Krystallisationskern des Cultus das Opfer ist und alle übrigen Cultushandlungen nur durch die Beziehung auf dasselbe ihre wesentliche Bedeutung gewinnen, der Hauptsache nach Opferdienst.

3. Gestalt und Gliederung des römisch-katholischen Cultus.

A. Der Cultusraum.

Die abendländische Kirche hielt sich fast ausschliesslich an die Grundform der Basilika, welche ja von vornherein ebensowohl der Idee des christlichen Versammlungshauses, wie der Idee des heiligen Opferraumes entsprach. Diese Grundform entwickelt die Kirche weiter im romanischen und gothischen Styl, der ihr eigenthümlich und von ihr geschaffen ist, sofern nicht bloss die grossen Bauunternehmungen von ihr ausgingen, die Leitung und Ausführung in den Händen ihrer Diener lag, sondern auch die Züge des in ihr waltenden Geistes darin zur Ausprägung kommen und das Gotteshaus in der einheitlich zusammengefassten Harmonie aller Theile in der That die architektonische Verkörperung des Gedankens darstellt, der die römische Kirche in ihrer Cultur- und Weltmission leitete, des Gedankens der einheitlichen Zusammenfassung aller auseinander- und widerstrebenden Kräfte zu den idealen Zwecken der mit dem Reiche Gottes identisch gedachten Kirche. Mit bewundernswerther Folgerichtigkeit wird das Motiv des Kreuzes — vom Bauriss an bis zu der im Sonnenschein glänzenden, in lichter Höhe schwebenden Kreuzblume — durchgeführt, so dass die Kirche als die architek-

tonische Umhüllung des auf dem Mittelpunkt des Kreuzes ruhenden
Altars, beziehungsweise selbst als eine grossartige ara crucis erscheint.
Die den betrachtenden Sinn auf die Erde zurückleitende und bei
der Erde festhaltende Horizontalrichtung, wie sie aus der welt-
frohen Antike kam, weicht der den Beschauer nach oben weisenden
Verticalrichtung, deren kühne Höhenentfaltungen recht die architektonische Ausprägung der auf das Kreuzesopfer sich gründenden, in
die Ewigkeit sich streckenden christlichen Hoffnung sind. Zugleich
strebt die Baukunst unermüdlich nach immer weitergehender Ent-
lastung der Mauern, bis es ihr gelingt, die Steinmassen in lauter
Steinblüthe aufzulösen, die schwere Materie gleichsam vergeistigt, ver-
klärt darzustellen, bis in's kleinste Stückchen hinein dem Gedanken
zu unterwerfen, so dass der kunstvolle Dom mit seinen reich gegliederten, durchbrochenen Formen und seiner herrlichen Steinblüthen-
pracht wahrlich anmuthet als consecrirte Materie, vor uns steht als
architektonische Verkörperung des die Welt dem Geist unterwerfen-
den, die Welt verklärenden Christenthums. Ausprägung der christlichen Grundmotive und Durchführung derselben ist also der unbewusst leitende Gedanke, welcher die Weiterentwickelung der kirchlichen Baukunst beherrscht.

Neben diesen Grundzügen, welche dem Gotteshaus die Physiognomie des Christenthums aufprägen, fehlen allerdings auch die
charakteristischen Züge des geschichtlichen Katholicismus nicht:
immer einseitiger gestaltet sich das Gotteshaus zum heiligen Opferraum: die Predigt steht still, der Predigtstuhl rückt in das Schiff
vor, denn die Predigt hat nur vorbereitende Bedeutung; ja vielfach
tritt sie vor die Kirche hinaus in's Freie. Doch soll die Kanzel
rechts vom Altar stehen, auf der Evangelienseite, zum Zeichen, dass die
Predigt Auslegung des Evangeliums sein soll. (s. LÜFT, Liturgik II, 727.)

In der Raumvertheilung kommt der römische Dualismus, welcher
die Christenheit schlechthin in Clerus und Volk scheidet, immer
mehr zum Ausdruck.

Der romanische Styl nimmt für den hinter dem Altar liegenden
Raum das Quadrat der Vierung, auf welcher der Altar steht. Der
Chorraum wird dadurch schon so vergrössert, dass die beim Cultus
activ betheiligten niederen Cleriker, welche in der Basilika vor dem
Altar, also noch inmitten der Gemeinde gestanden, nunmehr in den
Chor zurückgenommen werden können.

Beträgt hier die Tiefe des Chorraums mit dem Altar etwa $^2/_5$
der ganzen Länge, so liebt es die Gothik, den Chorraum so zu

verlängern, dass er dem Schiffsraum an Länge gleich wird. Zwischen Clerus und Volk scheidet die Chorschranke, der Lettner; ja die Opferstätte, der Altar, rückt von der Vierung zurück in die Chor-Nische; unter der Vierung wird ein zweiter Altar, der Kreuzes-Altar (so genannt, weil ein Crucifix darauf steht oder darüber hängt), für den Gebrauch des Volkes errichtet: so verkündet es schon der gottesdienstliche Raum, dass der Cultus Opferdienst ist, vollzogen für das Volk, aber nicht durch das Volk, Priesteract, aber nicht Gemeindefeier.

Concil von Toledo 633 cap. 18: „das Sacrament soll genommen werden — — vom celebrans und den Leviten vor dem Altar, von dem Clerus im Chor, vom Volk ausserhalb des Chores".

Der Blick beim Eintritt in das Gotteshaus wird sofort auf den Hochaltar gelenkt, die Stätte der Darbringung des hl. Opfers. Schon zu Gregors des Grossen Zeit herrschte die Sitte, in einer Kirche mehrere Altäre zu errichten (5 cp. 60. 6, cp. 49); zu Karls des Grossen Zeit musste die Kirche gegen den Unfug allzu grosser Vermehrung der Seitenaltäre einschreiten[1]). In der Regel hat eine Kirche drei Altäre, den Hochaltar (altare summum oder majus) und zwei Seitenaltäre, von welchen der eine der hl. Jungfrau, der andere dem Kirchenpatron geweiht ist. Die Heiligkeit der Opfer-stätte wird erhöht durch die Reliquien, die (seit dem 9. Jahrh. in Reliquienkästen auf dem Altar) die Opferstätte als Grab eines Heiligen charakterisiren.

Das Heiligthum des Altares aber ist das die hl. Hostie bergende Ciborium. Frühe schon wurde ihm ein besonderer Raum geschaffen und dieser kostbar ausgestattet, das Tabernakulum, ein auf Säulen ruhendes Kuppeldach, das einen kostbaren Baldachin darstellte, so-fern die Zwischenräume zwischen den Säulen durch kostbare Vor-hänge ausgefüllt waren (bei den Griechen πύργος, in Gallien „turris", bei den Lateinern umbraculum, umbella, coelum). Später rückt das Tabernakel als Nische in die Altarwand, und ist hier vom Crucifix, das sich darüber erhebt und den Blick des Andächtigen sofort auf das „Zelt des Allerheiligsten" lenkt, überragt. (In älteren Kirchen findet sich als Aufbewahrungsort der Abendmahlselemente neben dem Tabernakel auf der Evangelienseite das „Sacramentshäuschen" [Nürnberg - St. Lorenz, Friedberg], das einen kunstvoll verzierten Wandschrank darstellt). —

---

[1]) Lüft a. a. O. S. 719.

Von den Geräthen, welche die Kirche als katholische charakterisiren, ist noch zu erwähnen der Beichtstuhl.

In frühester Zeit erfolgte das Sündenbekenntniss an den Can-
cellen (der Chorschranke), in besonderen Fällen an den Stufen des
Altars. Besondere Beichtstühle werden im 9. Jahrhundert erwähnt
(confessionalia, confessoria). Jetzt findet sich der Beichtstuhl meist
im Schiff der Kirche an der Wand.

Das Baptisterium, früher ein besonderer Raum, wird in einer
Seiten-Kapelle oder in der Nähe des Einganges untergebracht; das
Taufbassin weicht dem Taufstein, wie die Sitte des Untertauchens
derjenigen der Besprengung.

Die Grundform der Basilica beherrschte noch lange den Baustyl, als schon
der Gewölbebau des romanischen Styls sich einbürgerte. Dieser herrscht ungefähr vom 10. bis 13. Jahrhundert. Die charakteristischen Grundzüge des
romanischen Styls sind: für den Grundriss die Grundform des Kreuzes; dabei
wird dem Quadrat der Vierung je ein gleichgrosses Quadrat im Osten, Norden,
Süden vorgelegt; gegen Westen beträgt die Länge das Dreifache der Vierung.
— Der Chor erhebt sich über der Krypta, welche zuweilen ziemlich über den
Boden der Kirche sich erhebt (so in dem Dom zu Brandenburg, wo 22 Stufen
zum Chor emporführen); die Vierung ist von vier Scheidbögen begrenzt; die
Chornische ist zuweilen platt, meist rund geschlossen; die Seitenmauern des
Mittelschiffes, welches über die Seitenschiffe emporragt, sind von Säulen und
Pfeilern, die in der früheren Zeit mit einander wechseln, getragen. Für die
Wölbungen (Thüren, Fenster, Arkaden, Decke) ist massgebend der Rundbogen
mit breiter Leibung. Das Giebelfeld hat die Grundform des stumpfwinkligen
Dreiecks.

Man unterscheidet gewöhnlich vier Perioden oder Epochen des romanischen Styls:

1. Die Periode des frühromanischen Styls (ungefähr das 10. und 11. Jahrhundert umfassend). Der Gewölbebau setzt erst an der Apsis, die mit einer Halb-
kugel, und an der Krypta, die mit einfachem Kreuzgewölbe ohne Gurten über-
wölbt wird, an; im übrigen herrscht die Grundform der Basilica auch noch in
der flachen, mit Balken gedeckten Decke vor, in den Säulen- und Pfeilerarkaden,
in der Anlehnung an die Antike (in den Säulenkapitälen und Basen): vertreten
ist dieser Styl an den Abhängen des Harzes im sächsischen Gebiet, während die
Rheingegend in erster Linie (Dome zu Mainz, Worms u. a.) den

2. streng romanischen Styl ausbildet, welcher ungefähr im 11. Jahrhundert
und in den ersten Jahrzehnten des 12. Jahrhunderts blüht. Die Masse der
viereckigen Pfeiler wird belebt durch Halbsäulen, auf welchen breite Gurtbögen
ruhen, die das Schiff quer überspannen: die flache Decke weicht dem einfachen
Kreuzgewölbe: der Blick nach oben wird freier, der Zug nach oben tritt mar-
kanter heraus. Ueber der Vierung erhebt sich ein Mittelthurm, die Ost- und
Westseite hat je zwei runde oder viereckige Thürme. Den nächsten Fortschritt zeigt

3. der elegant-romanische Styl: die Mauermasse wird belebt und ver-

geistigt durch Ornament; die Säulen werden schlanker, an Kapitäl und Basen leichter, die Portale gegliederter, ebenso die Fensterwände: das Ganze wird flüssiger, und macht den Eindruck grösserer Freiheit von der Schwere.

Den Uebergang zeigt

4. der spätromanische Styl (12. und Anfang des 13. Jahrhunderts): das Streben nach der Höhe tritt energischer hervor; ebenso das Streben nach mannigfaltiger Gliederung der Mauern und Oeffnungen (Spitzbogen neben Rundbogen, letzterer oft kleeblattartig gebrochen, polygone Gliederung der Chor-Nische).

Was der romanische Styl angestrebt, das bringt der gothische zur classischen Vollendung: er erreicht die von Einem leitenden Grundmotiv beherrschte völlige Harmonie aller Theile, bringt in den kühnsten Höhenentfaltungen des auf der Grundform des Kreuzes ruhenden und in der duftigen Kreuzblume gipfelnden Gebäudes die Idee der auf dem Kreuzesopfer fussenden, in die Ewigkeit reichenden Hoffnung in adäquater Weise zum architektonischen Ausdruck, und weiss durch seine blühende Ornamentik und wundervolle Gliederung den Eindruck der Schwere und des Massigen so zu überwinden, dass der monumentalste Bau uns vergeistigt erscheint. Die Blütezeit des gothischen Styls umfasst das 13. bis 16. Jahrhundert: sein herrlichstes Denkmal auf deutscher Erde ist der Dom zu Cöln.

Die charakteristischen Kennzeichen sind: Vertheilung der Last des Gewölbes auf Strebepfeiler, wodurch die Umfassungsmauern entlastet und der Durchbrechung mit Fenstern und Nischen fähig werden; Herrschaft des Spitzbogens; blühende Ornamentik, die ihre Motive erst aus dem Figurenreichthum der Geometrie, später aus der Thier- und Pflanzenwelt nimmt und das Aeussere wie das Innere überzieht, dem Stein die Sprache tiefsinniger Symbolik einhauchend. Die Seitenschiffe werden meist gleich hoch gehalten, wie das Mittelschiff; der Chor, polygon oder platt, nie rund, erhebt sich nur um wenige Stufen über die Sole des Schiffs. Die Zahl der Thürme wird auf zwei beschränkt, oft auch auf Einen. Säulenbündel, gleich riesigen Springquellen in die Höhe schiessend, weisen nach oben, nichts drückt nieder, die sich kreuzenden Linien der Spitzbogen scheinen sich ins Unendliche fortzusetzen.

Man pflegt zu unterscheiden eine Periode

1. des früh germanischen Styls (13. Jahrhundert): Beispiel Elisabethkirche zu Marburg;

2. des ausgebildeten gothischen Styls (13. und 14. Jahrhundert);

3. des spät-gothischen Styls.

Genaueres s. OTTE, Abriss der kirchlichen Kunst-Archäologie des Mittelalters. LÜBKE, Vorschule der Kirchenbau-Kunst und die S. 2 gegebenen Werke.

Der spät-gothische Styl verliert in erster Linie das, was den wunderbaren Zauber des rein gothischen Styls ausmacht: den Zusammenklang, die herrliche Harmonie des Ganzen und der Theile. Die Ornamentik, sich losreissend von den Motiven des Ganzen, geräth in's Phantastische und Willkürliche; sie dient nicht mehr der Durchgeistigung des Steins, sondern überwuchert, ja erdrückt ihn.

Dem gegenüber strebt die Renaissance durch erneuerte Fühlung mit der Antike einfachere Formen und durchsichtigere Gliederung an (Peterskirche 1506),

ohne freilich jene organische Durchbildung des Baues aus Einem Motiv zu erreichen, welche die Gothik der Blüthezeit auszeichnet.

Noch weniger freilich ist dies bei dem Jesuitenstyl der Fall (Roccoco-
Barokstyl), der wohl prächtige, prunkvolle Räume schafft, sympathisch jener
Zeit, die mit Trompeten und Pauken dareinschmetterte bei der Feier der Messe,
aber das directe Gegentheil der nach oben lenkenden gothischen Halle, deren
ernste, feierliche Dämmerpracht das religiöse Gemüth gefangen nimmt und, ohne
zu zerstreuen, vorbereitet auf die Einsprache des Geistes von oben.

B. Die Cultuszeiten.

Die gottesdienstliche Prägung des Tages, der Woche, des
Jahres, die Einfassung der Zeit in die Ewigkeit wird von der
römischen Kirche fortgeführt und insbesondere das Kirchenjahr entwickelt und in's Einzelne durchgebildet. · ·

Bezüglich der Gebetsstunden blieb sie bei der heiligen Zahl 7
stehen. Auf das Samstagsfasten hatte zwar Rom grosses Gewicht
gelegt und sich gegen die festliche Begehung des Sonnabends in
der griechischen Kirche unter Gregor dem Grossen noch energisch
gewehrt. Im 8. Jahrhundert ist jedoch die Sitte, am Samstag zu
fasten, abgekommen; nur in den Quatemberzeiten wird das Fasten
des Freitags auf den Samstag ausgedehnt.

Das Kirchenjahr wird als das Jahr des Herrn durchgebildet:
das Fest der Geburt Jesu wird (im 4. Jahrhundert?) auf den 25.
Dezember fixirt, und (seit dem 7. Jahrhundert) die Octave desselben
als das Fest der Beschneidung gefeiert, der 6. Januar, das Epiphanienfest, gleichfalls in die der Jugend Christi gewidmete Festzeit eingeschlossen und dieser die Adventszeit als Vorbereitungszeit
vorgelegt, welche zunächst (so in der gallikanischen Kirche) 5—6
Wochen umfasst, seit Gregor dem Grossen mit dem 4. Sonntag
vor Weihnachten beginnt. Der Anfang des Kirchenjahres wird erst
auf den 25. Dezember, seit dem 6. Jahrhundert auf den ersten
Adventsonntag fixirt und damit der historische Gesichtspunkt durchgeführt. Den die Geschichte des Herrn markirenden Herrn-Tagen gehen
die Marien- und Heiligen-Tage zur Seite. Jeder Tag erhält durch dieselben festliches Gepräge. Die Krone der Feste der römischen
Kirche bildet seit dem 14. Jahrhundert das Fronleichnamsfest[1]),
das auf den Donnerstag nach dem Trinitatisfest fällt und der Feier

---

[1]) Aufgekommen in Lüttich wurde dieses Fest 1261 von Urban IV. angeordnet und von Thomas von Aquino mit einer Fest-Liturgie ausgestattet. Eine
Zeit lang vernachlässigt, wurde es von Clemens V. 1311 aufs Neue angeordnet
und von Johann XXII. 1317 als allgemeines kirchliches Fest vorgeschrieben.

des zum Mittelpunkt des ganzen Cultus gewordenen Mess-Opfers gilt. Conc. Trid. Sess. XIII. c. 5 (vgl. Tabelle).

C. Die Gliederung des Gottesdienstes.

Auch im Abendland verdrängte zunächst die Liturgie der Centren der Provinzen die localen Eigenthümlichkeiten (Synode von Vennes 465. can. 15. „In der Provinz soll ein Ritual und eine und dieselbe Sangweise statthaben". Synode von Agde, can. 30: „Der Gottesdienst soll überall gleichmässig gehalten werden". Synode von Gerunda [Tarragona] 517, can. 1: „Die Messordnung, sowie die Weise des Gesanges und des Altardienstes soll in der ganzen Provinz die gleiche sein, wie in der Metropole"; Epaon [Burgund] 517, can. 27: „Die Gottesdienstordnung des Metropoliten soll in der ganzen Provinz eingehalten werden." Arles 554 u. a.).

Ein genaues und vollständiges Bild des liturgischen Zustandes und der liturgischen Fortentwickelung in den einzelnen Kirchenprovinzen ist jedoch bei der Dürftigkeit und Unzulänglichkeit der Quellen (s. o.) nicht möglich. Blicken wir zuerst auf

aa) die afrikanische Kirche, deren grosser Kirchenvater Cyprian so bedeutsam auf die Umprägung des Cultusbegriffs eingewirkt hatte, so lässt sich das Bild ihrer Liturgie nur aus Augustin's (geb. 353) gelegentlichen Aeusserungen construiren (cf. MONE, a. a. O. S. 90 ff.). Darnach enthielt der erste Theil des Gottesdienstes zu seiner Zeit (c. 390—430) drei Lectionen, eine prophetische aus dem alten Testament, Epistel und Evangelium aus dem neuen (Augustini Sermo 200, 3); zwischen Epistel und Evangelium wurde ein Psalm gesungen (Sermo 176, 1 „deinde cantavimus psalmum; post haec evangelica lectio). Der zweite Theil (mysterium, sacrificium), dem die den ersten Theil abschliessende oratio[1] vorausgeht („post orationem admonemini, sursum habere cor"), beginnt mit der Praefatio,

P. Sursum cor!

R. Habemus ad dominum.

P. Gratias agamus domino deo nostro.

R. Dignum et justum est, (dicentes ut ei gratias agamus, qui nos fecit sursum ad nostrum habere cor).

Dann folgt der Canon („sanctificatio sacrificii Dei"), die oratio dominica[2]), pax vobiscum (wobei osculantur se christiani in osculo

---

[1] Ueber dieselbe vgl. VON ZEZSCHWITZ, System der prakt. Theologie S. 349.
[2] Quare dominica oratio ante dicitur, quam accipiatur corpus et sanguis

sancto), die Communion („eucharistia") beschliesst die Feier (Sermo 237).

Von diesem Bilde weicht dasjenige, welches wir aus den Mone-schen Messen uns von der gallikanischen Liturgie (bezw. den gall. Liturgien) des 5. Jahrhunderts zusammensetzen können, bezüglich des Friedenskusses ab, welchen die gallikanische Liturgie, darin den orientalischen Ursprung bezeugend, vor der Präfatio hat, während die afrikanische Liturgie hierin mit der römischen übereinstimmt. Auch

bb) die gallikanische Liturgie hat im ersten Theil drei Lectionen, (prophetica, apostolica, evangelica); zwischen die erste und zweite fiel ein Gebet („post prophetiam" cf. missa X bei Mone S. 37), zwischen Epistel und Evangelium ein Psalm oder kurzer Psalm-spruch (letzterer vom Chor gesprochen). An Sonn- und Festtagen schloss sich an die Lection des Evangeliums die Predigt an. Gebet („missa") beendigt den ersten Theil und leitet zum zweiten Theil (sacramentarium, sacrificium, sanctificatio) über. Der „turris" (ein tragbarer Tabernakel) wurde auf den Altar gebracht (die alte oblatio scheint in einem von Gebeten [ante und post nomina] umschlossenen Acte — ob in einem wirklichen Opferumgang, wie Mone meint, oder in der Verlesung der Namen der Darbringenden im Anschluss an die Diptychen — sich erhalten zu haben).

Caes. Arel. homil. 12 rechnet zur missa im eigentlichen Sinn (im Unterschied von dem 1. Theil des Gottesdienstes, der nur die Lectionen zum Hauptgegenstand hat) das „offerre" der „munera" und das „consecrare von corpus et sanguis Christi".

Es folgt der von einer kurzen Collecte („ad pacem") einge-leitete Friedenskuss und jetzt erst die „contestatio" (Consecration, die praefatio im eigentlichen Sinn) mit den Responsorien „Sursum corda" r. habemus ad dominum — dem Consecrationsgebet, Sanctus; dann folgen Gebet (post sanctum, post secreta (dem Kanon), ante und post orationem dominicam; dann Communion und Segen [1]).

Christi. Quia, sicut est humana fragilitas, si forte aliquid, quod non decebat, cogitatio nostra concepit, si aliquid lingua, quod non oportebat, effudit, — si forte aliqua talia contracta sunt de hujus mundi tentatione — tergitur dominica oratione, ubi dicitur: dimitte nobis debita nostra etc. — —. Es wurde laut ge-betet, ob von der Gemeinde selbst, ist nicht deutlich.

[1]) Dies stellt ausdrücklich das Concil von Toledo 633 für Gallien und Spanien ab im 18. can. „Einige nehmen die hl. Communion gleich nach dem Vaterunser, und geben nachher erst dem Volke den Segen. In Zukunft soll nach dem Vaterunser Brod und Kelch verbunden, darauf das Volk gesegnet, und dann erst das Sacrament des Leibes und Blutes des Herrn genommen werden".

Anmerkung.

Caes. Arel. homil. 12: „multi sunt, qui lectis divinis lectionibus statim de ecclesiae foris exeunt. — Si diligenter attenderitis, cognoscetis, (quia) non tunc fiunt missae (sic!), quando divinae lectiones in ecclesia recitantur, sed quando munera offeruntur et corpus et sanguis domini consecratur. Nam lectiones sive propheticas, sive apostolicas, sive evangelicas etiam in domibus vestris aut ipsi legere aut alios legentes audire potestis, consecrationem vero corporis et sanguinis Christi non alibi nisi in domo dei audire et videre (sic!) poteritis. Ideo qui vult missas ad integrum — celebrare, usque quo oratio dominica dicatur et benedictio populo detur, — se debet in ecclesia continere. Cum enim maxima pars populi, immo quod pejus est, paene omnes recitatis lectionibus exeunt de ecclesia, cui dicturus est sacerdos: „sursum corda", numquid respondere possunt, quando discedunt? vel qualiter cum tremore simul et gaudio clamabunt: sanctus, sanctus, sanctus, benedictus qui venit in nomine domini? aut quando oratio dominica dicitur, quis est qui humiliter et veraciter clamet: dimitte nobis debita nostra, sicut et nos dimittimus debitoribus nostris? cum enim etiam illi, qui se in ecclesia continent, si non dimiserint debita debitoribus, ad judicium magis quam ad remedium orationem dominicam proferunt ex ore, quam implere non probantur in opere; et sine causa dicunt: libera nos a malo, quando ipsi non desinunt reddere malum pro malo.

Unde iterum rogo: ut, donec divina mysteria (sic!) compleantur, nullus de ecclesia abscedat."

Synode von Agde (506), unter Leitung des Caesarius von Arles, bestimmt can. 30: „Der Gottesdienst soll überall gleichmässig gehalten werden; nach den Antiphonen sollen die Collecten von den Bischöfen oder Priestern gebetet, die hymni matutini und vespertini täglich gesungen, am Schlusse der Matutinen und Vespern („missae") sollen nach den Hymnen Kapitel aus den Psalmen gesprochen und das Volk nach der Oration in der Vesper vom Bischof mit einem Segen entlassen werden.

Von der älteren Gestalt der

cc) spanischen Liturgie gibt uns Isidor von Sevilla († 636) in seiner Schrift de officiis ecclesiasticis und die mozarabische Liturgie ein Bild, welche ihrem Grundstock nach jedenfalls in das hohe Alterthum zurückreicht: so ist die Zweitheilung des Gottesdienstes, obgleich sie praktisch von keiner Bedeutung mehr ist, formell auch darin festgehalten, dass je ein besonderes Buch für die Lectionen[1]) und ein besonderes („missale offerentium") für die eigentliche Messe gebraucht wird. Alterthümliche Züge haben sich ferner erhalten darin, dass die Diakonen vor den Lectionen Stille gebieten, die Diptychen verlesen; dass die Lectionen noch nicht an Perikopen gebunden sind, sondern vom Presbyter bestimmt werden (lectio continua), dass den beiden neutestamentlichen Lectionen eine alttestamentliche vorausgeht, das „sanctus" in griechischer Sprache („ἅγιος") angestimmt und die Epiklese des hl. Geistes beibehalten ist. Auf älteste Ueberlieferung geht die Spendung des Kelches zurück und den Geist der reinen Auffassung des hl. Mahles athmet die Gebetsformel des Canons: „Adesto, adesto, Jesu bone pontifex, in medio nostri, sicut fuisti in medio discipulorum tuorum: sanctifica hanc oblationem, ut sanctificata sumamus per manus sancti Angeli tui, sancte Domine ac redemtor aeterne", sowie die biblische Form der verba testamenti (nach Paulus). (Ueber den Gang s. Beilage.) Was endlich

dd) die **Mailändische** Liturgie betrifft, so ist auch diese jedenfalls von der römischen vielfach modificirt. Ihr eigenthümliche Züge sind die ingressa (Psalm 43 und 21), die an die alte Bedeutung der προσφορά erinnernde Form des Offertoriums, nach welcher die Abendmahlselemente von je einem alten Manne und einer alten Frau in den Chor getragen werden, und die Epiklese des hl. Geistes, welcher die eigentliche Consecrationskraft zugeschrieben wird. (S. die mailändische Liturgie.)

Die ganze liturgische Entwickelung schliesst Rom ab, und wenn seine Liturgie alle anderen mit Ausnahme der mailändischen und mozarabischen, verdrängt hat, so lag die Berechtigung hierzu nicht bloss in der Präponderanz des römischen Stuhles, sondern auch in den inneren Vorzügen seiner Liturgie: das Kirchenjahr kommt zu voller, künstlerischer Durchbildung; nicht blos die hohen Festtage, sondern zuletzt jeder einzelne Tag bekommt in der Liturgie sein individuelles Gepräge, beziehungsweise die für diesen Tag bestimmte Messe ihre eigenthümliche Physiognomie. Der Gang der Liturgie wird verkürzt und dadurch weit durchsichtiger; die Verkürzung ist

---

[1]) Werthschätzung der Predigt: Synode von Valencia, can. 1 (a. 524): „Das Evangelium soll vor dem Opfergange (ante munerum illationem), ante missam catechumenorum d. i. vor der Entlassung der Katechumenen, unter nach der Epistel gelesen werden, damit nicht nur die Gläubigen, sondern auch die Katechumenen, Pönitenten und alle Andern das Wort Gottes und die Predigt des Bischofs hören können. Denn es ist ja bekannt, dass durch Anhörung der Predigt schon Manche zum Glauben geführt worden sind".

geleitet von jenem feinen liturgischen Tacte, welcher aus der wort-
reichen Umhüllung den Kern herausschält und in gehaltener Prägnanz darzustellen weiss: der altrömische Charakterzug strenger Consequenz verräth sich in der Einheitlichkeit der in ihrem Charakter
durch den Introitus bestimmten Liturgie, sowie in der Durchführung
des Opfergedankens, welche die alte προσφορά vollständig beseitigt
(obgleich dieselbe in einzelnen Gebeten nachklingt, s. u.), das Gemeindegebet (das ja keinen Sinn mehr hat) auf die das Messopfer
den Einzelnen zuwendende Bitte des Priesters pro mortuis et vivis
beschränkt, die Predigt nicht mehr als eigentliches Stück der Liturgie
betrachtet — kurz das Ganze als den reich gegliederten Opferact
ausgestaltet.

So ist Rom in der That auch in der folgerichtigen liturgischen
Entwickelung den Provinzen massgebendes Vorbild geworden.

So bestimmt die Synode von Vaison 529; can. 3. 4. „Wie in Rom, im
Orient und in Italien, so soll auch in unseren Kirchen das Kyrie eleyson zur
Erweckung der Reue öfters gesungen werden, sowohl bei der Matutin, als bei
der Messe und Vesper. Auch soll bei allen Messen, sowohl in den Frühmessen,
als denen während der Quadragese und den Todtenmessen, das dreimalige
„Sanctus" ebenso wie in den öffentlichen Messen gesprochen werden. 4. Der
Name des jeweiligen Papstes soll in den Kirchen verlesen werden.

Synode von Braga 563 can. 4. „Die Messe soll überall nach dem ordo
gefeiert werden, welchen der frühere Metropolit Profuturus von Braga schriftlich
von Rom zugeschickt erhielt" (ebenso in Betreff der Taufe c. 5).

Die Synode von Toledo 633 will sich bezüglich des Taufritus (ob einmalige
ob dreimalige Untertauchung) „vom apostolischen Stuhl, nämlich vom Papste
Gregor seligen Andenkens belehren lassen".

Liturgische Differenzen innerhalb der spanischen Kirche veranlassten die
Einmischung Roms und Gregor VII. verpflichtete die spanischen Bischöfe bei
dem Antritt ihres Episcopats zur Einführung des römischen Ritus. Angenommen
wurde derselbe für ganz Spanien durch die Synode von Burgos unter Alphons VI.
Aber in 6 Pfarrkirchen Toledos erhielt sich der mozarabische Ritus, der im
15. Jahrhundert durch den Cardinal Ximenez, Erzbischof von Toledo, zu neuem
Ansehen kam (s. o). —

Für das fränkische Reich bestimmte die Synode von Aachen a. 789:
„Ueberall soll der römische Gesang erlernt werden". Die Synode zu Aachen
802 verordnet: „das officium soll secundum morem Romanum gesungen werden."
Nur die mailändische Kirche hat in verschiedenen Kirchen die ambrosianische
Liturgie beibehalten, deren Gebrauch Alexander VI. durch eine besondere Bulle
bestätigt hat.

Abgesehen von den Resten der mozarabischen Liturgie in und um Toledo,
denen der ambrosianischen in Mailand und einzelnen Resten griechischer
Liturgie in Süditalien herrscht überall die normirte römische Liturgie, welcher
die Eigenthümlichkeiten der einzelnen Kirchenprovinzen mehr oder weniger
accomodirt worden sind.

Unter den Messen unterscheidet man missae de tempore (die Messen für die Sonn- und Festtage des Kirchenjahres mit den Vor- und Nachfeiern); missae de sanctis (die Messen auf die Gedenktage der Heiligen); missae votivae („pro diversis rebus", pro aliquis locis", „pro propagatione fidei" u. s. f.) und die missa pro defunctis (Requiem).

Der Gang der Messe hat zum Strebe- und Mittelpunkt die Darbringung des Opfers durch den Priester, die Handlung selbst in ihren wesentlichen Grundzügen ist daher in jeder Messe dieselbe. Aber sie wird jedes Mal unter einen bestimmten Gesichtspunkt gestellt, gleichsam casuell gefärbt.

Schon die allgemeine Unterscheidung der kirchlichen Feste in solche, welche der Freude Ausdruck geben und in solche, welche die Stimmung des gehaltenen Ernstes, ja der Trauer voraussetzen, kommt darin zum Ausdruck, dass in den Messen der letzteren Feste diejenigen Stücke ausfallen, welche Jubel und Freude athmen: so fällt das Gloria in excelsis aus in allen Messen mit blauer Farbe, d. h. in der Adventszeit, in der Fastenzeit vor Ostern, ausserdem an den Ferialtagen zur ausserösterlichen Zeit, an den Vigilien mit Ausnahme der Vigilien vor Epiphanias, Himmelfahrt, Pfingsten, am Fest der unschuldigen Kinder (falls dasselbe nicht auf einen Sonntag fällt, in welchem Falle die Sonntagsfreude durchschlägt) in den Privat-Votiv-Messen und in der Todten-Messe.

Ebenso bleibt in den Fasten- und Quatemberzeiten das Halleluja im Graduale weg, während es in der Zeit der österlichen Freude vom Sonntag Quasimodogeniti bis Trinitatis ganz besonders hervortritt (zwei Mal).

Das Credo ferner fehlt in denjenigen Messen, welche nicht den ausschliesslichen Zweck der Verherrlichung Jesu selbst haben, sondern entweder der dankbaren Verherrlichung von hervorragenden Zeugen dienen (wie die Messen der Märtyrer, der Confessores, der Frauen und Jungfrauen) oder den Charakter einer feierlichen Bitte tragen (wie die Messen an den Ferialtagen, die Privat-Votiv-Messen, die Missa pro sponsis, die missa Requiem), wohl im Gefühl, dass hier die Gemeindefeier ganz hinter der liturgischen Leistung zurückbleibt.

Ausserdem aber, dass jede Messe die allgemeine Farbe der Kirchenzeit trägt, erhält sie noch ein ganz individuelles Gepräge durch die nach der Kirchenzeit, sowie nach der bestimmten Veranlassung und dem Zwecke der Messe sich richtenden wechselnden

Bestandtheile: Introitus, Graduale, Offertorium, Communio mit den
dazu gehörigen Gebeten, den Collecten (Gebete vor der Epistel),
Secreta (Gebete nach dem Offertorium), Postcommunionen (Gebete
nach der Communio).

Die Messe gliedert sich in zwei Theile, welche der früheren
Katechumenen- und Gläubigen-Messe entsprechen, sofern der erste
die Schriftlesung, der zweite die Sacramentsfeier zum Mittelpunkt hat.
Allein ein eigentlicher Unterschied besteht nicht: beide Theile bilden
Ein Ganzes, wenn sie sich auch formell von einander abheben. Denn
der erste Theil, — die Wort-Gruppe — bildet nur die Vorbereitung
auf den zweiten, sacramentalen, die ganze Handlung ist schon durch
die Vorbereitungsacte des Priesters deutlich in den Opferact eingefasst, dem alles zustrebt. Das Glaubensbekenntniss hat hier, in die
Mitte zwischen Wortact und Sacramentsact gestellt, die richtige
Stellung: es ist die rechte Antwort auf das Evangelium und der Act,
mit welchem sich die Abendmahlsgemeinde constituirt, hier freilich nur
die geistig communicirende, das priesterliche Thun betend begleitende.

Demgemäss gliedert sich die Messe wie folgt:

Vorbereitungsact: („paraskeuastika") derselbe gliedert sich in
einen Reinigungsact des Priesters und in den Act der Vorbereitung des
Altars. „Der Eintritt des Priesters zur Messe ruft uns die Ankunft Christi
in's Gedächtniss und die Vereinigung des Volkes mit ihm" (Amalarius cf. AMBERGER, Pastoraltheol. II, S. 59). Nachdem sich der
Priester unter Gebet die Hände gewaschen und die hl. Gewänder
angelegt hat, tritt er aus der Sacristei, schreitet an den Altar, ge-
folgt von dem oder den Ministranten, stellt Kelch und Patene auf
dem Altar ab, bekreuzigt sich und

(Reinigungsact des Priesters) spricht, an der untersten
Stufe des Altars niederknieend

aa) („Graduale" im weiteren Sinn): In nomine patris et filii et
spiritus sancti! Amen.

Hierauf die Hände vor die Brust haltend, alternirend mit den
Ministranten:

P. Introibo ad altare Dei.

M. Ad Deum qui laetificat juventutem meam. Ps. 43, 4.
(Antiphon.)

P. (Ps. 43 früher vom Volk gebetet, während der Priester zum
Altar schritt) Judica me Deus, et discerne causam meam de gente
non sancta: ab homine iniquo et doloso erue me! v. 1.

M. Quia tu es Deus fortitudo mea: quare me repulisti et quare tristis incedo, dum affligit me inimicus?

P. Emitte lucem tuam et veritatem tuam: ipsa me duxerunt et adduxerunt in montem sanctum tuum et in tabernacula tua (v. 3).

(Antiphon.) M. Et introibo ad altare Dei, ad Deum qui laetificat juventutem meam (v. 4).

P. Confitebor tibi in cithara, Deus, Deus meus: quare tristis est anima mea et quare conturbas me?

M. Spera in Deo, quoniam adhuc confitebor illi: salutare vultus mei et Deus meus.

P. Gloria Patri et Filio et Spiritui sancto.

M. Sicut erat in principio et nunc et semper et in saecula saeculorum. Amen.

(Antiphon). P. Introibo ad altare Dei.

M. Ad Deum, qui laetificat juventutem meam [1]).

Auf diesen Eingang (urspr. Chorgebet) folgt

bb) das Confiteor, eingeleitet durch das Responsorium:

P. Adjutorium nostrum in nomine Dei,

Resp. Qui fecit coelum et terram

zuerst gesprochen vom

1. Priester: Confiteor Deo omnipotenti, beatae Mariae semper virgini, beato Michaeli Archangelo, beato Joanni Baptistae, sanctis apostolis Petro et Paulo, omnibus Sanctis et vobis, (Jac. 5, 16 cf. Lehre der Apostel c. 14), Fratres, quia peccavi nimis cogitatione, verbo et opere — mea culpa, mea culpa, mea maxima culpa — (der Priester schlägt dreimal an seine Brust, die Gemeinde knieet und schlägt ebenfalls drei Mal an die Brust). — Ideo precor beatum Michaelem Archangelum, beatum Joannem Baptistam, sanctos apostolos Petrum et Paulum, omnes Sanctos et vos, Fratres, orare pro me ad Dominum Deum nostrum.

Resp. Misereatur tui omnipotens Deus, et dimissis peccatis tuis perducat te ad vitam aeternam. Priester: Amen.

Das Bekenntniss wird

2. wiederholt von den Ministranten, nur dass dieselben da, wo der Priester *vos fratres* sagt, *te pater* sprechen, worauf der Priester spricht:

„Misereatur vestri omnipotens Deus, et dimissis peccatis vestris perducat vos ad vitam aeternam. Resp. Amen.

---

[1]) AMBERGER a. a. O. S. 61. „Die dreimalige Wiederholung der Antiphon kann auf die dreifache Gestaltung des Altars Gottes uns denken lassen u. s. f.!

P. (sich bekreuzigend) Indulgentiam, absolutionem, et remissionem peccatorum nostrorum tribuat nobis omnipotens et misericors Deus.

Resp. Amen.

P. (sich verneigend) Deus tu conversus vivificabis nos.

Resp. Et plebs tua laetabitur in te.

P. Ostende nobis, Domine, misericordiam tuam!

Resp. Et salutare tuum da nobis.

P. Domine, exaudi orationem meam.

Resp. Et clamor meus ad te veniat.

Nun besteigt er den Altar. Darauf, zur Gemeinde, Uebergang zur (Weihung des Altars).

1. (Salutation) Dominus vobiscum.

Resp. Et cum spiritu tuo.

P. Oremus. Aufer a nobis, quaesumus, Domine, iniquitates nostras, ut ad Sancta Sanctorum puris mereamur mentibus introire. Per Christum Dominum nostrum. Amen.

2. (küsst den Altar) Oramus te, Domine per merita sanctorum tuorum, quorum reliquiae hic sunt, et omnium sanctorum, ut indulgere digneris omnia peccata mea. Amen.

3. Sodann nimmt er mit den Worten: Ab illo bene † dicaris, in cujus honore cremaberis — das Rauchfass, beräuchert den Altar und beginnt die eigentliche Messe.

I. Wortgruppe — und zwar beginnt der

a) Eingang mit dem

1. Introitus, der den Grundgedanken der Tagesfeier angibt, oder doch anklingen lässt [1]). Der Introitus besteht aus einem Bibelspruch, dem Psalmus d. h. einem aus den Psalmen genommenen Vers, an den sich das Gloria patri anschliesst, nach welchem der Introitus-Spruch wiederholt wird; s. z. B. am 1. Advent:

Intr. Ad te levavi animam meam: Deus meus, in te confido, non erubescam: neque irrideant me inimici mei: etenim universi, qui te exspectant, non confundentur.

Psalmus: Vias tuas, Domine, demonstra mihi et semitas tuas edoce me.

Gloria patri et filio etc.

Introitus. Ad te levavi — confundentur.

---

[1]) „Jeder Tag des Kirchenjahres hebt aus dem Opfer Christi besonders Ein Moment hervor, das in den Gläubigen verwirklicht werden soll und dieses specielle Moment findet zuerst im Introitus seinen Ausdruck". AMBERGER a. a. O. I. S. 77.

(Von den Anfangsworten des Introitus haben viele Sonntage ihren Namen erhalten, z. B. Esto mihi (Ps. 31, 2.) Invocavit me Ps. 91, 15. Reminiscere Ps. 25, 6. Oculi Ps. 25, 15. Laetare Jes. 54, 1. Judica Ps. 43, 1. Quasimodogeniti 1 Petr. 2, 2. Misericordias Ps. 33, 5. Jubilate Ps. 66, 1. Cantate Ps. 98, 1. Exaudi Ps. 28, 2 u. s. f.)

Sofort folgt das

2. Kyrie eleyson, Christe eleyson, Kyrie eleyson — je drei Mal gesungen, und der

3. englische Lobgesang, das Gloria in excelsis Deo etc.

Auf die Bitte um Gnade und Erbarmung (Kyrie) erfolgt die jubelzeugende Antwort, die Verkündigung der grossen Thatsache der Menschwerdung Jesu, welche das Gloria (s. o.) feiert.

Abermalige Salutatio

P. Dominus vobiscum.

Resp. Et cum spiritu tuo

eröffnet

b) Die Schriftlesung. Vorausgeht eine

1. Collecte (die sich nach dem Tag richtet und durch Prägnanz auszeichnet) z. B. am 1. Advent: „Excita quaesumus Domine, potentiam tuam et veni: ut ab imminentibus peccatorum nostrorum periculis, te mereamur protegente eripi, te liberante salvari: Qui vivis et regnas cum Deo Patre in unitate spiritus sancti Deus, per omnia saecula saeculorum. Resp. Amen.

2. Dann folgt (auf der linken Seite des Altars gelesen) die Epistel des Tages z. B. 1. Advent: Röm. 13, 11—14 mit

3. dem Graduale und Halleluja (z. B. 1. Advent):

Graduale: Universi, qui te exspectant, non confundentur, Domine. Versus: Vias tuas, Domine, notas fac mihi: et semitas tuas edoce me.

4. Alleluja.

Versus: Ostende nobis, Domine, misericordiam tuam: et salutare tuum da nobis. Alleluja. (Beachte die Beziehung auf den Introitus!)

In der Fastenzeit bleibt das Alleluja weg und folgt an dessen Stelle der Tractus, d. h. ein Spruch mit Versus.

Auf das Alleluja folgt die Sequentia, wenn solche zu dem Tag gehört, wie die Sequenzen „Veni sancte spiritus" am Pfingstfest, „Lauda Sion salvatorem" am Frohnleichnamsfest, „Stabat mater dolorosa" am Fest der sieben Schmerzen, und „Dies irae" in der Todtenmesse.

Nun kommt

5. Das Evangelium z. B. 1. Advent Luc. 21, v. 25 ff., dessen Lesung mit grosser Feierlichkeit umgeben ist. In der Missa solemnis so: zuerst legt der Diakonus das Evangelienbuch in die Mitte des Altars, der Celebrirende räuchert, der Diakon betet knieend:

„Munda cor meum et labia mea, omnipotens Deus, qui labia Isaiae Prophetae calculo mundasti ignito, ita me tua grata miseratione dignare mundare, ut sanctum evangelium tuum digne valeam nuntiare. Per Christum Dominum."

Der Priester nimmt das Buch (vgl. Offb. Joh. 5, 1. 8!) aus der Mitte des Altars, übergibt es dem Diakon, welcher, abermals knieend spricht:

Jube, Domine, benedicere!

worauf respondirt wird:

Dominus sit in corde tuo et in labiis tuis: ut digne et competenter annunties evangelium suum: in nomine Patris et Filii † et Spiritus sancti. Amen.

Feierlich, unter aufsteigenden Weihrauchwolken wird das Evangelienbuch auf die rechte Seite des Altars verbracht. Abermals wendet sich der Celebrirende an die Gemeinde mit der Salutation und beginnt die Vorlesung des Evangeliums, nachdem er Stirne, Mund, Brust bekreuzigt.

(Liest ein Priester die Messe allein, so betet er das Cor munda und geht dann sofort zur Salutatio und Lesung über.)

Die Lesung des Evangeliums wird respondirt mit den Worten:

Laus tibi Christe!

der Priester küsst das Buch und spricht:

„Per evangelica dicta deleantur nostra delicta"

und intonirt das

c) Credo in unum Deum — worauf der Chor (oder Ministrant) fortfährt Patrem omnipotentem — u. s. f.

Damit ist der Uebergang gebildet zu dem

II. eucharistischen Theil im engern Sinne.

Der eucharistische Theil zerfällt in die Acte der Darbringung (Offertorium), der eucharistischen Zubereitung und Weihung (Praefatio, Consecratio, Elevatio, Commemoratio), der Niessung (Communio und Postcommunio) und der die Messe abschliessenden Danksagung. Jeder neue Act der fortschreitenden liturgischen Handlung wird durch die Salutatio markirt, welche die betende Gemeinde immer wieder zur Theilnahme auffordert.

a) Der Darbringungsact hat freilich seine ursprüngliche Bedeutung verloren, denn es wird von der Gemeinde nichts dargebracht; der ganze Act hat nur noch den Sinn einer liturgischen Form: der feierlichen, ceremoniellen Darstellung der Abendmahlselemente, gleichsam der Zurüstung (entsprechend der griechischen Proskomidie).

Auch um ein „offerre“ der „immaculata hostia pro peccatis“ — wie das Opfergebet sagt — kann es sich nicht handeln, denn die „immaculata hostia“ ist ja doch nur der geschlachtete Christus, die dargebrachte Hostie ist aber vor der Wandlung eben nur irdisches Element, nicht Opfergabe. Die Gebete dieses Actes nehmen also eigentlich das voraus, was erst die Consecratio schafft, sie erscheinen dem streng liturgischen Gefühl unstatthaft und an der Stelle, da sie stehen, unberechtigt. Die liturgische Gestaltung dieses ganzen Abschnitts der Messe ist ein merkwürdiges Zeugniss von der Macht der liturgischen Gewöhnung: diese war hier stärker als die logische Consequenz der dogmatischen Voraussetzung, denn genau betrachtet kennt das Transsubstantiationsdogma eine Opferung vor der Opferung des geschlachteten Christus nicht, schliesst einen besonderen Opferact innerhalb des Messopfers selbst folgerichtig aus.

Die Opferung oder Darbringung der Elemente verläuft so: erst wird das

1. Offertorium im engeren Sinne gebetet, d. h. ein Schriftwort, welches je nach der Kirchenzeit wechselt und den ganzen Act in das Licht des Festes rückt; dann folgt

2. Die Darbringung

aa) des Brodes mit dem Gebete: „Suscipe, sancte pater omnipotens, aeterne Deus, hanc immaculatam hostiam, quam ego indignus famulus tuus offero tibi, Deo meo vivo et vero, pro innumerabilibus peccatis et offensionibus et negligentiis meis et pro omnibus circumstantibus vivis atque defunctis, ut mihi et illis proficiat ad salutem in vitam aeternam. Amen.“

bb) des Weines; aber zuerst wird mit einem eigenen die Mischung von Wasser und Wein in Beziehung zu der Verbindung der Gottheit mit der Menschheit Christi setzenden Gebete das Wasser gesegnet, dann der Wein „aufgeopfert“ mit den Worten:

„Offerimus tibi, Domine, calicem Salutaris, tuam deprecantes clementiam: ut in conspectu divinae majestatis tuae pro nostra et totius mundi salute cum odore suavitatis ascendat.

Darauf abermals

3. Bitte um Annahme des Opfers, nachdem dasselbe verhüllt worden, und Herabrufung des hl. Geistes (Veni, sanctificator omnipotens, aeterne Deus, et benedic hoc sacrificium tuo sancto nomini praeparatum.“

Dieser Bitte schliesst sich an

4. Die Händewaschung als der äussere, das symbolisirende Act, was nun der Priester mit den Worten des Ps. 26, 6—12 ausspricht (persönliche Zubereitung), die mit dem Gloria patri schliessen.

Nachdem Brod und Wein dargebracht, die persönliche Reinigung vollbracht ist, kniet der Priester nieder und bittet abermals in einem an die Dreieinigkeit gerichteten Gebet um Annahme dieser Oblatio, „quam tibi offerimus ob memoriam (sic!) passionis resurrectionis et ascensionis Jesu Christi — —, ut illis proficiat ad honorem, nobis ad salutem“ —, küsst den Altar und fordert die Gemeinde mit den Worten: „Orate fratres, ut meum ac vestrum sacrificium acceptabile fiat apud Deum patrem omnipotentem“ auf, sich dem Gebete anzuschliessen, was mit den Worten geschieht:

„Suscipiat Dominus sacrificium de manibus tuis ad laudem et gloriam nominis sui, ad utilitatem quoque nostram totiusque ecclesiae suae sanctae.“

Der Priester spricht nun mit leiser Stimme die „Secreta“, d. h. kurze, nach der Kirchenzeit wechselnde, die Kraft des Opfers auf einzelne Gegenstände oder Personen speziell zuwendende Stillgebete [1]), die er mit den laut gesprochenen Worten abschliesst: per omnia secula seculorum (e o a e u a e u o).

Die dargebrachten Gaben werden nun zum geopferten Christus. Diesen, den heiligen Höhepunkt der Messe bildenden Act umspannt die reich gegliederte Handlung, welche die Praefatio, Consecratio, Elevatio und Commemoratio umfasst und als der

b) Weiheakt bezeichnet werden kann. Nach der Salutatio beginnt:

1. Die Praefatio (εὐλογία) in der alten, unvergleichlich schönen würdigen und prägnanten Fassung:

---

[1]) Wohl die verkürzte Ektenie mit den an dieser Stelle erfolgenden Fürbitten!

P. Sursum corda!

Resp. Habemus ad Dominum.

P. Gratias agamus Domino, Deo nostro.

Resp. Dignum et justum est.

P. Vere dignum et justum est, aequum et salutare, nos tibi semper et ubique gratias agere, Domine sancte, Pater omnipotens, aeterne Deus; qui cum unigenito tuo et in spiritu sancto unus es Deus, unus es Dominus: — — — — quem laudant angeli atque archangeli, Cherubim quoque ac Seraphim, qui non cessant clamare quotidie una voce dicentes:

R. (Chor). „Sanctus, Sanctus, Sanctus, Dominus Deus Sabaoth!

Pleni sunt coeli et terra gloria tua!

Hosanna in excelsis!

Benedictus qui venit in nomine Domini.

Dass wir hier die ältesten Bestandtheile vor uns haben, das ökumenische Kleinod der Abendmahlsliturgie, braucht nicht gesagt zu werden.

Nun beginnt die eigentliche Consecration, der Act, durch welchen Brod und Wein zu Leib und Blut Christi werden, oder

2. der Canon Missae (canon, weil er die unabänderliche Richtschnur und Form für die Feier des hl. Opfers ist). Derselbe besteht aus 6 Gebeten und schliesst mit dem Pater noster; die Gebete sind mit Ceremonien umgeben, welche den Fortschritt der Handlung signalisiren; sie enthalten die Fürbitten für alle, denen die Kraft des Opfers zu Gut kommen soll, die Einsetzungsworte, welchen die consecrirende Kraft zugeschrieben wird, und entsprechen somit dem uns bekannten Consecrationsgebet der alten Kirche, welches hier nur in zweckmässiger Weise gekürzt erscheint. Die Gliederung des Actes ist folgende:

α. Gebet: „Te igitur" (für den Papst, den Bischof und omnes orthodoxae atque catholicae fidei cultores).

β. Gebet: Fürbitte für diejenigen Personen, welcher besonders zu gedenken, also z. B. diejenigen, welche die Messe veranlasst haben; sowie Erinnerung an die Gemeinschaft der Heiligen, welche begründet das

γ. Consecrationsgebet: „Hanc igitur oblationem servitutis nostrae, sed et cunctae familiae tuae (beachte den schönen Ausdruck!), quaesumus Domine, ut placatus accipias diesque nostros in tua pace disponas, atque ab aeterna damnatione nos eripi et in electorum tuorum jubeas grege numerari. Per Christum Dominum nostrum. Amen.

Quam oblationem tu Deus in omnibus, quaesumus bene + dictam, adscri + ptam, ra + tam, rationabilem acceptabilemque facere digneris, ut nobis corpus et sanguis fiat dilectissimi filii tui, Domini nostri Jesu Christi.

(Verba testamenti.) Qui pridie quam pateretur — — bis zu den Worten: Hoc est enim Corpus meum.

(Niederknieen der Gemeinde.)

Elevatio panis.

Dann: Simili modo — — — bis zu den Worten: „Hic est enim Calix Sanguinis mei, novi et aeterni testamenti, mysterium fidei, qui pro vobis et pro multis effundetur in remissionem peccatorum.

Haec quotiescunque feceritis, in mei memoriam facietis.“

Elevation und Adoration des Kelches.

δ. Gebet: „Unde et memores, Domine, nos servi tui sed et plebs tua sancta ejusdem Christi, filii tui, Domini nostri, tam beatae passionis, nec non ab inferis resurrectionis, sed et in coelos gloriosae ascensionis (beachte die folgenden, der soeben stattgehabten Wandlung direct widersprechenden Worte!) offerimus praeclarae majestati tuae de tuis donis ac datis hostiam + puram, hostiam + sanctam, hostiam + immaculatam, panem + sanctum vitae aeternae et calicem + salutis perpetuae.

Supra quae propitio at sereno vultu respicere digneris et accepta habere sicut accepta habere dignatus es munera pueri tui justi Abel et sacrificium patriarchae nostrae Abrahae, et quod tibi obtulit summus sacerdos tuus Melchisedech, sanctum sacrificium, immaculatam hostiam.

Supplices te rogamus, omnipotens Deus, jube, haec perferri per manus sancti Angeli tui in sublime altare tuum, in conspectu divinae majestatis tuae, ut, quotquot ex hac altaris participatione sacrosanctum filii tui corpus + et sanguinem + sumpserimus, omni benedictione coelesti et gratia repleamur per eundem Christum Dominum nostrum. Amen.“

ε. Gebet: Commemoratio pro defunctis.

ζ. Gebet: Bitte für die Lebenden („Nobis quoque“).

η. Pater noster.

An diese sieben, die Verba testamenti umschliessenden Gebete des Canons schliesst sich, den Uebergang zum

c) Spende- oder Niessungs-Act bildend, eine zusammenfassende prägnant gehaltene Epiklese, welche die fractio panis und immissio in calicem („Libera nos, quaesumus, Domine etc."), umschliesst mit den Worten: „per eundem — während dieser Worte bricht der Priester die Hostie in zwei Hälften — fractio panis — Dominum nostrum Jesum Christum, filium tuum, qui tecum vivit et regnat — hier wird die eine Hälfte der Hostie nochmals in zwei Stücke zerbrochen und eins davon in den Kelch gelegt — immissio in calicem — in unitate Spiritus sancti Deus, per omnia saecula saeculorum."

R. Amen.

Dann Salutatio: Pax domini sit semper vobiscum.

R. Et cum spiritu tuo.

Ueber den Kelch wird das Zeichen des Kreuzes gemacht und gesprochen: „Haec commixtio et consecratio corporis et sanguinis domini nostri Jesu Christi fiat accipientibus nobis in vitam aeternam. Amen.

Der Chor stimmt nun, den eucharistischen Christus feiernd, an:

Agnus Dei, qui tollis peccata mundi, miserere nobis!

Agnus Dei, qui tollis peccata mundi, miserere nobis!

Agnus Dei, qui tollis peccata mundi, dona nobis pacem!

In drei, prägnant und biblisch gehaltenen Gebeten bittet der Priester um würdigen Genuss und volle Segenswirkung des Sacramentes:

1. Domine, Jesu Christe, qui dixisti Apostolis tuis: Pacem relinquo vobis, pacem meam do vobis, ne respicias peccata mea, sed fidem ecclesiae tuae, eamque secundum voluntatem tuam pacificare et coadunare digneris, qui vivis et regnas Deus, in saecula saeculorum. Amen.

(der Priester küsst den Altar)

2. Domine, Jesu Christi, Fili Dei vivi, qui ex voluntate Patris cooperante Spiritu sancto, per mortem tuam mundum vivificasti, libera me per hoc sacrosanctum corpus et sanguinem tuum ab omnibus iniquitatibus meis et universis malis, et fac me tuis semper inhaerere mandatis et a te nunquam separari permittas: qui cum eodem Deo Patre et Spiritu sancto vivis et regnas, Deus, in saecula saeculorum. Amen.

3. Perceptio corporis tui, Domine, Jesu Christe, quod ego indignus sumere praesumo, non mihi proveniat in judicium et condemnationem, sed pro tua pietate prosit mihi ad tutamentum mentis et corporis et ad medelam percipiendam: qui vivis et regnas cum Deo Patre in unitate Spiritus sancti Deus, per omnia saecula saeculorum. Amen.

Nach ehrfurchtsvoller Verbeugung vor der Hostie, nimmt er die Patene in die Hand mit den Worten:

„Panem coelestem accipiam et nomen Dei invocabo" — schlägt drei Mal an die Brust, sprechend:

„Domine, non sum dignus, ut intres sub tectum meum: sed tantum dic verbo, et sanabitur anima mea",

bekreuzt sich mit der Hostie (d. h. den auf der Patene liegen gebliebenen nicht zur Niessung bestimmten Stücken) und spricht:

.   „Corpus Domini nostri Jesu Christi custodiat animam meam in vitam aeternam. Amen." (Ps. 116 12. 13.)

Dann nimmt er den Kelch und spricht:

„Quid retribuam Domino pro omnibus, quae retribuit mihi? Calicem salutaris accipiam et nomen Domini invocabo. Laudans invocabo Dominum et ab inimicis meis salvus ero."

und trinkt ihn mit der darin aufgelösten Hostie.

Damit ist die eigentliche Niessung zu Ende. Aber die Ehrfurcht vor dem consecrirten Element, das keiner Profanation ausgesetzt werden darf, fordert die Ausspülung des Kelches mit Wein, damit nichts von der Hostie zurückbleibe. Der Priester füllt daher den Kelch noch einmal und trinkt ihn mit den Worten aus:

„Quod ore sumsimus, Domine, pura mente capiamus, et de munere temporali fiat nobis remedium sempiternum."

Nochmals giesst er Wein und Wasser in den Kelch und trinkt denselben aus, betend:

„Corpus tuum, Domine, quod sumsi, et sanguis, quem potavi, adhaereat visceribus meis, et praesta, ut in me non remaneat scelerum macula, quem pura et sancta refecerunt sacramenta: qui vivis et regnas in saecula saeculorum. Amen."

Die Communio, wieder ein kurzer nach der Kirchenzeit, wechselnder, auch diesen Act in das Licht des Sonntags oder Festes rückender Spruch, der als Antiphon gesungen wird, (I. Advent, Dominus dabit benignitatem et terra nostra dabit fructum suum) schliesst den Act ab und mit der Salutatio beginnt

d) Der Lob- und Danksagungsact, der mit der Postcommunio, einem kurzen, nach der Kirchenzeit wechselnden Gebet, z. B. am 1. Advent: „Suscipiamus, Domine misericordiam tuam in medio templi tui: ut reparationis nostrae ventura solemnia congruis honoribus praecedamus. Per Dominum etc."

Nach abermaliger Salutation spricht der Priester die Entlassung: „Ite missa est" oder an einzelnen Festen: „Benedicamus domino"!

R. Deo gratias.

Gebet: „Placeat tibi, sancta Trinitas, obsequium servitutis meae et praesta, ut sacrificium, quod oculis divinae majestatis tuae indignus obtuli, tibi sit acceptabile mihique et omnibus, pro quibus obtuli, sit, te miserante, propitiabile, per Christum Dominum nostrum."

Hierauf folgt die Segnung der Gemeinde:

„Benedicat vos omnipotens Deus Pater, Filius et Spiritus sanctus."

Abermals Salutatio mit Responsio. Dann Vorlesung von Joh. 1, 1—14. Nachdem dieselbe beendet ist, schliesst die Messe mit den vom Ministranten gesprochenen Worten: „Deo gratias".

Blicken wir auf den Gang des Gottesdienstes zurück, so gliedert sich derselbe in übersichtlicher Weise so:

Vorbereitungs-Act.

a) Vorbereitung der liturgischen Personen;

b) Vorbereitung der liturgischen Stätte; der 2. Act leitet (signalisirt durch die Salutatio) schon über zum Gemeinde-Gottesdienst d. h. zum eigentlichen Gottesdienst.

I. Wort-Gruppe.

a) Eingang.
1. Introitus mit Psalmus und Gloria-Patri.
2. Kyrie.
3. Gloria in excelsis.

b) Schriftlesung.
1. Salutatio. Collecte.
2. Epistel.
3. Graduale mit Versus und Halleluja (oder Tractus).
4. Sequenz.
5. Evangelium.
6. Laus tibi Christe.

c) Credo.

II. Opfer-Gruppe.

    a) Darbringungs- (Zurüstungs-) Act.

        1. Salutatio. Offertorium.

        2. Opfergebete über dem
          aa) Brod;
          bb) Wasser;
          cc) Wein.

        3. Epiklese.

        4. Reinigung (Händewaschen: Recitation von Ps. 26. 6—12).

        5. Gebet um Annahme und Segnung der Gaben.

        6. Secreta (Fürbitten für die in die Opfergemeinschaft einzuschliessenden).

    b) Weihe-Act.

        1. Salutatio. Praefatio.

        2. Canon missae (Consecratio)
          aa) „Te igitur" — für die Kirche;
          bb) für die, welche die Messe gestiftet oder bestellt haben;
          cc) Consecration (Verba testamenti). Elevatio, adoratio.
          dd) Gebet um gesegneten Genuss;
          ee) Commemoratio pro defunctis;
          ff) Commemoratio für die Lebenden;
          gg) Pater noster.

    c) Spendungs- (Niessungs-) Act.

        1. Salutatio. Gebet mit Fractio panis und Immissio in calicem.

        2. Agnus Dei.

        3. Bitte um würdigen Empfang.

        4. Niessung.

        5. Ablution.

        6. Communio.

    d) Danksagungs-Akt.

        1. Salutatio und Postcommunio.

        2. Salutatio und Ite missa oder Benedicamus.
        Collecte.
        Segen.

        3. Salutatio. Initium Ev. Joh. 1, 1—14. Deo gratias.

Wie die liturgische Gliederung und der sprachliche Ausdruck, so ist auch der liturgische Vortrag aufs Genaueste bestimmt. Nicht die Auffassung, nicht das Pathos des Einzelnen, sondern die Stimme der Kirche soll im Gottesdienste zur Geltung kommen.

Der liturgische Vortrag der römischen Kirche ist musikalisch-stylisirte Rede, Sprechgesang, musikalisch abgestufte Recitation, die an Stellen, wo die Anbetung in feiernder Betrachtung ruht, zu eigentlichem Gesange sich erhebt.

Demgemäss wird unterschieden der Accentus (modus choraliter legendi) und concentus, d. i. eigentlicher Gesang. Der accentus richtet sich genau nach den Worten und den Unterscheidungszeichen: die Hebung und Senkung des Tons oder, musikalisch ausgedrückt, das Steigen und Fallen der Melodie richtet sich nicht nach den Gesetzen der Melodiebildung, des musikalischen Wohlklangs, der musikalischen Symmetrie, sondern ausschliesslich nach dem Satzbau, nach der sprachlichen Structur: die melodischen Flexionen, Tongänge und Tonfälle vertreten die Satzzeichen und Accente, sind also typische, musikalisch formulirte Accente (daher accentus). Nach den Regeln des accentus werden die Collecten und die Lectionen vorgetragen (daher Collectenton, Lectionston).

Dem concentus gehören die eigentlichen Gesangsstücke (Chorgebete, Gesangsgebete) an: die Antiphonen, Hymnen (beziehungsweise später die Sequenzen), in der Messe also Introitus mit Psalmus und Gloria patri, Kyrie, Gloria in excelsis, Graduale mit Halleluja und Versus, beziehungsweise Tractus, Credo, Offertorium, Praefatio mit Sanctus, Osanna in excelsis, Benedictus, Agnus Dei, Communio. Diese Gesänge bedürfen, sollen sie in ihrer ursprünglichen Gestalt bewahrt werden, der genauen Notirung. Da diese erst späteren Datums ist, so hat die Erhaltung des authentischen Kirchengesanges viel mehr Schwierigkeiten gemacht, als die liturgische Uniformirung.

Die Kirche hat ihre Gesangesweise selbstverständlich von der antiken Welt überkommen: die Wurzeln des Kirchengesanges liegen theils in der hebräischen Psalmodie, theils in dem griechisch-römischen Kunstgesang. Es war nicht die Aufgabe der Kirche, eine neue, christliche Musik zu erfinden, wohl aber die vorhandene Musik, die ganz von selbst in den Gottesdienst eindrang, dem Geiste des Christenthums zu assimiliren, kirchlich zu stylisiren und in den Dienst der Erbauung zu stellen.

Die Form des Wechselgesanges, wie ihn die syrische Kirche ausgebildet hatte (Antiphonie), verpflanzte der Bischof Ambrosius von Mailand († 397) auf den Boden der abendländischen Kirche; ausserdem hat er den Hymnengesang fleissig cultivirt.

Wir haben keine lebendige Anschauung von der musikalischen

Beschaffenheit des ambrosianischen Kirchengesanges, da wir die auf uns gekommenen Melodien („Te Deum“, „Veni redemtor“ u. a.) nur in gregorianischer Prägung vor uns haben.

Denn erst Gregor's Werk ist die Sammlung und kirchliche Stylisirung der kirchlichen Gesänge. Wie weit ihm darin Ambrosius schon vorangegangen ist, wie weit Gregor die Weisen des ambrosianischen Gesanges hat modificiren müssen, ist nicht zu entscheiden. Gregor sichtete das Vorhandene, entkleidete die Melodieen aller der Wendungen, welche an den theatralischen Gesang erinnerten, schloss insbesondere die Enharmonik und Chromatik aus und legte dem Kirchengesang die diatonische Tonleiter zu Grunde, welche er in 8 Tonreihen (Oktavengattungen) sanctionirte (toni, modi). Die kirchliche Stylisirung bestand also allem nach darin, dass man die damalige in rhythmischer und melodischer Beziehung raffinirt verkünstelte und verfeinerte Gesangesweise zur edeln Einfachheit der Vorzeit zurückführte und insbesondere dem Worte die herrschende Stellung zuwies. (Näheres KÖSTLIN, Geschichte der Musik, S. 63 ff.).

Die von Gregor gesammelten Gesänge wurden in Neumen notirt (nota romana), und das betreffende Buch (Antiphonarium) am Apostel-Altar der Peterskirche zur Norm für alle Zeiten befestigt.

Allein diese Notenschrift war so unvollkommen, dass, um die Gesänge zu bewahren, vor allem für lebendige authentische Tradition von Lehrer auf Schüler gesorgt werden musste. Dies geschah durch die Gründung von Schulen, so in Rom, dann unter Karl dem Grossen überall in den Städten, an den Kathedralen, in den Klöstern. Trotzdem rissen besonders in Deutschland und Frankreich immer wieder Abweichungen ein, in den früheren Jahrhunderten vor allem wegen der Vieldeutigkeit der Notenschrift, später, vom 14. Jahrhundert an, unter dem Einfluss der mächtig emporblühenden modernen Tonkunst, die das Ohr dem reinen Choral entfremdete. So gibt es in Deutschland einen Mainzer, Münster'schen, Cöln'schen Choral. Erst das Concil von Trient hat auch auf diesem Gebiet die Einheit angebahnt. Schon Pius V. hat ein verbessertes Brevier (1568) und Missale erscheinen lassen. Gregor XIII. beauftragte PALESTRINA und JOHANN GUIDETTI mit der Revision der Choralbücher, aber erst unter Paul V. wurde das Werk vollendet. Das Antiphonar erschien 1610, das Graduale 1614 und 1615 (s. o.). Damit ist der römische Gesang nun ein für alle Mal fixirt, so wenig freilich behauptet werden kann, dass die adoptirte Weise sich in allen Stücken mit der ursprünglichen gregorianischen ganz genau decke (vgl. LÜFT (Katholik), Liturgik I, S. 231). „Wir können gewiss sein, dass in allen diesen neuen emendirten Ausgaben der gregorianischen Melodieen der alte Choral in der grösstmöglichen Reinheit und wenigstens seinem Grundcharakter nach mit der grössten Treue wiedergegeben ist; denn man war bei der Revision im Besitze der vorzüglichsten Handschriften; man arbeitete daran mit ungemeinem Fleisse, und die ersten Kenner Roms, wo sich ohnehin durch fortlaufende Tradition der alte Choral am reinsten erhalten hatte, wurden beigezogen. Nur ist man darüber nicht zweifelhaft, dass der alte Choral einen gewissen Numerus und gewisse Zierden hatte, die wir nicht mehr kennen, weil sie durch alte, ganz ausser Gebrauch gekommene und für uns unverständliche Zeichen angedeutet waren. Auch ist die Begründung unserer Theorieen über die alten Kirchentonarten noch immer sehr mangelhaft. Zugleich hat dieser revidirte Choral, ungeachtet des entschiedenen Strebens nach Einfachheit, hie und da die langen Dehnungen, die einzelne Sylben und Buchstaben im Mittelalter ganz gegen den ursprünglichen syllabischen Charakter des gregorianischen Chorals angenommen hatten, nicht immer ganz vermieden."

Besondere Verdienste um die Erforschung und praktische Verwerthung des Chorals hat sich der Benedictiner-Orden (besonders das frühere Kloster Beuron) erworben. Dass der historisch-archaistische Gesichtspunkt jedoch für die Kirche nicht ausschliesslich massgebend sey, sondern der praktische, dass der erstere der Rücksicht auf die Einheit und praktische Durchführbarkeit, beziehungsweise dem Ermessen des päpstlichen Stuhls sich unterzuordnen habe, erhellt mit unzweifelhafter Klarheit aus dem die Choralbücher (gegen den den historischen Standpunkt vertretenden Congress von Arezzo gerichteten) betreffenden Decret der Ritencongregation von 1883, welches (in deutscher Uebersetzung) lautet:

Die Fürsorge der Päpste bethätigte sich, wie in Allem, was die heilige Liturgie betrifft, so auch darin, dass sie für die Würde und Gleichförmigkeit der Kirchenmusik, ganz besonders aber des gregorianischen Gesanges immer eingetreten ist. Als daher Papst Pius IV. gemäss den Beschlüssen des hl. Concils von Trient einige Cardinäle der heiligen römischen Kirche mit der Reform des liturgischen Gesanges beauftragte, wendeten diese alle Mühe auf, denselben möglichst zu vereinfachen und so zu gestalten, dass er von allen Beflissenen des Kirchengesanges leicht angenommen und durchgeführt werden könnte. Bei dieser Aufgabe leistete ihnen hervorragende Dienste der unermüdliche und erfahrene Meister GIOVANNI PIERLUIGI VON PALESTRINA, welcher gemäss den festgestellten, überaus weisen Normen die Verbesserung des römischen Graduale so durchführte, dass er zugleich den eigenthümlichen und wahren Charakter des gregorianischen Gesanges in demselben bewahrte. Das verbesserte römische Graduale liess dann Papst Paul V. mit den medicäischen Typen in Rom drucken und approbirte dasselbe durch ein apostolisches Breve, und seit jener Zeit wurde es in der päpstlichen Kapelle, sowie in den Patriarchalbasiliken und anderen hervorragenden Kirchen Roms in Gebrauch genommen. Das von Pierluigi aus Palestrina begonnene Werk hatten auf Geheiss der römischen Päpste einige seiner Schüler fortgeführt. In unserer Zeit aber, als Papst Pius IX. hochseligen Andenkens die Annahme der römischen Liturgie in fast allen Diöcesen glücklich durchgeführt sah, richtete er sein Augenmerk auch darauf, in Betreff des liturgischen Gesanges Gleichförmigkeit herbeizuführen. Zu diesem Behufe liess er durch die Congregation der heiligen Riten eine spezielle Commission von hervorragenden Kennern des Kirchengesanges einsetzen, um unter der Leitung, der Obhut und mit der Autorität der ersteren das Graduale der medicäischen Ausgabe von Paul V. von Neuem herauszugeben und die bisher noch fehlenden Theile desselben Gesanges dem Graduale gemäss herzustellen. Diesem Befehle gehorchend, erliess die heilige Congregation der Riten durch die vorerwählte Commission unterm 2. Jänner 1868 ein Rundschreiben, worin sie im Namen des Papstes die Verleger liturgischer Bücher, sowohl einheimische wie ausländische, einlud, unter der Leitung der Commission selbst und unter der Obhut der Congregation an dieses höchst ehrenvolle und heilsame Unternehmen Hand anzulegen. Da aber Alle die ausserordentliche Schwierigkeit dieses Unternehmens, den durch dasselbe erforderten grossen Kostenaufwand und die sehr grosse damit zu verbindende Genauigkeit erkannten, so wagte nur allein der Ritter FRIEDRICH PUSTET aus Regensburg, Typograph des heiligen apostol. Stuhles und der Congregation der heiligen Riten, sich an das mühevolle Werk und führte dasselbe in Bezug auf das Graduale glücklich durch. Also wurde die Ausgabe des römischen Graduale Paul's V. Dank den sorgfältigen Bemühungen der vorgenannten Commission zu Stande gebracht, von dieser genau revidirt und als authentisch erklärt, so dass dieselbe mit Recht die römische und die von der Congregation der heiligen Riten veranstaltete genannt werden darf. Papst Pius IX.

9 *

belobte sie sehr in dem Breve vom 3. Mai 1873 und empfahl sie
warm den kirchlichen Oberhirten und allen denjenigen, welchen die
Pflege der Kirchenmusik obliegt, um dadurch die Uebereinstimmung
im liturgischen Gesange herbeizuführen; zugleich aber forderte er
den Verleger selbst auf, auch die zur Vollendung der einst von
Paul V. begonnenen Ausgabe noch fehlenden Theile vom gregoria-
nischen Gesange herzustellen. Als nun derselbe Typograph jenen
Theil des Antiphonariums und Psalteriums, welcher die kleinen
Horen umfasst, mit gleichem Fleisse und Eifer den oben erwähnten
Normen gemäss herausgegeben hatte, erliess Seine Heiligkeit Papst
Leo XIII. unter dem 15. November 1878 ein neues apostolisches
Breve, worin er unter Bestätigung der Decrete seines Vorgängers
diese Ausgabe, welche von den durch die Riten-Congregation eigens
aufgestellten hervorragenden Kennern des Kirchengesanges revidirt
worden war, approbirte und für authentisch erklärte und zugleich
dieselbe den kirchlichen Oberhirten und allen Pflegern der Kirchenmusik eindringlichst empfahl, und zwar mit denselben Worten, deren
Pius IX. hochseligen Andenkens sich in Bezug auf die Ausgabe
des Graduale bedient hatte: „Ut sic cunctis in locis ac dioe-
cesibus, cum in ceteris quae ad Sacram Liturgiam pertinent, tum etiam in cantu, una eademque ratio servetur,
qua Romana utitur Ecclesia." (Auf dass also überall und in
allen Diöcesen, nicht nur in den übrigen Vorschriften der Liturgie,
sondern auch im Gesange die Einheit mit der römischen Kirche be-
obachtet werde.)

Inzwischen begannen mehrere Persönlichkeiten, welche sich mit
der Kirchenmusik beschäftigen, eingehender nachzuforschen, wie der
gregorianische Gesang ursprünglich beschaffen gewesen sei und
welche Entwicklungsphasen er im Laufe der Zeiten durchgemacht
habe. Jedoch überschritten sie die Grenzen dieser Forschung mehr
als billig, vielleicht durch allzu grosse Liebe für das Alterthum hin-
gerissen, so dass es den Anschein hatte, als liessen sie die neueren
Verordnungen des apostolischen Stuhles und die wiederholt von
diesem kundgegebenen Wünsche zur Herbeiführung der Gleichförmigkeit im gregorianischen Gesange, nach der durch den höchst weisen
Gebrauch der römischen Kirche bewährten Art und Weise, ausser
Acht. Sie vermeinten nämlich, ohne Rücksicht auf diese mit Weisheit bereits festgestellte Richtschnur, dass es ihnen noch freistehe,
dahin zu streben, dass der gregorianische Gesang zu derjenigen
musikalischen Form zurückgeführt werde, welche sie für die ur-

sprüngliche halten, auch unter dem Vorwande, dass der apostolische
Stuhl den Gesang der von ihm neuerdings approbirten Ausgabe
zwar als authentisch erklärt und dringend empfohlen, aber den einzelnen Diöcesen keineswegs vorgeschrieben habe; dabei beobachteten
sie nicht, wie es hätte geschehen sollen, dass es ständige Praxis der
Päpste ist, zur Abschaffung gewisser Missbräuche lieber die Ueberredung als Befehle anzuwenden, da sie sehr wohl wissen, dass die
kirchlichen Oberhirten und ihr Klerus die Ermahnungen des Papstes
in frommer Unterwürfigkeit als Willenskundgebungen zu deuten
pflegen. Da jedoch jene Ansichten durch Zeitungen und manche
Flugschriften in die Oeffentlichkeit gebracht und sogar die Approbation der oben besagten Ausgabe angezweifelt wurde, so hatte die
Riten-Congregation es für ihre Pflicht erachtet, das von Pius IX.
hochseligen Andenkens erlassene apostolische Schreiben als authentisch zu erklären und die Approbation jener Ausgabe durch ein
Decret vom 14. April 1877 abermals zu bestätigen.

Nichtsdestoweniger schienen jene sich weder durch dieses Decret
noch durch das nachfolgende bereits erwähnte apostolische Schreiben
unseres heiligen Vaters Leo XIII. zu beruhigen; sie fuhren vielmehr fort, ihre Meinungen noch eifriger zu verfechten bei dem Congresse von Freunden des Kirchengesanges, der zur Feier des Andenkens an den Mönch Guido im letztverflossenen Jahre zu Arezzo
stattfand, nicht ohne Angriffe gegen diejenigen, die mit vollem
Rechte an der richtigen Ansicht festhalten, dass, wie in den übrigen
Vorschriften der heiligen Liturgie, so auch in Bezug auf die Einheit und auf die Gleichförmigkeit des Gesanges nur allein der Autorität des apostolischen Stuhles Folge zu leisten sei. Jedoch was
immerhin Verwerfliches sich in diese Sache eingeschlichen haben
mag, da die zu besagtem Zwecke in Arezzo versammelt Gewesenen
unserem heiligen Vater Leo XIII. in Bezug auf dieselbe Angelegen-
heit einige Beschlüsse oder Wünsche demüthigst unterbreiteten und
seinen Machtspruch anriefen, so berief Seine Heiligkeit in Anbetracht
der Wichtigkeit der Sache einen besonderen Ausschuss der Congregation der heiligen Riten, bestehend aus mehreren derselben an-
gehörenden Cardinälen und officiellen Vorständen, zu ihrer Behandlung. Diese besondere Congregation versammelte sich am unten be-
zeichneten Tage im Vatikan und fasste nach reiflicher und eingehender
Prüfung der Sache, sowie nach Erwägung alles desjenigen, was dazu gehört,
und nach Einholung der Ansichten hocherfahrener Männer, vorbehalt-
lich der allerhöchsten Genehmigung Sr. Heiligkeit folgenden Beschluss:

Die vom Congresse von Arezzo im letztverflossenen Jahre ausgesprochenen und von demselben dem apostolischen Stuhle vor-
getragenen Beschlüsse oder Wünsche, betreffend die Zurückführung
des liturgischen gregorianischen Gesanges zur alten Tradition, können, so wie sie lauten, nicht angenommen noch gutgeheissen werden.
Denn wenngleich es den Pflegern des Kirchengesanges auch stets
erlaubt gewesen ist und freigestanden hat und ebenso für die Folge
freistehen und erlaubt sein wird, aus wissenschaftlichen Gründen zu
erforschen, welche die uralte Form des besagten Kirchengesanges
und welche in der Folge seine Entwicklungsphasen gewesen sein
mögen, gerade so wie in Bezug auf die alten Riten der Kirche und
die sonstigen Theile der Liturgie hochgelehrte Männer in sehr lobenswerther Weise zu erörtern und zu erforschen gepflogen haben, so
sei nichtsdestoweniger als authentische und rechtmässige Form des
gregorianischen Gesanges heutzutage nur diejenige zu betrachten,
welche auf Grund der Anordnungen des Concils von Trient durch
Paul V. und Pius IX. hochseligen Andenkens und durch Se. Heiligkeit Papst Leo XIII., sowie durch die Congregation der heiligen
Riten, entsprechend der in Regensburg veranstalteten Ausgabe, gutgeheissen und bestätigt worden als diejenige, welche allein jene
Weise des Gesanges enthält, deren sich die römische Kirche bedient. Deshalb dürfe in Bezug auf diese Authenticität und Recht-
mässigkeit bei denjenigen, welche der Autorität des apostolischen
Stuhles aufrichtig beipflichten, weder Zweifel noch weitere Erörterungen mehr stattfinden. Damit aber der bei der heiligen Liturgie,
im engeren Sinne genommen, zur Anwendung kommende Gesang
überall gleichförmig werde, so sollen in den neuen Ausgaben von
Missalen, Ritualen und Pontificalen diejenigen Theile, welche durch
musikalische Noten bezeichnet sind, nach der Norm der oben erwähnten, vom heiligen Stuhle approbirten Ausgabe ausgeführt werden, als derjenigen, welche (wie der einem jeden Buche voran-
gedruckte Titel selbst besagt) den eigenen liturgischen Gesang der
römischen Kirche enthält, so dass sie dem Texte dieser Ausgabe
gänzlich entsprechen. Im Uebrigen, obschon sie, nach dem Beispiele
des höchst weisen Verfahrens des apostolischen Stuhles, wo es sich
um Herbeiführung der Gleichförmigkeit in der kirchlichen Liturgie
handelte, die vorerwähnte Ausgabe den einzelnen Diöcesen nicht
vorschreibt, so ermahnt sie nichtsdestoweniger abermals dringend alle
hochwürdigsten Oberhirten und alle, welche sich mit Kirchengesang
beschäftigen, dafür Sorge zu tragen, dass diese Ausgabe behufs Er-

haltung der Gleichförmigkeit des Gesanges in der heiligen Liturgie zur Annahme komme, wie schon mehrere Diöcesen in lobenswerther Weise sie angenommen haben. — Also verordnet am 10. April 1883.

Nachdem aber über alles Dieses durch den unterzeichneten Sekretär dem heiligen Vater Papst Leo XIII. getreuer Bericht erstattet worden, hat Se. Heiligkeit das Decret der heiligen Congregation genehmigt, bestätigt und zu veröffentlichen befohlen am 26. gleichen Monats und Jahres [1]).

D. CARDINALIS BARTOLINIUS, S. R. C. Praefectus.

L. † S.   Laurentius Salvati S. R. C. Secretarius.

Blicken wir auf die Liturgie der Messe als ein Ganzes, so stellt sich uns dieselbe als ein einheitlich geschlossenes, symmetrisch gegliedertes, liturgisch-musikalisches Kunstwerk dar, welches auch nach der Seite der musikalischen Ausstattung einer weiteren künstlerischen Bereicherung an und für sich nicht bedarf. Mag die Fremdartigkeit der auf einem völlig anderen Tonsystem beruhenden Melodieen und Tongänge das an die moderne Musik gewöhnte und von der modernen Tonalität beherrschte Ohr herb anmuthen, mag überhaupt die von der Antike überkommene Einstimmigkeit des Gesanges dem von der modernen Vielstimmigkeit Herkommenden arm erscheinen — die strenge Einheit des Styls, die sonore Kräftigkeit, der gehaltene Ernst dieser keuschen Melodik, sowie die mit den bescheidensten Mitteln hervorgebrachte Steigerung des Eindrucks verleiht der einfachen Choralmesse eine Grösse und Harmonie, welche sie als vollkommen befriedigendes Kunstwerk erscheinen lässt.

Gleichwohl ist die katholische Kirche bei der Einfachheit der musikalischen Ausstattung, wie sie dieselbe aus dem Alterthum überkommen hat, so wenig stehen geblieben, als sie, was den Kirchenbau betrifft, bei den einfachen Formen der von der Antike entlehnten Basilika stehen geblieben ist. Ruhte hier der schöpferische Trieb nicht, bis er die rohe Masse des Gesteins dem christlichen Geiste unterworfen und einen Cultusraum geschaffen hatte,

---

[1]) Vgl. damit THALHOFER, Liturgik I S. 38: „Mögen immerhin die älteren, reicheren Melodieen vom historisch-wissenschaftlichen Standpunkt aus betrachtet vor denen in der Medicaea und in der neuesten officiellen Ausgabe vielfach den Vorzug verdienen, vom praktischen Standpunkt aus, (weil leichter und ohne übermässige Verlängerung des Gottesdienstes durchführbar) und ganz besonders im Interesse der Erzielung grösstmöglicher Einheit, erscheint es als höchst wünschenswerth, dass die vom Oberhaupt der Kirche als „authentisch" erklärte und so dringend empfohlene Sangesweise auch von den Franzosen angenommen werde, die ihr, wie auf dem Congress von Arezzo sich neuestens wieder gezeigt hat, immer noch sehr abhold sind".

der sich als die architektonische Verkörperung der auf dem Kreuzestod
Christi ruhenden christlichen Lebenshoffnung darstellt, also eine
stumme Predigt von Christo bildet — so ruht auch auf dem musikalischen Gebiete der schöpferische Trieb nicht, bis er für den Chor
beziehungsweise für die singende Gemeinde eine Form des Vortrages
gefunden hat, die gleichfalls in ihrer Art ein Gegenbild war von der
die auseinander- und widerstrebenden Kräfte durch die Einheit des
Princips zusammenhaltenden Kirche, die Form der Polyphonie,
welche die für sich selbständigen Stimmen durch das Band der Harmonie verknüpft und eine Kunstform erzeugt, welche die strengste
Einheit und Folgerichtigkeit mit der reichsten Mannigfaltigkeit verbindet, im Element der Töne das darstellt, was der romanische und
gothische Dom im Material des Steins, die katholische Kirche im
Material der Menschheit darstellt: Massengliederung aus Einem Motiv,
aus Einem Grundgedanken.

Auch die moderne, mehrstimmige Tonkunst ist, wie die kirchliche Baukunst, die Tochter der Kirche, nicht in dem Sinne, als ob
die Organe der Kirche bewusst und absichtsvoll darauf ausgegangen
wären, eine kirchliche, eine specifisch katholische Musik zu schaffen:
wohl aber in dem Sinne, dass die Kirche die in ihrem Schoosse erwachsene, durch ihre Organe gepflegte und entwickelte Tonkunst
ihrem Cultus assimilirte und im tridentinischen Concil ausdrücklich
als ihres Geistes Kind anerkannte, indem sie die polyphone Messe
Palestrina's als classischen katholischen Kirchenstyl proklamirte. Die
Frage, ob es eine polyphone Musik gegeben haben würde ohne
Christenthum und Kirche, ist eine ebenso müssige, wie die, ob die
Architektur den romanischen und gothischen Styl gefunden und ent-
wickelt hätte ohne die Kirche, ohne das Christenthum. Thatsächlich
war es die Kirche und waren es die Organe derselben, welche die
Pflege der beiden Künste auf's Erfolgreichste förderten, wie ja die
Kirche überhaupt die Pflege- und Zufluchtsstätte der Bildung und
Kunst in jenen bewegten Zeiten war. Es waren also die Künstler
jedenfalls Männer, deren Geistesrichtung und Gedankenflug vom
Christenthum bestimmt war: richtete sich die Entwickelung der
Kunst selbstverständlich im Einzelnen nach technischen Rücksichten,
nach dem Material — empfing sie Impulse und Motive auch noch
von anderer Seite, als von Seiten der Kirche, kurz, entwickelte sie
sich in ihrer Art selbständig und nach eigenem Lebensgesetz, so
wird dadurch die geistige Gemeinschaft nicht aufgehoben, welche sie
mit dem mütterlichen Schoosse der Kirche verbindet und die letztere

als ihre Geistesheimath auch im tieferen Sinne erscheinen lässt. So
ist es in der That dasselbe Constructionsprincip, nach welchem die
Säulenhallen des Domes sich ordneten, und die Tonmassen des
polyphonen Tonwerkes sich aufbauten. Wie dort Bogen gegen Bogen
steht, kunstvoll sich verschlingend im Geäst, gebunden durch das
Gesetz des Gleichgewichts, so steht hier Ton gegen Ton — punctum
contra punctum — Stimme gegen Stimme, Chor gegen Chor, sich
vereinigend im schönen Zusammenklang, gebunden durch das Gesetz
der Consonanz, des Gleichgewichts der Töne. Wie dort Ein Grundmotiv es ist, welches in den mannigfaltigsten Formen, von der einfachsten bis zur kunstreichsten sich wiederholend, dem ganzen Bau
sein individuelles, einheitliches Gepräge gibt, so ist es hier der
tenor, die Grundmelodie, welche als Einheitsband das Stimmen-
geflecht durchzieht und so dem Ganzen die individuelle Physiognomie
verleiht. Wie dort die Kirche bei aller Freiheit der Gestaltung
doch als Grundmotiv das Kreuz festhält, so dringt sie hier darauf,
dass der tenor, auf welchem das kirchliche Tonwerk sich aufbaut,
dem Choral entnommen sei: denn die Kunst soll und darf nicht das
Gesangsgebet der Kirche verhüllen oder gar verdrängen, sondern
sie soll dasselbe nachdrücklich zur Geltung zu bringen suchen; die
Kunst ist nicht um ihrer selbst willen im Gotteshause, sondern damit
sie der Kirche diene als heiliger Schmuck, als Gabe des hl. Geistes:
auch das blühende Chorwerk soll sich darstellen als die Blüthenfülle,
welche der mark- und saftreiche Stamm des gregorianischen Gesanges
aus eigener Kraft hervorgetrieben hat.

Das Constructionsprincip selbst aber, welches die Massen zwingt,
sich zu gliedern und zu ordnen nach Einem Motiv, entspricht der
Idee, welche die mittelalterliche Kirche in ihrer geschichtlichen
Mission geleitet hat und von der tridentinischen Kirche zur bewussten
Tendenz erhoben worden ist, der Idee der Massengliederung, Massen-
ordnung und Massenleitung nach Einem Willen und Gedanken, der
Einfassung und Zusammenordnung aller Individuen und Völker in
das sacramentliche und regimentliche Gefüge der Kirche und ihrer
Hierarchie. Kein Wunder, wenn die katholische Kirche in der
classischen, polyphonen Messe den eigenen Geist wiedererkennt und
den Begriff ächt katholischer Musik darin im Grunde erschöpft sieht.

Den ersten Versuch, zwei Stimmen zu gleicher Zeit erklingen
zu lassen, schreibt man gewöhnlich dem Benedictiner-Mönch Hucbald,
dem Leiter der kirchlichen Chorschule erst zu Nevers, dann in
St. Amand in Flandern († 930 oder 932) zu; jedenfalls hat er in

seiner Schrift „organum" die Mehrstimmigkeit zuerst theoretisch begründet als „übereinstimmende Entzweiung" mindestens zweier Sänger, wobei einer die rechte Melodie hält, der andere mit fremden aber passenden Tönen beihergeht, bei den einzelnen Schlüssen aber beide in Einklang oder Octave zusammentreffen."

Freilich war von den rohen und naiven Versuchen der Stimmenführung zu Hucbalds's Zeit noch ein weiter Weg zum polyphonen Kunstwerk. Es war die Aufgabe der nächsten vier Jahrhunderte, die Gesetze des Contrapunktes, der wohlgefälligen Stimmenführung zu entdecken und festzustellen und eine, die vollständige Fixirung der Melodieen ermöglichende Notenschrift zu erfinden.

Beides, die Ausbildung der Notenschrift wie die der musikalischen Grammatik, ist das Werk der Kirche, beziehungsweise ihrer Organe, die stille Klosterzelle war die Werkstatt des erfinderischen Geistes, der kirchliche Sängerchor und die Sängerschule das praktische Versuchsfeld.

Langsam und unter schrittweiser Emancipation von der antiken Ton-Anschauung und Musiklehre entwickelte sich die Theorie und die Praxis. Mehr als die Theorie mag die praktische Uebung der Mehrstimmigkeit erst in der Form des sogenannten Discantus (wobei die begleitende Stimme die Hauptstimme durch Gegenbewegung und Wiedervereinigung in der Consonanz belebt, gleichsam umspielt) im 12. und 13. Jahrhundert und später im 14. Jahrhundert in der Form der Faux bourdons (Terz- und Sext-Parallelen) den Sinn für belebte Mehrstimmigkeit entwickelt haben. Am Ende des 14. Jahrhunderts hat die Kunst des mehrstimmigen Gesanges schon eine hohe Blüthe erreicht und seit 1377 durch Gregor XI, als derselbe von Avignon nach Rom übersiedelte, den Weg in die päpstliche Kapelle gefunden, während sich früher der strengere kirchliche Sinn mit Entschiedenheit gegen diese Ueberkünstelung des gottesdienstlichen Vortrags aufgelehnt hatte (so eine Synode von Trier 1227, das Concil von Basel, besonders Johann XXII., der die polyphone Vortragsweise in der Kirche mit dem Banne belegte). Gregor XI. hatte in Frankreich die neue Kunst kennen und lieben gelernt und seine Sänger ohne Bedenken nach Rom mitgenommen. Die Führerschaft hatten die Niederlande, die Pflanzstätte des mehrstimmigen Gesanges. So ist gleich der erste oder einer der ersten unter den Tonsetzern der päpstlichen Kapelle zu Rom (1380—1432) ein Niederländer, Guillaume Dufay, sicherlich ein Verwandter des Vaters und Hauptes der ersten niederländischen Tonschule, als deren hervorragendste Meister Binchois, Faugues u. a. zu nennen sind. Die zweite niederländische Schule (c. 1480—1565), als deren Haupt gewöhnlich Ockenheim (Johannes Okeghem, † 1512) angeschen wird und zu welcher — um nur wenige zu nennen — der geniale Josquin de Prèz (geb. c. 1450 im Hennegau, in der päpstlichen Kapelle zu Rom 1471—1484, dann in Florenz unter Lorenzo dem Prächtigen, als Propst des Domkapitels zu Condé 1521), der gemüthvolle Heinrich Isaac, ferner der Begründer der venetianischen Schule, Hadrian Willaert (der wieder die beiden Gabrieli zu Schülern hatte) und der grosse Orlandus Lassus zählen, führte die klassische Vollendung des polyphonen Chorstyls herbei, welchen das Concil von Trient als den ächt kirchlichen sanktionirte. Wenn das Concil, welches im bewussten Gegensatz zum protestantischen Princip und zu den protestantichen Neuerungen, die geschichtlich gewordenen Lebensformen der katholischen Kirche dogmatisirte, nicht ohne Weiteres die bis dahin weitherzig gepflegte Chormusik als katholische Kirchenmusik adoptirte, sondern in seinen strengeren Vertretern erhebliche Bedenken gegen die Bereicherung des liturgischen Gesanges durch diese neue Kunst hegte, so waren diese Bedenken nicht sowohl gegen die Kunst als solche und gegen die Heranziehung der Kunst zur Kirche gerichtet, als vielmehr gegen die Ueberwucherung der Liturgie durch die Kunst. Diese zeigte sich darin, dass bei den Tonsetzern vielfach das rein künstlerische Interesse das liturgisch-kirchliche verdrängte, dass man sich um den liturgischen Text nicht gehörig kümmerte und — aus musikalischen Rücksichten — die Motive zu den Messen häufig dem profanen Gesang entnahm, ja ohne Bedenken die Messe nach dem Textanfang des betreffenden Liedes benannte (z. B. Messe „Von den rothen Nasen“, „Küsse mich“ u. s. f.). Geschah dies auch in reiner Naivetät, so war es doch eine starke Verletzung des liturgischen Gefühls.

Demgemäss beschloss die von Pius IV. am 2. Aug. 1564 bestellte Congregation von acht Cardinälen, welche gemäss dem Beschluss des Concils die Kirchenmusik zu reformiren hatte, folgende drei Punkte:

1. dass weder Motetten noch Messen mit Vermischung von fremden Worten gesungen werden,

2. dass keine Messen, welche über Themen und Lieder weltlicher Art verfasst seien, mehr gesungen, und

3. dass Motetten über von Privatpersonen erfundene Worte für immer von der päpstlichen Kapelle ausgeschlossen werden sollen.

Es ist die Forderung strengsten Anschlusses der Musik an die objectiv gegebene Liturgie der Kirche, welche hierin zur Geltung kommt, das Princip der objektiven Wahrheit, welches auch auf die den Gottesdienst künstlerisch verherrlichende und bereichernde Tonkunst seine stricte Anwendung findet.

Wenn die massgebenden Beurtheiler, vor allem Pius IV. selbst, in der „Missa Papae Marcelli" den classischen Typus katholischer Kirchenmusik erkannten, so geschah es nicht, weil etwa diese Messe Palestrinas sich in musikalisch-technischer Hinsicht, in Styl und Factur in auffallender Weise von den Messen der gleichzeitigen Tonsetzer unterschieden hätte, sondern weil Palestrina in dieser Messe den liturgischen Anforderungen des Concils nach der Ansicht und nach dem Gefühl jener Commission durchaus genügte. Wenn man daher den Palestrina-Styl als den massgebenden und mustergültigen proclamirte, so wollte man damit die musikalischen Meisterwerke vor und zur Zeit Palestrinas nicht ausgeschlossen haben, sofern sie nur den von jener Commission gestellten Forderungen entsprachen. Die Reform war nicht sowohl musikalischer, als liturgischer Art: man wollte nicht einen Normal-Musik-Styl der Kirche feststellen, sondern für die schaffende Kunst und für die Auswahl unter dem Vorhandenen die nöthigen Richtpunkte geben.

So hat denn die römische Kirche von den Compositionen der niederländischen Schulen nach wie vor den reichlichsten Gebrauch gemacht. Als der stile à la Palestrina d. h. der von den Niederländern überkommene strenge Contrapunkt in der Musikwelt den flüssigen Formen der neapolitanischen Schule, den Werken der Scarlatti, Durante, Leo, Greco, weichen musste, da hat auch die römische Kirche diesen neuen musikalischen Formen sich nicht verschlossen, da sie an und für sich nicht eine bestimmte Stylform für sacrosanct erklärt, sondern nur die Gesichtspunkte liturgischer Correctheit aufgestellt hatte.

Es kam freilich eine Zeit, die des geschichtlichen Sinnes völlig entbehrte, die darum kein Verständniss für die geschichtlich gewordenen Formen und ihre Beziehungen zum kirchlichen Leben und Bewusstsein haben konnte, weil ihr das Verständniss für das Erbe der Geschichte völlig abhanden gekommen war und sie nur nach dem Grundsatz des directen Nutzens sich richtete. In solcher Zeit konnte es geschehen, dass die Opernmusik mit Pauken und Trompeten ihren Einzug in das Gotteshaus hielt, ohne dass man dabei ein Arg hatte. Warum sollte diese süsse, sinnlich kräftige, rauschende

Musik nicht ebenso gut das Gemüth erheben, wie dieser strenge,
ernste Palestrina-Styl? So kam die Zeit, da ein REUTTER seine
„Schimmel-Messe" componirte und die Kirche den Andächtigen Opern
mit geistlichem Texte bot.

Die Selbstbesinnung der Kirche auf ihre specifische Aufgabe hat auch das Stylgefühl besonders in Deutschland neu-
geweckt und geschärft. Was Jahrzehnte ohne Arg hingenommen
haben, davon fühlt sich jetzt ein feiner geschultes Gefühl verletzt.

Im Gefühle davon, dass der polyphone Vocalstyl des 16. und
17. Jahrhunderts vermöge der Analogie des Constructionsprincips
wunderbar harmonirt zu den stylvollen Hallen der romanischen und
gothischen Kirchen, will die strenge Schule (WITT) den Styl jener
classischen Periode zum alleingültigen und ausschliesslich kirchlichen
erklären, nicht bloss die liturgische Correctheit, sondern auch die
musikalisch-technische Factur derselben dogmatisiren.

Die Kirche selbst aber, so sehr sie die reformirende Mission
dieses Strebens anerkennt, hat sich den darin zu Tag tretenden
Archaismus, der den Begriff der Kirchenmusik auf die Schule und
Form einer bestimmten Zeit confinirt, nicht angeeignet. Die Thatsache, dass einem FRANZ LISZT die kirchlichen Weihen ertheilt
worden sind, und seinen kirchenmusikalischen Werken, die zwar
auf den Motiven des gregorianischen Chorals aufgebaut, im übrigen
aber durchaus modern gehalten sind, der Zutritt zum Heiligthum
offen steht, beweist deutlich genug, dass die Frage, was ächte
katholische Kirchenmusik sei, zur Zeit noch als eine offene Stylfrage
anzusehen ist [1]).

---

[1]) Vgl. des Verf. Geschichte der Musik 3. A. S. 76 ff. 123 ff. 142 ff.
169 ff. 487 ff.

Dritter Hauptabschnitt.
Der evangelische Gottesdienst.

Ueberblick.

Der katholischen Grundanschauung, nach welcher der Cultus wesentlich der Träger und Vermittler des durch Christus erworbenen Heilsgutes ist, und nach welcher folgerichtig der Werth und die Bedeutung des Cultus nicht sowohl in der geistig-ethischen Wirkung liegt, welche er ausübt, als vielmehr in dem correcten Vollzug der sacrosancten Liturgie, in der strengen Angemessenheit an die von Gott festgesetzte Ordnung, also in der objectiven Wahrheit des Cultus, die subjective Andacht aber nur Werth hat in dem Masse, als sie sich mit der objectiven, göttlich-pneumatischen Norm zusammenschliesst, tritt die evangelische Heilserfahrung und die auf derselben fussende evangelische Grundanschauung diametral entgegen, nach welcher als einzige, ausschliessliche Ursache des Heils die durch Jesus Christus ein für alle Mal vollbrachte Erlösung ergriffen, und als einzige subjective Bedingung des Heils der die Erlösungsgnade rückhaltlos annehmende und aufnehmende Glaube betrachtet wird. Für ein mittlerisches Priesterthum, für einen ex opere operato wirksamen Opferdienst ist hier kein Raum, da es für den Einzelnen ja nur darauf ankommt, die Frucht des Einmaligen Opfers Christi im Glauben sich selbstthätig zuzueignen [1]).

1. Hier fällt also alles Gewicht auf die Stellung des Einzelnen zu dem Herrn: das gottesdienstliche Thun kann nur in dem Masse Segenswirkung für den Einzelnen haben, als es Ausdruck seiner persönlichen Herzensstellung zu Gott, seitens der Gemeinde also Zeugniss des Selbstlebens der Gemeinde ist, subjective Wahrheit

---

[1]) Vgl. Jacoby a. a. O. S. 3. „Der Protestantismus sieht in dem Cultus nicht eine göttliche Stiftung, sondern vielmehr ein Gefäss, das die Kirche gebildet hat, um die göttlichen Stiftungen zu bewahren; nicht eine Stätte göttlicher Offenbarung, sondern den Schauplatz menschlicher Andacht".

hat; kurz der Gottesdienst ist wirklicher Gottesdienst in dem Masse, als er nicht blos ex thesi, sondern de facto Gemeindefeier ist, Bethätigung und Bezeugung des in den Einzelnen pulsirenden Glaubenslebens, Act des allgemeinen Priesterthums.

2. Diese richtige Herzensstellung, durch welche der Einzelne sich als Priester bezeugt, ist der Glaube: hiernach bestimmt sich das Princip der objectiven Wahrheit: Werth hat der Gottesdienst, sofern er aus dem Glauben geht und Zeugniss des Glaubens ist, beziehungsweise Glauben weckt. Er kann aber nur Zeugniss des Glaubens der Gemeinde sein, wenn er in seiner objectiven Form Ausdruck der Heilsverkündigung ist, mit welcher sich der Glaube zusammenschliessen soll, weil ihre Annahme eben das Wesen des Glaubens ausmacht, oder also, wenn der ganze Gottesdienst genuiner Ausdruck der evangelischen Gnadenverkündigung ist. Hier also besteht die objective oder materiale Wahrheit des Cultus nicht etwa in der strengen Angemessenheit an die auf göttliche Stiftung zurückgeführte Norm, sondern in der Uebereinstimmung aller seiner Acte mit dem Inhalte und Geist des Evangeliums, nicht in der formalliturgischen Correctheit, sondern in der evangelischen Reinheit und Wahrhaftigkeit des Inhalts: er darf — welcher Formen er sich auch bediene — nichts in sich aufnehmen, was der Wahrheit des Evangeliums nicht entspricht oder gar widerspricht, und stellt in den Vordergrund als constitutive Factoren diejenigen Acte, welche im engsten Sinne Ausdruck der Heilsverkündigung und Heilsversiegelung sind, Wort und Sacrament.

Diese beiden Grundforderungen, die der subjectiven Wahrheit, nach welcher der Cultus nicht sowohl durch eine ausdrückliche göttliche Stiftung, als vielmehr durch die Activität der gläubigen Subjecte constituirt wird, und die der objectiven Wahrheit, nach welcher der Cultus nichts anderes als genuiner Ausdruck und Träger der evangelischen Heilsverkündigung sein soll, sind allen evangelischen Kirchen gemeinsam.

Ein Unterschied aber entsteht durch die verschiedene Fassung des Princips der objectiven Wahrheit.

Die vom Geiste Luther's beherrschte Kirche erkennt die objective Wahrheit des Gottesdienstes ausschliesslich und wesentlich in der inhaltlichen Uebereinstimmung mit dem Evangelium: den geschichtlich gewordenen Formen steht die lutherische Kirche frei und unbefangen gegenüber: sie können an und für sich ganz wohl Träger und Ausdruck evangelischer Heilsverkündigung und damit Vehikel evangelischer Erbauung sein. Es kommt nicht darauf an, ob eine Erbauungsform, ein Erbauungsmittel, thatsächlich schon in der ersten Existenzform der christlichen Gemeinde, wie sie uns das neue Testament vor Augen stellt, nachgewiesen werden kann, sondern ganz allein darauf, ob sie der Verkündigung, Aneignung und Versiegelung der evangelischen Heilsgnade förderlich oder hinderlich ist, dieselbe beeinträchtigt und verdunkelt, oder verstärkt und hebt. Daher kann die lutherische Kirche sich ebenso mit reich und mannigfaltig gegliederten Gottesdienstordnungen befreunden, wie mit den allereinfachsten; sie braucht sich gegen die Theilnahme der Künste am Gottesdienste nicht zu verschliessen, sondern kann alle zu dem Dienst der evangelischen Heilsverkündigung heranziehen, ohne dem Princip der objectiven Wahrheit etwas zu vergeben, sofern nur das Evangelium der oberste und normirende Kanon bleibt, an welchem jede Cultusform und jedes Erbauungsmittel geprüft und durch welchen alles Nicht- und Wider-Evangelische ausgeschieden wird.

Für die reformirte Kirche fällt das Princip der objectiven Wahrheit mit dem der Biblicität zusammen. Daher fordert sie auch vom Cultus nicht bloss Uebereinstimmung mit der neutestamentlichen Heilsverkündigung, sondern auch directe Anknüpfung an die im neuen Testament gegebenen Erbauungsformen, nicht bloss materiale, sondern auch formale Biblicität. Wie auf allen Gebieten muss die reformirte Kirche auch auf dem unsrigen radicaler verfahren und alles ausschliessen, was sich nicht in der ersten Existenzform der Kirche, in der apostolischen Gemeinde, wenigstens als Ansatz nachweisen lässt. Während die lutherische Kirche den Gottesdienst grundsätzlich nur in evangelischem Geist und Sinn reformiren will, muss ihn die reformirte auf die erste Form zurückführen; während die lutherische Kirche mit dem Princip der objectiven Wahrheit vollen Ernst macht, muss die reformirte dasselbe durch ihr abstractes Schriftprincip beschränken, die objective Wahrheit an eine bestimmte Form, die des apostolischen Zeitalters, ein für alle mal binden.

Mit dem Pietismus begann das Princip der subjectiven Wahrheit in einseitiger Weise vorzuschlagen: wie die hl. Schrift selbst, so wird auch der Gottesdienst einseitig nur nach der erbaulichen Wirkung gewürdigt, die er auf den Einzelnen ausübt. Die Verflachung des Erbauungsbegriffs durch den Rationalismus führte vollends zur Indifferenz ebensowohl gegen den specifisch christlichen Inhalt, wie gegen die geschichtlich überlieferte Form des Cultus. Es folgt eine Periode der Auflösung und Verflachung, die selbst die katholische Kirche nicht verschonte, von dieser aber weniger empfunden wurde, weil ihre sacrosancte Liturgie als die statutarische Form des Cultus ein für alle Mal feststeht.

Die neuere Zeit hat in Folge des neu erwachten geschichtlichen Sinnes und der Werthschätzung des geschichtlichen Christenthums das Werk der Reconstruction begonnen. Dabei kann es sich nicht um die blosse Wiederherstellung des früheren Standes handeln, sondern um die Ergänzung des Werkes der Reformation in dem Sinne, dass dem Princip der subjectiven Wahrheit, das zwar keineswegs grundsätzlich, aber vielfach thatsächlich über dem Dringen nach objectiver Wahrheit und Evangelicität bei der Gestaltung des Cultus verkürzt worden war, nunmehr durch grössere Bethätigung der Gemeinde beim Gottesdienst und durch ausgedehntere Berücksichtigung der Elemente der Feier und der Anbetung, vollere Geltung verschafft werde.

Erster Abschnitt.

Der Gottesdienst der lutherischen Kirche.

Literatur.

a) Schriften über den Gottesdienst.

Dr. MARTIN LUTHER: Sermon: Das Hauptstück des ewigen neuen Testaments von dem hochwürdigen Sacrament beyder Gestalt. Ohne Verlagsort 1522. — Von ordenung gottisdienst ynn der gemeyne. Doctor Martinus Luther. Wittenberg 1523. — Das Taufbüchlein verteutscht, Wittenberg 1523 (1528). — Formula missae et communionis pro Ecclesia Vittenbergensi. Martini Luther. Vittenbergae 1523. — Dasselbe deutsch: Die Weyse der Mess und Genyessung des hochw. Sacraments für die christliche Gemayn. Verdeutscht. Wittenberg 1524. — Verdeutschte Schrift an das Capitel zu Wittenberg, wie man die Ceremonien der Kirchen bessern soll. Wittenberg 1524. — Von dem Grevel der Stilmesse, so man den Canon nennt. Wittenberg 1525. — Hauptstück des ewigen und neuen Testaments. Wittenberg 1525. — Sermon von dem Sacrament des Leibs und Bluts Christi wider die Schwarmgeister. Wittenberg 1526. — Deudsche Messe vnd ordnung gottisdients zu Witenberg fürgenommen. Martinus Luther. Wittenberg 1526. — Vom Abendmahl Christi Bekenntniss. Wittenberg 1528. — Von der Winkelmesse und Pfaffenweihe. Wittenberg 1533. — Ein Brief von seinem Buch der Winkelmesse etc. ib. 1534. — Ein Brief wider die Sabbather. Wittenberg 1538. — Unterricht der Visitatoren etc. Wittenberg 1538. — Kurz Bekenntniss vom hl. Sacrament. Wittenberg 1544. — Traubüchlein für die einfältigen Pfarrherrn. Wittenberg 1546. — MELANCHTHON: Unterricht der Visitatorn an die Pfarhern ym Kurfürstentum zu Sachssen. 1528. — Postilla Melanthonia (1594). Corp. Ref. XXIV p. 238, 263. —

Conciones explicantes Ev. Matthaei, 1558. Corp. Ref. XIV p. 916. — Loci, Ausgabe von 1559, De libertate christiana. Corp. Ref. XXI p. 1048 ff. — In den symbolischen Büchern: Confessio Augustana cap. XV. De ritibus ecclesiasticis. — Apologia, Quid sit sacrificium et quae sint sacrificii species (Müller S. 251). Conf. Aug. XXVIII. p. 50 ff. — Artt. Smalc. P. II. (p. 300). — Form. Conc. X. (bes. p. 703, 30, 31). — Chemnitz, Ex conc. Trid. Francof. ad M. 1607, P. II. p. 311, art. IX. p. 485 ff. und de canone p. 497 ff.

Bucer, Grund und Ursach aus göttlicher Schrift der Neuerungen an dem Nachtmahl des Herrn, so man die Mess nennt, zu Strassburg vorgenommen. 1524. — Wider Ufrichtung der Messen, anderer Sacramenten und Ceremonien und des Papstthums. Strassburg 1545. — De vera et falsa coenae Dominicae administratione libri II. Neuburg 1546. — Bugenhagen, Ain Sendtbrieff über ain Frag vom Sacrament. Item ain underricht von der Beycht und christlicher Absolution. 1525. — Ders. Contra novum errorem de sacramento corporis et sanguinis Domini nostri Jesu Christi epistola. Speier. (Ohne Jahreszahl.) – Ders. Publica de sacramento corporis et sanguinis Christi confessio. Wittenberg 1528. — Joh. Brenz, Pericopae evangeliorum, quae in singulis diebus dominicis publice in ecclesia recitari solent. Francof. a. M. 1556. — Von dem hochwürdigen Sacrament des hl. Abendmahls, drei Predigten. Frankfurt a. M. 1556. — Brentzii Confession, Lehr und Bekenntniss vom Streit über den Worten des hl. Nachtmahls Christi wider Zwinglium, Oekolampaden und Carlstaden; item Pauli Eberi Erklärung wegen des obbemeldeten Streites. (Ohne Verlagsort) 1576. — Des Herrn Brentzii Meinung von Mittaldingen. (Ohne Jahreszahl). — Joh. Fr. Schrader, Formular-Buch, Allerhand christlicher Wort, vnd Ceremonien . . . (3 Theile) Magdeburg 1621. — Gebete, Gesänge und Collecten auf alle Tage in der Woche, auf gnädigste Anordnung des Marggraven Joh. Georg von Brandenburg zusammengetragen. Leipzig 1630 (II. 1663). — Historie der Kirchen-Ceremonien in Sachsen, nach ihrer Beschaffenheit in möglichster Kürtze mit Anführung vieler Moralien und specialen Nachrichten. Verfasset von Christian Gerbern, Past. in Lockwitz. Dresden und Leipzig 1732. — Gass, Ueber den christlichen Cultus. Breslau 1815. — Die Kirchenordnung der evangelisch-luthorischen Kirche Deutschlands in ihrem ersten Jahrhundert. Berlin 1824. — J. L. Funk, Geist und Form des von Dr. Martin Luther angeordneten Kultus. Aus dessen Schriften dargestellt. Berlin 1818. — M. K. A. Böhmel, Antiphonien, oder Sammlung kurzer Kraft- und Denksprüche der hl. Schrift und biblische und anderweit kirchlich autorisirte Segenswünsche in system. Ordnung etc. Leipzig, Reclam 1825. — Die Liturgie eine National-Angelegenheit. Ein Aufruf an alle Protestanten Deutschlands. Dessau 1829. — Ehrenfeuchter, Theorie des Cultus. Hamburg und Gotha 1840. — F. W. Klöpper, Liturgik oder Theorie der stehenden Cultusformen in der evangelischen Kirche, nebst praktischen Beilagen. Leipzig 1841. — Th. Kliefoth, Theorie des Cultus der evangelischen Kirche. Schwerin 1844. — Ders. Liturgische Blätter für Mecklenburg. Rostock 1845—1846. — Ders. Die ursprüngliche Gottesdienst-Ordnung in den deutschen Kirchen lutherischen Bekenntnisses, ihre Destruction und Reformation. Rostock und Schwerin 1847 (s. o. Kliefoth, Liturg. Abhndlg. S. 1). — Schleiermacher, Praktische Theologie, ed. Frerichs. Berlin 1850. — Vetter, Die Lehre vom christlichen Cultus nach den Grundsätzen der evangelischen Kirche in wissenschaftlichem Zusammenhange dargestellt. Berlin 1850. — NITZSCH, Praktische Theologie, B. 2. Bonn 1851. — SCHOEBERLEIN, Ueber den liturgischen Ausbau des Gemeindegottesdienstes in der deutschen evangelischen Kirche. Gotha 1859. — Ders. Der evangelische Gottesdienst nach den Grundsätzen der Reformation. Heidelberg 1854. — JACOBY, Die Liturgik der Reformatoren. Gotha I. 1871, II. 1876. — Ders. Die Gestalt des evangelischen Hauptgottesdienstes. (Vortr.) Gotha 1879. — ALBERT FISCHER, Die sonn- und festtägliche Liturgie. Gotha 1881. — HÖFLING, Liturgisches Urkundenbuch. Leipzig 1854. — H. BALTH. WAGNITZ, Liturgisches Journal, 8 Bände. Halle 1800 ff. — Christliches Kunstblatt für Kirche, Schule und Haus. Stuttgart 1858—1886. (Grüneisen, Schnaase, Schnorr von Carolsfeld, Pfannschmidt, H. Merz). — Archiv für kirchliche Kunst. Herausgegeben von Th. PRÜFER. Berlin 1877 bis 1886.

b) **A g e n d e n**[1]) (officielle und private und liturgische Formulare etc.).

DANIEL, Codex liturgicus B. II. S. IX. Leipzig 1848. — Dr. AEMILIUS LUDWIG RICHTER, Die evangelischen Kirchenordnungen des 16. Jahrhunderts. Weimar 1846 (enthält sämmtliche Ordnungen von 1523 bis 1598). Die wichtigsten der hierher gehörenden sind: Renovatio ecclesiae Nördlingensis. 1522. — Landesordnung des Herzogthums Preussen 1525. — Kirchenordnung für die Stadt Hall und das Hallische Land 1526 (Brenz). — Artikel darinne etliche misbruke by den Parren des Förstendoms Lüneborg entdecket etc. 1527 — Ausschreiben des Herzogs von Lignitz 1527. — Braunschweigische Kirchenordnung 1528. (Bugenhagen, ed. Hänselmann, Wolfenbüttel 1885.) — Hamburger Kirchenordnung 1529. — Minden'sche Kirchenordnung 1530. — Riga'sche Ordnung des Kirchendienstes 1530. — Kirchenordnung der Stadt Lübeck 1531. — Kirchenordnung der Stadt Goslar 1531. — Hessische Kirchenordnung 1532. — Soester Kirchenordnung 1532. — Nassauische Kirchenordnung 1532. — Brandenburg-Nürnberger Kirchenordnung 1533. — Cleve'sche Kirchenordnung 1533. — Wittenberger Kirchenordnung 1533. — Strassburger Kirchenordnung 1534. — Bremen'sche Kirchenordnung 1534. — Pommern'sche Kirchenordnung 1535. — Würtenberger Kirchenordnung 1536. — Hannöver'sche Kirchenordnung 1536. — Nassauische Instruction für die einfältigen Pfarrherrn 1536. — Agenda von Frankfurt a. M. 1538 (?). — Nördlingen'sche Kirchenordnung 1538. — Lippische Kirchenordnung 1538. — Northeimer Kirchenordnung 1539. Ordnung der Kirchenzucht für das Fürstenthum Hessen 1539. — Kirchenordnung Heinrichs zu Sachsen 1539. — Cassel'sche Kirchenordnung 1539. — Brandenburg-Nürnberger Agende 1539. — Hamburger Kirchenordnung 1539. — Kirchenordnung im Kurfürstenthum der Marken zu Brandenburg 1540. — Kirchenordnung der Stadt Halle 1541. — Wittenberger Kirchenordnung 1542. — Schleswig-Holsteinische Kirchenordnung 1542. — Kirchenordnung für Calenberg und Göttingen 1542. — Pommern'sche Kirchenordnung 1542. — Kirchenordnung von Schwäbisch Hall 1543. — Schweinfurter Kirchenordnung 1543. — Osnabrückische Kirchenordnung 1543. — Pfalz-Neuburger Kirchenordnung 1543. Cölnische Reformation 1543. — Braunschweig-Wolfenbüttel'sche Kirchenordnung

---

[1]) Soweit dem Verf. möglich.

1543. — Kirchenordnung des Landes Hadeln 1544. — Mecklenburgische Kirchenordnung 1552 (1602, 1650). — Württembergische Kirchenordnung 1553. — Kirchenordnung Ottheinrichs, Pfalzgrafen bei Rhein 1554 (1557, 1570). — Waldeck'sche Kirchenordnung 1556. — Preussische Kirchenordnung 1558. — Erbacher Kirchenordnung 1560. — Wormser Kirchenordnung 1560. — Mömpelgart - Reichenweiler'sche Kirchenordnung 1560 (1571 ff.). — Pommer'sche Kirchenordnung 1563. — Kirchenordnung Herzog Heinrichs zu Sachsen 1564. — Braunschweig-Lüneburger Kirchenordnung 1564. — Kirchenordnung d. i. Form und weise, nach welcher die reyn christl. Lere, Sacramenten und allerlei nötige Ceremonien in etliche fürnemen der Augspurg. Confession verwandten Kirchen byssher verrichtet und im brauch gewesen und noch sind. Frankfurt a. M. 1565. — Würtenberger Kirchenordnung 1565. — Wittenberger Kirchenordnung 1565. — Hessische Kirchenordnung 1566. — Antorff'sche Kirchenordnung 1567 (Kirchenagend oder Form und Gestalt etc.). — Preussische Kirchenordnung 1568. — Braunschweig-Wolfenbüttel'sche Kirchenordnung 1569. — Mecklenburgische Kirchenordnung 1570. — Kirchenordnung des Fürstentums Churlandt und Semigallien in Liefflandt. Rostock 1570. — Zweibrücken'sche Kirchenordnung 1570. — Oesterreichische Kirchenordnung 1571 (Christliche Agende). Lippe'sche Kirchenordnung 1571. — Brandenburgische Kirchenordnung 1572. — Hoya'sche Kirchenordnung 1573. — Oldenburger Kirchenordnung 1573. — Hanau-Lichtenberg'sche Kirchenordnung 1573 (1659). — Agenda (Hessen) 1574. — Hohenlohische Kirchenordnung 1576. — Kursächsische Kirchenordnung 1580. — Hoya'sche Kirchenordnung 1581. — Solms-Braunfels'sche Kirchenordnung 1582. — Wormser Agendenbüchlein 1582. — Brandenburg - Nürnberger Kirchenordnung 1583. — Niedersächsische Kirchenordnung (Lauenburg) 1585. — Sayn'sche Kirchenordung 1590. — Kirchenordnung von Hochberg-Sausenberg-Röteln-Badenweyler. Tübingen 1598. — Lützelburger Kirchenordnung 1605. — Rotenburger Kirchenordnung 1611. — Braunschweig-Wolfenbüttel'sche Agende 1615. — Christliche Agende, so bey öffentlichem Gottesdienst der Gemeinden Augsburgischer Confession nützlich gebraucht werden kann. Tübingen 1617. — Coburgische Kirchenordnung 1626. — Magdeburg-Halberstädtische Agenda, auf Befehl Gustav Adolfs verfasset. 1632. — Braunschweig-Lüneburger Agende 1643. — Gotha'sche Kirchenagende 1647. — Mecklenburgische Kirchenordnung 1650. — Magdeburg'sche Agende 1653. — Braunschweig-Lüneburger Agende 1657. — Hessische Agenda 1657. — Kirchenordnung der Stadt Halle 1660. — Magdeburgische Agende 1663. — Limpurg'sche Kirchenordnung. Hall 1666. — Strassburger Kirchenordnung 1670. — Nördlingische Kirchenordnung 1676. — Schwedische Kirchenordnung 1687. — Burg-Friedberger Kirchenordnung 1704. — Fürstl. Oettingische Kirchenordnung 1707. — Stader Kirchenbuch 1710. — Hessische Agenda 1723. — Pommer'sche Kirchenordnung 1731. — Fürstl. Holstein-Plön'sche Kirchenordnung 1732. — Leiningen-Heidesheim'sche Kirchenordnung. Worms 1732. — Ulmer Kirchenordnung 1740. — Magdeburgische Agende 1740. — Reussische Agende 1766. — Fürstl. Braunschweig-Lüneburg'sche Kirchenordnung erster und zweiter Theil, d. i. erneuerte Kirchenordnung weil. Hertzog Anton Ulrichs zu Braunschweig. Braunschweig 1769. — Kurländische Agende 1786. — Oldenburgische Agende 1795. — Zollikofer, Anreden und Gebete beim gemeinschaftlichen und auch häuslichen Gottesdienst. Leipzig 1777. — Seiler, Versuch einer christlich-

evangelischen Liturgie. Erlangen 1782. — Dr. J. G. ADLER, Schleswig-Holsteinische Kirchen - Agende. Auf Allerhöchst. Königlichen Befehl verfasst.
Schleswig Rohss 1797. — KÖSTER, Allgemeine Altar-Liturgie. Mannheim 1799.
— Gottesverehrungen der Neufranken, oder Ritualbuch der Theophilanthropen
u. s. w. Aus dem Französischen. Nach der 2. Auflage 3 Hefte. Leipzig (Dyk.)
1798—99. — C. F. SINTENIS, Agende, oder Anleitung, wie die Prediger ihren
kirchlichen Amtshandlungen eine würdige Form geben mögen. (Ohne Jahreszahl.)
— Anhalt-Bernburger Agende von 1800. — E. H. MUTZENBECHER, Sammlung
von Gebeten und Formularen für gottesdienstliche Handlungen. Mit besonderer
Rücksicht auf das Herzogthum Oldenburg herausgegeben. 2. Ausgabe. Bremen
1801. — GUTBIER, Liturgisches Handbuch zum Gebrauch für Prediger bei kirchlichen Verrichtungen. Leipzig 1805. — H. W. FROSCH, Liturgie oder Versuch
einer möglichst vollständigen Sammlung von Gebeten und Anreden etc., 2 Theile.
Breslau 1805—1809. — F. H. LINDEMANN, Versuch einer neuen Liturgie vornehmlich in Rücksicht auf den Nachmittagsgottesdienst Lüneburg 1808.
— J. B. H. DRAESEKE, Beiträge zur Verbesserung der Liturgie, denkenden
Freunden des Christenthums zur Prüfung mitgetheilt. Lüneburg 1802. — Liturgie
für die ev.-luth. Kirche im Königreich Württemberg. Stuttgart 1809. —
Sächsische Agende 1812. — D. C. Chr. TITTMANN, Gebete zum Gebrauche bei
dem öffentlichen und häuslichen Gottesdienste. Neue Auflage. Leipzig 1815.
— Dr. K. GOTTL. SONNTAG, Formulare, Reden und Ansichten bei Amtshand-
lungen. Neue Auflage. 2 B. Riga 1818. — BUSCH, Agende für evangelische
Christen. Sondershausen 1821. — Kirchen-Agende für die Hof- und Domkirche
in Berlin. Berlin 1822. — Dr. IGN. AUR. FESSLER, Liturgisches Handbuch zum
beliebigen Gebrauche evangelischer Liturgen und Gemeinden. Riga 1823. —
FR. BERGMANN, Liturgie für die Amtsverrichtungen der Prediger bei Land-
gemeinden. 2. Auflage. Giessen 1823. — GOTTL. AUG. WIMMER, Liturgie für die
evangelische Kirche entworfen. Leipzig 1829. — Agende für die evangelische
Kirche in den Königlich Preussischen Landen. Mit besonderen Bestimmungen
und Zusätzen für die Provinz Brandenburg. Berlin 1829. — JOH. FERD. SCHLEZ
Evangelische Kirchen-Agende für Prediger etc. Mit einer Musikbeilage. Giessen
1834. — L. F. MÜNCH, Festtagsfeier in künstlerischer Verknüpfung homiletischen
Vortrags über die Fest-Evangelien mit Gesängen. Heft I. Giessen 1835. —
D. G. A. KEFERSTEIN, Hand-Agende oder liturgisches Hülfsbuch für evangelische
Geistliche. Jena 1835. — Agende für die evangelisch-protestantische Kirche
im Grossherzogthum Baden. Karlsruhe 1836. — Agende für evangelische
Kirchen. München, Verlag der literar-artist. Anstalt 1836. — Liturgie bei dem
öffentlichen Gottesdienste der evangelisch-christlichen Kirche in dem Herzog-
thum Nassau. Wiesbaden 1843. — Kirchenbuch für die evangelische Kirche in
Württemberg. Stuttgart 1843 (1850, 1858, 1868, 1877). — Agende für die ev.-
luth. Kirche Bayerns. 1854. — JUL. LEOP. PASIG, Sammlung evangelischer
Kirchengebete. Veranstaltet und herausgegeben Leipzig 1845. — FR. W. BODE-
MANN, Sammlung liturgischer Formulare aus älteren und neueren Agenden.
2 Theile: I. liturg. Handlungen, II. Collecten, Antiphonen, Gebete. Göttingen
1845—46. — K. G. BOCHE, Kasuistisch-liturgisch-praktisches Hand- und Hülfs-
buch für evangelische Pfarrer und Prediger etc. Halle 1846. — J. LEOP. PASIG,
Liturgien für den evangelisch-lutherischen Gottesdienst. Bevorwortet von Harless.
Leipzig 1851. — A. M. MÖLLER, Hülfsbuch für den liturgischen Theil des

evangelischen Gottesdienstes. Erste Abtheilung Liturgie für die Sonntagsfeier, insbesondere für die Trinitatiszeit. Bielefeld 1851. — HEINR. THIELE, Kirchenbuch zum evangelischen Gottesdienste, in Gebeten, Lehre und Liedern. Braunschweig 1852. — RUD. STIER, Privat-Agende, das ist allerlei Formular und Vorrath für das geistliche Amt. 2. Auflage. Berlin 1852. — PETRI, Agende der Hannoverschen Kirchenordnungen. Mit histor.-liturg. Erläuterung und ergänzenden Zugaben etc. Hannover 1852. — Entwurf einer Agende für evangelische Gemeinden lutherischen Bekenntnisses in der Provinz Brandenburg. Berlin 1853. — L. SCHÖBERLEIN, Der evang. Hauptgottesdienst in Formularen für das ganze Kirchenjahr. 1855, II. 1874. — GUST. SCHURRING, Agende für christliche Gemeinden ev.-luth. Bekenntnisses. Aus den luther. Agenden der K. preussischen Provinz Sachsen zusammengestellt. Halle 1857. — GUST. HOFMEYER, Die kirchlichen Introiten in kurzen Ansprachen und Betrachtungen etc. Die festliche Hälfte des Kirchenjahres. Berlin 1857. — JOH. HÜBNER, Liturgische Festandachten für das Kirchenjahr etc. Berlin 1857. — J. HENGSTENBERG, Vesper-Gottesdienste. 4. Abdruck. Berlin 1864. — Dr. L. SCHÖBERLEIN, Die heilige Passion in sieben liturgischen Andachten. Für den kirchlichen Gebrauch. Göttingen 1870. — Hand-Agende zu einer geregelten und der kirchlichen Ordnung entsprechenden Wahrnehmung der liturgischen Obliegenheiten des geistlichen Amtes etc. von einem ev. Geistlichen in Schlesien. Strehlen 1874. — P. A. PETRI, Missions-Agende. Eine Sammlung liturg. und homiletischen Materials zum Gebrauch beim Missions-Gottesdienste. Gütersloh 1875. — M. HEROLD, Passah. Andachten für die heil. Charwoche und das Auferstehungsfest, sowie für die Passions- und Osterzeit überhaupt. Auf Grund der J. Bugenhagen'schen Passions- und Osterharmonie. Nürnberg 1874. — HEROLD, Vesperale oder die Nachmittage unserer Feste und ihre gottesdienstliche Bereicherung. Nördlingen. 1. A. 1875, 2. A. 1885. — G. CHR. DIEFFENBACH, Evangelische Hausagende. 1. Theil in 1 Band und 2. Theil in 1 Band. Wiesbaden 1878. — W. LÖHE, Agende für christliche Gemeinden des luth. Bekenntnisses. III. Auflage besorgt von J. Deinzer, 2 Theile in 1 Band. Nördlingen 1884. — Kirchenbuch für die evangelisch-protestantische Kirche im Grossherzogthum Baden. Karlsruhe 1877. — Sächsische Agende. 1876 (herausgegeben von dem Consist. nach Beschluss der Synode). Eingeführt seit 1880. — Ordnung eines sonn- und festtäglichen Hauptgottesdiensts von M. B. Gotha 1880. — Cantionale für die evangelisch-lutherischen Kirchen im Grossherzogthum Mecklenburg-Schwerin. Schwerin 1868 (1880). — C. HAUPT, Dr. A. REBATTU, G. RUDLOFF, Materialien für liturgische Gottesdienste. Gotha 1884.

c) Musikalische Ausstattung der Liturgie; kirchliche Kunst (vgl. S. 2).

HENRICUS FABER, Ad musicam practicam introductio. 1550. — L. LOSSIUS, Psalmodia. 1553, 1579. — SPANGENBERG, Cantiones ecclesiasticae. 1545. — PRAETORIUS, Syntagma musicum. I. 1615. — BONA, De divina psalmodia. — A. F. RAMBACH, Ueber Luthers Verdienste um den Kirchengesang. Hamburg 1813. — J. F. NAUE, Altargesänge. Halle 1818. — Dr. CHR. H. RINCK und G. RINCK, Musikalisch-liturgische Blätter. Darmstadt 1841. — G. VON TUCHER, Schatz des evangelischen Kirchengesangs, der Melodie und Harmonie nach aus den Quellen des sechszehnten und siebzehnten Jahrhunderts geschöpft und zum heutigen Gebrauch eingerichtet. Stuttgart 1840 (Melodienbuch) Leipzig 1848. — Ders. Ueber den Gemeindegesang der ev. Kirche. Leipzig 1867. — G. von WINTERFELD, Der evangelische Kirchengesang. Leipzig 1843—1847. — ANTHES, Die Tonkunst im evangelischen Cultus. Wiesbaden 1846. — G. WIENER, Abhandlung über den rhythmischen Choralgesang in der evangelischen Kirche. Nördlingen 1847. — TIGLICHSBECK, Die musikalischen Schätze aus dem 16. und 17. Jahrhundert der St. Katharinenkirche zu Brandenburg. Brandenburg 1857. — SCHAUER, Geschichte biblisch-kirchlicher Tonkunst. Jena 1850. — C. von WINTERFELD, Zur Geschichte heiliger Tonkunst. Leipzig 1850—1852. — A. M. van OORDT, Proeve eener geschiedenis van het protestantische Kerkgezang. Deventer 1863. — SCHÖBERLEIN und RIEGEL, Schatz des liturgischen Chor- und Gemeindegesangs nebst den Altarweisen in der deutschen evangelischen Kirche, aus den Quellen vornehmlich des 16. und 17. Jahrhunderts geschöpft, mit den nöthigen geschichtlichen und praktischen Erläuterungen versehen . . . Göttingen 1865—72 (3 Bände). — O. UNGEWITTER, Kurzgefasste Geschichte des evangelischen Kirchengesangs, vorzugsweise des Chorals seit der Reformation. Königsberg 1865. - H M. SCHLETTERER, Uebersichtliche Darstellung der Geschichte der geistl. Dichtung und kirchl. Musik. Nördlingen 1866. — E. E. KOCH, Geschichte des Kirchenlieds und Kirchengesangs. 3. A. Stuttgart 1866—70. — FR. RIEGEL, Praxis Organoedi in Ecclesia. Kirchliches Orgelspiel. Dor. 1869, Phryg. 1870. — Jos. MÜLLER, Die musikalischen Schätze der Königlichen und Universitätsbibliothek zu Königsberg. Bonn 1870. — FREYTAG, Lutherus musico-liturgus. Hannover 1871. — JUSTUS W. LYRA, Die liturgischen Altarweisen des lutherischen Hauptgottesdienstes nach ihrer Reinheit und Einheit in musikalischer Beziehung untersucht und festgestellt. Mit besonderer Rücksicht auf den Schatz des liturgischen Chor- und Gemeindegesangs von Fr. Riegel und D. Ludwig Schöberlein. Nebst Anhängen und einer Noten-Beilage: Musikalischer Grundriss der Liturgie für den lutherischen Hauptgottesdienst nach dem System der zweiten Kirchentonart, Göttingen 1873. — PH. SPITTA, J. S. Bach. Leipzig, I. 1873, II. 1880 (daselbst weitere Quellen über Bach). — ANDREAS ORNITHOPARCHUS aus Meiningen, der Zeitgenosse Luthers und dessen Lehre von den Kirchenaccenten. Nach der dem Magistrate der Stadt Lüneburg gewidmeten Schrift desselben: Musicae activae Micrologus. Lipsiae 1517 dargestellt und mit Bemerkungen über die Anwendung der Lehre auf den liturgischen Gesang der Kirche begleitet, von J. W. LYRA. Gütersloh 1877. — Abt Dr. L. SCHÖBERLEIN, Die Musik im Cultus der evangelischen Kirche. Heidelberg 1881. — K. von LILIENCRON, Der Chorgesang in der evangel. Kirche (in den deutschen Zeit- und Streitfragen). Berlin 1881. — H. A. KÖSTLIN, Luther als der Vater des evangelischen Kirchengesangs (nro. 34 der Sammlung musikalischer Vorträge). Leipzig 1882. — KARL LECHLER, Das Gotteshaus im Lichte der deutschen Reformation. Heilbronn 1883. — SPITTA, Heinrich Schütz. Hildburghausen 1886. — Ders. Bach und Händel, 1885. — Ders. Die Passionen nach den vier Evangelien. Leipzig 1886. — „Siona", Monatsschrift für Liturgie und Kirchenmusik zur Hebung des gottesdienstlichen Lebens. In Verbindung mit L. Schöberlein und unter zahlreicher Mitwirkung von Gelehrten und Geistlichen, Cantoren und Lehrern, herausg. von M. HEROLD und E. KRÜGER. Gütersloh, Bertelsmann. — „Halleluja", Organ für ernste Hausmusik. Quedlinburg 1880—82. — „Halleluja", Organ für die geist-

liche Musik in Kirche, Haus, Verein und Schule, von BECKER-ZIMMER. Hildburghausen 1882—84. — Denkschrift vom deutsch-evangelischen Kirchengesang-Vereinstag zu Stuttgart. Stuttgart 1882. — Denkschrift vom deutsch-
evangelischen Kirchengesang-Vereinstag zu Frankfurt. Stuttgart 1883. — Denkschrift vom deutsch-evangelischen Kirchengesang-Vereinstag zu Halle. Stuttgart 1884. — Denkschrift vom deutsch-evangelischen Kirchengesang-Vereinstag
zu Nürnberg. Hildburghausen 1885. — Denkschrift vom deutsch-evangelischen
Kirchengesang-Vereinstag zu Bonn a. Rh. Hildburghausen 1886. — S. KÜMMERLE,
Encyklopädie der evangelischen Kirchenmusik. Gütersloh 1883 ff.

1. Quellen.

Die wichtigste Quelle für die Kenntniss der gottesdienstlichen
Verhältnisse der evangelisch-lutherischen Kirche bilden die Kirchenordnungen, Agenden und Cantionalien der verschiedenen Territorial-
kirchen des lutherischen Bekenntnisses. Die grosse Mannigfaltigkeit
derselben steht in bezeichnendem Gegensatz zu der Einheit des ordo
romanus; die Thatsache, dass unbeschadet der Einheit im Princip
die grösste Mannigfaltigkeit in der Gestaltung und Gliederung der
gottesdienstlichen Form stattfindet, zeigt, dass letztere auf evangelischem Boden von secundärer Bedeutung ist und das Hauptgewicht
auf das Princip gelegt wird. Daraus ergibt sich für die Benützung
der Gottesdienstordnungen und Agenden, dass dieselben zwar ein
Gesammtbild von der thatsächlichen Entwickelung des Gottesdienstes
innerhalb der evangelisch-lutherischen Kirche ergeben — dieses Gesammtbild aber keineswegs als die volle Realisirung des gottesdienstlichen Ideals der evangelisch-lutherischen Kirche in Anspruch
genommen werden darf, sondern nur als die erste geschichtliche
Auswirkung des evangelischen Princips auf dem Gebiete der liturgischen Gestaltung; dass also aus diesem Gesammtbild die Grundzüge
und Wesensmomente eines Gottesdienstes nach der Idee der reformatorischen Kirche erst herauszuheben und von dem, was durch
die geschichtlichen und localen Verhältnisse bedingt, also von trans-
itorischer Bedeutung ist, zu scheiden sind nach den Principien,
welche sich für den Gottesdienst aus der Gesammtanschauung der
evangelischen Kirche ergeben.

Während daher in der römischen Kirche die Literatur über
die Liturgie wesentlich die Auslegung derselben, das Verständniss
der statutarischen Form sich zur Aufgabe macht, trägt die Literatur
über den Cultus innerhalb der evangelisch-lutherischen Kirche grossen-
theils den Charakter principieller und kritischer Auseinandersetzung,
die zeitweise zum Versuche der Umgestaltung und Neugestaltung des
geschichtlich Gewordenen führt.

Um das richtige Mass für die Beurtheilung der Kritik zu finden, welche die liturgische Auseinandersetzung an den geschichtlich gewordenen Formen des evangelisch-lutherischen Gottesdienstes geübt hat, genügt es durchaus nicht, etwa aus der Gesammtheit der lutherischen Gottesdienstordnungen, Agenden und Cantionale den gemeinsamen Grundstock herauszuschälen und als den wahrhaften lutherischen Gottesdienst zu proclamiren; auch in diesem gemeinsamen Grundstock wäre wiederum neben dem vom evangelischen Princip unmittelbar Geforderten geschichtlich Bedingtes enthalten, das auszuscheiden wäre, und umgekehrt manches ausgeschlossen, was zwar nicht — und zwar aus geschichtlich zufälligen Gründen — allen lutherischen Kirchen gemeinsam ist und doch durch die Idee des lutherischen Cultus gegeben erscheint. Die erste Bedingung für die Kenntniss und für das Verständniss der gottesdienstlichen Verhältnisse der evangelisch-lutherischen Kirche ist daher die Verständigung über das Princip des lutherischen Gottesdiensts, wie sich dasselbe aus dem Wesen der reformatorischen Kirche ergibt.

Es erhellt, dass auf evangelischem Boden das Studium der geschichtlich gewordenen Formen ganz wesentlich zu ergänzen ist durch die Auseinandersetzung über das Princip, dass eine wirkliche Geschichte des lutherischen Gottesdienstes sich nicht bloss auf die officiellen Kirchenordnungen, Agenden und Cantionale, sondern ebenso auf die Entwickelung der liturgischen Wissenschaft, Lehrbücher, Privat-Agenden etc. stützen muss (die einzelnen Quellen, s. Literatur).

2. Das Princip des lutherischen Gottesdienstes.

Hören wir darüber zuerst die Reformatoren selbst.

Die persönliche Heilserfahrung Luther's, welche den Angelpunkt seines religiösen Bewusstseins bildete und dieses bestimmte, ruhte auf der Thatsache, dass die Voraussetzung, als wäre der Cultus der Kirche an und für sich Träger und Vermittler des Heilsgutes der Sündenvergebung, bei ihm selbst ganz und gar nicht zutraf, dass vielmehr die Kraft der kirchlichen Gnadenträger gerade an dem Punkt versagte, an welchem sie sich doch erproben müsste, wenn die Voraussetzung richtig wäre: Luther fand das Heilsgut, nachdem er vergeblich in der operativen Latrie der Kirche sich abgemüht hatte, nur in der Gnadenversicherung des Evangeliums und nur durch den dieselbe ergreifenden Glauben. Daher richtet sich seine Polemik vor allem gegen die katholische Ueberschätzung des gottesdienstlichen Thuns als solchen und der gottesdienstlichen Form, gegen die Vorstellung, als ob diese selbst eine unmittelbar von Gott gesetzte, das Heil bedingende Institution sei. „Dass sie sprechen, alles, was die Kirche ordnet und setzet, ist von Gott geordnet und gesetzet, welches Geist die Kirche hat, darum können die Messpfaffen nicht vom Teufel sein, ist umsonst, ohne Grund gesagt,“ sagt er in der Schrift „Vom Missbrauch der Messe“.

Nicht auf die äussere Cultushandlung als solche kommt es an, sondern auf die Stellung des Herzens zu Gott, auf die Anbetung Gottes im Geist und in der Wahrheit: diese allein ist der wahre, Gott wohlgefällige und heilbringende Gottesdienst. Ihr gegenüber haben alle äusseren gottesdienstlichen Veranstaltungen nur die Bedeutung eines Mittels zum Zweck. Dieser wahre, rein geistige, ethische Gottesdienst ist das Ideal; der kirchliche Cultus (d. h. die Gesammtheit der von der Gemeinde getroffenen Veranstaltungen zur Erbauung) fällt unter den Gesichtspunkt der Pädagogie: er hat den Zweck, die Einzelnen zur geistlichen Mündigkeit und Reife zu erziehen, die Gemeinde zu jenem idealen Cultus heraufzubilden. „Wahre Christen bedürfen keines Gottesdienstes“ (d. h. keiner äusseren, liturgischen Veranstaltungen), „sie haben ihren Gottesdienst im Geist“. In dem Masse, als die Gemeinde zur vollen Reife heranwächst, muss sich der Cultus vergeistigen und selbst überflüssig machen. Auf Erden ist an die Erreichung dieses Zieles nicht zu denken. Allerdings bedarf der Christ „der Taufe, des Worts und Sacramentes nicht als ein Christ, wohl aber als ein Sünder“ (so in der deutschen Messe 1528 [1]). Da auch die relativ vollkommensten Christen immer noch Sünder sind, so ist auch immer Gottesdienst nothwendig.

Wenn Luther zweierlei Gottesdienst unterscheidet, so ist wohl zu beachten, dass dasselbe Wort jedesmal etwas anderes bezeichnet: das eine Mal die gottesdienstlichen Veranstaltungen und Formen, die objectiv-kirchliche Handlung, deren correcter Vollzug von katholischer Seite als das Wesen der Sache betrachtet wurde; das andere Mal die ethisch-religiöse Herzensstellung zu Gott, die Glaubensbethätigung dem Herrn gegenüber, welche erst die Möglichkeit, das Heil zu empfangen, begründet, also erst dem Gottesdienst Werth für den Einzelnen gibt, denselben in Gottes Augen wohlgefällig macht, den Zweck des Gottesdienstes und seinen eigentlichen Kern bildet.

Die Herausstellung der wahren Cultusgemeinde, deren Gottesdienst wirklich Bethätigung des Glaubens und Ausdruck der inneren Stellung zu Gott wäre, also die Verwirklichung des Cultusideals

---

[1]) Luthers Werke ed. WALCH Bd. X. 228 ff.

innerhalb des weiteren Kreises der regimentlich verfassten Kirche, erschien Luther anfangs wünschenswerth und denkbar. „Ein solcher Gottesdienst" — sagt er in der deutschen Messe — „müsste nicht so öffentlich auf Einem Platze geschehen unter allerlei Volk, sondern diejenigen, so mit Ernst Christen wollten sein und das Evangelium mit Mund und Hand wollten bekennen, müssten mit Namen sich einzeichnen und etwa in einem Hause allein sich versammeln." „Da bedürfte es nicht viel Gesängs und Cerimonien, nur Wort und Sacrament und Gebet. Hie könnte man auch ein gemein Almosen den Christen auflegen, das man williglich gäbe und austheilete unter die Armen nach dem Exempel Pauli (2 Cor. 9, 1. 2. 12)". „In dieser Ordnung könnte man die, so sich nicht christlich hielten, kennen, strafen, bessern, ausstossen oder in den Bann thun nach der Regel Christi, (Matth. 18, 15 f.)[1]. — Ebenso in der Postille[2]: „also könnte man es anrichten und dahin bringen, dass man die, so da recht glaubten, könnte auf einen Ort sondern und vor anderen erkennen." Den Versuch, diesen Gedanken zu realisiren und innerhalb der Kirche eine engere Gemeinschaft der Gereiften herzustellen, welche den Kern und die Substanz der Kirche bilden, hat Luther nicht gemacht. „Ich wollte es wohl längst gerne gethan haben, aber es hat sich nicht wollen leiden, denn es noch nicht genug gepredigt und getrieben ist worden." (a. a. S. 841). „Ich habe noch nicht Leute und Personen dazu; so sehe ich auch nicht viel, die dazu dringen." (X. 271.)

Es war gewiss gut so; abgesehen von der Schwierigkeit, einen Kanon für die Auswahl zu bestimmen, die Merkmale aufzustellen, an welchen mit annähernder Sicherheit erkannt werden könnte, wer zu dieser engeren Gemeinschaft gehöre und derselben werth sei, da denn doch der subjective Entschluss, mit Ernst ein Christ zu sein und das Evangelium mit Mund und Hand zu bekennen, hiezu nicht ausreicht, wie auch Luther diesem subjectiven Entschluss eine objective Norm durch die „Zucht" geben wollte; abgesehen ferner von der Gefahr, die relative Vollkommenheit und Reife wieder mit der absoluten zu verwechseln und der Kirche die Idealität zu rauben, welche ihr die absolute Ueberweltlichkeit und Jenseitigkeit ihres Ziel's verleiht, würde der Versuch, die Substanz der Kirche gesellschaftsförmig zu organisiren und die Kirche nach ihrem eigent-

---

[1] Luthers Werke ed. WALCH X 271 ff.
[2] „Eine schöne Predigt von Empfahung d. hl. Sacraments" Luth. ed. WALCH XI, 841.

lichen Bestande als eine in's Auge fallende und äusserlich abgrenzbare Cultusgemeinschaft darzustellen, doch wieder dahin geführt haben, aus der Gemeinde der Gläubigen nach menschlichen Gesichtspunkten und Normen eine Gemeinschaft von Christen erster Klasse herauszuheben und damit der Vorstellung eines der Gemeinde gegenüber und über ihr stehenden geistlichen Priesterthums bahnzubrechen. Es ist etwas ganz anderes, etwa die gereiften und von lebendiger Energie des Glauben's getriebenen Gemeindegenossen zu bestimmten Zwecken gemeinschaftlich zu sammeln, um innerhalb der Kirche deren Arbeit zu fördern, zu vertiefen, je nach Umständen zu ergänzen, als aus den betreffenden eine Gemeinde in der Gemeinde zu bilden dadurch, dass man sie, wenn auch in der einfachsten Form, cultisch organisirte. Denn dadurch wird das Leben und der Cult dieser Christen im engeren Sinn unwillkürlich als Christenthum höherer, esoterischer Art gekennzeichnet, die Gemeinde der in dieser Weise charakterisirten Gläubigen von der grossen Gemeinde sichtbar abgehoben. Der evangelischen Kirche wäre ihr Beruf, Volks- und Missionskirche zu sein, als Organ, Pflanz- und Erziehungsstätte des Himmelreichs, nicht einer wenn auch noch so hoch stehenden, doch immer mit menschlicher Sünde und Unvollkommenheit behafteten Christenthumsgesellschaft oder Gemeinde von Gläubigen höherer Stufe, wenn nicht verloren gegangen, so doch sehr erschwert worden.

. Aus der Beschreibung des Gottesdienstes, wie ihn die Gereiften halten würden, ergibt sich, was in dem (exoterischen) Gottesdienst aller Getauften das Wesentliche und Constitutive ist, nämlich

1. objectiv die Handhabung und Verwaltung der Gnadenmittel des Wortes und der Sacramente, weil diese allein die instrumenta der Gnade oder des die Gnade uns zueignenden heiligen Geistes sind (während die katholische Kirche die ganze Liturgie gleichsam zum Sacrament stempelt); denn der hl. Geist „niemand solchen Glauben oder seine Gabe gibt ohne vorhergehende Predigt oder mündlich Wort vom Evangelio Christi, sondern durch und mit solchem mündlichen Wort wirket und schaffet er den Glauben wie und in welchem er will;“

2. subjectiv die Aneignung von Seiten der Gemeinde durch Glaube und Gebet, weil erst dadurch Anbetung im Geist und in der Wahrheit entsteht.

Der Gottesdienst besteht wesentlich darin, „dass unser lieber Herr selbst mit uns rede durch sein heiliges Wort, und wir wieder-

um mit ihm reden durch Gebet und Lobgesang" (Einweihungspredigt
auf das Evangelium vom 17. Sonntag nach Trinit. WALCH XII.
S. 2487),

darin, „dass wir auf Zeit und Ort, da wir dess eins sind, zusammen kommen, Gottes Wort handeln und hören und Gott unsere
und andere gemeine und sondere Noth vortragen und also ein stark
und kräftig Gebet gen Himmel schicken, auch miteinander Gottes
Wohlthat mit Danksagung rühmen und preisen, welches wir
wissen, dass es der rechte Gottesdienst ist, so ihm herzlich wohl
gefället, und selbst dabei ist" (Einweihungspredigt über das Ev. am
17. Sonntag nach Trinitatis [Luc. 14, 1 ff.] WALCH XII, S. 2494).

„Die fürnemste Ursach aber, darum wir (solche) Feiertage
halten, ist diese, dass das Predigtamt in seinem Schwang bleibe und
das Volk seine gewisse bestimmte Zeit habe, da es zusammen kommen, Gottes Wort hören und daraus erkennen möge. Item,
dass wir der Sacramente brauchen, insgemein für alle Noth
der gesammten Christenheit beten und unserem lieben Herrn Gott
danken mögen für alle seine Wohlthaten, leiblich und geistig" (Erkl.
der Ep. an die Galater, 188. WALCH VIII, S. 2471).

„Denn, wo das Volk nicht zuerst von Gott unterrichtet ist, da
ist es unmöglich, zu beten; ja, es wird keiner für sich selbst recht
beten können, wo er ihm nicht zuvor entweder selbst den Glauben,
oder etwa einen anderen Spruch in der Schrift von Gottes Gütigkeit
als der nicht allein zu beten befohlen, sondern auch zugesaget habe,
dass er erhören will, vorprediget; und durch eine solche Predigt,
die ihm einer selbst thut, wird das Herz beweget und erwecket zum
Gebet. Solches geschieht aber alles öffentlich in unseren Kirchen,
darinnen wir nicht haben stumme Gottesdienste, sondern es schallet
darinnen für und für die Stimme des hl. Evangelii, damit die Leute
von Gottes Willen unterrichtet werden. Zu solchen Predigten kommt
das Gebet oder die Danksagung. So will Paulus in der ersten an
die Corinthier c. 14, v. 3, dass man die Gemeinde erst lehren und
sie vermahnen soll, darnach kann man recht Gott danken oder
anrufen. Und verheisset Zacharias c. 12, 10, dass Gott ausschütten
wolle den Geist der Gnaden und des Gebetes. Nun ist der Geist
der Gnaden, der uns lehret, wie Gottes Wille gegen uns stehe,
Gottes Gnade und Barmherzigkeit preiset und zum Glauben erwecket. Diesem folget der Geist des Gebets; denn die da wissen,
dass ihnen Gott versöhnet und günstig sei, rufen ihn an in Nöthen,
mit gewisser Hoffnung, er werde sie erretten und erhalten; dass also

die Predigt und das Gebet allezeit bei einander seyen (Erkl. der Gen. 13, v. 4; WALCH I, 1263), Warum aber öffentlich und gemeinsam? „Und ist hier der Vortheil dabei, wenn die Christen also zusammenkommen, dass das Gebet noch einst (eins) so stark gehet als sonsten. Man kann und soll wohl überall, an allen Orten und Stunden beten; aber das Gebet ist nirgend so kräftig und stark, als wenn der ganze Haufe einträchtiglich miteinander betet" (Einweihungspredigt s. WALCH XII, S. 2492).

Auch bei Melanchthon ist der Gottesdienst der empirischen Kirche keineswegs das, was der Cultus seiner Idee nach sein soll und in der Ewigkeit sein wird. Erst „in vita aeterna decenter conveniemus ad videndum et audiendum Deum et Dominum nostrum Jesum Christum" [1]). Darin aber besteht auch das Wesen des irdischen Gottesdienstes, dass er sein soll ein convenire ad videndum et audiendum Deum Dominum nostrum — hier freilich in vermittelter Weise durch Wort, Sacrament, Gebet.

So unvollkommen die „congressus publici", die „coetus publici" d. i. die menschlich-irdischen Zusammenkünfte zum Gottesdienste auch sein mögen, sie sind doch imago vitae aeternae, Abbild und Vorausnahme des Cultus der Vollendeten und sind nöthig [2]) als Lebensäusserung und Daseinsbethätigung der Kirche („Quare instituit Deus congressus publicos? Quia vult eminere et conspici ecclesiam omnibus temporibus"), als die nothwendige Voraussetzung für die Verkündigung des Evangeliums („Et vult Deus sonare evangelium in publico coetu et honestis congressibus" [3])), als Zeugniss und Bekenntniss des Glaubens der Gemeinde („Vult etiam illos ipsos congressus publicos testes esse tuae confessionis, vult et conspici sejunctionem verae ecclesiae retinentis evangelium ab aliarum sectarum conventiculis" [ibid.]).

Die Form der Gemeinschaft (dass die Erbauung eine gemeinsame, nicht bloss ein videre und audire Gottes, sondern ein convenire ad audiendum Deum ist), entspricht dem Gemeinschaftstrieb des Menschen, den auch der Christ nicht verläugnet („Homo non monstrosus natura delectatur honestis congregationibus, quia natura condita est ad congregationem") [4]).

Die gottesdienstlichen Veranstaltungen und Zusammenkünfte sind also zwar nicht Selbstzweck, wohl aber in der Natur des Men-

---

[1]) Conciones explicantes Ev. Matth. 1558. Corp. Ref. XIV. p. 916.
[2]) Postilla Melanthonia. Corp. Ref. XXIV. p. 238 ff.
[3]) Loci. Ed. 1559. De libertate christiana. Corp. Ref. XXI S. 1048 ff.
[4]) Postilla. Corp. Ref. XXIV S. 264.

schen begründete, an deren Bedürfniss anknüpfende, darum auch von Gott geordnete, desshalb mit besonderen Verheissungen aus-gestattete [1]) Mittel und Formen der Heilserziehung, sie fallen unter den Gesichtspunkt der Heilspädagogie. Desshalb wären der Idee nach solche, welche wirklich schon sancti sind, der Theilnahme am irdischen Cultus überhoben, denn sie bedürfen desselben nicht mehr als eines Erziehungsmittels, da sie die rechte Stellung zu Gott schon einnehmen. Da es aber in Wirklichkeit keine sancti auf Erden gibt, sondern auch die relativ Besten der Stärkung und Befestigung bedürfen, da überdies auch für die sancti, selbst wenn sie für ihre Person der Stärkung nicht bedürften, der Besuch des öffentlichen Gottesdienstes Pflicht sein würde wegen des guten Beispiels und unter den oben angeführten Gesichtspunkten, nach welchen die con-gressus publici Zeugniss vom Dasein und der Lebendigkeit der Kirche, Bekenntnissthat sind, so sind die congressus publici eine für alle Christen nothwendige und verbindliche Einrichtung [2]), so wenig sie sich mit dem decken, was der Gottesdienst seiner Idee nach sein soll. Damit die congressus publici den Gottesdienst er-halten und erzeugen, müssen sie wesentlich sein: convenire ad audien-dum verbum Dei et ad communem invocationem et gratiarum actio-nem. Oder der constituirende Factor des Gottesdienstes ist objectiv das Wort Gottes (und die Sacramente) und subjectiv der in Bitte und Dank sich äussernde Glaube: nur wo dieses beides zusammen-trifft, können die congressus publici als wirkliche Gottesdienste, als Cultusacte im vollen Sinne betrachtet werden.

Die Auseinanderhaltung von Gottesdienst im vollen und wah-ren Sinne, wie ihn nur die gereiften, streng genommen nur die vollendeten Christen halten können, und gottesdienstlicher Veran-staltung, wie sie von der Gesammtheit der regimentlich verfassten Christengemeinde getroffen wird, um die Einzelnen zu jenem wahren Cultus zu erziehen, entspricht genau der die Gedanken der Refor-

---

[1]) „Saepe etiam cogitemus singularem promissionem datam esse a deo congressibus publicis: si duo aut tres erunt congregati in nomine meo, ero in medio eorum. — Quod non sic intelligendum est, quasi domestica et privata lectio, meditatio, invocatio nil valeat. Sed quia in publicis precibus multi simul orant, et quasi manu facta, ut Tertullianus inquit, Deum ambiunt. Haec vis Deo grata est". (Postilla. Corp. Ref. XXIV S. 264.)

[2]) „Sancti sunt liberi a ceremoniis, seu paedagogiae illi non sunt necessario (d. h. um ihres Heils willen) subjecti, scilicet quod ad ipsos attinet, non quod ad exemplum, quo excitandi sunt alii". — — „Semper autem in coetu populi multi sunt, qui non sunt renati, quos oportet per illam paedagogiam adduci ad cognitionem doctrinae et ad conversionem. Deinde etiam illi, qui sunt renati, indigent confirmatione. (Postille Corp. Ref. XXIV S. 264.)

matoren beherrschenden Unterscheiduug der ecclesia proprie dicta
von der ecclesia late dicta. Der Gottesdienst im wahren und vollen
Sinne des Wortes, wic er seiner Idee nach sein soll, wäre der Cultus der ecclesia proprie dicta: ihn zu erzeugen, ist der Zweck und
das Ziel aller gottesdienstlichen Veranstaltungen (congressus publici,
caeremoniae ect.) der ecclesia late dicta, der empirischen Kirche. Wie
nun die ecclesia proprie dicta in der ecclesia late dicta enthalten,
von der letzteren umschlossen ist, so ist auch der wahre Gottesdienst in dem Cultus der empirischen Gemeinde enthalten, sofern
und soweit Gottes Wort verkündigt, die Sacramente verwaltet und
beides von gläubigen Subjecten aufgenommen wird: so wenig die
ecclesia late dicta den reinen Gegensatz zur ecclesia proprie dicta
bildet, etwa als das blosse Object für die Wirksamkeit jener, so
wenig bildet der Cultus der empirischen Gemeinde den reinen Gegensatz zum wahren Gottesdienst der Gläubigen, so dass er ganz und
ausschliesslich unter den Gesichtspunkt der Pädagogie zu stellen
wäre, sondern er ist ebenso Organ und Mittel, wie relative Verwirklichung des wahren Gottesdienstes, in dem Masse, als er nicht
bloss die objectiven Factoren des wahren Gottesdienstes (verbum,
sacramenta) in Thätigkeit setzt, sondern auch in den gläubigen Gemeindegliedern zur Glaubensbethätigung in Anbetung und Liebes-
opfer wird. Nur der Umstand, dass man mit der Zeit dahin ge-
langte [1]), der ecclesia theologorum gegenüber in der Gemeinde nur
den Haufen der Zuhörer, der zur reinen Lehre zu Erziehenden, zu
Unterrichtenden zu erblicken, hat dahin geführt, auch im Gottesdienst nur ein Mittel der Belehrung zu sehen, das Gotteshaus erst
zum theologischen, dann zum erbaulichen, endlich zum moralisch-
philosophischen Hörsaal zu degradiren, und alle diejenigen Elemente
des Cultus, in welchen die ecclesia proprie dicta innerhalb des
„Haufens" ihr Dasein äussert, zum Worte und zur Erscheinung
kommt, die der Anbetung (invocatio, gratiarum actio), durch welche
der Gottesdienst erst zum Vollgottesdienst wird (während er ohne
dieselben höchstens Katechumenen-Unterricht bleibt), theils ganz zu
verdrängen, theils zu Lehrmitteln umzuprägen.

Das Subject des Gottesdienstes, sofern darunter der Gottesdienst im wahren und vollen Sinne des Wortes verstanden wird,
die Anbetung Gottes im Geiste und in der Wahrheit, die auf Grund
der in Wort und Sacrament erfolgenden Gnadenerbietung im

---

[1]) Ueber die Gründe vgl. des Verf. Der Begriff des geistlichen Amts. Lud-
wigsburg (Neubert-Aigner) 1885 S. 24 ff.

gläubigen Gebet sich vollziehende dankbare Hingebung des Herzens und Lebens an den Herrn — das Subject dieses Gottesdienstes sind die Gläubigen, die zur Reife und Mündigkeit gelangten, beziehungsweise in Glaube und Heiligung ernstlich darnach ringenden christlichen Persönlichkeiten, deren Vorhandensein innerhalb der empirischen Gemeinde die Realität und das Dasein der Kirche Christi documentirt. Object ist der in Wort und Sacrament den Gläubigen nahende Herr, an den Dank, Lob und Bitte seiner Gläubigen sich unmittelbar richtet.

Der empirische Gottesdienst erscheint einerseits als die liturgisch ceremonielle Einfassung des Gottesdienstes im wahren und eigentlichen Sinn, welchen zu erzeugen und zur Verwirklichung zu bringen sein Zweck ist, andererseits als Organ für die Erziehung der noch nicht Gereiften in der Gemeinde zum wahren Gottesdienst.

Subject des empirischen Gottesdienstes, sofern er die relative Verwirklichung des wahren Gottesdienstes ist, sind die Gläubigen in der empirischen Gemeinde, in welchen es zum wahren Gottesdienste kommt: wie ihr Dasein die Gemeinde als Kirche Christi documentirt, so dass dieselbe die Kirche einfasst und in sich trägt nicht bloss als Idee, sondern als in Personen vorhandene, substanzielle Realität, so kennzeichnet ihr Gottesdienst, ihr Hören, Beten, Feiern den öffentlichen Cultus als Gottesdienst, als Realisirung der Anbetung Gottes im Geiste und in der Wahrheit, als Einfassung, nicht bloss als symbolische Andeutung des wahren, geistlichen Cultus.

Subject des empirischen Gottesdienstes, sofern man darunter nicht sowohl die pneumatische Substanz, den Lebensverkehr der Gläubigen mit dem Herrn, als vielmehr die denselben hervorrufenden und einfassenden Veranstaltungen, also die Gesammtheit der Ceremonien, der Formen und Mittel der Erbauung, die Gottesdienst-Ordnung, die Organisation des gemeinsamen gottesdienstlichen Thuns versteht, also den Cultus-Apparat im weitesten Sinne — ist die Gemeinde, beziehungsweise das mit der Aufsicht und mit der Aufgabe der Ordnung der gemeinsamen Angelegenheiten von der Gemeinde betraute Regiment.

Sofern aber der Gottesdienst der empirischen Kirche nicht bloss unter den Gesichtspunkt der theilweisen und annähernden Verwirklichung des wahren Gottesdienstes, sondern als Gottesdienst der empirischen, den ganzen „Haufen" der Getauften umfassenden Kirche wesentlich unter den Gesichtspunkt der Heilserziehung, der

Belehrung und Pädagogie fällt, so kann unter diesem Gesichtspunkt, aber auch nur unter diesem, das gottesdienstliche A m t als das Subject betrachtet werden, dem als Object der „Haufe" gegenübersteht: dann erscheint das A m t als die empirische Einfassung des Jüngerdienstes Jesu; es handelt zwar (nach der empirisch-rechtlichen Seite betrachtet) im Auftrag der Gemeinde, beziehungsweise der dieselbe als Gemeinde des Herrrn constituirenden Gläubigen, aber nicht im Namen derselben, sondern im Namen des Herrn, der sein Wort und Sacrament ihm anvertraut hat, ist also der Mund des Herrn und der die Substanz der Gemeinde bildenden Gläubigen, niemals aber der Delegirte und Anwalt des „Haufens", der empirischen Majorität.

Für die Organisation des Gottesdienstes der empirischen Gemeinde ist der entscheidende Gesichtspunkt also der, dass der Gottesdienst Organ, Einfassung und theilweise Verwirklichung der Anbetung Gottes im Geist und in der Wahrheit werden könne. Dazu gehört vor allem, dass diejenigen Factoren, welche den wahren Gottesdienst constituiren, in volle Function gesetzt werden — oder die erste Bedingung ist, dass

1. verbum und sacramenta, durch welche der hl. Geist als durch seine instrumenta den Glauben wirkt, auf den Leuchter gestellt und zum Mittelpunkt des gottesdienstlichen Thuns gemacht werden. Die „Summa sei", sagt darum Luther, „dass im Gottesdienst alles geschehe, damit das Wort im Schwange gehe und nicht wiederum ein Tönen und Lören draus werde, wie es bisher gewesen". „Das Eine sei von Nöthen, dass Maria nach Luc. 10, 39 zu Jesu Füssen sitze und höre sein Wort täglich". Daraus ergibt sich als das nothwendige Correlat, dass

2. im Gottesdienst Raum und Form gegeben werde für die Bezeugung des Glaubens der Gemeinde, denn nur wo solche stattfindet, kann von Gottesdienst gesprochen werden, und dass diese Form der Forderung der Wahrheit entspreche, nicht dem Mechanismus Vorschub leiste, sondern den Glauben anrege und ihm zum Ausdruck helfe (dies ist der massgebende Gesichtspunkt für die gottesdienstliche Sprache in Gebet, Lied und Chorgesang).

Dazu kommt noch als drittes

3. Princip der aus dem Begriff des gemeinschaftlichen Handelns als dessen nothwendige Voraussetzung sich ergebende Grundsatz der Ordnung und Wohlanständigkeit — die congressus publici

müssen, wie Melanchthon sagt, „honesti"[1]) sein, oder nach Luther „eine ordentliche, gemeine ehrliche Versammlung".

Diesen Grundsätzen, dem der objectiven Wahrheit, wornach Wort und Sacrament Fundament und Mittelpunkt bilden, dem der subjectiven Wahrheit, wornach das Thun der Gemeinde lebendige Glaubensbethätigung (nicht mechanische Aeusserung, „Tönen," „Lören") sein oder werden soll, und dem (formalen) der Ordnung, ohne welche ein gemeinsames Thun nicht zu denken ist, sind alle übrigen Elemente gemeinsamer Erbauung unterzuordnen; diese alle, der gottesdienstliche Raum, die gottesdienstliche Zeit, die gottes- dienstlichen Formen, die gottesdienstlichen Bücher u. s. f. fallen unter den Gesichtspunkt von Mitteldingen (adiaphora): sie haben Berechtigung und Werth nicht in sich selbst, sondern in dem Masse, als sie den wahren Gottesdienst, die Erbauung aus Wort und Sacra- ment und die darauf fussende Anbetung im Geist fördern; sie sind schädlich und verwerflich in dem Masse, als sie diesen Zweck hin- dern. So lehrt denn auch die Conf. Aug. XV. (De ritibus eccle- siasticis [d. h. die cultische Organisation]: docent quod ritus illi ser- vandi sint, qui sine peccato servari possint et prosunt ad tranquilli- tatem et bonam ordinem in ecclesia, sicut certae feriae, festa et similia).

De talibus rebus tamen admonentur homines ne conscientiae onerentur, tamquam talis[2]) cultus ad salutem necessarius sit. — Damit vergl. Conf. August. XXVIII: „Quid igitur sentiendum est de die dominico et similibus ritus templorum"? (MÜLLER p. 67.)

Die Form. Conc. P. II. c. X. unterscheidet scharf „Dei cultus" von „humanae traditiones" d. h. der transitorischen Form und Gestalt des Gottesdienstes.

I.

Rejicimus igitur et damnamus errores: Quando humanae tra- ditiones per se pro Dei cultus aut pro illius aliqua parte habentur (während sie doch nur die menschlich-irdische Einfassung des „Dei cultus" sind).

II.

Quando humanae traditiones per modum coactionis tanquam necessariae ecclesiae Dei observandae obtruduntur (s. noch V.).

---

[1]) „Et vult Deus sonare evangelium in publico coetu et honestis con- gressibus, sicut scriptum est Ps. 149, 1 „Laus ejus in ecclesia sanctorum. (Loc. Corp. Ref. XXI S. 1048.)
[2]) Der so oder so beschaffene, die Form, die liturgische Veranstaltung als solche.

Der Kirche steht es frei, quovis loco aut tempore, pro re nata et ecclesiae utilitate unum vel plura adiaphora recipere et pro ratione libertatis christianae usurpare.

So verfuhr denn Luther selbst gemäss diesen Grundsätzen nicht destructiv und radical, sondern conservativ, pietätvoll und schonend. Nicht um liturgische Neuschöpfungen handelte es sich ihm, sondern um Reinigung des Vorhandenen, das dem Cultus Dei, dem wahren Gottesdienst soll dienstbar gemacht werden.

3. Die Organisation und Gliederung des Gottesdienstes.

a) Der gottesdienstliche Raum fällt unter den Gesichtspunkt der die Erbauung ermöglichenden Stätte: er ist um dieser willen da, hat in ihr seinen Zweck, und hat sich diesem schlechthin unterzuordnen. „Denn keine andre Ursache ist, Kirchen zu bauen, so ja eine Ursache ist, um dass die Christen mögen zusammenkommen, beten, Predigten hören, und das Sacrament empfahen. Und wo dieselbige Ursache aufhöret, soll man dieselbigen Kirchen abbrechen; wie man allen andern Häusern thut, wenn sie nicht nütze sind". (Luth. Werke ed. WALCH XII. 2355.)

Nicht die etwa in objectivem Sinne heilige Stätte also bedingt den Gottesdienst, sondern umgekehrt, der Gottesdienst heiligt jeden Raum. „Die Kirche[1]) hat ihre Stätte im Tempel, in der Schule, im Hause, in der Schlafkammer. Wo zwei oder drei im Namen Christi zusammenkommen, daselbst wohnet Gott, Matth. 18, 20; ja wenn jemand mit ihm selber redet und Gottes Wort betrachtet, da ist Gott mit den Engeln dabei und wirket und redet also, dass daselbst die Thür offen steht zum Himmelreich"; „Gottes Wort ist es, das die Kirche machet[2]), das ist der Herr über alle Oerter; an welchem Ort nur dasselbe gehöret wird, wo die Taufe, das Sacrament des Altars und die Absolution gereichet wird, da sollst du es gewiss davor halten, schliessen und sagen: Hier ist gewisslich Gottes Haus, hier stehet der Himmel offen"; „Kann es nicht geschehen unter dem Dache oder in der Kirche, so geschehe es auf einem Platze unter dem Himmel, wie S. Paulus am Wasser predigte zu Philippis Ap.-G. 16, 13 und zu Troada in einem Saal (Ap.-G. 20, 6. 7.), und wo Raum dazu ist. — Doch dass eine ordentliche, gemeine, ehrliche Versammlung sei" (ib. XII. 2491); denn „unsere Kirche, wenn man darin nicht zusammenkömmt, so ist es kein

[1]) Erkl. der Genesis 28, 17. WALCH II. S. 637.
[2]) ib. S. 626.

Tempel oder Kirche Gottes" (Auslegung der Epistel am Stephans-
tag s. WALCII XII. S. 243) [1]).

Unter diesem Gesichtspunkt konnte man die bestehenden Gotteshäuser ohne Weiteres für den Gottesdienst der evangelischen Kirche
in Anspruch nehmen. Wohl hatte Luther bezüglich der inneren
Einrichtung manche Wünsche. So meint er (X. 278): „In der
rechten Messe unter eitel Christen müsste der Altar nicht so bleiben
und der Priester sich immer zum Volke kehren, wie ohne Zweifel
Christus beim Abendmahl gethan hat" — setzt aber hinzu: „Nun
dass erharre seine Zeit!" Schonend und vorsichtig sollte geändert
werden, was dem Charakter der Kirche des Wortes noch nicht entsprach. Wenn nur der Raum die Verkündigung des Wortes überhaupt möglich machte und nicht davon ablenkte, so war alles übrige
Nebensache und kein Grund vorhanden, das durch Gewohnheit
dem Volke Liebgewordene abzuthun und den gottesdienstlichen
Raum des Schmuckes zu berauben, den die heilige Kunst ihm verliehen hatte. Denn nicht darin bestand ja der seelenverwirrende
Missbrauch, dass man Kirchen baute und sie schmückte, sondern
darin, dass „man darauf fället und vergisset des Glaubens mit der
Liebe darüber und thäte der Meinung, als sei es ein gut Werk,
damit man vor Gott verdienen wolle." (Luther ed. WALCH XII. 243)
„Gleichwie das Wort Gottes allezeit von Anbeginn ist in der Welt
gewesen, also hat es auch nie an Gottesdienst gemangelt, dero-
halben müssen wir nachlassen, dass zu allen Zeiten Stätte und
Oerter gewesen sind, an welchen Gottesdienst und göttliche Sachen
sind geübet, welche mit der Zeit gewachsen sind zu solcher Herrlichkeit und Pracht nach der Grösse und Menge, wie wir heutigen
Tages vor Augen haben". So will er nicht, dass „durch's Evangelium alle Künste sollten zu Boden geschlagen werden"; vielmehr
möchte er sie sehen im Dienste dessen, der sie gegeben und geschaffen hat.

---

[1]) „Wie man denn gewöhnlich die Kirche ein Gotteshaus heisset, nicht
dass da Gott wäre, sondern dass da Gottes Wort gehört und geprediget wird.
Und wenn es auch unter einer grünen Linde oder Weide geprediget würde, so
hiesse doch derselbige Ort Gottes Wohnung und Stätte, denn Gottes Wort
regiert daselbst. 1 Tim. 4, 5. Nicht, dass wir den Ort dazu geweihet haben,
gezieret oder schön herausgestrichen hätten, wie unsere Bischöfe ihren Götzen-
kirchen thun, und mit ihrem Oele und anderer Zugehöre sie schmieren;
sondern von dem göttlichen Worte, das ich nicht dahinbringe, sondern es kömmet
aus göttlicher Ordnung" (ib. III. p. 1166). „Wo das Wort gehet, da wohnet
Gott gewisslich, und wiederum, wo das Wort nicht ist, da wohnet er nicht, man
baue ihm ein Haus, so gross man wolle".

Bilderschmuck ist nicht zu verwerfen; nur muss er dem evangelischen Geiste entsprechen, dann kann er die Predigt des Wortes
unterstützen und fördern. „Welche Bilder aufgerichtet sind oder
dazu gebrauchet werden, dass man darauf baue und einen Gottesdienst anrichten will, die reisse weg! — — Aber die andern Bilder,
da man alleine sich drinnen ersiehet, vergangener Geschichten und
Sachen halber, als in einem Spiegel, das sind Spiegelbilder, die verwerfen wir nicht“. — — „Es sind gar viele Bilder in den Büchern,
beide Gottes, der Engel, Menschen und Thiere, sonderlich in der
Offenbarung Johannis, und im Mose und Josua. So bitten wir sie
nun gar freundlich, sie wollen mir auch gönnen, dass wir auch
solche Bilder mögen an die Wände mahlen um Gedächtniss und
besseren Verstands willen, sintemale sie an den Wänden ja so wenig
schaden, als in den Büchern und so weiss ich auch gewiss, dass
Gott will haben, man solle sein Wort lesen und hören, sonderlich
die Leiden Christi. Soll ich aber hören oder gedenken, so ist's
mir unmöglich, dass ich nicht in meinem Herzen sollte Bilder davon machen — ist's nun nicht Sünde, sondern gut, dass ich Christus
Bild im Herzen habe, warum sollte Sünde sein, dass ich's in
Augen habe?“ [1]). (Luther ed. WALCH XX. 213 „Wider Carlstadt's
Irrthum vom Sacrament“.)

Derselbe Grundsatz gilt

b) bezüglich der Festsetzung der hl. Zeiten; der grosse Katechismus erklärt (3. Gebot): dass wir Feiertag halten — — allermeist
darum, dass man an solchem Ruhetag (weil man sonst nicht dazu
kommen kann) Raum und Zeit nehme, Gottesdienstes zu warten;
also, dass man zu Haufe komme, Gottes Wort zu hören und
handeln, darnach Gott loben, singen und beten. — Solches aber,
sage ich, ist nicht an Zeit gebunden, wie bei den Juden, dass es
müsse eben dieser oder jener Tag sein; denn es ist keiner an ihm
selbst besser, denn der andre; sondern sollte wohl täglich geschehen,
aber weil es der Haufe nicht warten kann, muss man je zum wenigsten Einen Tag in der Woche dazu ausschiessen“. So hat auch
die Auswahl der gottesdienstlichen Tage und Zeiten ihre Berechtigung in dem Zweck, dem sie dienen, dem Gottesdienst; es wird

---

[1]) So Melanchthon: „Obwohl ein grosser Missbrauch mit den Bildern getrieben worden ist, so weiss ich doch noch nicht, ob es gut sein sollte, dass
gar keine geschichtlichen Gemälde in den Kirchen vorhanden sind. Der Missbrauch muss durch den Unterricht entfernt werden, und so werden die Gemälde
für die Unerfahrenen zur Erinnerung an die Geschichte von Nutzen sein. Denn
was ist doch ein Gemälde anderes, als eine Schrift?“

nicht Gottesdienst gehalten um der Tage willen, die den Gottesdienst etwa forderten, sondern es werden die Tage festgehalten, um
des Gottesdienstes willen [1]).

So wird zunächst der Sonntag als der Tag des Hauptgottesdienstes festgehalten, die Ferialtage vielfach als Tage für Wochengottesdienste, Betstunden, Nebenpredigten. Die überkommene Ordnung wird auch in dieser Beziehung festgehalten unter dem Gesichtspunkt, dass sie der Erbauung förderlich und heilsam sei. So heisst
es ein andres Mal [2]): „Denn etliche Kirchenordnungen sind gemacht um guter Ordnung und Friedens willen; wie St. Paulus
spricht 1 Cor. 14, 50 „Es soll alles ordentlich in der Kirchen geschehen. Darum sollen die Feiertage als Sonntage und etliche
mehr, wie jedes Pfarrherrn Gewohnheit ist, gehalten werden. Denn
es müssen die Leute etliche gewisse Zeiten haben, daran sie zusammen kommen, Gottes Wort zu hören. Es sollen sich auch
die Pfarrherrn nicht zanken, ob einer einen Feiertag hielte, und der
andre nicht; sondern es halte ein jeder seine Gewohnheit friedlich,
bis es ordentlich geändert oder verglichen werde, doch dass sie
nicht alle Feiertage abthun. Wäre auch gut, dass sie einträchtiglich feierten die Sonntage, Annunciationis, Purificationis, Visi-
tationis der reinen Jungfrau Mariä, St. Johannis des Täufers,
Michaelis, der Aposteln, Magdalena; derselben Feste wären denn
etliche bereits abgangen, und können nicht bequemlich alle wieder
aufgerichtet werden. Und insonderheit soll man halten den Christtag, Beschneidung, Epiphaniä, die Osterfeier, Auffahrt, Pfingsten;
doch abgethan, was unchristliche Legenden und Gesänge
darinnen gefunden werden. Welche Feste also geordnet sind; denn

---

[1]) „Dass wir halten den Sonntag, Christtag, Ostern und dergleichen Feiertage und Feste, thun wir mit aller Freiheit, ohne Gesetz, beschweren mit solchen
Ceremonien Niemandes Gewissen, lehren auch nicht, dass man sie von Noth
wegen halten müsse, dass man dadurch gerecht und selig werde, oder damit
genug thue, wie die falschen Apostel und Papisten gelehret haben. Darum aber
halten wir sie, auf dass es in der Kirche fein ordentlich und züchtiglich zugehe,
und die äusserliche Einigkeit nicht zerrissen werde". — „Die fürnehmste Ursach' aber, darum wir solche Feiertage halten, ist diese, dass das Predigt-Amt
in seinem Schwang bleibe und das Volk seine bestimmte Zeit habe, da es
zusammen kommen, Gottes Wort hören und daraus erkennen möge. Item dass
wir der Sacramente brauchen, insgemein für alle Noth der gesammten Christenheit beten und unserem lieben Herrn Gott danken mögen für alle seine Wohlthaten, leiblich und geistig. Dies achte ich, sei die einzige Ursache gewesen,
darum die lieben Väter im Anfang der Christlichen Kirche den Sonntag, Ostern,
Pfingsten und dergleichen Feste eingesetzt und verordnet haben" (Erkl. der Ep.
an die Galater. WALCH Bd. VIII, S. 2471 ff.).

[2]) X. 1946.

man kann nicht alle Stücke des Evangelium auf einmal lehren. Darum man solche Lehre ins Jahr getheilet hat".

So forderte bezüglich des Kirchenjahres das evangelische Princip zunächst die Ausscheidung derjenigen Festtage, deren Fest-Gedanke dem materialen Princip der evangelischen Kirche widersprach, vorab also des Frohnleichnamsfestes [1]) und der Feste der Heiligen. Dagegen behielt man diejenigen Feste bei, welche die grossen Thatsachen der neutestamentlichen Heilsgeschichte feiern, sowie die Gedächtnisstage der unmittelbaren Zeugen Jesu, also die Herren-Feste einerseits (Advent, Weihnachten mit Beschneidung und Epiphanias, Ostern, Himmelfahrt, Pfingsten, Trinitatis) und andererseits die Aposteltage, den Tag Johannis des Täufers, die biblischen Marientage, alle diese aber nicht als sancrosancte Tage, sondern als Gedenktage, welche der Kirche das Heil in bestimmter Beleuchtung vorführen und darum geeignet sind, den Glauben zu stärken und die wahre Erbauung zu fördern[2]). Ja die Pietät hielt vielerorts den Tag des Erzengels Michael[3]), das Allerheiligenfest, den Stephanustag und den Laurentiustag (10. Aug.) fest: aber nicht in dem Sinne, als sollten diese Zeugen gefeiert oder gar angerufen werden, sondern wieder als Gedenktage, die geeignet sind, die Thaten Gottes der Gemeinde nahe zu rücken, und sie zu Dank und Lob aufzufordern. So gedachte man des Erzengels Michael als des Vertreters der Engelwelt, um Gott für das, was er durch dieselbe an uns thut, zu danken; oder des Stephanus und Laurentius als der Blutzeugen, kurz auch die Gedächtnisstage der Apostel und

---

[1]) „Das Fest des Fronleichs hat unter allen den grössten und schönsten Schein, strebet und streitet mit seiner Schmink und erdichten Heiligkeit wider Christi Ordnung und Einsetzung". „Denn er es nicht befohlen hat, also umher zu tragen. Darum hütet euch vor solchen Gottesdiensten." (Von dem Antichrist oder Pabst. WALCH Bd. XXII. S. 1413). „Darum bin ich keinem Feste nie feinder gewesen, denn diesem Fest, allein darum, dass der Papst dazu die Schrift also missbraucht — ich will gerathen haben, man wolle dies Fest ganz und gar abthun — denn es ist das allerschädlichste Fest, als es durch das ganze Jahr ist. An keinem Feste wird Gott und sein Christus schwerer gelästert denn an diesem Tag und sonderlich mit der Procession, die man vor allen Dingen anstellet". (Auslegung des Evangeliums am Tage des hl. Warleichnams Christi. WALCH XI. S. 2998.)

[2]) Entsprechend dem Art. XXI. der Augustana: „De cultu sanctorum docent, quod memoria sanctorum proponi potest, ut imitemur fidem eorum bona opera juxta vocationem".

[3]) Vgl. das Wort Luthers: „St. Michaels-Fest ist bisher ein lauter abgöttisch Fest gewesen, so hat man der Fabeln auch nicht gespaaret — also ist man von Gott auf die lieben Engel gefallen und gewichen. Aber darum halten wir das Fest nicht, sondern halten es darum, dass wir erkennen lernen, was sie doch thun und was ihr Werk und Amt sei, dazu sie verordnet sind; und wenn wir das also wissen, danach anheben und danken auch Gott darum". X. S. 1233.

Zeugen waren Gedenktage des Herrn: man gedachte dessen, was der Herr an ihnen und durch sie gethan hatte („aller Heiligen Leiden hat diese Ursach und endliche Meinung, dass Gott durch ihr Leiden geehret und gepreiset wird" Luther), während die katholische Kirche sie feierte und anrief um desswillen, was sie geleistet hatten.

Wie der Raum der schöne, willkommene Ort ist, um Gottesdienst zu halten, so das evangelische Kirchenjahr die schön gegliederte Zeitordnung, in welche die Kirche ihre Gottesdienste einfügt und an deren hervorragende Momente sie ihre andächtige Betrachtung und dankare Feier der Heilsgnade anknüpft.

Was für Raum und Zeit des Gottesdienstes gilt, das gilt auch
c) für die liturgische Gliederung des Gottesdienstes.

Massgebend ist für dieselbe, dass sie die constitutiven Factoren des wahren Gottesdienstes zur Geltung bringe: darum dringt Luther in der Schrift „von Ordnung des Gottesdienstes" 1523 in erster Linie darauf, „dass die christliche Gemeinde soll nimmer zusammenkommen, es werde denn daselbst Gottes Wort gepredigt und gebetet, es sei auch auf's kürzeste (Ps. 102, 22. 23: 1 Cor. 14, 31). Darum wo nicht Gottes Wort gepredigt wird, ist besser, dass man weder singe noch lese, noch zusammenkomme". So fordert er in der Torgauer Einweihungspredigt (WALCH XII. S. 2486) auf, „dass dies neue Haus dahin gerichtet werde, dass nichts andres darinn geschehe, denn dass unser lieber Herr selbst mit uns rede durch sein hl. Wort und wir wiederum mit ihm reden durch Gebet und Lobgesang".

Dies vorausgesetzt ist die Gottesdienstordnung eine Sache der Freiheit: „Der Christen, d. h. der Kinder der Freien, Ordnungen sollen also gethan sein, dass sie dieselben willig und von Herzen halten, doch Gewalt haben, dieselben zu ändern, so oft und wie es ihnen gefällt. Darum ist's nichts, dass Jemand in dieser Sache begehren und ordnen wollte eine Form oder Weise, nöthig zu halten als ein Gesetz, dadurch die Gewissen verstrickt und geplagt werden" (Formula missae).

Die von der kirchlichen Gemeinschaft getroffenen liturgischen Anordnungen haben daher nicht göttliche, sondern nur menschliche Autorität, sie fallen unter den Gesichtspunkt der Ordnung als der Voraussetzung und unerlässlichen Bedingung für gemeinschaftliche Erbauung.

So wenig sie also auf göttliche Autorität zurückgeführt, als statutarische göttliche Ordnung für sacrosanct und allgemein verbindlich erklärt werden dürfen, so nothwendig sind sie, um eine ge-

ordnete und wohlanständige Erbauung zu ermöglichen. So sagt
Luther im Commentar zur Genesis von den Cärimonien (der Gesammtheit der Erbauungsformen, Mittel und Gebärden etc.) [1]): „wiewohl sie niemand gerecht machen, sind sie doch nöthig. Denn es
soll in äusserlichen Cärimonien, Gebärden und Sitten auch eine Re-
verenz und Ehrerbietung gehalten werden, dass man fein ehrlich
und züchtig zusammenkomme an den Ort, da das Wort gelehrt wird,
da man betet und Gott anrufet, und da sonsten der andere Gottesdienst geschiehet — — — wir sollen uns ja in der Kirche, da man
zum Gottesdienst zusammenkommt, nicht also halten, wie in der
Schenke oder Kretschmer; sondern dazu gehöret ein Ernst und
rechter Wohlstand.“

Ja, wohl erkennend, welch' ein mächtiges Förderungsmittel der
gläubigen Andacht auch die äusserliche Ausschmückung des Cultus
sein kann, sobald sie nicht das Wort aus dem Mittelpunkt rückt,
Selbstzweck sein will, von der Hauptsache ablenkt, bekennt er in
der Vermahnung zum Sacrament des Leibes und Blutes unseres
Herrn (1530) [2]):

„Nicht dass ich äusserlichen Schmuck ganz verwerfe, sondern
dass er nicht soll ein Gottesdienst heissen, vielweniger diesen einigen
rechten Gottesdienst hindern oder verdunkeln.“

So ist er ja auch „nicht der Meinung, dass durch's Evangelium
sollten alle Künste zu Boden geschlagen werden und vergehen, wie
etliche Abergeistlichen fürgeben“, sondern er „wollt' alle Künste,
sonderlich die Musica, gerne sehen im Dienst dess, der sie geben
und geschaffen hat“ (Vorr. zum Geistlichen Gesangbüchl. Tenor.
1524).

Diesen Grundsätzen entsprach das praktische Vorgehen. Man
wollte nur die wirklichen Missbräuche ausmerzen, im Uebrigen aber
das durch Gewohnheit Liebgewordene schonend und pietätvoll bewahren. So spricht sich Luther in der Formula missae ausdrücklich dahin aus: „Auf's erste bekennen wir, dass wir nie daran gedacht, allen äusserlichen Gottesdienst abzuthun, sondern den, so
bisher im Brauch ist, aber mit viel Zusätzen verderbt, wieder zu
fegen und anzeigen, welches der rechte christliche Brauch ist.“ „Wie
wir nun das Predigtamt nicht abthun, sondern wieder in seinen
rechten Stand begehren zu bringen, so ist auch nicht unsere Mei-

---

[1]) WALCH I, S. 1359. [2]) WALCH Bd. X S. 2679.

nung, den Gottesdienst aufzuheben, sondern wieder in den rechten Schwang zu bringen." Dies durch Ausscheidung alles dessen, was dem Evangelium zuwider ist: „Drei grosse Missbräuch' sind in den Gottesdienst gefallen. Der erste, dass man Gottes Wort geschwiegen hat, und allein gelesen und gesungen in den Kirchen; das ist der ärgste Missbrauch. Der andere, da Gottes Wort geschwiegen gewesen ist, sind neben einkommen so viel unchristlicher Fabeln und Lügen, beide in Legenden, Gesängen und Predigten, dass greulich ist zu sagen. Der dritte, dass man solchen Gottesdienst als ein Werk gethan hat, damit Gottes Gnade zu erwerben." Diese Missbräuche, welche den Gottesdienst seinem Wesen und Zweck entfremden, müssen abgestellt werden, aber auch dies — im Interesse der subjectiven Wahrheit — mit grosser Vorsicht, da die Gemeinden erst zum besseren Verständniss heraufgebildet werden müssen.

Nachdem Luther schon zu verschiedenen Malen bei Gelegenheit die Missbräuche in der Messe angegriffen, sich besonders gegen die communio sub una, die Opfer-Idee, den canon missae, den Gebrauch der lateinischen Sprache erklärt hatte („wollte Gott, dass wir Deutschen Mess zu deutsch lesen und die heimlichsten Worte auf's allerhöchste singen") — nachdem man ferner ohne Luther's directes Zuthun in Wittenberg zu Anfang des Jahres 1522 mit der Reform des Gottesdienstes praktisch vorgegangen war [1]) und insbesondere Carlstadt's und der Schwärmer Treiben das rechte Ziel zu verrücken drohte, nahm Luther die Reform des Gottesdienstes principiell in Angriff und gab die Richtpunkte für die Gottesdienstordnung und nach denselben entworfene Muster in den drei liturgischen Hauptschriften:

1. Von ordenung gottisdiensts ynn der Gemeyne 1523.
2. Formula missae 1523.
3. Deutsche Messe und Ordnung des Gottesdiensts 1526.

Die erstgenannte dieser Schriften beschäftigt sich mit der Ordnung der Neben- und Wochengottesdienste. Die zweite, die Formula missae, gibt ein Bild von dem Hauptgottesdienst, wie er sich gestaltet, wenn nur das absolut Verwerfliche ausgeschieden, alles Uebrige aber belassen wird.

---

[1]) s. GRÄSER a. a. O. Die röm. kath. Lit. S. 433. So schreibt der Prof. BEIER 1522 an den Rath Einsiedel: „In templo parochiano: quod nobis omnibus commune est, cultus publicus hoc modo ordinatus est: canitur ab initio Gloria, sequitur epistola, evangelium et sanctus etc. inde concio. Postea missa, ex verbis institutionis Jesu Christi germanice clara voce pronunciatis, et admonetur populus, ut ad communionem accedant, qui de peccatis poeniteant et gratiam Dei sitiant. Dum id fit, agnus Dei canitur et Benedicamus. Canon evanuit".

Darnach wird alles entfernt, was die Messe als priesterlichen Opferact charakterisirt, so der ganze Vorbereitungsact des Priesters, dann der Mess-Canon; denn „die Messe soll sein der Brauch und Nutz des Evangelii und Austheilung des Sacraments, so allein den Gläubigen gebühret" — also Gemeindefeier und Herrnmahl.

Darnach gliedert sich der Gottesdienst wie folgt:

I. Wortgruppe.

a) Eingang.

    1. Introitus: „Wir loben sie, halten sie auch; obwohl uns die Psalmen dafür lieber wären, aus welchen sie auch genommen sind" (nur sind Sprüche und Antiphonen streng auf die Psalmen zu beschränken).

    2. Kyrie und

    3. Gloria in excelsis (allein: „in arbitrio stabit episcopi, quoties illum emitti voluerit").

b) Schriftlesung.

    1. Salutation und Collecte — jedoch nur Eine und nur eine evangelisch gehaltene.

    2. Epistel (bezüglich der Auswahl klagt Luther freilich: „Ut ordinator ille Epistolarum videatur fuisse insigniter indoctus et superstitiosus operum ponderator, officium requirebat eas potius pro majore parte ordinare, quibus fides in Christum docetur").

    3. Graduale mit Versus („Porro gradualia quadragesimalia et similia quae duo versus excedunt, cantet quisquis velit in domo sua. In ecclesia nolumus tedio exstingui Spiritum fidelium") und Halleluja.

    4. Die Sequenzen will Luther entfernt haben, weil deren wenige sind, „quae spiritum redoleant"; doch lässt er die Sequenz „Grates nunc omnes" zu für Weihnachten, wenn es dem Bischof so gefällt.

    5. Evangelium („ubi nec candelas neque thurificationem prohibemus, sed nec exigimus, esto hoc liberum").

    6. Laus tibi Christe.

c) Glaubensbekenntniss (Luther sagt hier höchst bezeichnend: „Symbolum Nicenum cantari solitum non displicet, tamen et hoc habet manu Episcopus").

An das Credo, bezw. also an das Evangelium mag sich nun die Predigt anschliessen, aber Luther bestimmt: „ut nihil referat, sive hic post Symbolum, sive ante introitum missae fiat, quamquam est alia ratio, cur aptius ante missam fiat, quod Evangelium sit vox clamans in deserto et vocans ad fidem infideles. Missa vero sit usus ipse Evangelii et communio mensae domini, quae duntaxat fidelium est et seorsum fieri conveniebat" — mit einem, unsere modernen liturgischen Reconstructoren beschämenden liturgischen Zartgefühl empfindet Luther das Ungehörige der schablonenhaften Einfassung des ganzen Gottesdienstes in die Eucharistie, wie sie erst der katholische Begriff der Liturgie veranlasst hat. Ist nicht in der That diese Zusammenschweissung des Wortdiensts und des hl. Abendmahls die crux unserer Liturgen? Hier ist einzusetzen! „Sed tamen liberos nos ratio ista non ligat, praesertim quod omnia, quae usque ad Symbolum in missa fiunt, nostra sunt et libera, a Deo non exacta, quare nec ad missam necessario pertinent."

Die schärfsten Einschnitte in den Leib der Messliturgie muss Luther machen beim zweiten Theil, dem Opferact („Ab hinc omnia fere sonant ac olent oblationem"). Hier gilt es, Christi Abendmahl wiederherzustellen, darum vor allem auch „verba illa vitae et salutis", die Testamentsworte des Herrn, an die rechte Stelle zu setzen und ins rechte Licht, beziehungsweise die ganze Handlung in das von ihnen ausstrahlende Licht zu rücken.

Der ganze Darbringungsact (s. o.), der ja schon in der Messe eigentlich nur den Sinn einer liturgisch-cerimoniellen Darstellung der Elemente hat, wird um des ihn beherrschenden Opferbegriffes willen ausgeschnitten. Die Elemente „panis et vinum" (ob letzterer mit Wasser gemischt wird, oder nicht, ist eine Sache, die des Streits nicht lohnt) werden „ritu solito" „ad benedictionem" zugerüstet.

Dann folgt sofort, indem der Theil

a) (der Messe), der Darbringungsact, ausfällt,

b) der Weiheact (consecratio) und zwar („Apparato pane et vino mox procedatur ad hunc modum") sofort die

1. Praefatio:

P. Dominus vobiscum

R. Et cum spiritu tuo.

P. Sursum corda

R. Habemus ad Dominum.

P. Gratias agamus Domino deo nostro

R. Dignum et justum est.

P. Vere dignum et justum est, aequum et salutare, nos tibi semper et ubique gratias agere, Domine sancte Pater omnipotens, aeterne Deus per Christum, Dominum nostrum.

Woran sich unter Ausscheidung des Canon missae, welcher die Stiftungsworte einrahmt, verdeckt und überwuchert, „modica post praefationem interposita pausa" schliessen

2. die Verba testamenti, so laut recitirt, dass es die Umstehenden hören; doch soll auch dies frei sein, wenn Einer sie leis sprechen will.

Nach der Benediction singt der Chor das

3. Sanctus und Benedictus. Während des letzteren soll E l e - v a t i o des Brodes und des Kelches ritu hactenus servato um der Schwachen willen stattfinden.

Darauf soll

4. das Vaterunser gelesen werden (legatur): „Praeceptis salutaribus moniti et divina institutione formati audemus dicere" P a t e r n o s t e r etc.

Ausgeschnitten wird der ganze ceremoniell so mannigfaltig gegliederte Act, der die Spendung, bezw. Niessung einleitet.

c) Der Spendeact wird eingeleitet mit dem (verso ad populum vultu) Pax domini etc., begleitet von dem Gesang des „Agnus Dei". Will der Priester die Collecten beten, welche die Messe vor der Niessung hat, so darf er (non male orabit), verwandle aber stets die Einzahl in die Mehrzahl.

Will er die communio (Lob- und Preisspruch) singen, so soll er's thun.

d) Auch der Danksagungsact wird vereinfacht; von den Gebeten wird als zulässig betrachtet das „Quod ore sumpsimus" und „Corpus tuum" etc. (s. o.), aber wiederum mit Verwandlung der Einzahl in die Mehrzahl. Es folgt:

Salutatio.

Benedicamus mit Alleluja („ubi et quando placet").

Segen. Entweder der gewöhnliche oder der hohepriesterliche nach Num. 6 („quam ipse dominus digessit) in der 1. Person Pluralis; oder nach Ps. 67, v. 7. 8 („Es segne uns Gott etc.").

Noch einfacher gliedert sich der Hauptgottesdienst nach der „Deutschen Messe" von 1526:

I. W o r t g r u p p e.

   a) E i n g a n g:

      1. Geistliches deutsches Lied oder ein Psalm in primo tono.

      2. Kyrie, 3 mal.

   b) S c h r i f t l e s u n g:

1. Collecte: (zum Altar gewendet) „Allmächtiger Gott, der Du bist ein Beschützer Aller, die auf Dich hoffen, ohne welches Gnade niemand etwas vermag noch etwas vor Dir gilt, lass Deine Barmherzigkeit uns reichlich widerfahren, auf dass wir durch Dein heiliges Eingeben denken, was recht ist, und durch Deine Kraft auch dasselbige vollbringen, um Jesu Christi unseres Herrn willen. Amen.
2. Epistel (gegen die Gemeinde).
3. Deutsches Lied (statt des Graduale und Halleluja, beziehungsweise der Sequenz)[1].
4. Evangelium (gesungen quinto tono).
5. Credo (deutsch von der G e m e i n d e gesungen) „Wir glauben all' an Einen Gott".
6. Predigt (Postille! „weil der geistreichen Prediger wenig sind").

II. Eucharistie.

1. Das ganze Offertorium fällt aus; an dessen Stelle tritt eine Paraphrase des Vaterunsers mit Vermahnung an die Communicanten (s. Beil.), die entweder auf der Kanzel oder am Altar gesprochen werden mag.
2. Dann folgt die Consecration nach 1 Cor. 11, 23 mit Stiftungswort und Elevation.
3. Die Communion will Luther in engem Anschluss an Lucas und Paulus so gereicht haben, dass erst das Brod gesegnet, elevirt und dargereicht, d a n n der Kelch gesegnet, elevirt und gereicht werde.

Während der Austheilung des Brodes soll das deutsche „Sanctus" oder „Gott sei gelobet" oder „Jesus Christus unser Heiland" gesungen werden; während des Kelchreichens das deutsche Agnus Dei.
4. Dann folgt der Danksagungsact:
   a) Collecte (Dankgebet).
   „Wir danken Dir, allmächtiger Herr Gott, dass Du uns durch diese heilsame Gabe hast erquicket, und bitten Deine Barmherzigkeit, dass Du uns solches gedeihen lassest zu starkem Glauben gegen Dir und zu brünstiger Liebe unter uns Allen, um Jesus Christus, unseres Herrn willen. Amen."

---

[1] Hier hatte ja schon im 14. und 15. sec. der Wildling des „canticum vulgare" sich eingenistet!

Endlich schliesst die Handlung der hohepriesterliche
b) Segen nach Num. 6.

Mit diesen beiden Entwürfen hat Luther, unter principieller
Wahrung der vollen Freiheit der einzelnen Kirchen, die Typen ge-
geben, nach welchen die verschiedenen Gottesdienstordnungen den
Hauptgottesdienst regelten.

Am conservativsten verfuhren die Kirchenordnungen von Nürnberg (Ansbach-Brandenburg 1526) [LUCAS OSIANDER] 1525, von
Brandenburg 1540 (STRATNER und BUCHHOLTZER unter Joachim II.)[1]),
Pfalz-Neuburg 1543 und die österreichische unter Maximilian II. von
1571 und das Strassburger Kirchenamt von 1524 (KÖPPHEL).

Dem Vorbild der lateinischen Messe folgen im allgemeinen die
norddeutschen und mitteldeutschen Kirchenordnungen. Die von
Braunschweig 1528, Hamburg 1529, Minden 1530, Lübeck 1531,
Pommern 1535, die von Bugenhagen ausgingen; die Hannover'sche
1536, von Urbanus Regius, die Kirchen-Ord. des Herzogs Heinrich
zu Sachsen von 1536, deren geistiger Urheber Jonas war, die von
Naumburg 1537, Mecklenburg 1540, 1552, Braunschweig-Wolfenbüttel (Chemnitz-Andreae) 1569, Lüneburg, Magdeburg, die west-
phälische, die von Oldenburg, Riga, die schwedischen u. s. f.

---

[1]) Luther an Buchholtzer 1539, ed. WALCH XIX. 1251 ff. „Wenn Euch
Euer Herr, der Markgraf und Kurfürst will lassen das Evangelium Christi lauter,
klar, rein predigen ohne menschlichen Zusatz, und die beiden Sakramente, der
Taufe und Bluts Jesu Christi, nach seiner Einsetzung reichen und geben wollen,
und fallen lassen die Anrufung der Heiligen, dass sie nicht Nothhelfer, Mittler
und Fürbitter seien und die Sakramenta in der Prozession nicht umtragen, und
lassen fallen die täglichen Messen der Todten und nicht lassen weihen Wasser,
Salz, Kraut und singen reine responsoria und Gesänge lateinisch und im circuitu
oder Prozession, so gehet in Gottes Namen mit herum, und traget ein silbern
oder gülden Kreuz oder Chorkappe oder Chorrock von Sammt, Seiden oder
Leinwand. Und hat Euer Herr, der Kurfürst, an Einer Chorkappe oder Chorrock nicht genug, die Ihr anziehet, so ziehet derer dreie an wie Aaron, der
Hohepriester, drei Röcke über einander anzog, die herrlich und schön waren,
daher man die Kirchenkleider im Papstthum ornata genannt hat. Haben auch
Ihre Churfürstliche Gnaden genug an Einem circuitu oder Prozession, das
Ihr umhergehet, klinget und singet, so gehet sieben Mal mit herum, wie Josua
mit den Kindern von Israel um Jericho giengen, machten ein Feldgeschrei und
bliesen mit Posaunen. Und hat Euer Herr, der Markgraf, ja Lust dazu, mögen
Ihre Churfürstlichen Gnaden vorherspringen und tanzen mit Harfen, Pauken,
Cymbeln und Schellen, wie David vor der Lade des Herrn that, wie sie in die
Stadt Jerusalem gebracht ward, bin damit sehr zufrieden. Denn solche Stücke,
wenn nur abusus davon bleibet, geben oder nehmen dem Evangelio gar nichts.“
Doch spricht Luther bei anderer Gelegenheit seine Bedenken gegen das Ueber-
wuchern der Formen und Handlungen aus: „facile est enim, cerimonias in leges
crescere, legibus autem positis laquei fiunt conscientiarum, et obscuratur et
obruitur pura doctrina.“ Dies gegen übermässigen archaistischen Eifer und ästhe-
tischen Eifer! „Iniquus sum ceremoniis etiam neccessariis, hostis autem non
neccessariis.“ (Im Brief an Georg von Anhalt 1545.)

Im Süden Deutschlands folgt die Brandenburg-Nürnberg'sche (1533) der lateinischen Messe.

Mehr vermittelnde Haltung nehmen die von BRENZ für die württembergischen Verhältnisse geschaffenen Kirchenordnungen ein: Hall 1525. 1526 (Predigt an der Spitze des Gottesdienstes!) 1543. Typus wird die grosse Württembergische Kirchenordnung von 1553 (s. Beil.), (welche die „kleine", von BLAURER beeinflusste, in's Lutherische corrigirt). Die einfache Form haben die K.-O. von Baden 1556, Pfalz 1554[1]), Worms 1560 u. s. f.

In vermittelndem Sinne wirkt besonders BUCER in Strassburg („Grund und Ursach' aus göttlicher Schrift der Neuerungen an dem Nachtmahl des Herrn, so man die Mess' nennt, zu Strassburg vorgenommen 1524); seinem Geist entspricht die Strassburger Kirchenordnung von 1598.

Von besonderem Interesse ist die liturgische Entwickelung in Hessen. Die von der Homberger Synode angeordnete, aber nicht zur Ausführung gekommene Reformationsordnung von 1526 (Reformatio ecclesiarum Hassiae ed. Credner 1852) huldigt den von Luther in der deutschen Messe ausgesprochenen Ideen vom rechten, wahren Gottesdienst. In den Kirchenordnungen von 1539, der Ziegenhainer

---

[1]) Diese „Kirchen-Ordnung, wie es mit der christlichen Lehr, h. Sacramenten und Ceremonien in Ottheinrichs Pfalzgraven bei Rhein Fürstentumb gehalten wirdt, Nürnberg, 1554", gibt folgende Ordnung der Abendmahlsfeier:

I. Wortgruppe

1. Deus in adj.
2. Confiteor — knieend.
3. Absolution.
4. Introitus de dominica vom Chor.
5. Kyrie, alles deutsch.
6. Gloria,   „   „
7. Salutatio.
8. Collecte. Gem.: Amen.
9. Epistel.
10. Gesang.
11. Evangelium.
12. Deutsches Credo („Wir glauben All' an Einen Gott").
13. Predigt.
14. Gebet und Vermahnung.

II.

Die Communicanten verfügen sich in den Chor und knieen nieder.
15. Sanctus (Chor).
16. Vermahnung (wie in Württemberg),
17. Vaterunser („gesungen oder gesprochen").
18. Einsetzungsworte (Elevation ist „abgethan"!).
19. Austheilung (Lutherisch!).
20. Danksagungsgebet.
21. Segen (Num. 6).

und der Kasseler [1]) macht sich der süddeutsche Einfluss durch Bucer geltend, der in hervorragendem Masse auf dieselben eingewirkt hat, wenn er nicht der eigentliche Verfasser ist.

Die in der Kirchenordnung von 1565 (bezw. 1566), noch mehr in der von 1574 gegebenen Anordnungen (RICHTER II, 289) verrathen Anschmiegung an die mittel- und norddeutsche Richtung, jedoch mit ganz eigenartigen Abweichungen. Nach der „Agenda" von 1574 (bezw. 1657, s. Beil.) gliedert sich der Gottesdienst so:

I. Wortgruppe.

  a) Eingang (am Altar).

    1. „Komm', heil'ger Geist" (von den Schülern knieend gesungen).

    2. Lied de tempore („ein Psalm oder Gesang, der auf die Zeit sich schicket"), von der Gemeinde gesungen.

    3. Kyrie. Gloria in excelsis.

  b) Schriftlesung (am Altar).

    1. Collecte („um Gnade, Gottes Wort fruchtbarlich anzuhören").

    2. Epistel, nun nach der Agende von 1566

    3. eine Sequenz oder Psalm (nach alter Sitte s. o.).

    4. Evangelium.

    5. Glaube, deutsch gesungen (oder das Grates nunc omnes mit darauffolgender Verlesung eines Symbols). Nach der Agende von 1657 aber sofort nach 2.

  c) Das Credo („nach der Epistel singet man den christlichen Glauben").

    Nun geht der Pfarrer zur Kanzel; es folgt:

  d) Auslegung des Wort's (auf der Kanzel).

    1. Gebetsermahnung.

    2. „einträchtiglich betet die ganze Gemeinde das Vaterunser".

    3. Gesang de tempore, also Predigtlied.

    4. Textverlesung und Predigt, und zwar so, dass nach propositio und votum an die Armensteuer erinnert und der Klingelbeutel in Bewegung gesetzt wird.

    5. „kurze Erinnerung und Vermahnung an die Communicanten".

    6. „Beicht und Bekäntniss der Sünden und die Absolution".

---

[1]) Ordnung der christlichen Kirchenzucht für die Kirchen im Fürstenthum Hessen. 1539. Ordnung der Kirchen zu Kassel alles äusserlichen Dienstes und göttlicher Händel halben, so die Gemeinde Gottes aufzuerbauen im Glauben vonnöten. 1539 (letztere die vorwiegend liturgische). S. RICHTER I. 295.

7. Gebet (auch Proclamationen u. a.). Dabei soll „oftmals und mit sonderem Fleiss Vermahnung geschehen, dass das Volk bleiben und so lang verharren wollt, bis das Nachtmahl des Herrn gehalten und also der Gottesdienst gänzlich verrichtet werde".

8. Gesang (während dessen der Pfarrer die Kanzel verlässt).

II. Eucharistie (an Weihnachten, Ostern, Pfingsten folgt erst die Confirmation).

a) Weihung.

1. Präfation (wie in der deutschen Messe, die alte Präfation, nur nicht antiphonisch):

„Erhebet eure Hertzen zu Gott, unserem Herrn! Denn es ist wahrhaft billig und recht etc."

2. Vaterunser.

3. Einsetzungsworte.

b) Spendung (Formel: „Nehmet hin und esset, das ist der Leib — — —; das ist das neue Testament in dem Blut etc.")

Während der Austheilung werden Abendmahlslieder gesungen. Dann folgt

c) Danksagungsgebet (nach Luther's deutscher Messe) und Segen (nach Num. 6).

* * *

Die liturgische Vortragsweise der katholischen Kirche war der Sprechgesang, der accentus und concentus. Es verstand sich von selbst, dass an und für sich gegen diese Vortragsweise von evangelischem Standpunkt aus nichts einzuwenden war, wenn nur das Wort, dem der gesungene Ton als Träger zu dienen hatte, zu voller Geltung kam. Unter allen Umständen aber ist es den Gemeinden freizugeben, welche Vortragsweise sie annehmen wollen, und aus der Frage, ob die liturgischen Stücke gesungen oder ob sie gesprochen werden sollen, darf nie eine Gewissensfrage gemacht werden.

Im Allgemeinen wurde da, wo man sich die reichere Gliederung der lateinischen Messe zum Vorbild nahm, auch der Altargesang beibehalten und nur dem deutschen Text angepasst, ohne dass man darin den Sauerteig des Katholicismus witterte.

Da aber, wo man sich, wie in Südwestdeutschland, für die einfachste Form des Gottesdienstes entschied, wurde der Altargesang abgethan und das Singen im Gottesdienste der Gemeinde vorbehalten.

Der von dem evangelischen Princip beherrschte und bestimmte
Gottesdienst bedarf an und für sich des musikalischen Schmuckes
nicht: Wort und Sacrament, Danksagung und Gebet, welche den
Gottesdienst constituiren, können des Gesanges entbehren, ohne dass
dadurch der Gottesdienst an seinem eigentlichen Wesen etwas ein-
büsst. Da jedoch der evangelische Gottesdienst wesentlich Gemeindefeier ist, die Bethätigung der ganzen Gemeinde voraussetzt und fordert, da ferner die natürlichste Form des gemeinsamen Vortrages der
die Mannigfaltigkeit der Stimmen einheitlich zusammenfassende Gesang ist, so darf ohne Weiteres gesagt werden: die natürlichste
Form des Vortrages aller der Stücke, welche der ganzen Gemeinde,
als dem Volk von Priestern, das mit seinem Herrn handelt, zugetheilt sind, ist der gemeinsame Gesang, das musikalisch stylisirte
Gesangsgebet. Sie ist wiederum nicht wesentlich und schlechthin
bindend: ob die Gemeinde zusammenspricht oder ihre Stimmen im
Gesang vereinigt, berührt das Wesen des Gottesdienstes nicht; wohl
aber empfiehlt sich der Gesangsvortrag unter dem Gesichtspunkt der
Wohlanständigkeit und Ordnung (1 Cor. 14, 40), da es leichter ist,
geordnet zusammen zu singen, als geordnet zusammen zu sprechen.

So war denn Luther von Anfang an darauf bedacht, der Gemeinde nach Text und Weise deutsche Gesänge zu verschaffen.
Denn die nach dem evangelischen Princip der subjectiven Wahrheit
einzig mögliche Form des Gemeindegesanges ist das nach Wort und
Melodie deutsche, einstimmige Volkslied. Es genügt Luther keineswegs, die Psalmen und die lateinischen Gesänge in die deutsche
Sprache zu übersetzen oder in deutsche Reime zu bringen: deutsche
Psalmen will er haben, d. h. Gesänge, die dem deutschen Volk aus
der Seele gesungen sind, in denen es die eigene Art, sein ureigenes
geistiges Eigenthum erkennen kann. In welchem Masse das dem
gottbegnadeten Manne gelungen ist, mag vor allem das Schutz- und
Trutzlied: „Ein' feste Burg ist unser Gott“ bezeugen, das ein Volkslied im besten und tiefsten Sinne des Wortes geworden und bis
heute geblieben ist. Die meisten seiner Lieder sind nicht blosse
Umdichtungen oder Uebersetzungen, sondern bei aller Treue, mit
der er sich dem Original anschliesst, Neudichtungen, und mehr oder
weniger gilt dies von den Liederdichtern des Reformationsalters
(Decius, Poliander, Speratus, Eber u. s. f.) überhaupt.

Es genügte unserem Luther auch nicht, den Weisen des gregorianischen Gesanges deutsche Texte unterzulegen. Das nennt er
einmal einen „läppischen“ Gesang und meint: „Will man deutsch

singen, so singe man gute deutsche Lieder. Will man lateinisch singen, so wie es die Schüler thun, so behalte man den alten Choral und Text." Den letzteren, dessen Kraft und Schönheit Luther wohl zu würdigen wusste, wollte er ausdrücklich erhalten wissen, indem er ihn den Lateinschülern zuwies.

So kommt im evangelischen Gottesdienst die volksthümliche Melodie zu voller Geltung; das geistliche Volkslied, das sich schon vor Luther den Weg in den Gottesdienst gebahnt hatte, aber nur bei Umgängen und innerhalb der Liturgie in Verbindung mit der Sequenz oder auch an Stelle derselben geduldet worden war, wird nun die wesentliche Form des gottesdienstlichen Gesanges.

Mit voller Absicht griff man in den Schatz der geistlichen und profanen Volksweisen hinein: wo man Neues schaffen musste, nahm man sich in Structur und Tonfolge die Volksmelodie zum Vorbild. Denn man ging nicht darauf aus, eine neue Musik zu schaffen, sondern dem Volke die ihm geläufige zu geben, um ihm die Zunge zu lösen. Man sah nur darauf, dass man die Weisen von Fall zu Fall je für den Dienst am Heiligthum zurichtete. Sind doch gerade aus der Zeit des ersten Frühlings unserer Kirche als eigentliche Erfinder von neuen Tonweisen, ausser Luther, dem Urheber der in ihren Motiven an die Tongänge des gregorianischen Gesanges anklingenden, in Structur, Rhythmus und Charakter aber durchaus originalen Weise von „Ein' feste Burg ist unser Gott" nur etwa zu erwähnen: der von Augsburg stammende Kapellmeister des Herzogs Albrecht von Preussen, HANS KUGELMANN (c. 1539), den sich der genannte Herzog ausdrücklich vom Rathe zu Augsburg erbeten hatte, dass er „ihm helfe, einen schönen evangelischen Gottesdienst anrichten durch die edle Musica", und dem wir — freilich nicht mit voller Sicherheit — die glänzend prächtige, jubelvolle Melodie verdanken: „Nun lob' mein Seel' den Herren", und der liebenswerthe Cantor von Joachimsthal NICOLAUS HERMANN, geb. 1485, gest. 1561, dieses Urbild eines evangelischen Cantors und Organisten, der von sich ausging, wenn er der Meinung war, „dass ein Organist und Cantor nicht allein ein Levit im Tempel sei, sondern vielmehr ein Diener des Wortes, und was wir hier unten singen und musiciren, sei nur eine schwache Vorübung und üble Probe zu der grossen Aufführung der Festmusik, die wir im Chor mit den Engeln oben im Himmel aufführen werden" [1]). Von dem „alten Cantor" singen wir heute noch:

---

[1]) Koch I. S. 391.

„Lobt Gott, ihr Christen alle gleich"

f   c   c   c   c   dc͡b   a

und „Erschienen ist der herrlich' Tag". Wie es das Gewissen des
ganzen deutschen Volkes gewesen ist, in dessen Namen Luther das
Wort ergriffen hat, so musste es auch der Genius des deutschen
Volkes sein, der im Volkslied die grossen Thaten Gottes lobte, und
wie die ganze Reformation eine Sache des Volkes gewesen ist, so
waren es auch des Volkes Lieder, die auf ihren Schwingen den herrlichen Geist durch die Lande trugen — das Kirchenlied der ersten,
schöpferischen Zeit konnte nicht ein begabter Einzelner machen,
es war da, es musste Volksgesang sein. Auch was dem bisherigen
lateinischen Kirchengesange entnommen wird, muss sich der Lied-
form der Volksweise fügen.

So sind von urchristlichen Gesängen in den Gebrauch der evangelischen Kirche gekommen: „Veni redemptor" („Nun komm der Heiden
Heiland") (Ambrosius); „Veni creator spiritus" (Komm Gott,
Schöpfer, heiliger Geist") (7. Jahrh.), „Te deum laudamus" („Herr
Gott Dich loben wir") (Ambrosius); „Pange lingua" („Mein Zung
erkling' und fröhlich sing'"); „A solis ortus cardine" („Christum
wir sollen loben schon") (Coelius Sedulius); „O lux beata trinitas"
(„Der du bist drei in Einigkeit"), „Jesaia dem Propheten" u. a. Aus
dem reichen Schatze der Sequenzen nahm die evangelische Kirche
theils unmittelbar theils in wesentlicher Umbildung auf: „Salve festa
dies" („Also heilig ist der Tag") (Fortunatus); „Grates nunc
omnes" („Lobt Gott, o lieben Christen"), „Media vita in morte
sumus" („Mitten wir im Leben sind") (Notker Balbulus); „Mittit ad
virginem" („Als der gütige Gott etc."). Aus dem altlateinischen
Gesange stammen der Grundlage nach ferner unter anderen die zum
Lied umgebildeten Weisen: „Allein Gott in der Höh" (ursprünglich das „Et in terra pax" des gloria paschalis), „O Lamm
Gottes, unschuldig", „Hallelujah, denn uns ist heut", „Christ lag in
Todesbanden", „Komm heil'ger Geist Herre Gott", „Jenen Tag,
den Tag der Wehen", „Gott Vater, Herr", „Da Christus geboren war".

Von geistlichen Volksweisen, deren es schon lange vor der
Reformation für alle Hauptfeste gab, wurden zu evangelischen
Kirchenliedern: das alte Kreuzfahrerlied „In Gottes Namen fahren
wir" (12. Jahrhundert), bekannt mit dem Texte „Dies sind die
heil'gen zehn Gebot"; — ferner die Osterlieder: „Christ ist er-
standen von der Marter alle" (12. Jahrh.), „Christ der ist er-

standen von der Marter alle" ("In dich hab' ich gehoffet, Herr"),
"Freu' dich, du werte Christenheit" ("Es ist das Heil uns kommen
her"); das Processionslied vom hl. Charfreitag "O Traurigkeit";
ferner die Weihnachtslieder: "Gelobet seist du Jesus Christ", das schon
die Schweriner Kirchenordnung (1519) ein canticum vulgaro nennt,
welches das Volk ("populus") bei der Celebrirung des Sacraments
anstimme; "Es ist ein Ros' entsprungen", "Josef, lieber Josef mein",
"In dulci jubilo"; das Pfingstlied "Nun bitten wir den heil'gen
Geist" (13. Jahrh.), das Himmelfahrtslied "Christus fuhr gen Himmel";
die Lieder "Vater unser im Himmelreich" (1400 schon "gar bekannt"), "Wir glauben all' an Einen Gott" (findet sich schon 1417).

Aus dem reichen Schatze der weltlichen Volkslieder des 14.
bis 16. Jahrhunderts kamen unter anderen in die Kirche: "Herr
Jesu Christ, mein's Lebenslicht", "Kommt her zu mir, spricht Gottes
Sohn" (der alte Lindenschmittston, nach welchem unzählige weltliche
und geistliche Texte gesungen wurden), "Christ unser Herr zum
Jordan kam", "Herr Christ du einig Gottes Sohn") ("Ich hört
ein Fräulein klagen"), "Von Gott will ich nicht lassen" (urspr. ein
Jägerlied "Einmal thät ich spatzieren"), "Ich dank dir lieber Herre"
("Entlaubt ist uns der Walde"), "Ach Gott, thu' dich erbarmen"
("Frisch auf ihr Landsknecht alle"), "Es ist gewisslich an der Zeit"
("In's Wildbad hin steht mir mein Sinn") (?), "Was mein Gott
will" ("Il me suffit", französisches Liebeslied), "Ich hab mein' Sach
Gott heimgestellt" (Scheidelied "Es ist auf Erd' kein schwerer
Leiden"), die fälschlicher Weise Hans Sachs zugeschriebene Weise
"Warum betrübst du dich" ("Dein G'sund mein' Freund'"). Unter
die ächten Volkslieder dürfen wir endlich rechnen, wiewohl die Urheber bekannt sind, die herrlich schönen Weisen "Nun ruhen alle
Wälder" von HEINRICH ISAAC und "Befiehl du deine Wege" ("Herzlich thut mich"), von HANS LEO HASSLER (geb. 1564 zu Nürnberg,
† 1612 zu Frankfurt a. M.) zu dem Text "Mein G'müt ist mir
verwirret" componirt.

Erst gegen das Ende des Reformationsjahrhunderts, da der
erste Frühling dahin, die Zeit des Werdens, des Blühens und
Wachsens vorüber war, mehren sich die Erfinder von neuen Melodieen;
es begegnet uns der gelehrte Theologe SELNECCER, der Stifter des
Thomanerchors (geb. 1532 zu Hersbruck bei Nürnberg, † zu Leipzig
1592) mit der schönen Weise "Nun lasst uns Gott den Herren" —
der mit aller Welt, so weit sie calvinisch war, in bitter Fehde sich
verzehrende PHILIPP NIKOLAI (geb. 1556 zu Mengeringhausen,

† 1608 zu Hamburg) mit dem Königspaar unter den Chorälen „Wachet auf ruft uns die Stimme" und „Wie schön leucht' uns der Morgenstern", dem wir nur die Eine des gegen das Ende des Reformationsjahrhunderts geborenen MELCHIOR FRANK (geb. 1580 zu Zittau) an die Seite stellen können, jene wunderbare Weise, die einem seraphischem Lichtstrahle gleicht, der aus dem oberen Heiligthum sich herniedersenkt in die Nacht der Erde, aus welcher des frommen Sängers begeisterter Blick aufschaut zu den lichtumflossenen Zinnen der ewigen Stadt, die Melodie „Jerusalem, du hochgebaute Stadt".

Als Schöpfer von Melodieen sind noch zu nennen: MELCHIOR VULPIUS mit „Christus der ist mein Leben" (Cantor zu Weimar, geb. 1560 zu Wasungen, † 1616), und MELCHIOR TESCHNER, Pfarrer von Oberkritschen bei Fraustadt mit der Melodie von „Valet will ich dir geben", der treffliche Thomas-Cantor JOHANN HERMANN SCHEIN (geb. 1586, † 1630) mit seiner gemüthvollen Weise „Machs mit mir, Gott, nach deiner Güt", MICHAEL ALTENBURG, geb. 1583, † 1640 als Pastor zu Erfurt mit der Melodie „Herr Gott, nun schleuss den Himmel auf", MATTHÄUS APPELLES VON LÖWENSTERN mit der frischen Weise: „Nun preiset Alle", HELDER (Gotha, † 1635), WALLISER, BODENSCHATZ u. s. f.

Der Gemeindegesang war als Volksgesang grundsätzlich und seiner Natur gemäss einstimmig, die dem evangelischen Cultus wesentliche Form der Kirchenmusik also das einstimmige geistliche Lied. Kunstmässiger Chorgesang bildete nicht ein wesentliches Element des evangelischen Gottesdienstes.

Gleichwohl hat Luther denselben beibehalten unter dem doppelten Gesichtspunkt einerseits der Bereicherung und Verherrlichung des Gottesdienstes durch die Kunst, andererseits der musikalischen Erziehung der Gemeinde.

Luther kannte aus eigener Erfahrung die Macht, welche die Tonkunst auf das menschliche Gemüth ausübt, zu gut, um sich ihrer nicht als eines der edelsten und kräftigsten Erbauungsmittel zu bedienen. Er war zu sehr durchdrungen von dem künstlerischen Werthe der Meisterwerke seiner Zeit, um sie aus puritanischer Engherzigkeit vom Gotteshaus auszuschliessen, das ja doch nach ächter evangelischer Auffassung der Sammelpunkt aller idealen Kräfte und Elemente des Volkslebens sein soll. Schon darum trat Luther mit voller Energie für die Erhaltung des kunstmässigen Chorgesanges ein und es ist bekannt, mit wie kräftigen Worten er sich der von den Räthen Johann's des Beständigen beliebten Aufhebung der kurfürstlichen Cantorey widersetzt hat. Wollte er doch für die der lateinischen Sprache kundige Jugend die Messe in lateinischer Sprache beibehalten wissen um der guten Gesänge willen, die in dieser Sprache vorhanden sind und deren Schönheit und Ursprünglichkeit verloren ginge, wollte man den „lateinischen Noten" einen deutschen Text unterlegen.

Ferner war sich Luther gar wohl bewusst, dass, wo kein schulgerechter, wohlgeübter Chor das musikalische Gewissen der Gemeinde wach erhält, das Ohr schärft und das Verständniss übt, auch der Gemeindegesang zurückgeht, verroht und verwildert. Der Chor soll der musikalische Führer der Gemeinde sein. Diese beiden Gesichtspunkte bestimmten und bestimmen noch heute dem Chor seinen Platz innerhalb des evangelischen Gottesdienstes und zeichnen ihm die doppelte Aufgabe vor, den Gemeindegesang zu führen und durch kunstvollen, mehrstimmigen Gesang am gegebenen Platz den Gottesdienst zu schmücken und zu verherrlichen — nicht als der Vertreter der idealen oder der himmlischen Gemeinde, noch weniger als eine Art musikalischer Clerus, sondern als derjenige Theil der grossen Gemeinde, dem vom Geist Gottes · die Gabe, den Herrn in höheren Zungen zu preisen, verliehen ist, und der diese Gabe unter dem Gesichtspunkt von 1 Cor. 14, 26 in den Dienst der gemeinsamen Erbauung stellt; daraus ergibt sich, dass nach lutherischen, wie evangelischen Grundsätzen der Chor niemals die Gemeinde ablösen, die dieser zustehenden Gesänge für sich allein, sondern nur in Gemeinschaft mit ihr und ideell eins mit ihr als ihre Stimme ausführen darf; sowie, dass der mehrstimmige Kunstgesang des Chors an keiner Stelle des Gottesdienstes statt des Gemeindegesanges, sondern nur da eintreten darf, wo sein selbständiges Hervortreten durch den Gesichtspunkt der gegenseitigen Selbsterbauung gerechtfertigt erscheint, also alternirend mit Liturg und Gemeinde, sei's dass sein Feierklang das Lobopfer der Gemeinde sollicitirt, sei's dass er in höheren Klängen dasselbe gleichsam zum oberen Heiligthum emporträgt.

Es war eine edle Schaar trefflicher Tonmeister, welche sich dem Reformator mit ihrer Kunst zur Verfügung stellte: obenan seine treuen Mitarbeiter, der ehrwürdige CONRAD RUPFF und der wackere, in seinen Tonsätzen freilich etwas trockene und ungelenke JOHANN WALTHER, dessen Chorwerk („Wittenbergisch deutsch-geistlich Gesangbüchlein. Mit 4 und 5 Stimmen durch Joh. Walther auf's neu mit Fleiss corrigirt und mit vielen schönen Liedern gebessert und gemehret. Wittenberg, bei Georg Rhaw 1544) der uns von der Leipziger Disputation her bekannte ehemalige Cantor an der Thomasschule Georg Rhaw durch ein eigenes Werk ergänzte, in welchem die besten Tonsetzer vertreten waren ("Newe deutsche, geistliche Gesänge CXXIII. Mit vier und fünf Stimmen. Für die gemeine Schulen. Mit sonderlichem vleis aus vielen erlesen, der zuvor keins in Druck ausgegangen". Wittenberg 1544). Zu nennen wären ferner Hans Kugelmann mit den "Concentus novi trium vocum oder news Gesang mit dreyen Stimmen, den Kirchen und Schulen zu Nutz, nemlich in Preussen durch J. Kugelmann gesetzt. Item etliche Stück mit 8, 6, 5, 4 Stimmen". Augsburg 1540 (mit 39 Gesängen) und Walther's Nachfolger als Hofkapellmeister in Dresden Le Maistre mit einer Sammlung dreistimmiger Gesänge ("Schöne und auserlesene deutsche und lateinische Gesäng". Dresden 1557); Martin Agricola (1486—1556), der dem evangelischen Kirchenlied in den Kirchen zu Magdeburg Bahn brach; Lucas Lossius (1508—1582); unter der jüngeren Generation der ehemalige Magdeburger Currendschüler Seth Calvisius, der als Cantor an der Thomasschule zu Leipzig gestorben ist (geb. 1556 zu Gorschleben in Thüringen als Sohn eines Taglöhners, 1582 Cantor in Schulpforta, seit 1594 in Leipzig); Bartholomäus Gesius, Melchior Vulpius, geb. 1560 in Wasungen, Cantor in Weimar ("Christus der ist mein Leben"), Gumpeltzheimer (geb. 1559 in Trostberg, Cantor in Augsburg) u. a.

Der Tonsatz dieser Meister folgt ausschliesslich dem Gesetz des polyphonen Kunstwerkes; die Liedweise lag nicht in der Oberstimme, sondern im Tenor, zuweilen, wie z. B. in Rhaw's Motette "Ein feste Burg", im Bass, war also für die nicht eben musikalisch Geschulten in der Gemeinde, für die grosse Masse, schwer erkennbar, schwer herauszuhören und noch schwerer zu verfolgen. Es ist ein abenteuerlicher Gedanke, sich vorzustellen, die Gemeinde habe bei dem Vortrag dieser Tonsätze durch den Chor die Liedmelodie mitgesungen: dadurch wäre ja das Gleichgewicht der Stimmen in höchst unkünstlerischer Weise zerstört, der eigentliche Zauber des polyphonen Kunstwerkes vernichtet worden, ganz abgesehen davon, dass an eine solche Höhe durchschnittlicher Gesangsbildung denn doch nicht zu denken ist.

Der Gemeindegesang trat an die Stelle des lateinischen Chorals,

diesen war man von jeher nicht anders als einstimmig zu hören ge-
wöhnt und so ist es das natürlichste anzunehmen, dass die Gemeinde
einstimmig unter der Führung des Cantors und der Schüler ohne
jede Begleitung ihre Gesänge ausführte; es war der Gemeindegesang
wirklicher Volksgesang, die nicht allzu zahlreichen der Mehrzahl
nach dem Schatz des Kirchen- und Volkslieds entnommenen Weisen
waren der Gemeinde bekannt, geläufig, mundgerecht, ihr wirkliches
Eigenthum. Erst als die Zahl der Melodieen sich mehrte, als die
Tonsetzer zu den neuen Texten auch neue Weisen schufen, wurde
es nöthig, die Orgel zur Führung des Gemeindegesanges zu verwenden. Dies geschah erst im 17. Jahrhundert. Bis dahin hatte
man mit der Orgel nur den Chorgesang begleitet.

Schon GESIUS (Cantor in Frankfurt a. O. c. 1600) lässt mit
dem den Gemeindegesang führenden Schülerchor die Orgel abwechseln.
Aber das erste Choralbuch für einstimmigen Gemeindegesang mit
Orgelbegleitung ist das von SAMUEL SCHEIDT 1650 herausgegebene
„Tabulaturbuch hundert geistlicher Lieder und Psalmen Herrn
Doctoris Martini Lutheri und anderer gottseliger Männer für die
Herrn Organisten, mit der Christlichen Kirche und Gemeine auff
der Orgel, dessgleichen auch zu Hause zu spielen und zu singen.“

Deutlich und scharf trat also im Reformationsjahrhundert der
Gemeindegesang als eigentlicher Volksgesang und der Kunstgesang
des Chors auseinander: die Form des ersteren war die rhythmisch
bestimmte, melodisch geschlossene Volksweise, die an und für sich eine
harmonische Unterlage und Interpretation zwar verträgt, aber keineswegs bedarf, noch fordert; die Form des letzteren war das polyphone
Kunstwerk, dessen Reiz nicht — wie bei der Volksweise in der character-
vollen Tonfolge — sondern in der durch das Band der Consonanz
zusammengehaltenen Combination der Stimmen, nicht im Reiz der horizontalen Tonlinie, sondern im Reiz des verticalen Aufbaues liegt.

Das Einheitsband, welches beide Formen, den Gemeindegesang
und den Chorgesang in idealer Weise miteinander verknüpfte, so
dass beide gleichsam als die zwei verschiedenen Fassungsweisen einer
und derselben Sache erscheinen, bildete die Weise des Kirchenlieds
selbst, das eine Mal die in sich selbst ruhende, aus eigenem Princip
geschaffene, durch sich selbst einleuchtende, bewegliche, gelenkige,
biegsame, charaktervolle Form, die weiterer Ausdrucks- und Aus-
stattungsmittel nicht bedarf, das andere Mal der kostbare Juwel,
welchen die Kunst in das edle Tongeschmeide einfasst, um seinen
Werth, seine Leuchtkraft noch wirksamer hervortreten zu lassen.

Gegen das Ende des Reformationsjahrhunderts vollzog sich ein Umschwung des musikalischen Geschmackes, dessen Frucht wir im ariosen Gesang der Oper reifen sehen. Das Ohr gewöhnte sich, im polyphonen Kunstwerk mit Vorliebe auf den Fluss der melodischen Bewegung zu hören und das ästhetische Interesse weniger dem kunstvollen Aufbau der Stimmen, als der reizvollen Mannigfaltigkeit der durch die kunstvolle Stimmenverflechtung entstehenden, die Massenbewegung tragenden, einfassenden, accentuirenden Harmonien und Klangwechsel zuzuwenden: kurz man gewöhnte sich, das polyphone Kunstwerk unter dem Gesichtspunkt des homophonen aufzufassen und forderte von demselben melodische Einheit, Deutlichkeit und Geschlossenheit der dasselbe beherrschenden horizontalen Tonbewegung.

In dem Masse aber, als das vielstimmige Tonwerk sich mehr und mehr dem durch reiche Harmonie gesättigten einstimmigen Gesang näherte, verlor man Sinn und Verständniss für den nur in rhythmischer und melodischer Bestimmtheit liegenden Reiz der einfachen, harmonischer Begleitung entbehrenden, Kirchenweise: sie erschien arm und klangleer. Je mehr der Chorsatz die Kirchenweise an die Oberfläche drängte, zum bestimmenden und beherrschenden Princip des Satzes erhob, desto näher lag der Gedanke, den Kunstgesang mit dem — durch das Princip des evangelischen Cultus eigentlich allein geforderten — Gemeindegesang zu verbinden, beziehungsweise demselben dienstbar zu machen.

Ausdrücklich diesem Bestreben huldigt das Choralbuch, welches der württembergische Oberhofprediger LUCAS OSIANDER (1534—1604) 1586 herausgab: „geistliche Lieder und Psalmen mit vier Stimmen auff Contrapunkts weiss für die Schulen und Kirchen im löblichen Fürstenthumb Württemberg, also gesetzt, dass eine christliche Gemein durchaus mitsingen kann". Weil, meint er, ein Laie, der nicht höhere musikalische Bildung besitzt, bei der Figural-Musik auf's blosse Zuhören angewiesen sei, habe er darüber nachgedacht, „wie bei einer christlichen Gemein eine solche Music einzurichten wäre, da gleichwohl vier Stimmen zusammengiengen und dennoch ein jeder Christ wohl mitsingen könnte". Er will also Chorgesang bieten, der dem Gemeindegesang „zur Zierde" diene, der Gemeinde das Mitsingen möglich mache, ihren Gesang ebendamit harmonisch bereichere, künstlerisch veredle. Denn schon erschien dem Geschmack die nur rhythmisch-melodisch bestimmte, wenn noch so lebendige und charaktervolle Tonbewegung ohne dieselbe tragende und mit Klangfülle sättigende Harmonie arm, dünn, bedeutungslos, wie umgekehrt ein mehrstimmiger Tonsatz ohne die singende Oberfläche einer anmuthvollen, den Tonsatz umsäumenden Melodie, trocken, steif, reizlos. Denn sie allein war die biegsame und schmiegsame Ausdrucksform für die bewegte Innerlichkeit, sie erschien als die Zeichnung, welche der kunstvolle Satz mit wohl abgestuften Farben belebte. Das Ideal, welches dieser veränderten Ton-Anschauung entsprach, ist verwirklicht in den Meisterwerken der neapolitanischen Schule, welche die Tonkunst in den Dienst des menschlichen Pathos stellt, und das Princip der Harmonie und Polyphonie vollständig dem der Melodie unterordnet als der eigentlichen Trägerin der das Kunstwerk tragenden und beseelenden Stimmung, als der Dolmetscherin der subjectiven Bewegung, die sich im Kunstwerk zu entäussern sucht und niederschlägt.

So folgt schon SAMUEL MARSCHALL in Basel den Grundsätzen OSIANDER's; HANS LEO HASSLER (geb. 1564 zu Nürnberg, Organist in Augsburg 1585, in Prag 1602, † in Frankfurt a. M. 1612) setzt die Melodie in die Oberstimme, hält die Harmonie einfach und durchsichtig.

Auf der Grenzscheide zwischen der Periode des strengen, monumentalen Styls, welcher die Melodie in das nach festem, architektonischem Constructionsprincip gegliederte Gefüge der Polyphonie einordnet, also gleichsam die Stimmung des gläubigen Subjects zurücknimmt in die heilige und heiligende Zucht des alles ordnenden Geistes und damit kirchlich prägt, sie weiht und läutert — und der Periode jenes pathetischen Styls, dem die Melodie das herrschende Princip wird, weil es ihm nur um die unmittelbare Aussprache der bewegten Innerlichkeit zu thun ist, steht jener Meister, der in der Geschichte der evangelischen Kirchenmusik ungefähr dieselbe Stellung einnimmt, wie PAUL GERHARD in der Geschichte des Kirchenlieds: JOHANN ECCARD (geb. 1553, † 1611), das Haupt der preussischen Tonschule, den wir mit demselben Recht an den Schluss der ersten, wie an den Anfang der zweiten Periode stellen könnten, weil er die erste in gewissem Sinn abschliesst, die zweite aber schon deutlich ankündigt, der Rücksicht auf die Gesetze der Polyphonie in gleichem Masse gerecht wird, wie der Pietät gegen die der Gemeinde angehörende Melodie. Der Tonsatz ist der Melodie untergeordnet, welche im Discant erscheint, „dass der Choral, wie er an sich selbst geht, in der Oberstimme deutlich gehört werde, und die Gemeinde denselben zugleich mit einstimmen und singen könne“; aber der Satz

selbst zeigt den Schüler des grossen ORLANDUS LASSUS in der kunstvollen Stimmenführung, so dass wirklich — wie er es in der Vorrede
zu den Festliedern von 1595 hofft, „darin etwas nach musikalischer
Art anmuthiges und der Kunst gemässes enthalten" ist und diese
Sätze ebenso als polyphone Kabinetsstücke interessiren, wie sie durch
den Zauber anmuthiger Melodik anziehen — es sei beispielsweise
an den wundersamen Tonsatz „Maria wallt zum Heiligthum" erinnert.

So hat er im Geist und Sinne OSIANDER's den Kirchenchor
dem Gemeindegesang dienstbar gemacht, ohne der Kunst etwas zu
vergeben.

Allein, indem er den Chorgesang so in den Dienst des Gemeindegesanges stellte, lehrte er doch, ohne es zu wollen, die harmonische
Begleitung des Gemeindegesanges als die eigentliche und ausschliessliche Aufgabe des Kirchenchors betrachten und er hat so dazu beigetragen, dem Chor seine bisherige, wahrlich wunderschöne Aufgabe
zu entfremden, die darin bestand, der Gemeinde ihre Weise im
Feierkleid der Vielstimmigkeit als ein Lied im höheren Chor zuzu-
singen. Es war nur eine Forderung des guten Geschmacks, dass
man an die Stelle des Chors bei der Begleitung des Gemeindegesanges die Orgel setzte, deren mächtige Klänge dem gewaltigen Uni-
sono des Gemeindegesanges viel besser das Gleichgewicht halten
konnten, als die wenigen Chorstimmen. — Der Chor hatte keine
eigentliche Aufgabe mehr. In dem Masse, als die Orgel vorrückte,
gingen die Kirchenchöre ein. Da wo kunstmässige Kirchenmusik
durch die Munificenz fürstlicher Gunst beibehalten wurde, trat an
die Stelle jener edlen, mit dem Gemeindegesang durch das Band
der Kirchenweise eng verbundenen, dem Gottesdienst sich als homo-
genes Element einfügenden, Musik das kirchliche Concert, das im
besten Falle eine musikalisch-kirchliche Feier innerhalb des Gottesdienstes darstellt, diesem selbst aber sich nicht als wesentliches Glied
anschmiegt, ob es ihn nur gleichsam als Festouverture eröffnet oder
als musikalische Einlage, gleichsam als fesselndes Divertissement, die
Monotonie desselben unterbricht.

Den Gang der Entwickelung nach dieser Richtung hin haben
auch die grössten Tonmeister der lutherischen Kirche, die ausdrücklich für den Gottesdienst schufen und denen wir Werke von
höchster künstlerischer wie kirchlicher Weihe verdanken, ein PRAE-
TORIUS (1571—1621), ein HEINRICH SCHÜTZ (1585—1672), ein JOH.
SEBASTIAN BACH (1685—1750) nicht aufgehalten. Die Musik des

evangelischen Wortes, losgelöst von der Liturgie, wurde zu einer in ihrer Weise selbständigen, der liturgischen Einfassung nicht mehr bedürfenden musikalischen Auslegung des göttlichen Wortes in Cantate und Oratorium. Wie in der Kirche vor der Reformation die Predigt der heiligen Kunst hatte weichen müssen, so musste in der Kirche der Reformation schliesslich die aus dem Evangelium erwachsene Tonkunst der Predigt weichen.

Aber wie damals die Predigt dadurch, dass sie vor die Kirche heraustrat, in jenen grossen Zeugen wie Bruder BERTHOLD, TAULER u. a., das Wort an die Massen brachte, aus blosser Gemeindepredigt zur Massen- und Missionspredigt wurde, die der Reformation im Volksgemüth mächtig vorarbeitete, so ist es die Mission der evangelischen Tonkunst geworden, zu einer Zeit, da die Predigt im Gotteshaus wenig von dem Evangelium mehr zu bezeugen wusste, ausserhalb des Gotteshauses durch ihr blosses Dasein zu zeugen von der schöpferischen Kraft und Herrlichkeit des Evangeliums — und die heiligen Gestalten der Bibel mit dem urkräftigen Bibelwort an die breiten Schichten der dem Gotteshause Entfremdeten heranzubringen, ja auch den Juden und Heiden zu predigen von der zeugenden Kraft des in Christo erschienenen Lebens.

Zweiter Abschnitt.
Der Gottesdienst der reformirten Kirche.

1. Quellen und Literatur.

Die reformirte Kirche hat auf jedem ihrer Hauptgebiete wie im Bekenntniss (vgl. OEHLER, Lehrbuch der Symbolik, Tübingen 1876, S. 144) so im Cultus ungeachtet der Uebereinstimmung in den Grundzügen je einen eigenthümlichen Typus ausgebildet.

Wir ordnen daher die Quellen und Urkunden nicht streng chronologisch, sondern nach Gruppen.

Auf dem Gebiete

a) der deutsch-schweizerischen Reformation sind zwei Typen für die Gestaltung des Gottesdienstes massgebend geworden, der Zwingli'sche und der Oekolampad'sche. Die hierher gehörenden Quellen sind:

ZWINGLI, De canone missae epichiresis. Zürich 1523. — Ders. De canone missae libelli apologia ib. 1523. — „Rathschlag" von LEO JUDÄ und ZWINGLI. Zürich 1524. — Ders. Vom Touff, Kindertouff und widertouff.

ib. 1525. — Action oder Bruch des Nachtmahls, Gedächtnuss oder Danksagung Christi. 1525 bildet die Grundlage von „Die Ordnung der christlichen Kirchen zu Zürich". 1529 und „Actio qua Tiguri et Bernae, Basileae reliquisque christianae civitatis urbibus utimur". 1531 (Anhang zu Zwingli's fidei expositio) — Berner Reformation (Richter, KO. I. S. 104) 1528. — Züricher Prädicanten-Ordnung. 1532. — Christeunlich ordnung und brüch der kilchen. Zürich. 1 Cor. 14. Alle ding söllend erberlich mit Zucht und Ordnung beschähen. 1535. — Züricher Agende. 1539.

Form und Gestalt, wie der Kindertauf, des Herrn Nachtmahl und der Kranken Heimsuchung jetzt zu Basel von etlichen Prädd. gehalten werden 1526. — Bullinger, De origine erroris in negocio eucharistiae ac missae, Basil. 1528. — Baseler Kirchen-Ordnung 1529. — Ulmer Kirchen-Ordnung 1531. — Ders. De sacrosancta coena homiliae duo. Zürich 1553 („Von dem hl. Nachtmahl zwo Predigen. Zürich 1555). — Epistolae tres de recta et legitima ecclesiarum bene instituendarum ratione ac modo. Basil. 1556. — Kirchenordnung, wie die Marggraueschaft Baden Pfortzheimer theils auch andere Marggraue Carlins zu Baden und Hochberg Marggravenschafft, Landtschafften und Herrschafften soll angericht und gehalten werden. Tübingen 1556. — Cantel vnd Agendt Büchlein der Kilchen zu Bernn. MDLXXXI (bei Ebrard p. XXIV). — Christliche Ordnung vnd Breuch der Kirchen zu Schaffhausen in der Eydgenossenschaft, wie sie allda vnd in der Landschafft geübt vnd gebraucht werdend, hin vnd wider mit schönen Christlichen Trostgebätten, geschmücket vnd gezieret etc. etc. Schaffhausen 1592 (Ebrard a. a. O. p. XXII).

b) Für die reformirten Kirchen französischer Zunge sind in erster Linie massgebend geworden Calvin's

„Les ordonnances ecclésiastiques de l'Église de Genève. Item l'ordre des escoles de la dicte Cité", 1541 revidirt 1561 und 1576 (s. Richter a. a. O. I. 342). Deutsche Ausgabe: „Kirchen-Ordnung der löblichen freyen Statt Geuff". Herborn 1593. und „Formes des prières ecclésiastiques avec la manière d'administrer les sacremens et célébrer le mariage et la visitation des malades". Genf 1541 (Anhang zum Genfer Katechismus).

Diesem Typus folgen nicht nur die französischen Gemeinden, so in Deutschland die wallonische Gemeinde in Frankfurt a. M.: „Liturgia sacra, seu ritus ministerii in ecclesia peregrinorum Francofordiae ad Moenum, Frankfurt 1554, s. Richter a. a. O. II. S. 149, sondern auch die in Rheinland, Westphalen, Ostfriesland zerstreuten reformirten Gemeinden, vgl. die Beschlüsse der Synode von Wesel (3. Nov. 1568): „Acta synodi Wesaliensis, sive Certa quaedam capita, seu articuli, quos in ministerio ecclesiae Belgicae, ministri ejusdem ecclesiae partim necessarios partim utiles esse judicarunt" (Richter a. a. O. S. 310 ff.) und der Synode von Emden von 1571: „Geschicht vnd Verhandlunghen deren Niderlendischen Kirchen, so vnder dem Creutze durch Deutschland und Ostfrieslandt verspreict" (s. Richter a. a. O. II. 339 ff.).

Mehr vermittelnd zwischen dem deutsch-schweizerischen und dem französischen Typus steht die von Lasco entworfene Ordnung für die Fremdengemeinde in London: Forma ac ratio tota ecclesiastici Ministerii in peregrinorum, potissimum vero Germanorum Ecclesia instituta Londini in Anglia, per Pientissimum Principem Angliae, Regem Eduardum ejus nominis sextum. Auctore

Jo. a. Lasco, Poloniae Barone. London 1550. Frankfurt 1555. (Deutsch, Heidelberg 1565), (s. Richter a. a. O. II. 99).

Die Genfer Liturgie und die Lasco'sche bilden die Grundlage für die Pfälzische Kirchenordnung: Kirchenordnung, Wie es mit der Christlichen Lehre, heiligen Sacramenten vnd Cerimonien, in des durchleuchtigsten, Hochgebornen Fürsten vnd Herren, Herrn Friderichs Pfaltzgrauen bey Rhein, des h. Röm. Reichs Ertztruchsessen etc. etc. gehalten wird. Heidelberg 1563.

Dieser Kirchenordnung folgen die der meisten reformirten Kirchen Deutschlands mit wenigen Modificationen. Wir nennen die „Kirchen- und Schulordnung, wie es mit der Lehre in der Grafschaft Wittgenstein gehalten werden soll, eingeführt 1565, erneuert 1746, verbessert Berleburg 1749. — Kirchen-Ordnung und Reformation unser Albrechts- und Philipsen Gebrüder Graven zu Nassau, zu Sarprücken und zu Sarverden. Frankfurt 1576 (1586, 1618). — Bremer Kirchenordnung. Gedruckt zu Bremen bey Bernhard Peters 1592. — Kirchen-Ordnung der löbl. freyen Stadt Genff, item Schulordnung so im Collegio zu Genff gehalten, ferner bemelter Stadt Glaubensbekentnus. Herborn 1593. — Kirchen-Agende von Baden-Pforzheim-Durlach 1686. — La Liturgie ou la manière de célébrer le Service divin: qui est établie dans les Églises de la Principauté de Neufchâtel et Vallangin. Basle 1713 (Ebrard p. XXVII.). — Katechismus oder kurtzer-Unterricht Christlicher Lehre, wie derselbe in Kirchen und Schulen der Kurfürstlichen Pfalz getrieben wird sammt der Handlung des Heil. Abendmahls des Herrn, auch Morgen- und Abendsegen nebst schönen Communionsgebeten und anderen auf eines jeden Zustand gerichteten Gebeten. Berlin 1764. — Liturgia Bergensis. Solingen 1770. — Kirchen-Ordnung für die evangelischen Gemeinden der Provinz Westphalen und der Rheinprovinz. Zusammengestellt von Delius. Münster 1844. — Kirchenordnung der Christlichen Gemeind der Stadt Sanct Gallen. St. Gallen 1738 (Ebrard XXIV.). — Kirchen-Ordnung, evang. für den Kanton St. Gallen. St. Gallen 1835. — Kirchen-Ordnung für die evangelischen Gemeinden der Provinz Westphalen und der Rheinprovinzen. Paderborn 1835".

c) Für die schottische Kirche sind zu vergleichen:

„Directory for the public Worship of God" (Westminster Versammlung von 1645). — Gemberg, Die schottische Nationalkirche. Hamburg 1827. — Sack, Die Kirche von Schottland. 2 Theile, Heidelberg 1844, 1845. — Köstlin, Die schottische Kirche . . . Hamburg 1852. — George W. Sprott and Thom. Leishmann, The Book of Common order of the Church of Scotland, commonly known as John Knox's Liturgy. And the Directory for the Public Worship of God agreed upon the Assembly of Divines at Westminster. With historical Introductions and Illustrative Notes. Blackwoods 1867. — Directorium Puritanicum, being a Manual of Directions for the Proper Performance of Divine service, according to the Use of the Church of England, and for the avoidance of any Perversion of the Book of Common Prayer, in the direction of Puseysm or Popery. Oxford 1867.

d) Bezüglich der reformirten Kirche in Holland vergleiche:

W. Muurling, Praktische Godgeleerdheid . . . . II. Groningen 1854. — V. W. Opzoomer, De godsdienst. 6. A. Amsterdam 1867. — A. Köhler, Die Niederl. ref. Kirche. Erlangen 1856. — Fliedner, Liturg. Mittheilungen aus Holland und England. 2 Theile, Essen 1825.

e) Für die Kenntniss der englischen Liturgie bildet die Hauptquelle:

The book of Common Prayer and administration of the Sacraments and other rites and ceremonies in the Church of England. Londini officina Richardi Jugge et Johannis Cawade cum privilegio Regiae Majestatis. 1559 (Ausgabe von A. J. STEPHENS in 3 Bänden. London I. 1849. II. 1850. III. 1852). — DURELLI, Historia rituum eccl. Anglic. London 1692. — Liturgia seu liber precum communium juxta usum Ecclesiae Anglicanae una cum Psalterio. London 1703. — Dr. J. H. W. KÜPER, Das allgemeine Gebetbuch oder die Agende der vereinigten Kirche von England und Irland. Neu übersetzt, Leipzig, Fleischer, 1826. — ED. CARDWELL, The two books of Common Prayer set forth by authority of Parliament in the Reign of King Edward VI. compared with each other. Oxford 1838. — Dr. F. C. K. SCHÜBERTH, Der Ritus der anglikanischen Kirche und die 39 Artikel, lateinisch und deutsch nebst einer historischen Einleitung. Berlin 1842. — Dr. B. GÄBLER, Die vollständige Liturgie und die 39 Artikel der Kirche von England. Altenburg 1843. — KNIEWELL, Reiseskizzen aus dem Heerlager der Kirche etc. Leipzig 1843. Bd. I. — Liturgical Services v. Liturgies and occasional Forms of Prayer set forth in the Reign of Queen Elisabeth etc. by WELT. Keating Clay in London 1847. — ÖSTERLEY, Der Gottesdienst der englischen und der deutschen Kirche. Göttingen 1863.

f) Für die Frei-Kirche:

Rev. NEWMANN HALL, Free Church Service Book. Five Short Services, with Supplementary Collects and Anthems. Snom 1860.

g) Für die Liturgie der Irvingianer:

Die Liturgien und andere Gottesdienste der Kirche. Neue Ausgabe, I. Theil. Basel 1882.

Ausserdem vergleiche:

SAL. VÖGELIN, Welche Veränderungen und Verbesserungen sollten in unserem ev. ref. Cultus vorgenommen werden? Frauenfeld 1837. — Verhandlungen der Schweiz. Predigergesellschaft. 1842, 1853, 1873. — ERRARD, Versuch einer Liturgik vom Standpunkt der reformirten Kirche. Frankfurt a. M. 1843. — TH. HUGUES, Entwurf einer vollständigen gottesdienstlichen Ordnung zum Gebrauch für ev. reform. Gemeinden. Celle 1846. — Entwurf einer vollständigen gottesdienstlichen Ordnung zum Gebrauch für ev. reform. Gemeinden. Zunächst den conföderirten Gemeinden in Niedersachsen gewidmet und, von einem Gutachten der theologischen Facultät zu Marburg begleitet, der Synode dieser Conföderation vorgelegt von TH. HUGUES. Celle 1846. — AUG. EDRARD, Reformirtes Kirchenbuch (Gebete und Formulare). Zürich 1848. — HAGENBACH, Grundlinien der Liturgik und Homiletik. Leipzig 1863. — J. R. WOLFENSPERGER, Die Züricher Kirchengebete in ihrer geschichtlichen Entwickelung. Zürich 1868. — R. SCHRAMM, Altargebete zum gottesdienstlichen Gebrauche für protestantische Kirchen. Ein Beitrag zu einer künftigen Agende. Zürich 1875. — Neue Liturgie für protestantische Gemeinden. Bern 1875. —

Zum Kirchengesang:

Les Psaumes de David mis en rime française par CLÉMENT MAROT et THÉODORE DE BÉZA, mise en musique à 4 parties par CLAUDE GOUDIMEL. Paris 1565. — FELIX BOVET, Histoire du Psautier des églises réformées. Neuchatel et Paris 1782. — Psalmen des Königlichen Propheten Davids in teutsche Reimen verständlich und deutlich gebracht nach französischer Melodie und reimenartig durch AMBROSIUS LOBWASSER, der Rechten Doctor und fürstlichen Durchlauchtigkeit in Preussen Rath. Leipzig 1573 (Heidelberg 1574, Leipzig 1579, 1584, Strassburg 1597). — Hymns, for the use of the Methodist Ep. Church. New-York 1867. — H. WEBER, Der Kirchengesang Zürich's, sein Wesen, seine Geschichte, seine Förderung. Zürich 1866. — RIGGENBACH, Der Kirchengesang in Basel seit der Reformation. Basel 1870. — O. DOUEN, Clément Marot et le Psautier Huguenot. Paris 1879. — G. WEBER, H. Zwingli, Seine Stellung zur Musik und seine Lieder. Die Entwickelung des deutschen Kirchengesanges. Zürich 1884.

2. Prinoip.

Mit der lutherischen Kirche theilt die reformirte von vornherein den principiellen Gegensatz gegen die römische Anschauung, welche im Cultus den eigentlichen Heilsträger und Heilsmittler sieht, in der Theilnahme am Cultus also ein heilwirkendes, ex opere operato verdienstliches Werk erkennt. Auch für die reformirte Kirche besteht der wahre Gottesdienst nicht in dem Vollzug der die Cultushandlung zusammensetzenden Formen und Ceremonien, sondern in der Anbetung Gottes im Geist und in der Wahrheit. Solchen wahren Gottesdienst, wie er allein Gott gefällt, üben die *fideles* welche Christum als das Lamm Gottes bekennen und diesen ihren Glauben durch die Werke der Liebe beweisen. Wo dieser Gottesdienst fehlt, ist alles äussere gottesdienstliche Thun nur todtes Lippenwerk.

So wird der Gottesdienst, d. h. die äussere Veranstaltung der gottesdienstlichen Versammlung und Handlung zum Mittel herabgesetzt, und als massgebendes Princip festgehalten einerseits das der materialen Wahrheit, andererseits das der Ordnung und Freiheit.

Das Princip der Ordnung fordert die Festsetzung gewisser Einrichtungen und Formen, diese aber dürfen nie auf göttliche, absolut bindende Autorität Anspruch erheben, sondern sind dem Worte Gottes · schlechthin unterzuordnen. „Ghein Fryheyt wäder geistliche noch wältliche mag noch kan nit durch Göttlich rechtmässig Ordinantzen gefangen, verhindert oder vndergetruckt werden. Dann die Fryheit eines frommen Christen Menschen nit der Aart ist, das sy begäre von dem guten Waaren vnd erberen gefryet sin. Diewyl sy von dem bösen Vnordentlichen fry, vnd des Guten eygen sin, die rächt Fryheit achtet. So dann ein Göttlich erber Ansähen, nützid dann Zucht vnd alles guts pflantzt, mögen kein rechtmässig Ordinantzen mit dem Tittel der Fryheit abgeschupfft werden. Sunder es soll bevor bybracht werden, das das Ansähen an imm selbs vngöttlich vnd vnbillig sye. Da wir vns yetz dann beuor behaltend, wo es mit Gottes Wort erfunden, das einer oder vil Artickel

13*

vnsres volgenden Ansühens, vnbillich vnd dem Wort Gottes zewider
wäre, der oder die nützid gälten, vnd nach der Wahrheit söllind
gebessert werden. Damit die waar Fryheit, gar mit gheinem mensch-
lichem Ansühen getränget werde" (Züricher Prädicanten-Ordnung
von 1532 s. RICHTER a. a. O. I. S. 168 ff.).

Das Princip der Schriftmässigkeit fordert Auscheidung alles
dessen, was „dem göttlichen Wort unglychförmig" (ZWINGLI, Action
oder Bruch des Nachtmals etc.), lässt aber Freiheit bezüglich der
begleitenden Ceremonien. So sagt Zwingli in der Schrift „Action und
Bruch etc. „dann der mitloufenden ceremonien halb möchtind wir
villycht etlichen zu vil, etlichen zu lützel (wenig) gethan haben ge-
achtet werden. In diesem aber habe ein jedliche kilch jre meinung;
dann wir desshalb mit nieman zanken wöllendt." Zwar bekennt er,
dass er in Anbetracht des durch die vielen Ceremonien verursachten
Schadens zu dem, was der Herr selbst vorgeschrieben hat, so wenig
als möglich „ceremonien vnd kilchengepräng" vorschreiben möchte,
„damit nit dem alten Irrsal mit der zyt wider statt gegeben wurde.
Doch damit die Sach nit gar dürr und rouw verhandlet und der
menschlichen Blödigkeit (sic!) auch etwas zuggeben wurde; habend
wir söliche ceremonien zu der sach dienende verordnet, die wir zu
geistlicher des todts Christi gedächtnuss, zu meerung des gloubens
und brüderlichen trüw, zu besserung des lebens und verhütung der
lastren des menschen herz etlicher mass zu reizen fürderlich und ge-
schickt syn gemeint habend." „Indem wir aber andrer kilchen mee
ceremonien (als viellycht jnen füglich und zu andacht fürderlich), als
da sind gesang und anders, gar nit verworfen haben wollend; dann
wir hoffend, alle wächter an allen orten sygind dem Herren zu
buwen und vil volks ze gewünnen allweg geflissen." Die nicht unmittelbar durch das Wort Gottes gesetzten Formen, Ceremonien,
Einrichtungen haben Werth in dem Masse, als sie dem Zweck des
Gottesdienstes, die Gemeinde zu bauen und dem Herrn viel Volks
zu gewinnen, förderlich sind.

Soweit stimmt die reformirte Anschauung mit der lutherischen
überein. Sie schliesst eine reiche Gestaltung und mannigfaltige
Gliederung des Gottesdienstes keineswegs principiell aus, wie die
Abendmahlsliturgie Zwingli's am besten beweist.

Wenn die reformirte Kirche in der Folge von diesen Principien
aus zu anderen praktischen Consequenzen gekommen ist, als die
lutherische, beziehungsweise schon im 16. Jahrhundert bezüglich der
Vereinfachung des Cultus Consequenzen gezogen hat, welche die

lutherische Kirche erst zog, als sie sich zur Lehr- und Theologen-
kirche vereinseitigt hatte, so lag der Grund dazu einmal in ihrer
geschichtlichen Führung, sodann in einer tiefer liegenden Differenz
bezüglich der Auffassung der Eucharistie.

Mehr als irgend eine Kirche ist die reformirte Kirche die Kirche
unter dem Kreuz gewesen. Unter den schweren Verfolgungsstürmen,
welche sie durchzumachen hatte, fühlte sie sich mit aller Macht ausschliesslich auf das Wort Gottes als die einzige Grundlage und
Grundkraft ihres Bestehens geworfen, und die lange, heisse Leidens-
zeit, da sie um ihre blosse Existenz rang, liess sie alles andre als neben-
sächlich ansehen, was nicht direct den Bestand ihres Glaubens und
Lebens bedingte. Kein Wunder, dass sie sich gegen die Ceremonien,
gegen die äussere Ausschmückung und Einfassung des Gottesdienstes
gleichgültig, ja ablehnend verhielt und zuletzt auf die sparsamste liturgische Umrahmung der in der heiligen Schrift begründeten und auf
die Stiftung Jesu zurückgehenden Erbauungsformen beschränkte.
Der Gegensatz gegen alles römische Wesen wurde durch die Verfolgung nur geschärft: in liturgischem Reichthum, Mannigfaltigkeit
der Formen und Ceremonien, äusserem Schmuck und Gepränge witterte man römischen Sauerteig, vor dessen Eindringen in die eigene
Kirche nur streng puritanische Einfachheit und Beschränkung auf
das direct in der heiligen Schrift Gegebene und Gebotene schützen
könne. In ihr gewöhnte man sich ja ohnehin nicht blos das Offen-
barungswort, den Kanon für die Normirung des Glaubens und Lebens
zu sehen, sondern die auch für's Einzelne massgebende Richtschnur,
das neue Gesetz; je inniger man sich an das Gotteswort klammerte,
desto leichter kam man dazu, dasselbe nicht bloss als Gnadenmittel
zu gebrauchen, sondern als Gesetzbuch der neutestamentlichen Gemeinde, und in Folge dessen das Princip der materialen Wahrheit,
der Schriftgemässheit, in radical-abstracter Weise zu handhaben, so
dass auch im Cultus alles fallen musste, was nicht in der heiligen
Schrift begründet war, und die von Zwingli und Calvin überkommene, verhältnissmässig noch reichere Gestaltung des Gottesdienstes
nach dem Vorbild der apostolischen Gemeinde modificirt und zur
grössten Einfachheit zurückgeführt wurde.

Dazu kam noch eine wesentliche Differenz in der Auffassung
des hl. Abendmahles. Für Luther sind Wort und Sacrament die
objectiven Grundlagen der Kirche und ebendamit die objectiven
Factoren des Gottesdienstes als die Gnadenmittel, durch welche der
Einzelne in den Besitz der Heilsgüter gelangt; insbesondere fällt

das hl. Abendmahl als Sacrament unter den Gesichtspunkt nicht bloss der höchsten und eindrücklichsten Gnadenverkündigung und Gnadenversicherung, sondern der objectiven Gnadenversiegelung. Daher bildet principiell das hl. Abendmahl den Höhepunkt des Gottesdienstes sowohl nach seiner objectiven wie nach seiner subjectiven Seite, sofern in der Feier des Sacramentes die Gnadenverkündigung des Evangeliums sich vollendet, gleichsam potenzirt und die Heilsaneignung seitens der Gemeinde vollzieht. So fällt der Gottesdienst für Luther zwar auch unter den Gesichtspunkt der Heilserziehung, namentlich sofern man dabei die Predigt des Worts im Auge hat, aber ganz wesentlich auch unter den Gesichtspunkt der Heilsversiegelung, der Gnadenmittheilung, nicht bloss im Abendmahl, sondern auch im Wort. Darum belässt es Luther bei der Einfassung des ganzen Gottesdienstes in die communio, in die Eucharistie.

Für Zwingli gibt es Gnadenmittel in Luther's Sinn nicht. Ausdrücklich sagt er in der Expositio fidei: „Credo, imo scio, omnia sacramenta tam abesse, ut gratiam conferant, ut ne adferant quidem aut dispensent. Qua in re forsan audacior tibi videri potero, potentissime Caesar, sed stat sententia. Nam gratia ut a spiritu divino fit aut datur, ita donum istud ad solum spiritum pervenit. Dux autem vel vehiculum spiritui non est necessarium: ipse enim est virtus et latio, qua cuncta feruntur, non qui ferri debeat". Die Abendmahlsfeier ist „Gedächtnuss oder Danksagung Christi", „ein danksagen und frohlocken dem allmächtigen Gott um die gutthät', die er uns durch sinen Sun bewiesen hat"; wer daran theilnimmt, der „bezügt sich, dass er deren sye, die da gloubend, dass sie mit dem tod und blüt unsers Herren Jesu Christi erlöst sind". Die Sacramentsfeier trägt also ausschliesslich den Charakter eines intensiven potenzirten Danksagungs- und Bekenntniss-Actes der Gemeinde. Der Gesichtspunkt der Gnadenversicherung und Heilsversiegelung, der für Luther nach seiner persönlichen Heilserfahrung der wichtigste war, tritt für die reformirte Anschauung zurück hinter dem der Heilserziehung und Heilsbethätigung. Die Kirche erscheint dem Reformirten nicht sowohl als das Organ der Heilsvermittelung, als vielmehr wesentlich als das Gebiet, innerhalb dessen er die Objectivität seiner Erwählung vor sich selbst und vor den Menschen zu bethätigen hat. So erscheint die Abendmahlsfeier als die höchste Bezeugung und cultische Bethätigung des durch den Erbauungsgottesdienst beziehungsweise durch die Predigt des Worts geweckten und geförderten Gemeindelebens, nicht als Spitze und Höhepunkt des Einen Gottesdienstes, sondern als Cultusact und Gottesdienst für sich. Da dieser Gottesdienst nur dann einen Sinn hat und wahr ist, wenn die Gemeinde ihn feiert, also wirklich da ist, und wenn diese Feier wirklich Bezeugung des durchs Wort geförderten Lebens ist („diwyl dieser gedächtnuss des lydens Christi und danksagung sines tods ein gemeinsame der Christen und unschuldig fromm leben nachfolgen soll", Action und Bruch etc. s. Daniel a. a. O. S. 146.), die empirische Gemeinde aber nicht ohne weiteres in der Verfassung ist, als solche würdig und mit subjectiver Wahrheit diesen Act zu begehen, so ergibt sich die Nothwendigkeit, für diese Höhepunkte der christlichen Lebens- und Glaubensbethätigung bestimmte Tage — 4 bis 6 mal im Jahr — auszusondern und die Gemeinde auf dieselben durch besondere Acte vorzubereiten. So fallen Abendmahlsfeier und Erbauungsgottesdienst völlig auseinander. In dem Masse, als der Abendmahlsgottesdienst unter den Gesichtspunkt der Danksagung und Feier fällt, wird naturgemäss der Erbauungsgottesdienst unter den Gesichtspunkt der Belehrung und religiös-ethischen Erziehung gerückt, und diesem alles untergeordnet.

Während im Abendmahlsgottesdienst die Gemeinde das eigentliche Subject des Gottesdienstes bildet, tritt ihre Thätigkeit im Erbauungsgottesdienst hinter derjenigen des Predigers zurück und beschränkt sich auf Gesang und stilles Mitbeten. Dass aber auch hier alles gottesdienstliche Handeln darauf zielt, ein Thun der Gemeinde zu erzeugen, zum Gemeindeact zu werden, das zeigt sich ausser im Gemeindegebet in der offenen Schuld und in der Commemoration für die im Laufe der Woche aus dem Leben geschiedenen Glieder der Gemeinde; denn in Gebet, offener Schuld und Commemoration ist die Gemeide als das eigentliche, handelnde Subject vorausgesetzt und gedacht.

3. Gestalt und Gliederung.

a) Der gottesdienstliche Raum hat keine andere Bedeutung als die der Versammlungsstätte der Gemeinde. Bestimmend für die Construction ist der doppelte Zweck, dem der Raum zu dienen hat, die Verkündigung des Wortes und die Feier des hl. Abendmahls. Dazu eignet sich jeder Raum, welcher akustisch ist und die richtige Stellung des Lehr- und des Lesepults gestattet. Gegen den Styl als solchen ist das reformirte Princip indifferent.

Der puritanische Sinn früherer Zeit hat jeglichen Bilderschmuck, selbst das Bild des Gekreuzigten, ebenso die Orgeln u. s. f. aus dem Gotteshaus verbannt. Die neuere Zeit ist darin milder geworden, gestattet nicht bloss die Orgel, sondern auch Bild- und Ornamentschmuck, unter der Voraussetzung, dass der Sinn nicht dadurch zerstreut und von der Hauptsache, der Verkündigung des göttlichen Worts abgelenkt werde. Es ist ja auch klar, dass der puritanische Rigorismus zwar durch die Leidensschule der reformirten Kirche erklärbar, ja gerechtfertigt, keineswegs aber durch ihre Principien als solche gefordert ist, wie denn auch die ungeschichtliche und abstracte Gesetzlichkeit, welche einzelne reformirte Kirchen charakterisirt, als das Erbe ihrer geschichtlichen Führung anzusehen ist, nicht als ein durch das Princip der reformirten Kirche bedingter Wesenszug. Aus demselben Grunde erklärt sich, dass was

b) die gottesdienstlichen Zeiten betrifft, der Sonntag, beziehungsweise der durch das Gesetz geforderte Sabbathtag und Feiertag als der eigentliche Festtag der Christen angesehen wird, während die Bedeutung des Kirchenjahres in dem Bewusstsein der reformirten Kirche zurücktritt. Die Perikopen, durch welche dem einzelnen Sonntag seine Stellung im Ganzen des Kirchenjahres angewiesen wird, sind für den Prediger nicht bindend.

So verordnet die Basler Kirchenordnung von 1529, „da die vielen Feiertage nicht zu loben", die Feier der drei Herrnfeste: Weihnachten, Ostern, Himmelfahrt, und des Pfingstfestes. Die Ulmer Kirchenordnung: „Weil der grösste Theil der Feiertage und die hohen Feste nur zum Aberglauben und zur Ueppigkeit gedient haben, so sind sie abzuschaffen. Doch sollen die Prediger an den zum Gedächtniss des Herrn, der Apostel und der Märtyrer gehaltenen Tagen derselben also gedenken, dass man darob sich bessern und eingerissenen Aberglauben desto besser aus dem Herzen bringen möge. Der Sonntag aber, welcher allein gefeiert wird, soll mit Anhörung des göttlichen Wortes, Gebet und anderen christlichen Werken zugebracht werden".

Wie der alttestamentlich-gesetzliche Zug in den calvinisch-reformirten Gemeinden stärker hervortritt, als in den deutsch-schweizerischen, so auch das Uebergewicht der Sonntagsfeier über die durch die dankbare Pietät eingegebene Feier der Feste und Festthatsachen. Während die streng calvinistischen Reformirten im Grunde nur den Sonntag als solchen feiern, die grossen Festtage aber nur dadurch auszeichnen, dass von den vier Communionfeiern des Jahres drei in die Weihnachts-, Oster- und Pfingstzeit gelegt werden, kommen in der deutsch-schweizerischen Kirche die grossen

Thatsachen der Heilsgeschichte auch in der Feier der Hauptfeste mehr zur Geltung (wie z. B. fast alle Agenden besondere Festgebete haben).

Die anglikanische Kirche schliesst sich bezüglich des Kirchenjahres der geschichtlichen Vergangenheit an unter Ausschluss aller derjenigen Feste, welche nicht biblisch begründet sind, also z. B. auch des Laurentius-, des Nicolaus-Tages u. a.

c) Die Neuordnung der Liturgie erfolgte allmählich. Die Anordnungen, welche Zwingli in Bezug auf den Gottesdienst 1523 traf, tragen den Stempel des Provisoriums. Die bisherige Gottesdienstordnung wurde fast ganz beibehalten, nur das eigentlich Wider-Evangelische (Offertorium, Wandlung etc.) ausgeschieden. Darnach verbleiben dem

I. Theil (Wort-Gruppe)

a) Eingang:
  1. Introitus.
  2. Kyrie.
  3. Gloria in excelsis.
b) Schriftlesung:
  1. Collecte.
  2. Epistel.
  3. Halleluja mit Sequenz.
  4. Evangelium.
c) Predigt.
d) Glaubensbekenntniss.

Der II. Theil (Eucharistie)

beginnt mit dem
  1. Kirchengebet, welches in sinniger Weise die Stelle des Offertoriums vertritt; es folgt
  2. die Präfation mit dem Sanctus;
  3. die Consecration d. h. Gebet um gesegneten Genuss, mit den Verba testamenti;
  4. die Austheilung [1]) (Brotbrechen?).

---

[1]) HAGENBACH, Grundlinien der Liturgik S. 150 sagt: Zwingli behielt „den Gebrauch des ungesäuerten Brotes bei. Bis auf diesen Tag werden in Zürich ungesäuerte Oblaten gebraucht. In Genf hatte Farel das gewöhnliche Brot eingeführt und Calvin hatte sich diesem Gebrauch angeschlossen. In Folge der darüber erhobenen Streitigkeiten musste Calvin Genf verlassen. Später siegte der Gebrauch des gewöhnlichen Brotes und erst durch die französischen Refugianten wurde es auch in der deutschen Schweiz z. B. 1642 in Basel eingeführt zugleich mit dem „Brotbrechen" (ἀρτοκλασία). Es ist also unrichtig, wenn man sagt, der Gebrauch des gesäuerten Brotes sei in der reformirten Kirche allgemein".

5. Danksagungsgebet.

6. Nunc dimittis.

7. Segen.

Das „Taufbüchlein" von LEO JUDAE (1523) gibt ausser einer Anweisung zum Taufen eine „ermanung zu dem Volk so eins gestorben ist", „ein gemein gebet am sunntag", „die offen schuld" und „ein segen über die, so sich eelich verpflichten". Man begann mit Umgestaltungen und Neuschöpfungen zunächst da, wo es unumgänglich nöthig war: ausserhalb des Gottesdienstes bei Begräbniss und Ehesegnung, wo ein evangelisches Wort im rechten Geist und in der rechten Fassung durch das seelsorgerliche Bedürfniss gefordert war, innerhalb des Gottesdienstes vor allem bei d e n Stücken, welche der Prediger im Namen und aus dem Herzen der Gemeinde zu sprechen hatte, Gebet und offener Schuld (Sündenbekenntniss).

1525 folgt ZWINGLI's „Action oder Bruch des Nachtmahls", worin zunächst der eucharistische Gottesdienst im evangelischen Sinne umgestaltet wird. Die Handlung gliedert sich, wie folgt (s. Beil.):

I.

1. Gebet, vom Pfarrer gesprochen mit dem Angesicht gegen die Gemeinde.

2. Lesung von 1 Cor. 11 durch den „Diener" oder „Läser" — Gemeinde: Gott sei gelobt.

3. „Ehre sei Gott in der Höhe" — fortgesetzt durch die Gemeinde, so dass die Männer sich mit den Weibern in die einzelnen Sätze theilen (antiphonisch gesprochen). Zusammen: Amen.

II.

4. Salutation mit Respons.

5. Lesung von Joh. 6, 47 ff.

Darauf küsst der Leser das Buch und spricht: „Das sey Gott gelobt und gedankt! der wölle nach seinem heiligen Wort uns alle sünd vergeben!"

Gemeinde: Amen.

III.

Nun folgt das apostolische Glaubensbekenntniss, wieder von der Gemeinde antiphonisch gesprochen.

Die bisherigen Acte haben offenbar die Bedeutung der Vorbereitung und inneren Zurüstung: durch Schriftwort, das theils (1 Cor. 11) den heiligen Ernst, theils (Joh. 6) den himmlischen

Segen der Feier vor die Seele führt, Lobgesang und Bekenntniss constituirt sich die Abendmahlsgemeinde.

Diese, nachdem sie nochmals in kurzer Ermahnung über den Ernst und die Verantwortlichkeit unterrichtet ist, bezeugt sich als die Gemeinde Jesu durch das

IV.

knieend gesprochene Vaterunser (nicht „Unser Vater") [1]).

Darauf folgt

V.

Gebet um gesegneten Genuss.

Einsetzungsworte.

VI.

Austheilung (der Pfarrer und Diener bringen die Elemente den in ihren Plätzen verbleibenden Communicanten) [2]).

VII.

Darauf wird mit dem vom Pfarrer intonirten, von der Gemeinde antiphonisch gesprochenen 113. Psalm Gott gedankt.

Würdig und bündig ist der

VIII.

Schluss.

Pfarrer (Hirt, Wächter): „Herr, wir sagen Dir Dank um alle Deine Gaben, und Gutthat, der Du lebest und regierest in Ewigkeit.

Gem.: Amen.

Pf.: Gehet hin im Frieden!"

Diese ebenso schön wie sinnig gegliederte Abendmahlsliturgie findet sich in den folgenden Kirchenordnungen von Zürich einschliesslich der von 1675 beibehalten (kleine Abweichungen kommen nicht in Betracht).

Ueber den von der Abendmahlsfeier nunmehr geschiedenen Wortgottesdienst gibt die Kirchenordnung von Zürich 1529 (1535) Andeutungen in dem Abschnitt: „Die Predig anzefahen vnd zü enden".

1. Votum: „Gnad', Fried' und Barmherzigkeit dess allmächtigen Gottes sey zu allen Zeiten mit uns armen Sündern! Amen". (1535.)

2. Gebet nach der Anweisung Pauli 1 Tim. 2.

---

[1]) Diese Form hat erst die Schaffhauser KO. 1672.

[2]) HAGENBACH a. a. O. S. 153 bestimmt den liturgischen Unterschied der von Zwingli eingeführten sitzenden Communion von der wandelnden so: „Die erstere ruht auf der Anschauung, in welcher die Gemeinschaft der Glieder untereinander die vorherrschende ist, während in dem Hinzunahen der Einzelnen zum Tisch des Herrn sich mehr das Verlangen nach der persönlichen Gemeinschaft mit dem Erlöser ausspricht".

„Lasset uns Gott ernstlich bitten, dass er sein heiligs ewigs Wort uns armen Menschen gnädiglich offenbaren wolle und uns einführe in die Erkenntniss seines Willens.

Demnach lasset uns Gott bitten für alle christlichen Regenten, für eine ehrsame Obrigkeit gemeiner Eidgenossenschaft insonderheit für die frommen Burgermeister, Räthe, und ganze Gemeinde dieser Stadt und Landes Zürich, dass sie Gott alle nach Seinem Willen weisen und leiten wolle, dass wir miteinander ein gottesfürchtig, friedsam und christlich Leben führen mögen und nach diesem elenden Leben ewige Seligkeit besitzen.

Dass er auch allen denen, so um seines Wortes willen geängstiget und genötigt werden, Gnad und Beistand verleihen wolle, dass sie fest und unverrückt in ihrem Glauben beharren. Und uns nach seiner Barmherzigkeit gnädiglich (zu dienen) schenken wolle alle Notdurft für Leib und Seel" [1]).

Vaterunser der Du bist etc.

3. Text-Verlesung.

4. Predigt („darauss lehrt, vermahnt, straft oder tröstet er dann nach Gelegenheit der Kirchen Gott zu Ehr und der Kirche zur Besserung") (1535).

5. Die offene Schuld („nach geschehener Lehr' kniet männiglich nieder, die Sünde zu bekennen, zu beten, und ernstlich Gott anzurufen") (1535); schliessend mit den Worten:

„Allmächtiger, ewiger Gott, verzeih' uns unsre Sünden und führe uns zum ewigen Leben durch Jesum Christum unsern Herrn. Amen."

Darauf folgt

7. Das „Gedächtnuss der Abgestorbenen" in schöner prägnanter Form. Weil nichts den Menschen so zur Einkehr mahnt als der Tod, werden die Namen derjenigen genannt, die „aus unsrer Gemeinde in warem Glauben verschieden sind, damit wir uns allweg rüsten und nach der Warnung des Herrn allzeit wachen." Es folgen die Namen der Entschlafenen, die in der vergangenen Woche abgerufen worden. Dann: „Lasset uns Gott loben und danken, dass er diese unsere Mitbrüder und Schwestern in wahrem Glauben und Hoffnung aus diesem Elend genommen, alles Jammers und Arbeit entladen und in ewige Freude versetzt hat. Damit bitten wir Gott,

---

[1]) Erst die Züricher Kirchen-Ordnung von 1675 verlässt die Form der Prosphonese und sagt statt „Lasset uns Gott bitten" direct „demnach bitten wir Dich".

dass er uns verleihe, unser Leben also zu führen, dass auch wir in
wahrem Glauben und seiner Gnade aus diesem Jammerthal in die
ewige Gemeinschaft seiner Auserwählten geführt werden. Amen."

Auch diese Form ist noch mit wenigen Abänderungen in der
Züricher Kirchenordnung von 1675 beibehalten. Der Gang ist klar:
Gebet und Wort Gottes sind die Grundelemente des Gottesdienstes:
das Gebet ist die Ausübung des Priesterrechts von Seiten der durch
Christus erlösten Gemeinde, deren Anliegen und mannigfaltige Bedürfnisse sie zu Gott treiben, sie veranlassen und nöthigen, Gottes
Angesicht aufzusuchen, nach der Bezeugung in seinem Worte zu
begehren. Daher stellt Zwingli, in welchem vor allem das gesunde
christliche Wahrheitsgefühl der bestimmende und leitende Factor
ist, an die Spitze des Gottesdienstes das Gebet, im Gefühle davon,
dass zunächst nicht dogmatische Erwägungen, sondern geistliche Bedürfnisse den Menschen in's Gotteshaus führen, dass also auch zunächst keine andere Function der Forderung der Wahrheit im
subjectiven Sinne entspricht, als die des Gebetes.

Im Worte wird der Gemeinde, die gekommen ist, anzubeten,
Gottes heiliger Wille und Rath vor die Seele gerückt, ihr vor
Augen gestellt, was sie als eine christliche Gemeinde Gott
schuldig ist und sein soll. Die Frucht erst solch' erneuter Vertiefung in Gottes Wort ist die bussfertige Erkenntniss des Abstands,
in welchem sich die Gemeinde als empirische befindet von dem, was
sie sein soll, von dem Bilde, welches ihr Gottes Wort vorhält.
Dies bezeugt die „offene Schuld" in Bekenntniss und Gebet um
Vergebung. An dieser Stelle ist das Sündenbekenntniss natürlich
und ungesucht. Denn Busse und Glaube zu wecken ist die Aufgabe der Wortverkündigung.

Die vom Worte Gottes geweckte Stimmung heiligen Ernstes,
die erneute Vertiefung in das, was der Christenmensch sein soll,
und doch nicht ist und ohne Christus nicht werden kann, verschärft
sich durch die Erinnerung an den Tod und den Blick auf das
Ziel der ewigen Herrlichkeit — zugleich schlingt das Gedächtniss
der Abgestorbenen das Band der liebenden Gemeinschaft um die
Vorangegangenen und Jetztlebenden, um die Kirche unter dem
Kreuz und die Kirche in der Vollendung, ähnlich wie in der alten
Kirche die Darbringung der Oblation für die Entschlafenen. Mit
den Bedürfnissen und Anliegen, welche das Menschenherz bewegen
unter den mannigfaltigen Nöthen der Zeitlichkeit ist die Gemeinde
zusammengekommen, in ihren Beruf vertieft, mit dem Gedanken an

die tiefste Noth und das heiligste Bedürfniss erfüllt, mit dem Blick
auf das letzte Ziel, vor dem jede irdische Noth und Sorge ver-
schwindet, kehrt sie nach Hause, in den Umtrieb des Lebens zurück.
— Es ist der Geist edler, apostolischer Einfalt, der uns aus
Zwingli's Anordnung entgegenweht: nicht gegen liturgische Mannigfaltigkeit wehrt sich der nüchterne Wahrheitssinn, sondern gegen
das Gemachte und Gesteigerte: aus diesem Grunde wohl (nicht zunächst aus biblischen Gründen, obgleich er solche für seine Meinung anzog, so z. B. Amos 5, 23 1 Cor. 14) will Zwingli alles
gesprochen haben und lehnt er sich gegen den Sprech-Gesang in
Gebet, Bekenntniss etc. auf. „Wahre Anbeter ruffen Gott im Geist
und wahrhaftig an, ohne alles Geschrei vor den Menschen" (1523).
Darauf weist die bekannte Anecdote, die Zwingli eine Bittschrift
vor dem Rath singend vortragen, und, als man dies sonderbar fand,
sagen lässt: „Das sei eben nicht sonderbarer, als wenn man Gott
seine Bitten mit Gesang und Orgelspiel vortrage". Nicht, weil er
den Werth und die erbauliche Wirkung des Gesangs nicht erkannt
hätte — er war selbst vorzüglicher Musiker —, wollte er keinen
Gesang im Gottesdienst haben, sondern weil ihm der Gottesdienst
etwas zu heiliges war, ein unmittelbarer Verkehr der Gemeinde mit
Gott im Worte, lehnte er sich gegen alles auf, was nach seiner Ansicht
die Unmittelbarkeit und Natürlichkeit der Zwiesprache mit Gott
hemmte, derselben etwas Gesuchtes, künstlich Stylisirtes gab. Dabei
ist zu beachten, dass sein Widerwille gegen den Gesang in der
Kirche zunächst der lateinischen Psalmodie, dem Singen der Gebete,
Evangelien und Episteln galt, also mehr dem Sprechgesang der
römischen Kirche, der für einen nüchternen, auf das Wort als
solches sich richtenden Sinn etwas Unnatürliches hat, als dem eigentlichen, melodischen Gesang, für welchen Zwingli einen offenen Sinn
und ein wohlgeschultes Verständniss besass. So hat er auch nicht
ein eigentliches Gesetz aus der Entfernung des Gesangs machen
wollen, und die von Basel, Constanz und Strassburg ausgehende
Bewegung für den deutschen Liedgesang hat 1598 auch in Zürich
selbst Fuss gefasst, sofern auch dort in dem genannten Jahre die
Einführung des deutschen Liedgesangs beschlossen wurde. Dem
letzteren hat Dr. Zwick, der Herausgeber des Constanzer Gesangbuches (1536. 1540) warm und verständnissvoll das Wort geredet
in der Vorrede zu dem genannten Gesangbuch, wo er „zu Beschirm
und Erhaltung des ordentlichen Gesangs" sagt: „Etlich sagen:
singen sei desshalb wider Gott, denn Christus hat es nirgends

befohlen noch geboten; darum möge es auch nicht sein. Antwort:
zum ersten: als wenig Christus singen geboten hat, als wenig hat
er es auch verboten. Darum gilt die Red nichts und bleibt Singen
ein frei Ding, das sein mag oder nicht, je nachdem es Gott zu Lob
dient und den Menschen mag nützt und gut sein. Was aber frei ist,
das soll man nach Glaube und Liebe richten. Mag dann Singen
bei einer Gemeinde dazu dienen, so mag man singen, wo nicht, so
mag man's unterlassen".

Man wird also sagen dürfen: der Geist der reformirten Kirche
wehrt sich gegen den liturgischen Gesang, zumal den Sprechgesang;
er ist aber nicht principiell gegen den Kirchengesang; nur fällt ihm
derselbe nicht sowohl unter den Gesichtspunkt des Chorgebets, des
eigentlichen liturgischen Handelns, als vielmehr unter den Gesichtspunkt eines Andachtsmittels, eines Factors der Erbauung, einer von
Gott verliehenen, in den Dienst der Erbauung zu stellenden Gabe,
einer specifischen Form der Wahrheitsverkündigung. „Dass man
auf die Schrift dringt, ist recht und wohl gethan, doch dass man
darneben die Gaben des heiligen Geistes, die er auf mancherlei
Weise wirket, nicht gar verwerfe." Desshalb lehrt man „nicht auf
die päbstisch Art welsch oder lateinisch singen unter den Deutschen
und dass weder, der singt, noch der zuhört, den Gesang verstand
und dass Niemand könnt' Amen dazu sagen. Item dass man viel
Gnad' und Ablass oder grossen Verdienst dabei verkünde, Item dass
allein gewichtige Leute singen sollen und dass aus dem Gesang ein
fleischlicher Lust und Ohrenweid' werde, dass sich in der Kirche
mancherlei Stimmen hoch und nieder, klein und gross durcheinander
reimen müssen — —." „Gott mache uns nur recht verständig
durch sein Wort und Geist, dass wir mit Einem Mund und Herzen
allzeit und in allen Dingen sein Lob und Ehr einhelliglich suchen."
So fügt die Abendmahlsliturgie Oekolampad's, welche in einen
    I. Vorbereitungsact mit
       1. Beichte.
       2. Absolution.
       3. Psalmengesang.
       4. Allgemeines Kirchengebet.
       5. Lection der Leidensgeschichte
und die
    II. eigentliche Eucharistie mit
       1. Vermahnung.
       2. Vaterunser.

3. Einsetzungsworte.
4. Austheilung.
5. Dankgebet.
6. Segen.

zerfällt, im ersten Theile den Psalmengesang ein.

War Luther's Reformarbeit bestimmt durch das christliche Gewissen, welches auf Grund tiefster, persönlicher Heilserfahrung sich wider alle Einrichtungen und Formen richtete, welche die Verkündigung des Evangeliums verdeckten, verdunkelten, entstellten, den Weg zur Gnade erschwerten oder verbauten, kurz, zwischen den Menschen und Seinen Herrn mittlerische Factoren einschoben, (während dasselbe christliche Gewissen alle Formen und Factoren, welche das Evangelium nicht hinderten, pietätsvoll dulden konnte); war es in Zwingli vor allem der Geist der Lauterkeit, das gesunde, nüchterne Wahrheitsgefühl, welches sich gegen alles im objectiven wie subjectiven Sinne Unwahre, gegen das Wider- und Nicht-Biblische, gegen das Künstliche und Gemachte auflehnte, — so ist es nun in Calvin die dogmatische Reflexion, welche auch die Construction der Liturgie bestimmt.

Er fand in Genf in liturgischer Beziehung reinen Tisch vor. Farel hatte die Liturgie ganz abgeschafft. Calvin ordnete den Gottesdienst in den „Formes des prières ecclésiastiques" (1536) und in der dem Genfer Katechismus angehängten Genfer Agende so: es wird Predigt-Gottesdienst und Eucharistie principiell getrennt. Der erstere beginnt mit

1. Sündenbekenntniss, der offenen Schuld,

dann folgt

2. Gesang.
3. Freies Gebet mit Vaterunser.
4. Text (nach freier Wahl) und Predigt.
5. Gebet.

Hier ist das Sündenbekenntniss an die Spitze gestellt in der Erwägung, dass die Erkenntniss der Sünde der Verkündigung der Gnade vorausgehen müsse. Im Gefühle davon, dass ein wirkliches Bewusstsein von der Sündhaftigkeit und Verlorenheit des Menschen, wie es die offene Schuld bezeugt, doch nicht ohne Weiteres bei der empirischen Gemeinde vorausgesetzt werden könne, das Sündenbekenntniss also leicht unwahr werde, hat man dem Sündenbekenntniss noch die Vorlesung des Dekalogs vorausgestellt, so dass sich der Gottesdienst so gliedert:

1. Verlesung des Dekalogs.
2. Psalmengesang.
3. Offene Schuld.
4. Freies Gebet mit „Vaterunser".
5. Text und Predigt.
6. Gebet mit Vaterunser.
7. Glaubens-Bekenntniss.
8. Segen.
9. Psalmengesang.

Am wenigsten leuchtet die Stellung des Glaubens-Bekenntnisses ein, das, wenn es nicht, wie bei Zwingli in den Communion-Gottesdienst verwiesen wird, mindestens zwischen die Predigt, aus welcher der Glaube kommt, Röm. 10, 17, und das Gebet (wozu der Glaube ermuntert, Röm. 8, 15) gestellt werden müsste.

Aehnlich gestaltet sich der Gottesdienst nach der Liturgia sacra seu ritus ministerii in ecclesia peregrinorum Francofordiae etc. 1554.

Der Vorsänger bezeichnet den Beginn des Gottesdienstes mit dem Rufe:

„Lève le coeur!"

Sofort beginnt Psalmengesang. Darauf spricht der Geistliche das „Deus in adjutorium" etc.; es folgt die offene Schuld mit darauf folgendem, von der Gemeinde stehend angehörtem, evangelischem Trostspruch. Dann Text und Predigt, Kirchengebet, Glaubensbekenntniss, Abkündigungen, Ermahnung zur Mildthätigkeit, Gesang und Segen.

Die Feier des hl. Abendmahles wird einfach gegliedert. Findet dieselbe, was festgesetzt wird, statt, so wird sie durch ein Abendmahlsgebet, welches dem allgemeinen Kirchengebet nach der Predigt angefügt wird, mit dem Predigt-Gottesdienst verbunden und dieser soll auf die hl. Feier hinzielen. So ordnet die Pfälzer Agende von 1585 an: „An denen Tagen, wann man das Abendmal halten will, soll eine Predigt vom Todt und Abendmal des Herrn geschehen, darinn vom Einsetzen, Ordnung, Ursachen, Nutz und Frucht des hl. Abendmals gehandelt werde, und in dieser Predigt soll sich der Diener der Kürze befleissen um der folgenden Action willen, darinn das Nachtmal gnugsam ausgeführt und gleich nach der Predigt und Sonntagsgebet" [1]).

Damit wird an diesem Tage der Gottesdienst ausschliesslich zum Abendmahlsgottesdienst geprägt und die Predigt der Hauptfeier untergeordnet. In diesem Falle erscheint nun auch das Glaubensbekenntniss an einem besseren Platz: es ist das Bekenntniss, durch welches sich die Gemeinde als die Hausgemeinde des Herrn bezeugt.

Dem Bekenntniss folgt nach Recitirung von 1 Cor. 11, 23—30 eine agendarisch fixirte Ansprache bezw. Vermahnung und Darlegung, an welche sich die Austheilung anschliesst (in Form der wandelnden Communion, mit Brodbrechen).

Die Idee der Tischgemeinschaft des Herrn kommt am meisten in der Form der Abendmahlsfeier zum Ausdruck, wie sie in der „Forma ac ratio" des Lasco 1565 (s. RICHTER a. a. O. II. 99) fixirt ist. Auch hier ist an den Tagen, da Communion stattfindet, das hl. Abendmahl der Mittelpunkt, um den alle gottesdienstlichen Thätigkeiten sich concentriren, nicht Anhängsel, sondern geschlossener Act für sich.

Ehe die Gemeinde sich versammelt, wird ein Tisch mit reinem, weissem Linnen bedeckt; auf demselben werden 4 Gläser und 3 zinnerne Schüsseln aufgestellt. In die eine derselben wird das Brod in Schnitten geschnitten.

Der Communion geht voraus eine kurze Predigt, welche die Feier einleitet; die Lesung der Einsetzungsworte, an welche sich eine Vermahnung zur Selbstprüfung anschliesst — alles von der Kanzel aus.

Nach dieser Vermahnung geht der Diener von der Kanzel und stellet sich zu den anderen Dienern an den Tisch und verkündiget

---

[1]) Aehnlich die „Kirchen- und Schulordnung, wie es mit der Lehre in der Grafschaft Wittgenstein gehalten werden soll, eingeführt 1565 etc. Berleburg 1749: „Wann das hl. Abendmahl gehalten wird, so muss die Predigt kürtzlich darauf gerichtet werden". „Nach vollendeter Predigt und fürgesprochener Bekenntniss der Sünde sammt Gebet soll folgende Vermahnung bei dem Tisch, da man das Abendmahl halten will, langsam, deutlich und mit behörigem Ernst vorgelesen werden etc." Die Feier selbst verläuft so:

1. Predigt.
2. Offene Schuld. } Von der Kanzel.
3. Gebet.
4. Vermahnung.
5. Unser Vater etc.
6. Glaubensbekenntniss.
7. Austheilung („Das Brot, das wir brechen etc.").
8. Gebet. Segen.

der ganzen Gemeinde die fröhliche nnd gottselige Botschaft von dem einen und unschuldigen Opfer Jesu Christi mit diesen Worten:

„Liebe Brüder, wir haben ein Osterlamm, das ist Christus, für uns geopfert. Darum lasset uns Ostern halten, nicht im alten Sauerteig, auch nicht im Sauerteig der Bosheit und Schalkheit, sondern in dem Süssteig der Lauterkeit und der Wahrheit".

Nun setzen sich die Diener, Aeltesten, Diakonen und soweit noch Platz leer ist, auch andere Gemeindegenossen an den Tisch. Der fungirende Geistliche in der Mitte des Tisches nimmt das Brod, spricht:

„Das Brod, das wir brechen, ist die Gemeinschaft des Leibes Christi".

Dann bricht er's in die zwei leeren Schüsseln und reicht diese den Tischgenossen mit den Worten:

„Nehmet, esset, gedenket und glaubet, dass der Leib unseres Herrn Jesu Christi in den Tod am Stamme des Kreuzes gegeben sei zur Vergebung aller eurer Sünden".

Dann nimmt er den Kelch, spricht:

„Der Kelch der Danksagung, damit wir Gott danken, ist die Gemeinschaft des Blutes Christi". — reicht die beiden anderen Trinkgefässe den zu seiner Seite sitzenden mit den Worten:

„Nehmet, trinket alle daraus, gedenket und glaubet, dass das Blut unseres Herrn Jesu Christi vergossen ist am Stamme des Kreuzes zur Vergebung aller unserer Sünden".

Dann trinkt er selbst und die neben ihm sitzenden, worauf diese die Becher weiterreichen.

Die Communicanten verlassen den Tisch und andere nehmen die Plätze ein.

Während der Communion wird Joh. 6. von der Kanzel aus vorgelesen.

––––––––

Die Folgezeit hat den Gottesdienst noch mehr vereinfacht und das liturgische Element auf die sparsamste Umrahmung der Predigt durch Gebet und Gemeindegesang beschränkt.

Für den letzteren wurde in der calvinisch bestimmten reformirten Kirche der Psalter zu Grunde gelegt, entsprechend dem abstract gefassten Schriftprincip. In der richtigen Würdigung des Gesanges als eines der wirksamsten Förderungsmittel der Andacht hatte Calvin den französischen Dichter Clement Marot veranlasst, Psalmen in französische Reime zu übertragen. Derselbe bearbeitete

14*

zuerst 30, dann noch 20 Psalmen in der gewünschten Weise, welche 1543 von CALVIN herausgegeben wurden. Die übrigen Psalmen bearbeitete THEODOR BEZA, Calvin's Mitstreiter in Genf, und 1555 erschien der ganze Psalter in französischer Umdichtung und mit volksthümlichen, sangbaren Melodieen, welche dem Schatz des weltlichen und geistlichen Volksliedes der Franzosen entlehnt und von GUILLAUME FRANK für den kirchlichen Gebrauch stylisirt worden waren. 1562 erschien eine künstlerische Bearbeitung von 16 dieser Psalmen, offenbar für den Vortrag durch einen Chor bestimmt, „Les psaumes de David mis en rime française par Clément Marot et Théodore de Bèze, mis en musique à quatre parties par Claude Goudimel (geb. c. 1510, † in Lyon am 24. Aug. 1572). —

Für die reformirte Kirche deutscher Zunge übersetzte AMBROSIUS LOBWASSER, Professor der Rechte zu Königsberg den Clement Marot- und Beza'schen Psalter unter engem Anschluss an die Melodieen in's Deutsche. Seine Arbeit erschien 1573 in Leipzig und fand nicht bloss in der reformirten, sondern auch in der lutherischen Kirche weite Verbreitung („Psalmen des königlichen Propheten Davids, in deutsche Reimen verständlich und deutlich gebracht, nach französischer Melodie und reimenartig durch AMBROSIUS LOBWASSER, der Rechten Doctor und fürstlichen Durchlauchtigkeit in Preussen Rath") — und ist — ungeachtet der Neuerungsversuche, welche der musikalisch hochbegabte Landgraf Moritz von Hessen mit seinen, den deklamatorischen Styl anstrebenden, Psalmen machte („Christlich Gesangbuch" 1612), das Grundbuch und der Grundstock des reformirten Kirchengesanges geblieben. Der Tenor liegt in den Goudimel'schen Sätzen in der Oberstimme, so dass der reformirte Gesang sich von dem lutherischen, was die musikalische Seite anbelangt, principiell gar nicht unterschied, was die textliche Seite betrifft, nur dadurch, dass er sich absichtlich auf das gereimte Schriftwort beschränken wollte. Hier wie dort war es die Volksweise, welche der singenden Gemeinde in den Mund gelegt wurde: hier die bewegliche, leicht flüssige, fein accentuirende der Franzosen, dort die körnige, festgefügte rhythmisch zum Theil noch harte der Deutschen[1].

Eine besondere Stellung innerhalb der reformirten Kirche nimmt die bischöflich-anglikanische Kirche ein: sie trägt Züge von allen Kirchen an sich: die Lehre folgt dem reformirten Typus, aber

---

[1] Ueber die Entwickelung des ref. Kirchenliedes und Gesanges s. KOCH, Geschichte des Kirchenlieds.

die Anschauung von der Ordination, die Werthlegung auf das hierarchische Gefüge und ceremonielle Gepränge ist entschieden und unleugbar katholischer Sauerteig, die Anschauung von der Taufe streift an den lutherischen Lehrbegriff, die Anerkennung des königlichen Supremats erinnert an die griechische Kirche.

Aehnlich ist es mit der anglikanischen Liturgie: sie trägt den Charakter des Eklekticismus. Die Durchführung der Landessprache stellt sie in scharfen Gegensatz zur Liturgie der römischen Kirche und weist sie den Liturgieen der Reformation zu. Die reiche Verwendung des Schriftwortes — der Psalter wird jeden Monat ein Mal, das neue Testament in jedem Jahre drei Mal, das alte ein Mal absolvirt — sowie die Abendmahlsformel und die Indifferenz gegen die Herrn-Feste, von welchen nur Weihnachten und Charfreitag streng gefeiert werden, charakterisiren sie als eine Liturgie der evangelisch-reformirten Kirche nach calvinischem Typus; die Pietät gegen die ererbten gottesdienstlichen Formen lässt sie auf den ersten Blick als eine liturgia lutheranizans erscheinen, sieht man aber näher zu, so lässt der Conservatismus der anglikanischen Kirche jenes strenge, am Evangelium geschärfte Zartgefühl vermissen, welches Luther bei der Ordnung des Gottesdienstes nach der positiven wie negativen Seite, im Beibehalten wie im Verwerfen des geschichtlich Gewordenen geleitet und auch seiner Pietät gegen das Ererbte scharfe Grenzen gezogen hat (Werthlegung auf das Ceremoniell namentlich von Seiten der Ritualisten, Charakterisirung der hierarchischen Grade durch die liturgische Kleidung u. a.). Mit der griechischen Kirche theilt die anglikanische die Ausdehnung des Gebetsactes wie überhaupt eine gewisse Langathmigkeit im Aufbau der Liturgie, mit der altchristlichen die Prägung des Offertoriums u. a. Ihr eigenthümliches Charisma ist der Hymnen- und Psalmengesang, der die Monotonie der die rechte Grenze des Umfanges überschreitenden Liturgie wesentlich mildert und, wenn ihm die rechte Sorgfalt gewidmet wird, dem englischen Gottesdienst einen gewinnenden Zauber und erwärmenden Reiz verleiht.

Unter den Tonsetzern ragen hervor: THOMAS TALLIS, † 1585, WILLIAM BYRD (1546—1623), THOMAS WEELKES, vor allem der „Vater" der anglikanischen Kirchenmusik, JOHN MARBECK, der die gottesdienstlichen Hymnen setzte, ROBERT PARSONS, GILES, FARRANT, MORLEY, DOWLAND; dem kunstmässigen Kirchengesang widmete besonders die Königin Elisabeth ihre Aufmerksamkeit (1558—1603).

Der kirchliche Raum trägt ungeachtet der Sorgfalt und Zierlichkeit, die ihn besonders bei neueren Kirchen auszeichnet, streng reformirten Typus: dem Haupt-Eingang gegenüber steht gewöhnlich zunächst das Pult des Küsters, hinter demselben die Kanzel (Pult) des Vorlesers, hinter dieser gewöhnlich der Predigtstuhl. Der Abendmahlstisch, einfach construirt, steht dagegen selten frei in der Mitte des Chors, sondern meist (wie in katholischen Kirchen) hart an der Chorwand.

Ueber die liturgischen Gewänder vgl. die bei DANIEL, Cod. Lit. III. S. 346 ff. angeführten leges liturg. von 1549: „Episcopus in celebratione coenae et administratione sacramentorum induat lineam aut albam, et cappam vel casulam et habeat baculum pastoralem. — Die destinato ad celebrationem coenae dominicae, Sacerdos indutus alba, casula vel cappa adstabit altari; et in locis ubi sunt plures sacerdotes et diaconi, tot ex his iuvabunt pastorem quot opus habuerit, induti vestibus destinatis ad eorum ministerium, hoc est albis et tunicis. — In matutinis et vesperis, baptismo, sepultura etc. in parochialibus ecclesiis, minister induat vestem lineam. In cathedralibus et collegiis, archidiaconi, diaconi, doctores etc. possunt uti ornamentis suorum graduum et dignitatum. Sed in omnibus aliis locis, liberum erit ministris uti et non uti linea veste".

Formell hält die anglikanische Gottesdienstordnung die täglichen Gottesdienste (wie anfänglich auch Luther) fest.

Der Frühgottesdienst („Morning Prayer") entspricht der Matutin, der Abendgottesdienst („Evening Prayer"), der Vesper (mit Completorium) der römischen Kirche (vgl. DANIEL, Cod. Lit. III, 347 ff. 361 ff.).

Der vollständige Abendmahlsgottesdienst verläuft folgendermassen: vorausgeht, entsprechend der alten Katechumenenmesse ein vorbereitender

I. Wortact,

der in Beziehung zur Communion gebracht ist (nach calvinischer Sitte) und sich so gliedert:

1. Eingang.
   a) „Unser Vater" und
   b) Kurze Collecte („for Purity", um Reinigung des Herzens), welche altenglischen Ursprungs ist.

   „Allmächtiger Gott, dem jedes Herz offensteht und alle Wünsche bekannt sind, und vor dem jedes Geheimniss offenbar ist: reinige durch Einströmung des heiligen Geistes die Gedanken unsres Herzens, dass wir Dich völlig lieben und Deinen heiligen Namen würdig preisen mögen durch Christum, unseren Herrn. Amen."

2. Verlesung der 10 Gebote (nach Calvin), wobei die Gemeinde nach jedem derselben respondirt:

   „Lord, have mercy upon us, and incline our hearts to keep this law!" („Herr, erbarm' Dich über uns und neige unsere Herzen, zu halten dies Gebot!")

Dieser Act erscheint als ein durch die Selbstprüfung, bezichungs-
weise Selbsterkenntniss motivirtes Kyrie; jene wieder erscheint wohl-
begründet durch den Vorhalt des Gesetzes. Statt dass nun aber
unmittelbar zum Sündenbekenntniss übergegangen wird, schiebt die
Liturgie hier ein die

3. Collecten für den König und auf den betreffenden Tag.
   Die Gemeinde kniet bis hierher, erhebt sich dann bei der
   Vorlesung

4. (Lectionen) der
   a) Epistel und des
   b) Evangelium's,
      woran sich unmittelbar

5. das Credo (das Apostolicum) schliesst.
      Erst auf dieses folgt (also vom Wortact eigentlich isolirt,
      ja von diesem meist noch durch einen Gesang getrennt

6. die Predigt (eine freie oder gelesene).
      Nun beginnt

II. die Abendmahlsfeier mit Verlesung des

1. Offertorium's, d. h. eines der Sprüche: Matth. 5, 16; 6,
   19. 20; 7, 12. 21. Luc. 19, 8. 1 Cor. 9, 7. 11. 13. 14.
   2 Cor. 9, 6. 7. Gal. 6, 6. 7. 8. 10. 1 Tim. 6, 6. 7.
   17—19. Hebr. 6, 10; 13, 16. 1 Joh. 3, 17. Tob. 4, 7.
   8. 9. Prov. 19, 17. Ps. 41, 1, wobei die Auswahl dem
   Geistlichen überlassen bleibt.
      Während dessen sammeln die Diakonen oder wer sonst
      hierzu bestellt ist, die Gaben für die Armen oder sonstige
      devotions (Gaben für die Kirche?) und bringen sie —
      in Nachahmung der alten προσφορά — auf den Altar.
      Indess wird Brod und Wein auf dem Altar aufgestellt.
      Es folgt

2. die Collecte für die streitende Kirche auf Erden (for the
   whole state of Christ's Church militant here in earth);
   darauf

3. eine (agendarische) Vermahnung der Communicanten, welcher sich

4. das Sündenbekenntniss (knieend abgelegt) nebst Absolution
   und Trostspruch (Matth. 11, 28. Joh. 3, 16. 1 Tim. 1,
   15. 1 Joh. 2, 1)
   anschliesst.

Nun erst kann die eigentliche Eucharistie beginnen mit der altherkömmlichen (nach der Kirchenzeit zu modificirenden)

5. Praefatio, welcher

6. das Consecrations-Gebet folgt mit den Einsetzungsworten. Bei den Worten: „nahm es und brach's" nimmt der Priester eines der Brode und bricht es; bei den Worten: „nahm er den Kelch" nimmt er den Kelch und segnet ihn bei den Worten: „dies ist mein Blut".

7. Die Austheilung geschieht nach reformirtem Typus: der Communicant empfängt Brod und Wein in die Hand; die Formel lautet:

„The Body of our Lord Jesus Christ, which was given for thee, preserve thy body and soul unto everlasting life. Take and eat this in remembrance that Christ died for thee, and feed on him in hearth by faith with thanksgiving!"

„The blood of our Lord Jesus Christ, which was shed for thee, preserve thy body and soul unto everlasting life. Drink this in remembrance that Christ's Blood was shed for thee and be thankful."

(„Der Leib [das Blut] unseres Herrn Jesu Christi, der [das] für dich gegeben (vergossen) ist, bewahre deinen Leib und Seele zum ewigen Leben; nimm und iss (trink) dies zum Gedächtniss, dass Christus für dich gestorben [Christi Blut für dich vergossen ist]; nähre dich von ihm in deinem Herzen durch Glaube mit Danksagung (und sei dankbar").

Den

8. Schluss bildet

a) Das „Unser Vater" mit Dankgebet;

b) das „Gloria in excelsis" (gesungen oder gesprochen);

c) der Segen („Der Friede Gottes etc.").

Diese Liturgie hat unläugbar viel Schönes und Sinniges; sie bietet eine reiche Mannigfaltigkeit von Acten und Formen dar, die den Beweis liefert, dass sich liturgische Lebendigkeit und Fülle recht wohl mit dem reformirten Princip verträgt.

Freilich verbergen sich auch die Widersprüche nicht, welche durch die zu äusserliche Ineinanderschiebung altkatholischer und cal-

vinistischer Elemente in die Liturgie gekommen sind: auf der einen
Seite erscheint die ganze Handlung eingefasst in die Eucharistie
schon dadurch, dass der Dekalog, offenbar unter dem Gesichtspunkt
eines Spiegels zur Selbstprüfung, an die Spitze gestellt ist. Damit
wäre alles bis zur Praefatio eigentlich zum Vorbereitungsact ge-
stempelt und der Gebets-, Lections- und Predigtact würde die Bedeutung haben, von dem Dekalog (Selbstprüfung) zum Sündenbekenntniss überzuleiten, dieses gleichsam als die natürliche, nothwendige
Folge und Frucht zu erzeugen: daran würde sich das Bekenntniss
(Credo) und Gebet (Unser Vater) der Communiongemeinde sinnig
schliessen und sofort mit der Praefation die heilige Feier beginnen.
Nun ist aber der Gebets-, Lections- und Predigtact zu breit ausgeführt und zu selbständig gestaltet, sofern er seine Physiognomie
durch Epistel und Evangelium erhält, welche nicht durch die Beziehung auf die Communion gewählt sind, und sofern ihm das Credo
eine gewisse in sich abgeschlossene Bedeutung gibt; so fällt der
ganze Act sozusagen aus dem Ganzen doch wieder als ein für sich
selbständiges, nicht fest eingefügtes Stück heraus. Wird aber letzteres auch nicht so streng genommen, so wird der Vorbereitungsact
durch das Offertorium abermals unterbrochen; während mit diesem
in Wahrheit die Communion intonirt wird, muss nach dem Offertorium abermals mit dem Vorbereitungsact neu angehoben werden:
es müsste also Confession, Absolution und Trostspruch unmittelbar
an die Predigt beziehungsweise Vermahnung angeschlossen, das Offertorium aber unmittelbar vor die Praefatio gestellt oder besser ganz
weggelassen werden, da es dann zwischen dem Trost- (Einladungs-)
Spruch und der Präfation nur den Fortschritt aufhält und keine besondere Bedeutung hat.

Kurz: während auf der einen Seite der Versuch gemacht wird,
die ganze Handlung aus der Idee der Eucharistie einheitlich zu gestalten, wird auf der anderen der Dualismus der Katechumenen- und
Gläubigen-Messe doch nicht ganz überwunden.

Dritter Abschnitt.

Verfall und Wiederherstellung des evangelischen Gottesdienstes im 18. und 19. Jahrhundert.

Der Ueberblick über die mannigfaltigen Gottesdienstordnungen des Reformationszeitalters bezeugt es, dass man — namentlich von Seiten der lutherischen Kirche — nicht eigentlich darauf ausgegangen ist, etwas principiell Neues zu construiren, eine etwa aus Einem leitenden Gedanken heraus consequent gegliederte, specifisch lutherische Liturgie zu schaffen. Man hatte in jener Zeit des Kampfes um die Existenz Wichtigeres zu thun und begnügte sich vorerst damit, aus der überkommenen Liturgie alles dasjenige zu entfernen, was dem Evangelium widersprach. Darüber jedoch gab man sich noch keine genaue Rechenschaft, in welche innere Beziehung nun die einzelnen, aus der Liturgie der römisch-katholischen Messe herübergenommenen Stücke zu einander zu bringen seien, nachdem sie aus dem Rahmen des eucharistischen Opfers herausgebrochen waren. Man hatte diese Stücke beibehalten aus Pietät und unter dem Gesichtspunkt der Erbaulichkeit, gemäss dem Kanon, dass nur dasjenige stricte auszuscheiden sei, was sich mit der reinen und lauteren Predigt des Evangeliums absolut nicht vertrage, alles andere aber, wenn es nur geeignet sei, zur Erbauung beizutragen, anstandslos beibehalten werden könne. Daher tragen die liturgischen Anordnungen der Reformationszeit durchaus das Gepräge des Vorläufigen, Provisorischen. Die Stellung der einzelnen Stücke innerhalb der Liturgie ist noch eine unsichere und schwankende auch da, wo man im Grossen und Ganzen die Messliturgie fast vollständig herübernahm und es nicht, wie z. B. in Südwestdeutschland, vorzog, sich auf die sparsamste Umrahmung der Predigt und Abendmahlsfeier durch Gesang und Gebet zu beschränken. So folgt das Credo nach den einen Kirchenordnungen auf das Evangelium, nach anderen auf die Epistel, nach wieder anderen gemäss Rom. 10, 17 auf die Predigt; unklar ist die Bedeutung des Kyrie eleyson, insbesondere sein Verhältniss zum Confiteor, schwankend die Stellung des Vaterunsers (das eine Mal vor, das andere Mal nach den Einsetzungsworten). Am greifbarsten aber tritt der Charakter des Provisorischen heraus in dem Umstande, dass man lutherischerseits den ganzen Gottesdienst nach dem Vorbild der katholischen Kirche und entgegen dem Vorbild der Urkirche thatsächlich in die Feier der Eucharistie einfasste, während man doch gleichzeitig die Verkündigung und Auslegung des Schriftwortes grundsätzlich zum Mittelpunkt des Gottesdienstes machte. Dadurch kam ein Dualismus in den Gottesdienst, der je nachdem entweder zur Verkürzung der Predigt oder zur Verkürzung der Eucharistie, also zur Omnipotenz der einen auf Kosten der anderen führen musste. Wohl konnte ja principiell gefordert werden, dass eine wahre Christengemeinde auch zugleich eine Abendmahlsgemeinde sein solle, und diese Forderung wurde auch liturgisch dadurch markirt, dass, wenn keine Communicanten da waren, die Gemeinde ernstlich vermahnt wurde, von dem Sacrament fleissigeren Gebrauch zu machen. Thatsächlich aber war eben die Gemeinde weder nach der Reife der christlichen Erkenntniss noch nach dem Stand des christlichen Lebens eine mündige. Man betrachtete es ja gerade als die Aufgabe der Predigt, den „Haufen" der Unreifen, Unmündigen, Ungebildeten erst zur Mündigkeit, zur vollen Communionreife zu erziehen, durch die unablässige Verkündigung des göttlichen Wortes das Christenthum immer tiefer in die Herzen zu senken und im Leben der Einzelnen wie der Gemeinde zur Ausprägung und lebendigen Ausgestaltung zu bringen, also — liturgisch gesprochen — eine Communion-Gemeinde, in deren Mund ein Confiteor, ein Credo, ein Empfangen der Absolution etc. volle, subjective Wahrheit hätte, erst zu sammeln.

Indem man nun aber den ganzen Gottesdienst thatsächlich in die Abendmahlsfeier einfasste, indem man durch die Vermahnung der Gemeinde zum Sacramentsgenuss dem „ganzen Haufen", dem „groben Manne", wie Luther bekanntlich die empirische Gemeinde nennt, unabsichtlich die Verpflichtung einer schon mündigen Communiongemeinde imputirte, also die empirische Kirche, die ecclesia late dicta, schon als das behandelte, was sie doch noch nicht war, sondern durch den rechten Gebrauch der Gnadenmittel erst werden und in immer grösserem Umfang in sich zur Darstellung bringen sollte, als die ecclesia proprie dicta, kam man in die Gefahr, die Abendmahlsfeier und im Zusammenhang damit die Beichte zu mechanisiren.

Hierzu trugen noch verschiedene Umstände bei, vorab die einseitige Richtung auf Lehr-Correctheit, welche die evangelische Kirche zur Theologen-Kirche verengte, die Erziehung zur reinen Lehre als die Hauptaufgabe des Amtes betrachtete und eben damit das Gnadenmittel des göttlichen Wortes (2 Tim. 3, 15 ff.), einseitig unter den

Gesichtspunkt einer **Erkenntnissquelle** für den **rechten Glauben**, eines **Lehrbuches** für die religiöse Unterweisung stellte. Unwillkürlich rückte auch im Gottesdienst der Schwerpunkt auf diejenigen Elemente, welche vor allem der Belehrung dienten. Indem man den seligmachenden Glauben, der doch einen den ganzen Menschen umfassenden, durch das Verhältniss der Persönlichkeit zu Christus bestimmten Lebensstand bezeichnet, identisch setzte mit der richtigen, bekenntniss- und schriftgemässen Glaubens-Erkenntniss, also mit dem Reflex des **Glaubenslebens** im Intellect, verengte man den Begriff der Erbauung (οἰχοδομή), der Förderung des **Glaubenslebens** nach allen seinen Seiten und Kräften, nach Erkenntniss, Wille, Gemüt, zum blossen Wachsthum in der Erkenntniss, und in dem Masse, als dies geschah, mussten in der Werthschätzung der Gemeinde naturgemäss diejenigen Elemente des Gottesdienstes zurücktreten, beziehungsweise sich zu Lehrmitteln umprägen lassen, welche nicht direct der Erbauung im Sinne der lehrhaften Unterweisung und der Befestigung in der Erkenntniss des Glaubens dienten. Gebet und Lied traten in den Dienst der reinen Lehre d. i. der theologischen Belehrung. Das liturgische Element rückte unwillkürlich unter den Gesichtspunkt der statutarischen **Form**, die pflichtmässig festgehalten wird, und selbst die Eucharistie — so wenig man selbstverständlich es Wort haben wollte — wurde von der Menge factisch als eine unter den Gesichtspunkt der Bekenntniss-Treue, der kirchlichen Correctheit und Pietät fallende pflichtmässige Leistung behandelt, und theilweise als blosse Form abgemacht d. h. mechanisirt. Hierzu trug ferner bei das gewiss an sich wohlberechtigte Bestreben, der durch den dreissigjährigen Krieg eingerissenen Verwilderung durch die Aufrichtung, beziehungsweise Erneuerung fester Ordnung und Zucht zu steuern (Kirchenordnungen von Coburg 1626, Halberstadt 1632, Braunschweig 1643 und 1657, Mecklenburg 1650, Hessen 1657, Schweden 1687, Pommern 1741 u. a.). Leicht konnte dies dahin führen, den Stand des kirchlichen Lebens überhaupt nur nach dem Massstab der kirchenpolizeilichen Ordnung zu beurtheilen, auf der einen Seite sich bei dem äusserlich geordneten Stand des Gemeindelebens zu beruhigen, auf der anderen Seite sich mit kirchlicher Correctheit zu begnügen, beziehungsweise das, was die Kirche von ihren Gliedern fordert, Besuch des öffentlichen Gottesdienstes, Theilnahme an der Feier des hl. Abendmahles u. s. f. pflichtgemäss mitzumachen, den Gottesdienst nicht als die freie Bethätigung des nach Selbstentäusserung drängenden und nach Förderung und Ergänzung verlangenden Glaubenslebens, sondern als eine gesetzliche Leistung anzusehen. Dann freilich wurde die Liturgie zur blossen Form, der Gottesdienst entsprach nicht mehr der Forderung der subjectiven Wahrheit. Das aber war nach der Meinung der Reformatoren der Zweck aller gottesdienstlichen Einrichtungen und Formen, durch die in Thätigkeit gesetzten Gnadenmittel des Wortes und der hl. Sacramente n eu es Leben zu erzeugen, die christliche Gemeinde zur Anbetung Gottes im Geist und in der Wahrheit zu erziehen, sie heraufzubilden zu einer christlichen, damit das, was die Liturgie voraussetzte und der Gemeinde in den Mund legte, einigermassen wenigstens subjective Wahrheit würde.

Und hier gerade versagte das objective Kirchenthum völlig: bitter klagt ein NIKOLAUS HEMMING († 1600), dass die lutherischen Geistlichen „mores hominum cum doctrina emendare non potuerunt". Und gerade an diesem Punkte, der Mechanisirung des Cultus, speciell der Beichte und des Abendmahles und der darin zum Ausdruck kommenden inneren Unwahrheit des Cultus setzte daher der Pietismus, und zwar mit vollem Rechte, ein (Schade und der Berliner Beichtstreit).

Die subjective Wahrheit des Gottesdienstes suchte er dadurch zu erreichen, dass er die Arbeit der Kirche zu ergänzen und zu vertiefen, das Christenthum in den einzelnen Personen, welche die Kirche bilden und den Gottesdienst besuchen, zu realisiren und zu lebendiger Ausgestaltung zu bringen, also innerhalb der unter dem Bereich von Wort und Sacrament stehenden ecclesia late dicta durch Bekehrung und Erneuerung der einzelnen Persönlichkeit in grösserem Umfang die ecclesia proprie dicta zu verwirklichen, zu substanzieller Realität zu bringen suchte.

Die Arbeit der Kirche suchte der Pietismus zu ergänzen einmal durch besondere Katechumenen Gottesdienste, die principiell aus der Einfassung durch die Eucharistie losgelöst waren und ausschliesslich der Erbauung dienten (Kinderlehre), sodann durch die collegia pietatis, die Sammlung der Angeregten und Erweckten im engeren Kreis, mit der Bestimmung, das durch den öffentlichen Gottesdienst Empfangene festzuhalten, in den Einzelnen zu vertiefen, gleichsam dem Personleben zu assimiliren. Keineswegs meinte der gesunde Pietismus, durch das Conventikel den öffentlichen Gottesdienst entbehrlich zu machen und abzulösen; vielmehr wollte er dem statutarischen Cultus durch Herstellung persönlichen Christenthums in den Einzelnen den wahren Gottesdienst, die Anbetung Gottes im Geist und in der Wahrheit substruiren, indem er das ganze Leben auch ausserhalb des Gottesdienstes gottesdienstlich prägte, und durch den Geist der Kraft, der Zucht, des Gebetes zu einem Gott wohlgefälligen Dienste zu verklären bemüht war.

So bringt der Pietismus, wenn wir uns so ausdrücken dürfen, die Kirche in's Haus, das Christenthum in's Werktagsleben, das eingetaucht wird in die heilige Stille, in den seligen Frieden des Sonntags und umsäumt wird vom Geiste des Gebetes. Auf dem Gebiete des Hausgottesdienstes, der persönlichen Andacht bethätigt denn auch der Pietismus seine beste Kraft in liturgischer Hervorbringung: das bezeugt eine Fülle von kraftvollen, aus der Tiefe innerster persönlichster Ergriffenheit und aus dem Borne vollströmenden Glaubenslebens gequollener Gebete: die liturgische Leistungsfähigkeit und Kraft des Pietismus liegt in der asketischen Literatur (JOH. ARNDT, SPENER, FRANKE, ARNOLD, ROOS, STARCK, HEDINGER u. s. f.).

Für den öffentlichen Cultus ist jedoch der Pietismus in gewissem Sinne verhängnissvoll geworden.

Zwar hat der Pietismus die Kirchen gefüllt; er hat den Leuten das Christenthum zur Herzens- und Gewissenssache gemacht, er hat der evangelischen Christenheit in's Gedächtniss gerufen, dass der Gottesdienst werthlos, die schönste Liturgie verwerfliches Formenspiel ist, wenn das Moment der subjectiven Wahrheit fehlt. Aber er hat auch zur liturgischen Verödung des Gottesdienstes beigetragen dadurch, dass er den Begriff der Erbauung, den er allem gottesdienstlichen Handeln als das leitende, bestimmende und massgebende Princip überordnete, ebenso eng fasste, wie die Orthodoxie. Verstand letztere darunter einseitig die Förderung des Glaubens, d. h. das Wachsthum in der Erkenntniss, so verstand der Pietismus darunter die Förderung des specifisch geistlichen Lebens, der Gottseligkeit. Diese wird gefasst nicht in der Beziehung des menschlichen Thuns auf die Welt, die ihn umgibt, ihre Aufgaben und Pflichten, sondern in ihrem Fürsichsein, als geistliche, sozusagen gottesdienstliche Prägung des Denkens und Empfindens, des Thuns und Gehabens, als stete Beziehung des ganzen Sinnes auf Gott und das Ewige, als energische Concentration alles Strebens auf's Himmlische, wie sich dieselbe dann zu empfinden gibt als Freude an geistlichem Thun, als Lust und Trieb zum Gebet, als Zug zu Gottes Wort und erbaulichem Gespräch. Wohl ist dieses innerste Leben und Wurzeln in Gott der Quellpunkt des Christenthums, aber nicht dieses selbst, und so gewiss der Gottesdienst diesen Punkt treffen muss, wenn er

Segen wirken soll, so wenig geht seine Aufgabe darin auf: denn er soll nicht bloss Leben wecken, sondern auch Leben darstellen, er soll nicht bloss den „grossen Haufen" der Nichtchristen voraussetzen, sondern der innerhalb der sichtbaren Kirche substantiell vorhandenen, wenn auch nicht nach den Personen abzählbaren unsichtbaren Kirche das Wort leihen in Gebet und Feier.

Die enge Fassung des Begriffs der Erbauung hatte die doppelte Folge, einerseits dass man den Werth des öffentlichen Gottesdienstes ausschliesslich nach der erbaulichen Wirkung bemass, welche er auf die Einzelnen ausübte, und dass man den Werth der den Gottesdienst zusammensetzenden Factoren darnach bestimmte, ob und inwieweit sie der Erbauung dienten, beziehungsweise sich zu Förderungsmitteln der Erbauung umprägen liessen [1]); andererseits, dass man den inneren Beruf und die Fähigkeit, Andere zu erbauen, an die erweckte Persönlichkeit knüpfte, indem man davon ausging, dass geistliches Leben zu wecken nur derjenige im Stande sei, „der selbst geistliches Leben in sich trage". Damit wurde die erbauende Thätigkeit im Grunde vom gottesdienstlichen Amte losgelöst, die erweckte Persönlichkeit dem Gnadenmittel des Wortes übergeordnet, der Schwerpunkt der Erbauung, ohne dass man dies beabsichtigte, aus der gottesdienstlichen Gemeindeversammlung in die Versammlung der Erweckten verlegt, sofern diese die wahren Glieder des Leibes Christi vereinige, den Sammelpunkt des wahren geistlichen Lebens, das in der Gemeinde vorhanden sei, darstelle, also auch als der eigentliche Herd, als die eigentliche Quelle aller wahren Erbauung anzusehen sei. Der öffentliche Gottesdienst kam zu der Versammlung der Erweckten in das Verhältniss eines exoterischen Missionsgottesdienstes zu dem esoterischen der wahren Gemeinde Jesu. Denn in der Versammlung der Erweckten floss ja der Quell der Erbauung ursprünglicher und frischer, als in dem öffentlichen Gottesdienst, in welchem die Erbauung an steife Formen gebunden war. Hier, im Gemeinschaftskreise stellte sich das Leben aus Gott unmittelbar in der Selbstaussprache der erweckten christlichen Persönlichkeit dar.

Dies hatte wieder zur Folge, dass man den öffentlichen Gottesdienst, soweit es anging, nach der Gemeinschaft formirte. Die Selbst-

---

[1]) Unter diesem Gesichtspunkt nennt ARNOLD z. B. die Perikopenordnung „eine ruchlose und gräuliche Verstümmelung der Bibel", und klagt selbst ein Spener: „Wie hertzlich wünschte ich, dass wir in unseren Kirchen niemalen den Gebrauch der pericoparum evangelicarum angenommen hätten, sondern entweder freie (sic!) Wahl gelassen, oder die epistolas vor die Evangelia zu Haupttexten genommen hätten"!

aussprache innerhalb der Gemeinschaft trägt den Charakter der Individual-Aussprache, des persönlichen, darum subjectiv geprägten, Selbstzeugnisses. Nicht die Stimme der innerhalb der ecclesia late dicta doch immer substantiell vorhandenen ecclesia proprie dicta, der Gemeinde, kommt darin zum Ausdruck, sondern die Erfahrung der einzelnen christlichen Persönlichkeit. Indem man die unmittelbare Aeusserung des in der christlichen Persönlichkeit vorhandenen Lebens aus Gott als den eigentlichen Nerv und Quell der Erbauung ansah, als das, was der Verkündigung des Wortes erst den rechten Nachdruck verleihe, mussten in der Werthschätzung gerade der erweckten und frommen Kirchenbesucher diejenigen Elemente und Acte des Gottesdienstes steigen, in welche sich die christliche Persönlichkeit sozusagen mit voller Kraft hineinlegen konnte: das freie Wort und das freie Gebet. Die gebundenen Acte aber mussten es sich gefallen lassen, dass sie subjectivistisch umgeprägt wurden. Das objectiv feste Gemeindegebet weicht dem freien Gebet des Predigers, welches Zeugniss gibt von dem in ihm wogenden Gebetsleben. Das liturgische Lied, das Chorgebet der Gemeinde, weicht dem Erbauungs- und Andachtslied, dem dichterischen Erguss der Persönlichkeit, die zu dem Einzelnen redet; die Gemeindeweise, das kirchliche Volkslied, weicht der das Herz bewegenden Arie, in welcher die bewegte Subjectivität sich Ausdruck gibt. Kurz der Gottesdienst wird nicht bloss einseitig unter den Gesichtspunkt der Pädagogie und Erbaulichkeit gestellt und der liturgische Aufbau im Grunde für indifferent erklärt, sondern auch in allen seinen Elementen subjectivistisch geprägt. Der Geistliche, wenn er nur erweckt ist und Leben in sich hat, könnte mehr und mehr der „Agende" mit ihren festen, stabilen Gebeten entrathen; die Gemeinde aber, deren Glieder auch durch das Lied einander gegenseitig erbauen sollen, bedarf dazu einer Agende — des Gesangbuches. Die Gemeinde-Feier wird umgeprägt zur Erbauungsversammlung: in Predigt, Lied, Melodie, Orgelspiel ist es nicht die Stimme der ecclesia proprie dicta, welche zur Gemeinde redet, sondern die einzelne gereifte Persönlichkeit.

Freilich noch viel verhängnissvoller als der Pietismus wirkt der Rationalismus auf den Cultus ein. Mit dem Pietismus theilt er die ausschliessliche Beziehung des Gottesdienstes auf die einzelne Persönlichkeit, die Bemessung seines Werthes nach dem Masse der Wirkung auf die Einzelnen.

Aber während dem Pietismus der öffentliche Gottesdienst dazu dient, die Unmündigen und Nichterweckten zur Höhe des Schrift-christenthums heraufzubilden, während der Pietismus den Cultus also hauptsächlich unter den Gesichtspunkt der Pädagogie stellt, weil die in demselben zur Darstellung kommende materiale Wahrheit für die empirische Gemeinde noch nicht subjective Wahrheit ist, sondern dies erst werden soll, sucht der Rationalismus die subjective Wahr-heit des Cultus dadurch zu erreichen, dass er an der Forderung der materialen Wahrheit nachlässt, das im Cultus zur Darstellung kom-mende Christenthum herabstimmt zu dem Durchschnittsstand und Durchschnittsglauben der empirischen Gemeinde. Ihm ist ja das Verständniss für das Specifische des Offenbarungschristenthums ab-handen gekommen. Das Christenthum ist ihm nur die geschichtliche Introduction der natürlichen Religion, beziehungsweise der Vernunft-religion, der wahren Sittlichkeit: die Kirche hat einen Werth nur, sofern und soweit sie Tugendschule ist; der Gottesdienst nur, sofern und soweit er die Sittlichkeit durch Lehre befördert. Erbauung ist ihm daher einfach das Wachsthum in der Sittlichkeit. Die specifisch christliche, beziehungsweise biblische Prägung des Cultus in Sprache und Formen ist daher schlechthin dem Zweck der moralischen Bes-serung unterzuordnen und, wenn sie die letztere nicht nur nicht fördert, sondern, weil sie der Klarheit und begrifflichen Deut-lichkeit entbehrt, über das Auffassungsvermögen der Durchschnitts-menschen hinausgeht, diesem letzteren anzupassen, der Gemeinde, so wie sie ist, mundgerecht zu machen. Während also der Pietismus die empirische Gemeinde zur Höhe des in der Liturgie sich Aus-druck gebenden Christenthums emporbilden will, sucht der Rationa-lismus die Liturgie dem Bewusstsein der empirischen Gemeinde zu accommodiren.

———

Das Gotteshaus wird zum Hörsaal, dessen Haupterforder-nisse lichte Helle und gute Akustik sind; das christliche Erbauungs-lied weicht dem moralisirenden Lehrliede oder dem sentimentalen Rührlied; Subject, constituirender Factor und Mittelpunkt des Gottesdienstes wird der geistliche Redner, der Volkslehrer im Pre-digertalar. Die Gemeinde zu belehren ist seine Hauptaufgabe. Dieser Aufgabe ist alles andere unterzuordnen. Die Amtshand-lungen müssen ihm Anlässe und Mittel der Belehrung werden. Darum darf man ihn auch nicht an eine feste Form dabei binden. Die Form ist nach dem jeweils sich ergebenden speciellen Lehrzweck zu gestalten, verhält sich dazu als blosses Mittel. So meint SINTENIS a. a. O. S. 4: „Ist nun der Hauptberuf eines evangelischen Pfarrers, dass er Lehrer werde, so muss auch bei Verrichtung jeder kirchlichen Handlung, die ihm zugleich aufgetragen ist, der Lehrer an ihm hervorblicken, und er muss nicht nur seine ausdrücklichen Lehrvorträge, sondern auch jeden sogenannten Ministerialactus, so belehrend abzufassen suchen, als möglich.“

Dies kann er aber nicht, wenn ihm nicht dabei f r e i e H a n d g e l a s s e n w i r d , d. h. wenn er nicht von der Pflicht, sich der vorgeschriebenen kirchlichen Agende zu bedienen, entbunden wird und an die Stelle des F o r m u l a r s d e r K i r c h e das dem Zwecke des Augenblicks entsprechende, entweder selbst gefertigte oder von einem verwandten Geiste entlehnte setzen darf.

Dem Einwand, dass denn doch die Gemeindegenossen ein gewisses Recht auf das die Sprache der Gemeinschaft redende und die Gedanken d e r Kirche zum Ausdruck bringende Formular haben, begegnet SINTENIS ruhig mit den Worten: „Glaubt man jedoch etwa, dass es auch noch A b e r g l ä u b i s c h e im Volke gebe, die auf ihr Formular, bei dem sie geboren und erzogen sind, bigott hielten, so bestärkt man diese ja offenbar in ihrem Aberglauben, wenn man ihnen nachgibt, und bringt es dadurch endlich wohl soweit, dass sie den Worten des Formulars den Werth des göttlichen Wortes oder gar eine Art von Zauberkraft beilegen“ [1]).

Man hatte eben völlig vergessen, dass das Subject des Cultus nicht der Prediger ist, dass, wenn auch bei jeder Cultushandlung der Seelsorger in der Rede zum Wort kommen d a r f , doch in erster Linie d i e S t i m m e d e r K i r c h e bezw. des Herrn es ist, die zur Gemeinde sprechen soll.

So konnte es kommen, dass man nicht bloss die Gemeindeacte zu Belehrungsformen, das agendarische Formular, welches die Sprache der Kirche redet, zur Casualrede umprägte, sondern auch diese letztere, d. h. das, was man als „Agende“ bezeichnete, obgleich es nichts anderes war als eine Sammlung von Casualreden, nach Inhalt und Ausdrucksweise der Zeit anpasste. Freilich gesteht SEILER,

---

[1]) Noch kräftiger ders.: „Wie unerträglich muss es den Gebildeten werden, bei Religionshandlungen, die ihnen ehrwürdig sein sollen, ein immerwährendes Einerlei zu hören! Sollte dieses unangenehme Gefühl bei ihnen keine widrigen Einflüsse — nicht, gar nicht, bis auf die Handlungen selbst — verbreiten? wie eckelhaft muss es dem Prediger, sobald er Sinn für die Würde seines Berufs (sic!) hat, sein, Ein und dasselbe Formular bei jeder vorkommenden Amtsgelegenheit, zu der es gehört, abzulesen, und so seine i h m (sic!) heiligen Geschäfte schlendriansmässig zu betreiben.“

wie er sich an die Arbeit macht, neue liturgische Formulare zu erfinden, ehrlich: „Da heutzutage eine so grosse Verschiedenheit der
Meinungen über die Lehren Jesu entstanden ist, so ist es keine
leichte Sache, ein Festgebet zu entwerfen, welches der älteren Par-
tei ein Genüge thut und der neuen nicht „anstössig“, also nicht
bloss „biblisch“, sondern auch „vernunftgemäss“ ist“ [1]).

Ein Bild davon, wie man sich bemühte, den „Ministerial-
Actus“ [2]) z. B. der hl. Taufe oder des hl. Abendmahles belehrend
zu gestalten, mögen folgende Proben geben.

1. Tauf-Formular [3])
(bei der Taufe eines von wohlhabenden, höher gebildeten und geachteten Aeltern abstammenden Kindes).

Mit Lebensgefahr tritt der Mensch in's Leben ein, mit Gefahr
des eigenen und des mütterlichen Lebens; aber nur die Mutter ist
sich der Gefahr und des Kampfes bewusst, und das um so schmerz-
licher, weil es ein doppeltes, ihr beinahe gleich theueres Leben gilt.
O Dank Dir, allwaltende Vorsehung, für die Erhaltung dieses lieben
Kindes und seiner edlen Mutter in der entscheidenden Stunde der
Geburt! Dank Dir für die Gesundheit Beider und für die günstigen
Umstände, unter welchen das Kind seine irdische Laufbahn beginnt.
Schon vor seiner Geburt war es die sehnlichste Erwartung und vom
ersten Augenblick seiner Erscheinung an die höchste Wonne seiner
Eltern, während unzählige Kinder gleichgiltig, wo nicht gar miss-
muthig von Vater und Mutter aufgenommen und von der übrigen
Welt gar nicht beachtet werden.

Reichlich war schon im Voraus für alle Bedürfnisse dieses
neuen Ankömmlings gesorgt, und allem menschlichen Ansehen nach
wird es ihm auch künftig weder an dem, was des Lebens Bedürfniss und Bequemlichkeit fordert, noch an einer sorgfältigen Ausbildung des Geistes und Herzens fehlen, während viele tausend Säug-
linge in drückender Armuth verkümmern, oder doch wegen Ermangelung an gehöriger Ausbildung ihrer Seelenkräfte zeitlebens mit
Irrthum, Noth und Mangel kämpfen. O mögest du, liebes Kind,

---

[1]) Versuch einer christlich-evangelischen Liturgie. Erlangen 1782.
[2]) Auch „Feiergebräuche“ — so z. B. SCHLEZ a. a. O. S. 1; oder „feierliche Religionshandlungen“, so z. B. FROSCH, ADLER u. A. werden die Sacraments-
handlungen genannt.
[3]) Evangelische Kirchen-Agende für Prediger, welche an keine Landes-
liturgie ausschliesslich gebunden sind. Von J. F. SCHLEZ, Grossh. Hess. Kirchenrath, Dr. theol. Giessen 1834.

dein irdisches Glück, von dem du jetzt so wenig weisst, als von dem höheren geistigen Glücke, welchem die Taufe dich zuführen soll, künftig recht dankbar anerkennen und ein Wohlthäter an Andern werden, wie es Gott an dir ist.

Zu einem so würdigen Empfänger des leiblichen Segens wollen deine[1]) guten Eltern dich erziehen, und das wird ihnen ohne Zweifel gelingen, wenn sie die frommen Gelübde, mit denen sie heute auch den geistlichen Segen für dich erbitten, treulich erfüllen; du aber wirst dann absichtlich für sie zu werden suchen, was du jetzt noch bewusstlos bist, die höchste Wonne ihres Lebens.

Mit den Eltern des Täuflings treten auch Sie[2]), geschätzte Taufpathen, in einen schönen Erziehungsbund, indem Sie das liebe Kind zur heiligen Christenweihe bringen und es, unter sinnbildlicher Besprengung mit Wasser, in die Gemeine der von Sünden gereinigt sein sollenden Bekenner Jesu feierlich aufnehmen lassen. Da jedoch bei der Unmündigkeit des Täuflings der Glaube als die Hauptbedingung einer vollgiltigen Taufe noch fehlt, so fragt es sich, ist es auch Ihr und der lieben Eltern fester Vorsatz, den Ihnen von Gott anvertrauten Pflegling, nach erwachter Empfänglichkeit, in dem christlichen Glauben auch sorgfältig unterrichten zu lassen und zu einem freiwilligen redlichen Bekenner und Anhänger der Religion Jesu zu erziehen?

„Ja“.

Nun so legen Sie auch dem Kinde Tauf-Namen bei, welche dasselbe und seine Eltern täglich an die Gelübde des heutigen Tages erinnern. Wie soll es genannt werden?

„N** N**“.

So taufe ich dich denn, lieber N** N**, zur Verehrung Gottes des Vaters, seines Sohnes Jesu Christi und des heiligen Geistes. Amen.

(Unter Handauflegung.)

Gott erhalte nun dein Leben, geliebtes Kind, dass du den beseligenden Christenglauben, auf welchen du jetzt getauft bist, auch kennen lernen, ihm gemäss leben, und die Wahrheit der Verheissung:

---

[1]) Wie sinnig die Anrede an den schlummernden oder schreienden Jungen!
[2]) „Bei den Anreden und Fragen an einzelne Personen ist durchgängig das Fürwort „Sie“ gebraucht, weil es in Deutschland bald ebenso gemein werden wird, als in Frankreich das vous. Er, Ihr, Du, zur beliebigen Auswahl in Klammern beizufügen, schien dem Verfasser verwirrend für den Leser.“ S. 2. Die Anreden werden auch noch anders modernisirt: „Wertheste Mitchristen!“. S. 170. „Mitbekenner des grossen Gekreuzigten!“ (statt „liebe Communicanten!“) ib. S. 170. „Meine Zuhörer!“ (bei der Beichte) S. 196.

„Wer da glaubet und getauft wird, der wird selig werden", an dir selbst erfahren mögest. Amen! — —

Wasser, ein der ganzen Natur unentbehrliches Element, war also das Sinnbild deiner Christenweihe, geliebtes Kind. Möge die Religion Jesu das Element deines ganzen moralischen Lebens werden!

Wasser ist ein Gemeingut für Reiche und Arme, für Hohe und Niedrige. Gleich ihm ist auch die Religion Jesu für Alle bestimmt, und dir, liebes Kind, wird sie, wie wir zu Gott hoffen, klarer und reichlicher zufliessen, als unzähligen Anderen.

Wasser, das bewährteste Reinigungsmittel des Körpers, ist das passendste Sinnbild der Seelenreinheit. Rein bleibe dein Herz und unbefleckt dein Wandel, du noch unschuldiger Engel!

Im Wasser liegen grosse, erquickende Heilkräfte für unsern Körper. Noch grössere Heilkräfte für unsere Seele liegen in dem echtchristlichen Glauben. Möge die Religion Jesu für dich, geliebtes Kind, eine nie versiegende, sittliche Heilquelle werden!

Das Wasser ist dem Himmel und der Erde verwandt, steigt von dieser zu jenem empor und fällt von jenem auf diese hernieder. Dem Höheren und Himmlischen zugewandt sei dein ganzes Leben, liebes Kind. Oft hebe dein Herz sich himmelan und ziehe das Himmlische zu sich in das Irdische herab!

Wasser, von Gesunden so oft verschmäht, ist gewöhnlich die letzte körperliche Labung auf dem Sterbebett. Möge die Religion Jesu durchs ganze Leben deine tägliche Geisteserquickung werden und bleiben! Möge sie dir und uns Allen ihren Labebecher reichen in den Leiden des Lebens bis zum Heimgang in jenes bessere Land, wo wir nimmermehr hungern und dürsten. Amen!

II. Agendarische Abendmahls-Ansprache. (Formular.[1])

Mit der heutigen Gottesverehrung, geliebte Christen, verbinden wir nun das heilige Mahl, welches der göttliche Stifter unserer Religion am letzten Abende seines wohlthätigen Lebens selbst eingesetzt, und zur lebhaften Erneuerung seines Andenkens, zum feierlichen Bekenntnisse unseres Glaubens, und zum Denkmale der innigsten Bruderliebe bestimmt hat[2]).

---

[1]) Bei Schlez, Agende S. 43.
[2]) Vgl. Sintenis a. a. O S. 202 (aus der Beichtansprache): „Lasset es uns mit den Aposteln halten, und auch nicht zum Altare gehen, um ein Sacrament daselbst in Empfang zu nehmen, sondern um unser Sacrament (sic!) dahin zu bringen", d. h. die „Verpflichtung, bei seiner uns so sehr beseligenden Lehre fest zu beharren, und dabei auch immer Gemeinsinn überall zu beweisen, wie Er".

Er empfahl seinen Bekennern diese Gedächtnissfeier nur wenige Stunden vor seiner Gefangennehmung in banger Voraussetzung und Erwartung seines martervollen Todes; — gleichwohl war er so weit entfernt, ein jährliches Trauerbegängniss oder sonst etwas Niederschlagendes und Wehmuterregendes zu seinem Gedächtnisse zu verordnen, dass er vielmehr sein Andenken durch ein frohes Mahl, durch eine Wiederholung der letzten glücklichen Augenblicke, die er mit seinen Jüngern verlebte, gefeiert wissen wollte.

Wie sie in brüderlicher Liebe beim fröhlichen Ostermahle beisammen sassen, um das Fest der leiblichen Errettung aus Aegyptens Knechtschaft zu feiern: so sollten sie künftig das Andenken ihrer geistlichen Errettung — ihrer Befreiung vom Joche des levitischen Gottesdienstes, ihrer Erlösung aus der Knechtschaft des Irrthums und der Sünde bei dem heiligen Mahle erneuern, das auch wir wieder zu halten versammelt sind.

„Das thut zu meinem Gedächtnisse", so sprach der göttliche Menschenfreund. Und, o, wer sollte sich nicht bei dieser feierlichen Handlung seiner unendlichen Verdienste mit besonderer Rührung erinnern? Wer lebte, wer starb wie Er, für Wahrheit und Menschenglück? Wessen Verdienste sind so gross, so unsterblich? Jahrhunderte sind seit seinem schmachvollen Tode verflossen und noch rechnen wir's uns zur Ehre, Bekenner des Gekreuzigten zu sein. Die weisesten Menschen vermögen es bis diese Stunde noch nicht, uns reinere und edlere Begriffe von Gott, von Gottesverehrung und menschlichen Pflichten zu geben, als die, welche Er vor so vielen Jahrhunderten gab. Wo ist eine Religion auf Erden, die eine reinere Tugend mit edleren Beweggründen lehrt? eine Religion, die so ganz auf Menschenglückseligkeit abzielt und frohere Aussichten eröffnet in eine künftige Welt? In welcher Religion lebt man so frei und so froh? Und welche hat noch eine solche Macht über das menschliche Herz und einen solchen Einfluss auf das bürgerliche Glück ihrer Bekenner bewiesen?

O möchte sie besonders auch an dem Verstande und Herzen derer ihre Kraft beweisen, welche sich heute so feierlich zu dieser Religion bekennen! Möchte die Feier Deines Andenkens, Du Heiland der Menschen, sie alle mit dem frommen Entschluss, Deinem erhabenen Beispiele zu folgen, erfüllen! Möchte das Mahl Deiner Liebe den Geist der allgemeinen Bruderliebe in ihren Herzen erregen, allen Menschenhass aus ihren Gemüthern verbannen, ihr Gewissen aus seinem Schlummer erwecken und sie antreiben, alles begangene Unrecht, soviel in ihren Kräften steht, wieder gut zu machen!

Möchte Dein Heldenmuth im Leiden, Deine Ergebenheit in den
Willen Deines Vaters sie zu gleichem Muthe begeistern; Dein Tod
in den letzten Stunden ihres Lebens sie aufrichten und mit der
beruhigenden Ueberzeugung von Gottes Weisheit und Vatergüte bei
allen Trübsalen erfüllen! Möchte Deine Aufopferung am Kreuze, und
das heilige Mahl, welches zum Andenken derselben bestimmt ist,
allen Ungebesserten zur Erweckung und allen Bussfertigen zum
Unterpfande ihrer Begnadigung dienen! Amen. —

Aus einer Abendmahls-Ansprache (Abendmahl der Neuconfir-
mirten [1]):

„Communicanten! in so achtungswürdiger Menge versammelte
Communicanten! entsprechet diesen Wünschen, welche im Namen
Jesu geschahen! .. Wie? sollte Jemand unter euch sein, der bloss
heute zur Tafel des Herrn käme, um nur einmal wieder zu ihr gekommen zu sein, oder der, als Vater oder Mutter etwa, nur käme,
weil es Sitte ist, seine Kinder zum ersten male zu ihr zu begleiten.
O, wie besser hätte er gethan, wenn er lieber nicht gekommen wäre! (Subjective Wahrheit) .... Doch — Gott gebe,
dass dies mit Keinem unter euch der unheilige Fall sein möge! ...
So esset und trinket denn Alle hier an dem dem Herrn geweihten Tische
— in tiefster Rührung! Versinnlichet euch durch dieses Brodt und
durch diesen Wein den Kreuzestod Jesu, und durch die Theilnahme an diesem Brodte und an diesem Weine die Theilnahme
an allen Segnungen seines Kreuzestodes! werdet durchdrungen von
der über Alles gehenden Seelengrösse und Seelenschönheit, welche
dieser Göttliche dadurch offenbarte, dass er für euer Heil seinen
Leib brechen, sein Blut vergiessen liess, und am Kreuze starb!
Gehet alsdann, wie es guten (sic!) Menschen natürlich ist, zur
feurigsten Dankbarkeit gegen ihn über, und sprechet, entflammt von
ihr — „Leben wir, so leben wir dem Herrn, sterben wir, so sterben
wir dem Herrn — lebend und sterbend wollen wir sein Eigenthum sein".

„Euch, die ihr heute zum ersten Male Gäste an der hier be-
reiteten, zwar einfachen (sic!), aber doch eine sehr erhabene Bedeutung habenden Tafel seid — euch sei dies Alles hauptsächlich
gesagt!"

„Vorbereitet genug dazu seit geraumer Zeit — vorbereitet
gestern nochmals dazu zu allem Ueberflusse (ah?) — fühlet euch

[1] Sintenis, Agende S. 229 ff.

hochgeehrt, dass ihr nun heute hier thun könnet, was sonst nur
eure Eltern und die übrigen wirklichen Mitglieder der Gemeinde
thun durften! Uebertreffet aber auch, wie euch gestern schon gesagt
ward, alle anderen heutigen Communicanten eben darum an Andacht und an Rührung bei dem Genusse des hl. Mahles! Uebertreffet sie im Feuer des Entschlusses, dem Herrn zu leben, und
dem Herrn zu sterben! Ihr bestätigt heute euer Sacrament (sic!),
das ihr hierauf bei eurer Confirmation ablegtet; so sei euch die
Bestätigung so wichtig als die Ablegung! Junge Christen, erwäget
recht, was euch jetzt gesagt ward, und leget dadurch einen noch
festeren, ja den allerfestesten Grund zu eurem wahren Christenthum,
und dadurch zugleich zu eurem wahren Heile! „Leben wir — in
diesem Selbstzurufe dränge sich euer ganzes Herz zusammen! — leben
wir, so leben wir dem Herrn, sterben wir, so sterben wir dem
Herrn — er lebte, er starb für uns, so wollen wir ihm seeleneigen
sein auf Leben und auf Tod". —

(Einsetzungsworte). „Höret insgesammt noch die Einladung
Jesu selbst zu seinem Mahle! So sprach der Herr, als er Brod
nahm, es betend brach, und herumgab — Nehmet, esset, das ist
mein Leib, der bald zu eurem Besten dahin gegeben werden soll.
Wiederholet dies zu meinem Andenken! So sprach der Herr, als er
auch nachher betend den Becher herumgab — „Nehmet, trinket, das
ist mein Blut, das bald zu eurem Besten vergossen werden soll.
Wiederholet dies zu meinem Andenken!"

Empfanget alle nun das hl. Mahl — Empfanget es Alle mit
heiligem Gemüth! Erstlinge empfanget es zuerst — Erstlinge, empfanget es auch mit dem heiligsten Gemüth! —

Nach dem hl. Abendmahl (ibid. S. 221):

„Vor Dir, Allgegenwärtiger! haben diese Verehrer Jesu ihr
(sic!) Sacrament des Altar's abgelegt. Auf Dich, Allwissender! berufen sie sich getrost und freudig, dass sie es mit aller Redlichkeit
ihres Herzens abgelegt haben.

So flehen sie zu Dir, Allstärkender! dass Du ihnen Kraft verleihen wollest, solches auch treu, und immer treuer zu halten.
Nicht, als wollten sie sich schwächer fühlen, als sie sind (sic!); nein,
nein, sie können Viel für sich thun, aber — der Geist ist oft willig
und das Fleisch ist schwach. Vater! hilf Du ihrer Schwachheit auf,
damit in solchen Versuchungen zur Untreue gegen Jesum und gegen
ihr Versprechen, nie von ihren christlichen Ueberzeugungen und
Gesinnungen zu weichen, ihre sittliche Natur immer über die sinn-

liche siege; Du besitzest tausend Mittel dazu, und hast als Schöpfer ihr Herz auch gewiss auf eine ihnen unbegreifliche Weise in Deiner Gewalt. O, so stehe ihnen bei, wenn sie wanken wollen, und wollte sie auch die Erde durch ihren Jammer zur Trennung von Jesu verleiten, so lass die Erde schon im Geiste für sie vergehen, und öffne ihnen den Himmel, damit die Herrlichkeit sie erquicke, welche droben denen zu Theile wird, die in der Gemeinschaft mit Jesu — auch in der Gemeinschaft des Leidens mit ihm — bis ans Ende beharren! . . . Es segne euch Gott, ihr Lieben, durch seinen Sohn immer mehr mit heiligem Geist! (Amen fehlt!).

*   *   *

Der Drang, im Interesse der persönlichen Wahrhaftigkeit bezüglich der Worte und Gedanken absolute Freiheit zu haben und nichts aussprechen zu müssen, was man sich nicht als sein Eigenstes zueignen, also auch als Eigenstes geben könnte, machte selbst vor denjenigen Bestandtheilen nicht Halt, welche dem liturgischen Gefühl unantastbar erscheinen. So werden selbst die Spendungsformeln beim hl. Mahl modernisirt. K. R. LANGE gibt in den liturgischen Blättern von HUFNAGEL[1]) folgende Form:

„Geniessen Sie dies Brod; der Geist der Andacht ruh' auf Ihnen mit vollem Segen!"

„Geniessen Sie ein wenig Wein! Tugendkraft liegt nicht in diesem Wein, sie liegt in Ihnen, in der Gotteslehre und in Gott!" oder:

„Gebrauchen Sie dies Brod im Andenken Jesu Christi; wer nach reiner edler Tugend hungert, wird gesättigt".

„Geniessen Sie ein wenig Wein; wer nach reiner edler Tugend dürstet, wird nicht vergeblich schmachten". —

*   *   *

Kein Wunder, dass man sich auch am Gebet des Herrn stiess, sofern es einen stehenden Bestandtheil der Liturgie bilden sollte.

„Das Vaterunser wird grösstentheils in den Kirchen noch zu oft gebetet", meint SINTENIS a. a. O. S. 333. „Wer auch nur überhaupt erwägt, dass es kein Formular, sondern ein Modell sein sollte, und zwar ein Modell zu Apostelgebeten zunächst, der kann schon nicht damit zufrieden sein. Womit will man denn aber vollends beweisen, dass es, wo nicht jeden öffentlichen Lehrvortrag (sic!) anfangen und schliessen zugleich, doch wenigstens ihn schliessen — dass es jede gemein-

---

[1]) 1. Bd. 6. Sammlg. S. 349.

schaftliche Gottesverehrung, ja jeden Ministerialact, begleiten, wohl gar zu mehrerenmalen begleiten, müsse? Was würde hiezu sein erhabener Verfasser sagen, der das Plappern beim Beten verbot, und hierunter nicht bloss das Machen zu vieler Worte dabei, sondern auch die öfteren Wiederholungen derselben Worte verstand? Zu zeigen, wie man kurz, und doch gehaltvoll, beten könnte, stimmte er es an (sic!) — mit nichten aber, um es zu einem feierlichen Gebetseinerlei (sic!) einzusetzen. Was muss der gemeine Christ dabei denken, wenn es hierzu gemacht wird, und wenn jeder kirchlichen Zusammenkunft und jeder kirchlichen Handlung dadurch gleichsam erst die volle Heiligung und Weihe gegeben werden soll?" Das meint er, verführt nur zu abergläubischem Gebrauch des Vaterunsers als einer magischen Formel, und fährt fort: „Uebrigens sollte man doch die grosse Wahrheit, dass die Hälfte des Vaterunsers (ah?) — so, wie es wörtlich übersetzt lautet — für das Volk ganz unverständlich sei, zu beherzigen nicht vergessen, und von ihr die Winke annehmen, die sie gibt".

„Predigern sollte es also freistehen, bei ihren Lehrvorträgen das Vaterunser bald zu beten, bald nicht zu beten; am wenigsten sollten sie gehalten sein, es zu einem Bestandtheile aller ihrer kirchlichen Amtshandlungen zu machen. Sind sie aber erst im Besitze dieser ächt evangelischen Amtsfreiheit (sic!), so werden sie sich auch gewiss aus sich selbst der Abwechslung beim Gebrauch desselben bedienen, und es selten so hebräisch-deutsch, wie es in der eingeführten Uebersetzung lautet, sondern am öftesten deutsch-deutsch (oh!) beten!"

Sintenis gibt dann solche Umformungen in's „Deutsch-Deutsche", wie folgt:

„O Du unser allerhöchster Vater!
Sei und bleib in unsern Augen der einzig wahre Gott!
Befördere durch das Christenthum immer mehr das Heil der Welt!
Werde von uns Menschen durch Gehorsam verehrt wie von Deinen
                    höheren Geistern!
Gib uns, so lange wir leben, unseren nöthigen Unterhalt!
Vergib uns unsere Fehler bei einem gern vergebenden Herzen!
Lass uns nicht in zu schwere Weltleiden gerathen!
Befreie uns vielmehr von allen Widersachern!
Du bist allmächtig, allweise, allgütig!
Ewig bist Du hier — so vertrauen wir, so lange wir sind, auf
                    Dich!"

„Allvater! Ueber alles erhabener Vater!
Werde Du allein als Gott verehrt!
Breite Deine Kirche auf dem Erdboden aus!
Lass uns immer Deinen Willen thun, wie ihn die ganze Geister-
    welt thun soll!
Gewähre uns bei Redlichkeit und Fleiss, was wir im Irdischen be-
    dürfen!
Richte uns gnädig, wenn wir Andere liebreich richten!
Bewahre unser Herz vor grossen Reizungen zum Bösen!
Lass alle Verführungen für uns ein Ende haben!
Du kannst, Du wirst uns erhören — ewig fest steht unsere Hoffnung
    zu Dir.“

„Unser Aller oberster Vater!
Du nur bist Gott, und alle Welt erkenne Dich allein dafür!
Deine grosse Aufklärungsanstalt durch Jesum gedeihe immer herr-
    licher und weiter!
Dein Gesetz, das Du in unser Herz schriebst, werde auf das Hei-
    ligste von uns befolgt!
Unser Leben verstreiche ohne Sorgen der Nahrung!
Deine verzeihende Gnade sei uns gewiss, wenn wir unsern Brüdern
    gern verzeihen!
Zu harte Schicksale lass nicht über uns kommen!
Zuletzt müsse alles Böse von uns weichen!
Deine göttliche, ewige Majestät verbürgt uns die Gewährung alles
    dessen, was wir beten!“

„Allerhöchster Vater!
Deine Verherrlichung gehe uns über Alles!
Die Wahrheit gedeihe unter uns!
Die Tugend wohne hier schon wie im Himmel!
Bei Fleiss gib uns Brod!
Bei Versöhnlichkeit Gnade,
Vor harten Kämpfen schütze uns!
Zuletzt lass alles Böse aufhören!
Ueber alles mächtig, weise, gut bist Du — sei ewig unsre Zuver-
    sicht!“

* * *

  Was den Schluss-Segen betrifft, so ist „darüber nun doch wohl
bald die ganze protestantische Kirche einig, dass die eingeführte

mosaische Segensformel wegfallen müsse, weil sie die Wenigsten von
der Gemeinde verstehen, und weil es, wenn auch die ganze Gemeinde
sie verstände, doch so herauskommt, als wenn sie wieder eine
jüdische werden sollte![1] Im Allgemeinen bleibt der schönste
Segen, den man über eine christliche Gemeinde sprechen kann,
immer dieser:

> „Gott erfülle uns durch die Lehre Jesu immer mehr mit
> seinem Geiste — mit allen ihm ähnlichen und wohlgefälligen
> Gesinnungen.“

Eine andere Formel lautet:

> „Der Herr segne und erfreue euch mit der Seligkeit eines un-
> schuldigen Herzens und Wandels!“
> „Der Herr segne und erfreue euch mit der Versicherung seines
> Wohlgefallens!“
> „Der Herr segne und erfreue euch mit der beseligenden Hoff-
> nung des ewigen Lebens!
> Amen!“ [2]

oder:

> „Gott, unser Vater, schütze und beglücke uns!“
> „Jesus Christus, lehre und leite, beruhige und ermuntre uns!“
> „Der Geist des Herrn veredle uns!
> Amen!“ [3]

oder:

> „Der Herr segne uns mit Weisheit, mit Muth und Kraft zu
> guten Thaten!“
> „Der Herr erhalte unsre Seele rein, unser Gewissen ruhig, unser
> Herz zufrieden!“
> „Der Herr verleih’ uns unser bescheiden Theil vom Lebens-
> glück, und einst die höhere Wonne des ewigen Lebens!
> Amen!“ [4]

*　　*　　*

Dass dem nüchternen, auf Belehrung gerichteten Sinne des
Rationalismus der Altargesang widerstrebte, ist natürlich: „Es bedarf keiner Erinnerung“ — sagt die Vorr. der Schleswig-Holstein'-

---

[1] SINTENIS a. a. O. S. 336. Vgl. die Instruction in der Schleswig-Holsteini-
schen Kirchen-Agende von 1797 S. 8: „Mit einem feierlichen Segenswunsche,
aber nicht gerade mit der bisher gewöhnlichen, den meisten Zuhörern unver-
ständlichen, mosaischen Segensformel, verlässt dann der Prediger die Kanzel.“
[2] SCHLEZ, Ev. Kirchen-Agende S. 277.
[3] FROSCH, Allgemeine Liturgie S. 343 „Segenswünsche an Sonntagen“.
[4] Schleswig-Holsteinische Kirchen-Agende von 1797 (ADLER) S. 146.

schen Agende von 1797 — „dass diese Gebete sämmtlich gelesen werden. Das Absingen der sogenannten Collecten wie auch das Lesen oder Singen des Evangeliums und der Epistel vor dem Altar fällt in Zukunft ganz weg" (S. 5) [1]).

Dagegen sträubte sich der Rationalismus keineswegs gegen die Verwendung des Gesanges als eines Mittels zur Erhöhung der Andacht. In diesem Sinne verordnet die Schleswig-Holstein'sche Agende: „Inzwischen wird es denjenigen Lehrern, die musikalisches Talent besitzen, überlassen, dann und wann durch das Absingen einiger nachdrucksvollen Worte, vor oder nach dem Gebete, die das ganze Chor der Gemeine beantwortet, die Andacht der Betenden zu erhöhen [2]). Nur müssen dazu allgemein verständliche, Geist und Herz erhebende, vorzüglich aus dem Schatze der heiligen Bücher entlehnte Worte gewählt werden, die sich auf den Inhalt des Lobes, Dankes, Gebets beziehen, und die Summe desselben in kraftvoller Kürze befassen. So kann auch der Prediger, wie es bisher in einigen Kirchen gebräuchlich gewesen ist, vor dem feierlichen Gebete ein: Ehre sey Gott in der Höhe! anstimmen, welches die Gemeine mit dem bekannten Liede: Allein Gott in der Höh' sey Ehr'! beantwortet, oder ein: Ich glaube fest an meinen Gott! sprechen, worauf die ganze Gemeine den Gesang: „Wir glauben all' an einen Gott!" anstimmt.

Ueberhaupt verkennt der Rationalismus den specifischen Werth des öffentlichen und gemeinsamen Gottesdienstes nicht; wenn er denselben auch einseitig unter dem Gesichtspunkte des persönlichen Bedürfnisses auffasst; was zur Hebung der Andacht beiträgt, was geeignet ist, das Wort der Lehre zu stützen und zu verstärken, den Cultus zu „verschönern", ist willkommen, also namentlich Gesang, Orgelspiel, Kirchenmusik. Nur fällt der Gesang der Gemeinde dem Rationalismus niemals unter den Gesichtspunkt des Gemeindezeugnisses, der Lebensäusserung und Glaubensbethätigung der Gemeinde, sondern immer nur unter den der Erbauung, des Belehrungs-Vehikels: auch das Lied ist ein Stück Predigt, wenngleich es von der Gemeinde vorgetragen wird. Darum richtet sich die Wahl des Liedes ausschliesslich nach der „vorhabenden Predigt" und wird vom

---

[1]) Die Reste von lateinischem Gesang (Sachsen) fallen ganz weg; ebenso die liturgischen Wechselgesänge der Mehrzahl nach: Praefation, Kyrie, Gloria etc. etc.

[2]) Vgl. SCHLEZ, Evang. Kirchen-Agende S. 276: „Die Gottesverehrung würde feierlicher enden, wenn die Gemeinde das Amen oder Halleluja, mit welchem der Geistliche sprechend den Segen abschliesst, singend wiederholte".

Prediger getroffen. Daher wechselt auch das Lied mit jedem Sonntag: wie gegen stehende Formulare, so sträubt sich der Sinn gegen stehende, liturgische Gesänge — das Singen könnte ja mechanisirt, es könnte gewohnheitsmässig werden! So wird der Choral ein singendes Lesen, und da die Singenden alle Aufmerksamkeit auf den sie erbauenden Text, der ihnen ja nicht geläufig ist, richten müssen, so muss ihnen das Singen thunlichst erleichtert werden. Der „Choral ist der einfachste und langsamste Gesang, der nur gedacht werden kann" — meint darum JUSTIN HEINRICH KNECHT (Vollständige Sammlung theils ganz neu componirter, theils verbesserter vierstimmiger Choralmelodieen etc., Stuttgart 1799, S. V) —, „diese Einfachheit und Langsamkeit aber gibt ihm nicht nur die höchste Feierlichkeit und Würde, sondern auch die anerkannteste Tauglichkeit, von einer sehr zahlreichen Menge Volks, wenn es gleich im eigentlichen Verstande nicht musikalisch ist, abgesungen zu werden." — Die lebensvollen Rhythmen des alten kirchlichen Volksliedes werden gestreckt, der Choral wird ausgeglichen, im Gesang wird als das kirchlich Stylgemässe das „Sanft-Feierliche" angestrebt.

Im Gefühle davon, dass der seines positiven Inhalts beraubte Cultus doch eigentlich in der Luft stehe und keine tiefere Beziehung zur Gemeinde habe, suchte man Fühlung mit dem Gemeingefühl und den Gemein-Interessen zu gewinnen durch möglichstes Eingehen auf die wechselnden Zustände und Verhältnisse des menschlichen Lebens, durch casuelle Färbung der liturgischen Acte [1]), sowie durch die Beziehung des Cultus auf die wichtigeren Momente des Naturlebens [2]), die ohnehin den besten Anlass gaben, „bald auf diese, bald auf jene der erhabensten Vollkommenheiten Gottes zu kommen, deren Betrachtung die Seele mit Bewunderung, Ehrfurcht und Vertrauen erfüllt" [3]).

In dieser Richtung schlägt z. B. THOMAS HAUPT in Giessen im Ernste vor („Theol. Gedanken von einer Schöpfungsfeier"), „ein dreitägiges Fest der Schöpfung zu feiern, zum Andenken an die

---

[1]) So gibt z. B. SCHLEZ a. a. O. 10 Taufformulare, „bei der Taufe eines von wohlhabenden, höher gebildeten und geachteten Aeltern abstammenden Kindes", „eines Kindes, welches eine ohnedies schon zahlreiche Familie vermehrt", „eines unehelichen Kindes" u. s. f.
[2]) „Der Dank (im Kirchengebet) verbreitet sich diesmal über die eine, ein andermal über eine andere der mannigfaltigen Wohlthaten in der Natur und Offenbarung, je nachdem die jedesmalige Jahreszeit oder die christliche Festfeier zur lebhaften Erinnerung an einzelne derselben nähere Veranlassung gibt." Schlesw.-Holst. Ag. S. 4.
[3]) ib. S. 4.

grosse Veränderung, da das Nichts zu Etwas wurde". (Hatte man
denn nicht den Sonntag, vergl. dessen christliche Bedeutung bei
Justin oben S. 29?)

Man hatte das instinctive Gefühl, dass der Gottesdienst, einseitig auf trockene Belehrung und sentimentale Rührung orientirt,
der natürlichen Grundlage im Leben der Gemeinde entbehrend, von
allen seinen geschichtlichen Voraussetzungen abgelöst, an einer
gewissen Leere und Oede leide, und dass die Gemeinde nicht so
Unrecht hatte, wenn sie glaubte, sich das, was der Volkslehrer in
seinem „Lehrvortrag" beibrachte, bei einigem Nachdenken selbst
daheim sagen zu können, und in der That das Subject des rationa-
listischen Cultus, den Redner mit seinem Kirchendiener im Gotteshause zuletzt allein liess. Man suchte der Gemeinde den Gottesdienst
auf alle Arten anziehend zu gestalten durch Heranziehung der Kunst,
namentlich derjenigen, welche das Herz am meisten „zu rühren" vermag, der Musik (vergl. BURDORF, Winke zur Beförderung des öffentlichen Gottesdienstes; THOMASIUS, Veredelung des christlichen Cultus
durch die Aesthetik; HORST, Mysteriosophie oder über die Veredlung
des protestantischen Gottesdienstes; SODEN [„Mythologie der Christus-
religion"]; ZOLLIKOFER, SEILER, FESSLER u. A.).

Wirklich fruchtbar konnten solche Versuche nicht werden, so
lange man den Gottesdienst nur unter dem Gesichtspunkt des individuellen Bedürfnisses betrachtete und nicht in seiner Beziehung
auf den Begriff der christlichen Gemeinschaft als deren nothwendige
Lebensbezeugung und Lebensfunction auffasste; dann erst war die
Nothwendigkeit eines gemeinsamen und öffentlichen Cultus im Wesen
der Gemeinschaft begründet und die Verpflichtung zur Theilnahme
für den Einzelnen unter dem Gesichtspunkt des Zeugnisses und der
Liebe richtig motivirt. Festen Boden ferner konnten alle Versuche,
dem Cultus aufzuhelfen, erst gewinnen, als man die Bahn der systematischen oder phantastischen Construction verliess und den historischen Boden betrat, um den Gottesdienst der Christen auf seine
geschichtliche Grundlage zurückzuführen.

In ersterer Hinsicht — was die Umbildung des Cultus-Begriffs
anbelangt — bezeichnet SCHLEIERMACHER den Wendepunkt, in letzterer
Hinsicht war es die Rückwendung des deutschen Volkes zu seiner
Vergangenheit in Folge der nationalen Zusammenfassung und Selbst-
besinnung, wie sie als goldene Frucht der Stürme der schweren
Prüfungs- und Sichtungszeit reifte.

SCHLEIERMACHER wies die selbständige Bedeutung der Religion im Leben des menschlichen Geistes nach, er charakterisirte sie als eine wesentlich gemeinschaftbildende Macht. Die „Religionshandlungen" gewannen damit neues, selbständiges Interesse, der Cultus, der bisher unter dem Gesichtspunkt eines Factor's der sittlich-religiösen Förderung, der Besserung durch Lehre, aufgefasst worden war, dessen Werth sich nach dem Bedürfniss des Einzelnen, beziehungsweise auch der Gesellschaft bemass, rückt nun in ein neues Licht, er wird nothwendige Lebensäusserung, nothwendige Daseinsbethätigung der religiösen Gemeinschaft, Darstellung des in der Gemeinde vorhandenen religiösen Lebens; sein Zweck ist nicht Belehrung, nicht Erbauung, sondern „darstellende Mittheilung des stärker erregten religiösen Bewusstseins", er ist „Selbstdarstellung der Gemeinde". Nun mass man die Elemente der Darstellung und Feier nach anderem Massstabe; man fing an zu begreifen, dass der Zweck und die Aufgabe des Gottesdienstes nicht in der Belehrung, in der missionirenden Tendenz aufgehe, sondern dass darin wesentlich das in Christo erlangte und erlebte Heil zur Aussprache und Selbstentäusserung dränge, dass das Subject des Cultus nicht der Prediger, sondern die Gemeinde, dass der Gottesdienst auf evangelischem Boden wesentlich Gemeindefeier sei.

Nur lag nun die Gefahr nahe, dass man die Gemeinde nahm wie sie ist; das war ja der rationalistische Sauerteig gewesen, dass man alles nach der empirischen Gemeinde orientirt hatte, dass der natürliche Mensch der Massstab gewesen war, nach welchem man alles bemass und auf welchen man alles richtete.

Es kann sich aber im Cultus des Christenthums, das ja Offenbarung, Einsenkung übernatürlicher Lebenskeime und Lebenskräfte in den Organismus der Menschheit ist, nicht um „Selbstdarstellung" der empirischen Gemeinde handeln, sondern mindestens um Selbstdarstellung ihres besseren Selbst's, also um Selbstbesinnung auf den ihr von Christo verliehenen Beruf, um Selbsterbauung auf dem Grunde und mit Hilfe der ihr anvertrauten Gnadenmittel und Gnadenkräfte des Wortes und der Sacramente.

Diese Auffassung setzt voraus, dass in der Gemeinde das Bewusstsein des Abstandes lebendig sei, in welchem sie sich ihrem wirklichen Zustand nach von dem Bilde befindet, welches das Wort Gottes ihr vorhält; und dieses Bewusstsein wieder setzt voraus einerseits ernste Selbsterkenntniss auf dem Grunde gründlicher Kenntniss der christlichen Wahrheit, welche die sittlichen Forderungen steigert, das sittliche Ideal höher auffasst, als der pelagianisch gerichtete Rationalismus, und damit den Optimismus zerstört, der einer Erlösung nicht bedarf.

Beides, die Einkehr in das eigene Selbst und im Zusammenhang damit die dankbare Einkehr zu den realen Handhaben der geschichtlich gegebenen Erlösung war die Frucht der schweren und ernsten Erfahrungen am Ausgange des achtzehnten und am Eingange des neunzehnten Jahrhunderts; sie hatten zu der Erkenntniss geführt, dass die Kraft und der Werth der Religion gerade in ihrem geschichtlich gegebenen Offenbarungsinhalt liege, dass der letztere nicht bloss die Verschalung und Versteinerung von ewigen Vernunftwahrheiten darstelle, im besten Falle als die geschichtliche Einführung und Einfassung der natürlichen Religion einen Werth habe, sondern eineFülle von Lebensgedanken und Lebenskräften erschliesse und darreiche, die nicht im menschlichen Geiste liegen, sondern gerade da einsetzen, wo die menschliche Kraft versagt, und den Menschen, wenn er sich von ihnen erfassen lässt, auf eine höhere Stufe des Daseins erheben, in ihm ein höheres Leben pflanzen. Nun ging der modernen Zeit das Verständniss wieder auf für die ehrwürdigen Formen der Väter, in welchen der Pulsschlag des Glaubenslebens zu empfinden war. Man gewann die Altvätersprache lieb in Gebet und Lied (schon HERDER hatte sie zu retten gesucht); man fand neuen Reiz an der alten Weise, deren zwar ungelenker, aber von frisch pulsirendem Leben zeugender Rhythmus überraschte. Man empfand den Abstand der modernisirten Gesangbücher, Choralbücher und Agenden, die ja der modernen empirischen Gemeinde mundgerecht gemacht worden waren, von dem Gedankenkreis und der herrlichen Kraftsprache der hl. Schrift: man fühlte es, das war nicht die Stimme der Kirche Christi, die aus diesen modernen Liedern, Weisen und Gebeten redete.

Die zu neuem frischem Leben erblühende wissenschaftliche Hymnologie kämpfte — mit mehr oder weniger Concessionen an den Zeitgeist für das Recht der Christengemeinde und der Geschichte an das Kirchenlied nach Text (E. M. ARNDT, J. P. LANGE, VON BUNSEN, VON RAUMER, RUDOLF STIER, ALBERT KNAPP, E. E. KOCH, PHIL. WACKERNAGEL etc.) und Weise, (C. VON WINTERFELD, LAYRITZ, VON TUCHER, FAISST, ANDING, KRÜGER, C. REINTHALER, LÜTZEL, METTNER, HÜBNER, ZAHN u. A.) und die deutsch-evangelische Kirche erhielt ein Gesangbuch und ein Choralbuch, das einerseits den Arbeiten der Landeskirchen auf dem Felde der Gesang- und

Choralbuchs-Reform zur Orientirung dienen, andererseits einen Grund-stock von Kernliedern zur Einbürgerung in allen Kirchen darbieten sollte; es ist dies das sogenannte Eisenacher Gesangbuch und Choral-buch, welches die in Eisenach versammelte Conferenz deutscher Kirchenregierungen veranlasst hatte:

„Deutsches Evangelisches Kirchengesang-Buch in 150 Kern-liedern (Bearbeiter: VILMAR, BÄHR, WACKERNAGEL, GEFFKEN), Stuttgart 1854.

„Melodieen des deutschen evangelischen Kirchen-Gesangbuchs, in vierstimmigem Satze für Orgel und Chorgesang. Aus Auftrag der deutschen evangelischen Kirchenconferenz zu Eisenach bear-beitet von TUCHER, FAISST, ZAHN. Stuttgart 1857.

In den einzelnen Landeskirchen vollzog sich die Reform des Kirchengesanges nach Text und Weise durch die Herstellung neuer Gesang- und Choralbücher (Vgl. E. E. KOCH, Gesch. des Kirchen-lieds und Kirchengesangs B. 7).

Auch das Gotteshaus fasste man wieder in's Auge als Cultus-Stätte und gewann Sinn und Verständniss für die stumme Sprache der von dem christlichen Geiste erzeugten Formen und Paramente und für die tiefe innere Beziehung derselben auf den Inhalt des Cultus (Christliches Kunstblatt; Archiv für kirchliche Kunst). Die Eisenacher Conferenz der Kirchenregierungen gab 1861 in dankens-werther Weise für Kirchenbau und Kirchen-Ausstattung nicht bin-dende, aber orientirende Normen, wie folgt:

1. Jede Kirche soll nach alter Sitte o r i e n t i r t d. h. so angelegt werden, dass ihr Altarraum gegen den Sonnenaufgang liegt.

2. Die dem evangelischen Gottesdienste angemessenste Grundform der Kirche ist ein längliches Viereck. Die äussere Höhe, mit Einschluss des Haupt-gesimses, hat bei einschiffigen Kirchen annähernd ³/₄ der Breite zu betragen, während es umsomehr den auf das akustische Bedürfniss zu nehmenden Rück-sichten entspricht, je weniger die Länge das Mass seiner Breite überschreitet.

Eine Ausladung im Osten für den Altarraum (Apsis, Tribüne, Chor) und in dem östlichen Theile der Langseiten für einen nördlichen und südlichen Querarm gibt dem Gebäude die bedeutsame Anlage der Kreuzesgestalt. Von Centralbauten ohne Kreuzarm-Ansätze ist das Achteck akustisch zulässig, die Rotunde als nicht akustisch zu verwerfen.

3. Die Würde des christlichen Kirchenbaues fordert Anschluss an einen der geschichtlich entwickelten c h r i s t l i c h e n B a u s t y l e und empfiehlt in der Grundform des länglichen Viereckes neben der altchristlichen Basilika und der sog. romanischen (vorgothischen) Bauart vorzugsweise den sog. germanischen (gothischen) Styl.

Die Wahl des Bausystems für den einzelnen Fall sollte aber nicht sowohl dem individuellen Kunstgeschmack der Bauenden, als dem vorwiegenden Charakter der jeweiligen Bauweise der Landesgegend folgen. Auch sollten vorhandene brauchbare Reste älterer Kirchengebäude sorgfältig erhalten und massgebend benutzt werden. — Ebenso müssen die einzelnen Bestandtheile des Bauwerkes in seiner inneren Einrichtung von dem Altar und seinen Gefässen bis herab zum Gestühl und Geräthe, namentlich auch die Orgel, dem Style der Kirche entsprechen.

4. Der Kirchenbau verlangt dauerhaftes Material und solide Herstellung, ohne täuschenden Bewurf und Anstrich. Wenn für den Innenbau die Holzconstruction gewählt wird, welche der Akustik besonders in der Ueberdachung günstig ist, so darf sie nicht den Schein eines Steinbaues annehmen. Der Altarraum ist jedenfalls massiv einzuwölben.

5. Der Haupteingang zur Kirche steht am angemessensten in der Mitte der westlichen Schmalseite, so dass von ihm bis nach dem Altar sich die Längenachse der Kirche erstreckt.

6. Ein Thurm soll nirgends fehlen, wo die Mittel irgend ausreichen, und wo es daran dermalen fehlt, sollte Fürsorge getroffen werden, dass er später zur Ausführung komme. Zu wünschen ist, dass derselbe in einer organischen Verbindung mit der Kirche stehe, und zwar der Regel nach über dem westlichen Haupteingange zu ihr. Zwei Thürme stehen schicklich entweder zu den Seiten des Chores oder sie schliessen die Westfront der Kirche ein.

7. Der Altarraum (Chor) ist um mehrere Stufen über den Boden des Kirchenschiffes zu erhöhen. Er ist gross genug, wenn er allseitig um den Altar den für die gottesdienstlichen Handlungen erforderlichen Raum gewährt. Anderes Gestühl als etwa für den Geistlichen und Gemeindevorstand, und wo der Gebrauch es mit sich bringt, der Beichtstuhl, gehört nicht dahin. Auch dürfen keine Schranken den Altarraum von dem Kirchenschiffe trennen.

8. Der Altar mag je nach liturgischem und akustischem Bedürfniss mehr nach vorn oder rückwärts zwischen Chorbogen und Hinterwand stehen, darf aber nie unmittelbar (ohne Zwischendurchgang) vor der Hinterwand des Chores aufgestellt werden. Eine Stufe höher als der Chorboden, muss er Schranken, auch eine Vorrichtung zum Knieen für die Konfirmanden, Kopulanten, Communicanten etc. haben. Den Altar hat als solchen, soweit nicht confessionelle Gründe entgegenstehen, ein Crucifix zu bezeichnen, und wenn über dem Altartische ein architektonischer Aufsatz sich erhebt, so hat das damit verbundene Bildwerk, Relief oder Gemälde stets nur eine der Hauptthatsachen des Heils darzustellen.

9. Der Taufstein kann in der innerhalb der Umfassungswände befindlichen Vorhalle des Hauptportals oder in einer daran anstossenden Kapelle neben dem Chor stehen. Da, wo die Taufen vor versammelter Gemeinde vollzogen werden, ist seine geeignetste Stellung vor dem Auftritt in den Altarraum. Er darf nicht ersetzt werden durch einen tragbaren Tisch.

10. Die Kanzel darf weder vor, noch hinter, noch über dem Altar, noch überhaupt im Chore stehen. Ihre richtige Stellung ist da, wo Chor und Schiff zusammenstossen, an einem Pfeiler des Chorbogens nach aussen (dem Schiffe zu); in mehrschiffigen grossen Kirchen an einem der östlicheren Pfeiler des Mittelschiffes. Die Höhe der Kanzel hängt wesentlich von derjenigen der Emporen

ab und ist überhaupt möglichst gering anzunehmen, um den Prediger auf und unter den Emporen sichtbar zu machen.

11. Die O r g e l, bei welcher auch der Vorsänger mit dem Sängerchor seinen Platz haben muss, findet ihren natürlichen Ort dem Altar gegenüber am Westend der Kirche auf einer Empore über dem Haupteingange, dessen perspectivischer Anblick auf Schiff und Chor jedoch nicht durch das Emporengebälk beeinträchtigt werden darf.

12. Wo B e i c h t- oder L e h r s t u h l (Lesepult) sich findet, da gehört jener in den Chor, dieser entweder vor den Altar auf eine der Stufen, die aus dem Schiffe zum Chor emporführen, doch so, dass der Blick der Gemeinde nach dem Altar nicht verhindert werde, oder an einen Pfeiler des Chorbogens, um für den Zweck der Katechese, Bibelstunde etc. vor den Altar hingerückt zu werden.

13. E m p o r e n, ausser der westlichen, müssen, wo sie unvermeidlich sind, an den beiden Langseiten der Kirche so angebracht werden, dass sie den freien Ueberblick der Kirche nicht stören. Auf keinen Fall dürfen sie sich in den Chor hineinziehen. Die Breite dieser Emporen, deren Bänke aufsteigend hintereinander anzulegen sind, darf, soweit nicht Ausladung von Kreuzarmen eine grössere Breite zulässt, ⅕ der ganzen Breite der Kirche, ihre Erhebung über den Fussboden der Kirche ⅓ der Höhe derselben im Lichten nicht überschreiten. — Von mehreren Emporen übereinander sollte ohnehin nicht die Rede sein. Bei der Anlage eines Neubaues, worin Emporen vorgesehen werden müssen, ist es sachgemäss, statt langer Fenster, welche durch die Empore unterbrochen würden, über der Empore höhere Fenster, die zur Erhellung der Kirche dienen, unter der Empore niedrigere Fenster zur Erhellung des nächsten, von der Empore beschatteten Raumes anzubringen.

14. Die Sitze der Gemeinde (K i r c h e n s t ü h l e) sind möglichst so zu beschaffen, dass von ihnen aus Altar und Kanzel zugleich während des ganzen Gottesdienstes gesehen werden können. — Vor den Stufen des Chors ist angemessener Raum freizulassen. Auch ist je nach dem gottesdienstlichen Bedürfniss ein breiter Gang mitten durch das Gestühl des Schiffes nach dem Haupteingange zu, oder, wo kein solches Bedürfniss vorliegt, sind zwei Gänge von angemessener Breite an den Pfeilern des Mittelschiffes oder an den Trägern der Emporen hin anzulegen. Die Basen der Pfeiler sollten nicht durch Gestühl eingefasst werden.

15. Die Kirche bedarf einer S a c r i s t e i, nicht als Einbau, sondern als Anbau, neben dem Chor, geräumig, hell, trocken, heizbar, von kirchenwürdiger Anlage und Ausstattung.

16. Vorstehende Grundsätze für den evangelischen Kirchenbau sind von den kirchlichen Behörden auf jeder Stufe geltend zu machen, den Bauherren rechtzeitig zur Kenntniss zu bringen und der kirchenregimentlichen Prüfung bezw. Berichtigung, welcher sämmtliche Baurisse unterstellt werden müssen, zu Grunde zu legen.

Die schwierigste Aufgabe freilich blieb da, wo man sich nicht mit der materialen Reform der gottesdienstlichen Bücher, des Gesangbuches, des Choralbuches, der Gebete und Formulare der Agende begnügte, wie in Württemberg (1843: Kirchenbuch), Nassau (Litur-

gie 1843), Baden (Agende von 1836. 1858. 1877) u. a., die Reconstruction des Rahmens selbst, in welchen sich das liturgische Material
der Lieder, Gebete und Perikopen einzugliedern hat, der Liturgie.

Die theologische Wissenschaft beschäftigte sich seit Schleiermacher eingehend und erfolgreich mit dem Wesen und der Theorie
des Cultus nicht bloss nach seiner Stellung im Ganzen des kirchlichen Lebens-Organismus, sondern auch nach der geschichtlichen
Bedingtheit und Bedeutung seiner Formen (Nitzsch, Gass, Funk,
Ehrenfeuchter, Hagenbach, Palmer, Schöberlein, Alt, Kliefoth, Höfling, Grüneisen, Th. Harnack, von Zezschwitz etc.).

Es entstanden, von kundiger Hand entworfen, Liturgieen, die
zwar den Charakter von Privat-Agenden trugen, aber mehr oder
weniger ausgesprochener Massen die Tendenz verfolgten, die Reconstruction von Amtswegen anzuregen, vorzubereiten oder, wo dieselbe aussichtslos war, zu ersetzen (lutherischerseits: Harless, Pasig,
Bodemann, Kraussold, Thiele, Stier, Kliefoth, Petri, Löhe,
Armknecht, Layritz, Schöberlein, Hommel, Schubring, Dieffenbach, Hengstenberg, Herold [Vesper-Gottesdienst] u. A., seitens
der reformirten Kirche: Ebrard, Hugues).

Vielleicht gerade darum, weil die praktische Reconstruction der
wissenschaftlichen Forschung noch zu nahe stand, ist ihr theilweise
der Zug des theologischen Doctrinarismus aufgeprägt, den ihre
Schöpfungen erst allmählich abstreifen werden, wenn sie mit dem
kirchlichen Leben tiefer, fester, dauernder sich verwachsen haben
werden und das schulmässig Steife, das um der liturgischen Doctrin
willen in den lebendigen Organismus eingezwängt worden ist, abgethan sein wird. Auch Liturgieen müssen sich erst einwachsen und
auswachsen, das lebendige Wachsthum corrigirt von selbst die
Fehler und Einseitigkeiten der Schule.

Das erste Denkmal der Reconstruction von Amtswegen ist die
neue preussische Agende (1816 für die Hofkirche in Potsdam, die
Garnisonskirchen in Potsdam und Berlin; 1822 auch für die Hof-
und Domkirche in Berlin; 1826, nach vorhergegangener Revision,
in den Provinzen Brandenburg, Pommern, Schlesien, Sachsen, Rheinland und Westphalen eingeführt). Sie wurde von dem König Friedrich Wilhelm III. und dessen General-Adjutanten von Witzleben in
Gemeinschaft mit Eylert, Neander, Borowsky und Bunsen aus-
gearbeitet und stellt eine Uebergangsform dar, sofern sie an die
geschichtliche Vergangenheit sich anlehnt, aber die geschichtlich
überkommenen Stücke in freier Weise ohne Durchführung eines ein-

heitlichen Princips mit einander verknüpft. Dem evangelischen Princip widerspricht es, dass die Responsorien etc. vom Chor ausgeführt werden, denn der evangelische Gottesdienst ist wesentlich Gemeindefeier, der Chor, so wenig er durch das evangelische Princip ausgeschlossen ist, darf nie an die Stelle der Gemeinde treten. Die Stellung des Kyrie nach dem Gloria patri ist geschichtlich nicht motivirt; auch leuchtet nicht recht ein, welche Bedeutung es haben soll, dass das Confiteor in dem Gottesdienst unmittelbar mit dem Lobspruch vorausgeht. Auch die Hereinziehung der Präfation in den Gebetsact müsste deutlich motivirt sein. Die Stellung der Predigt ist schwankend; und so entbehrt die Liturgie der Geschlossenheit und des inneren Fortschritts. Der Gang des Gottesdienstes ist folgender:

I. Wort-Gruppe.

  a) Eingang.
    1. Eingangslied.
    2. Im Namen des Vaters etc.
      Unsre Hülfe sey etc.
    3. Sündenbekenntniss.
      Chor: Amen.
    4. Lob-Spruch.
      Chor: Ehre sey dem Vater —
    5. Kyrie.
    6. „Ehre sei Gott in der Höhe"
      Chor: „Und Friede u. s. f."
  b) Schrift-Lection.
    1. Salutation (Resp. durch den Chor).
    2. Epistel.
    3. Halleluja.
    4. Evangelium.
    5. Lob sei Dir, o Christus! Amen.
  c) Glaubensbekenntniss.
    Chor: Amen, Amen, Amen.

                nun

entweder	oder
Spruch	Predigtlied.
(Ueberleitung zu d)	
d) Gebetsact:	d) Votum (Kanzel-Gruss).
1. Präfation.	Predigt.

Chor: Heilig, Heilig,   Segensspruch.
Heilig (Sanctus).

2. Fürbitten (Comme-   Gesang.
morationes).
Chor: Amen.

3. Vaterunser.

e) Predigt.

f) Segen.

Chor: Amen, Amen, Amen.

II. Abendmahlsfeier.

1. Vermahnung.
2. Einsetzungs-Worte.
3. „Der Friede Gottes —"
4. Gebet.
5. O Lamm Gottes etc. Distribution.
6. Dankgebet.
7. Segen.
8. Schlussgesang der Gemeinde.

Strenger schloss sich die Liturgie für die evangelisch-lutherische Kirche Bayerns dem Vorbild der altlutherischen Gottesdienst-Ordnungen (insbesondere der Formula missae Luther's) an (1854), freilich nicht ohne doctrinären Einschlag (Confiteor und Kyrie, Credo vor der Predigt).

Sie gliedert sich, wie folgt:

a.	b.
Ordentliche Form.	Ausserordentliche Form.

I. Wort-Gruppe.

a) Eingang.

1. Introitus mit Gloria pater.	1. Unsre Hülfe etc.
2. Confiteor mit Kyrie.	2. Confiteor mit Absolution.
3. Absolution mit Gloria in excelsis.	3. Introitus mit Gloria patri.
	4. Kyrie mit Gloria in excelsis.

b) Schriftlesung.

1. Salutation.
2. Collecte.
3. Epistel.

3. Epistel oder Evangelium. Amen (oder Halleluja).	Halleluja.
	4. Evangelium. Lob sei Dir, o Christe.

4. (5.) Credo.

c) Wortauslegung.

1. Hauptlied.
2. Predigt.
3. Gesang eines Verses.
4. Abkündigungen.
5. Friedensgruss.
6. Gesang eines Verses.

| | |

d) Schluss (wenn keine Communion stattfindet):   Wenn Communion stattfindet, schliesst sich an I, c. 5 sofort:

1. Versikel.
2. Allgemeines Kirchengebet.
   Gemeinde: Amen.
3. Salutation.
4. Benedicamus.
5. Segen.

II. Die Abendmahlsfeier.

Eingang: Gemeindegesang: Schaffe in mir Gott etc. oder ein ähnliches Lied.

1. Praefation.
   a) Salutation.
   b) (Sursum corda.) P. Die Herzen in die Höhe!
      Gemeinde: Erheben wir zum Herrn!
      P. Lasset uns Dank sagen dem Herrn unsrem Gott!
      G. Das ist würdig und recht.
      P. Praefationsgebet: „Wahrhaft würdig und recht" etc. mit dem unmittelbar sich anschliessenden
      G. „Heilig, Heilig, Heilig" (Sanctus). — „Gebenedeyet sei" (Benedictus). — „Hosiannah" (Osanna).
2. Consecration:
   a) Abendmahlsgebet oder Abendmahlsvermahnung.
   b) Einsetzungsworte (gesungen).
   c) G. „Christe, Du Lamm Gottes" etc.
   d) (P.) „Vater unser" etc.
      G. Amen.
   e) (P.) Friedensgruss: „Der Friede des Herrn sei mit euch Allen!"
      G. Amen.

3. Distribution (unter Orgelspiel und Gemeindegesang).
4. Danksagung.
   a) Intonation.
      P. Danket dem Herrn, denn er ist freundlich! Halleluja!
      G. Und seine Güte währet ewiglich! Halleluja!
   b) Collecte.
5. Segen.

*   *   *

Am consequentesten ist das Princip historischer Reconstruction durchgeführt in der Mecklenburg'schen Kirche. Dieselbe hat einfach wiederhergestellt die

Ordnung
des Haupt-Gottesdienstes nach der revidirten Kirchenordnung von Mecklenburg (1650).

  I. Wort-Gruppe.
   a) Eingang.
     1. Introitus mit Versus und Gloria patri, gesungen vom Chor (an Buss- und Bettagen Ps. 130 oder 143; am Erntedanktag Ps. 65; am Reformationsgedenktag Ps. 46).
     2. Liturg (zum Altar gewendet) und Gemeinde (oder Chor) singen im Wechsel das Kyrie.
       (An Buss- und Bettagen: „Christe, du Lamm Gottes".)
     3. Gloria (wie 2.)
       Liturg: „Ehre sei Gott in der Höhe".
       Gemeinde oder Chor: „Und Friede" etc. oder „Allein Gott in der Höh'".
         (In der Passionszeit statt des Gloria: Nimm von uns, Herr.)
   b) Schriftlection.
     1. Salutation mit Collecte.
       L. (zur Gemeinde): Der Herr sei mit euch!
       G. Und mit Deinem Geiste.
       L. (zum Altar gewendet) singt die Collecte.
       Gemeinde: Amen.
     2. Epistel.
     3. Halleluja, vom Chor oder von der Gemeinde gesungen.
       (An Buss- und Bettagen und in der Passionszeit fällt es aus, gegen Luther's Anordnung.)

4. Lied (vom Prädicanten zu bestimmen).

5. Evangelium.

6. „Lob sei Dir, o Christe" (Gemeinde oder Chor).

    (Fällt in der Passionszeit, an Buss- und Bettagen aus.)

7. Credo.

    L. „Wir glauben an Gott".

    G. „Wir glauben All' an".

    Chor: Allmächtiger Vater etc.

8. Predigt.

    Vater unser.

    Apostolischer Segen.

9. Gemeindegesang, ein bis zwei Verse aus einem von dem Prädicanten zu bestimmenden Liede.

10. Abkündigungen, Fürbitten u. s. w.

    Litanei (oder an einzelnen Tagen Te Deum alternirend zwischen Liturg und Gemeinde oder Chor).

        dann entweder

      (wenn keine Communion stattfindet)

11. Versikel mit Respons.

12. Collecte (zum Altar gewendet).

    Gemeinde: Amen.

13. Liturg zur Gemeinde singt den Segen.

    Gemeinde: Amen.

            oder

II. Abendmahlsfeier,

  1. Praefation.

    Liturg: In die Höhe unsere Herzen!

    Gemeinde oder Chor: Erheben wir zu dem Herrn!

    Liturg: Lasset uns Dank sagen dem Herrn, unserm Gott!

    Gemeinde oder Chor: Es ist billig und recht.

    Liturg: Praefation de tempore (gesungen).

    Gemeinde oder Chor: Heilig, Heilig, Heilig ist Gott der Herr etc.

              Hosiannah in der Höhe etc.

              Gesegnet sei, der da kommt etc.

    Vater unser, vom Liturgen gesungen.

  2. Einsetzungsworte, gesungen vom Liturgen.

  3. Spendung (dabei Gesang: Christe du Lamm Gottes oder ein anderes passendes Lied).

4. Danksagung:
   Liturg (zum Altar): Danket dem Herrn, denn er ist
   freundlich,
   Gemeinde oder Chor: Und seine Güte währet ewiglich.
   Liturg: Dankcollecte (zum Altar, gesungen).
   Gemeinde: Amen.
5. Liturg (zur Gemeinde): Segen.
   Gemeinde: Amen.

*   *   *

Sachsen hat seit 1842 seine lutherische Gottesdienst-Ordnung wieder und 1880 eine neue Agende eingeführt.

Für die Bestrebungen, den Gottesdienst der evangelischen Kirche im Geiste des positiven Christenthums nach der materialen und nach der formalen Seite hin neu zu beleben, bildet eine besondere Frage die Verwendung der heiligen Tonkunst, beziehungsweise des kunstmässigen Chorgesanges im Gottesdienst.

Das neu erwachte Interesse am religiös-kirchlichen Leben hatte sich naturgemäss auch den Schöpfungen des christlichen Geistes auf dem Gebiete der Tonkunst mit neuer Liebe zugewendet. Die grossen Tonmeister der evangelischen Kirche, ein Heinrich Schütz, ein Georg Friedrich Händel, ein Johann Sebastian Bach wurden erst in unserem Jahrhundert gewürdigt und ihre herrlichen Schöpfungen hundertjähriger Vergessenheit entrissen. Es bildeten sich Vereine, welche sich die Aufgabe stellten, die Werke der grossen Tonmeister in würdiger Weise zur Aufführung zu bringen und dadurch den Sinn und das Interesse für ernste kirchliche Musik zu wecken und zu pflegen (Vereine für classische Kirchenmusik, Oratorien-Vereine). Willig kam die Tonkunst selbst in ihren besten Vertretern diesen Bestrebungen entgegen: der edle Felix Mendelssohn-Bartholdy brachte am 11. März 1829 zum ersten Male die „Matthäus-Passion" von Bach zur Aufführung, hundert Jahre, nachdem sie in Leipzig zum letzten Male aufgeführt worden war. In seinem „Paulus" und „Elias" stellte er Muster von modernen Oratorien auf, in welchen die alten Formen verjüngt, die Strenge der Polyphonie durch den Reiz der Anmuth und des reinen Wohllautes gemildert erschienen. Ihm folgte ein stattlicher Chor von trefflichen Meistern (Hauptmann, Hiller, Grell, Marx, Reinthaler, Blumner, Reinecke, A. Becker, Kiel, Meinardus, Brahms), deren

Werke im weiteren Kreise der musikalisch gebildeten Gesellschaft
von der schöpferischen Kraft des göttlichen Wortes zeugten, wenn
wir so sagen dürfen, das Evangelium predigten.

Doch die Freude und das Interesse am kirchlichen Leben
wollte sich nicht damit begnügen, die Tonkunst als mächtige Inter-
pretin des Wortes ausserhalb des Gotteshauses zu vernehmen:
innerhalb desselben, als ein lebendiges und lebenförderndes Erbauungsmittel im Gottesdienst sollte sie ihre Kraft entfalten. Von jeher
war sie ja als Kraft der Erbauung, als besonders wirksames Be-
förderungsmittel der Andacht gewürdigt und sowohl vom Pietismus
wie vom Rationalismus gerne im Gottesdienst verwendet worden.
Dahin, die Tonkunst als Erbauungsmittel zu verwenden, „den Gottesdienst durch kunstmässigen Gesang zu unterstützen" [1]), waren die
Bestrebungen gerichtet, welche zur Gründung von Kirchen-Gesang-
Vereinen (Stuttgart: Verein für Kirchengesang 1823, Darmstadt:
Verein für Kirchenmusik u. s. f. u. s. f.) führten. Dieselben gingen
wieder ein, oder lösten sich als Vereine für classische Kirchenmusik
wieder vom Gottesdienst ab, weil sie nicht im Gottesdienst ihren
Schwerpunkt hatten, nicht in der Liturgie einwurzelten [2]), sondern im
besten Falle eine erbauliche oder ästhetische Zugabe, einen lieblichen,
hochwillkommenen, aber für den Aufbau und Verlauf des Gottesdienstes
unwesentlichen Schmuck, ja ein für sich selbständiges Concert boten,
das den Gottesdienst einleitet oder unterbricht [3]).

Eine wirkliche Kirchenmusik kann nur dann gedeihen, wenn
ihr der natürliche Boden gegeben wird, wenn sie im Cultus eine
feste Stätte, eine bestimmte Stelle hat: nur dann ist sie die duftige
Blüthe, die der Stamm der Liturgie hervortreibt, mit ihm gleichen
Geistes und gleicher Art, nur dann löst sich auch für den Compo-
nisten die Stylfrage [4]).

---

[1]) Chorgesang und Gemeindegesang beim evangelischen Gottesdienst. Vortrag von Th. BECKER. Darmstadt 1853.

[2]) So klagt HAUBER (Recht und Brauch. Stuttgart 1854. I. S. 146): „Unsere
Figuralkirchenmusik wartet auf den, der sie von den Irrfahrten nach allen Richtungen
hin zurück zum Dienst der Erbauung führte und in den Cultus einordnete."

[3]) Daher fand die „Kirchenmusik" meist vor dem Gemeindegesang, ja
früher „während des Geläutes" statt.

[4]) Das hat der so fein empfindende MENDELSSOHN ganz richtig gefühlt,
wenn er einmal schreibt: „Eine wirkliche Kirchenmusik d. h. eine solche
Musik für den evangelischen Gottesdienst, die während der kirchlichen Feier
ihren Platz fände, scheint mir unmöglich, und zwar nicht bloss, weil ich durchaus nicht sehe, an welcher Stelle des Gottesdienstes die Musik eingreifen
(d. h. mit innerer Nothwendigkeit als Glied und Element des Gottesdienstes
eingreifen!) sollte, sondern weil ich mir überhaupt diese Stelle nicht denken
kann." (Briefe. Leipzig 1864 II. S. 73.)

Die neue preussische Agende hatte die liturgischen Gesänge
dem Chor zugetheilt; dies war auf dem Boden der evangelischen
Kirche unstatthaft, aber es führte zur Gründung des Domchors,
und dessen — vielfach in kleinerem Styl nachgeahmte — Thätigkeit veranlasste die liturgische und die musikalische Wissenschaft
zur gründlichen Erörterung der Stylfrage, der Frage, worin sich
die gottesdienstliche Musik von den Werken des Oratorienstyls
und der religiösen Tonkunst überhaupt unterscheide. Man besann
sich auf den todtliegenden Schatz ächt liturgischer Chor-Musik,
welchen die evangelische Kirche besitzt (SCHÖBERLEIN und RIEGEL,
Schatz des liturgischen Chorgesanges).

Diesen Schatz zu heben und wieder zum Eigenthum der evangelischen Kirche zu machen, ist die Aufgabe, welche sich die evangelischen Kirchengesangvereine der neueren Zeit (Württemberg 1877,
Hessen 1878, Baden 1878, Frankfurt a. M., Pfalz, Brandenburg,
Sachsen-Thüringen, Ost- und Westpreussen, Bayern, Schlesien, seit
1883 zum „Evangelischen Kirchengesangverein für Deutschland"
vereinigt) gestellt haben. Sie verzichten ausdrücklich darauf, sich
als eine Art von Concertinstitut in die Kirche einzuzwängen, sie
bescheiden sich mit der Aufgabe, der Kirche das Contingent zu
stellen und das Material zu schaffen, theils indem sie sich zur Mitwirkung bei dem Gottesdienst anbieten, theils indem sie durch un-
entgeltliche Vorführung klassischer Kirchenmusik (Darmstadt) deren
edle Perlen auch dem eigentlichen Volk zugänglich machen, das
keine Concerte besuchen kann.

Die Frage, wo und wie der Chorgesang einzugliedern sei, richtet
sich nach der jeweils landesüblichen Liturgie, die schlechthin für
sacrosanct und absolut unantastbar zu erklären — wie schon von
Seiten einer pedantischen kirchlichen Bureaukratie geschehen ist, —
auf evangelischem Boden nicht angeht.

Hoch erfreulich ist das Interesse, welches die in Eisenach versammelte Conferenz der deutschen Kirchenregierungen den Bestrebungen der Kirchen-Gesangvereine zugewendet hat. Die im Jahre
1886 von dieser Conferenz gefassten Beschlüsse der Eisenacher
Kirchenconferenz, betreffend: Verwerthung der Kirchenchöre zur
Hebung des Gottesdienstes lauten:

Die Conferenz erklärt ihr Einverständniss mit den in folgenden
Sätzen zusammengestellten Gesichtspunkten:

1) Da durch die Gründung und das erfreuliche Wachsthum
des deutschen evangelischen Kirchengesangvereins der Kirche eine

grosse Anzahl freiwilliger Kräfte für ihren musikalischen Dienst zugeführt worden ist, so erscheint es als sehr erwünscht, dass einheitliche Grundsätze aufgestellt werden über Verwerthung der Kirchenchöre im Gottesdienste.

2. Am geeignetsten für die Kirche ist wohl der aus Männer- und Knabenstimmen gemischte Chor. Doch sind auch die Dienste der aus Männer- und Frauenstimmen gemischten Kirchenchöre nur willkommen zu heissen, um so mehr, als sie aus der Freiwilligkeit der Gemeinden hervorgehen.

3. Eine vierstimmige Begleitung des Gemeindegesanges durch den Kunstchor ist nicht zu empfehlen, auch darf dem Chor nicht zugewiesen werden, was an liturgischen Gesängen der Gemeinde zukommt. Ein grosser Gewinn ist es, wenn die Glieder des Chores sich kräftig bei dem einstimmigen Choral- und liturgischen Gesang betheiligen und insonderheit schwierigere oder weniger bekannte Melodieen einführen helfen.

4. Die mehrstimmigen Chorgesänge müssen in die Liturgie organisch eingegliedert werden, können aber unter dieser Voraussetzung nicht bloss an einer, sondern an verschiedenen Stellen den Gemeindegesang ergänzen und namentlich auch bei liturgischen Gottesdiensten und Festandachten in grösserem Masse Verwerthung finden. So wird der mannigfaltige Reichthum liturgischer Kunstschätze, den die Kirche besitzt, wieder in den Dienst der Gemeinde gestellt und doch dabei der Anschein einer bloss concertmässigen Produktion vermieden.

5. Die Wahl der geeigneten Tonsätze hat nach liturgischen Gesichtspunkten zu geschehen und bedarf sorgfältiger Ueberwachung von Seiten der kirchlichen Behörden.

6. Die Ausbildung der Kantoren und Organisten für die Leitung und Pflege von Kirchenchören in Stadt und Land reicht nicht vollständig aus, vielmehr bedarf sowohl die conservatorische, als besonders auch die seminaristische Bildung nach dieser Seite hin einer Ergänzung.

Es werden hiernach die hohen Kirchenregierungen ersucht:

a) den Bestrebungen des deutschen evangelischen Kirchengesangvereins alle nur mögliche Förderung angedeihen zu lassen,

b) auf eine gründlichere kirchenmusikalische Ausbildung der Kantoren und Organisten in den Schullehrerseminarien und die Gründung von Instituten für Kirchenmusik hinzuwirken,

c) dafür Sorge zu tragen, dass auch die angehenden Theologen

auf der Universität oder in den Prediger-Seminarien Kenntniss und Verständniss des musikalisch-liturgischen Theils des
Gottesdienstes sich aneignen.

So scheint die Arbeit der Reform — denn um blosse Reconstruction kann es sich schliesslich nicht handeln — noch nicht ab-
geschlossen, sondern sie befindet sich noch in lebendigem Flusse.

Der Blick auf die Vergangenheit scheint uns für die systematische
Construction die beherzigenswerthe Mahnung zu ergeben: doch ja die
liturgische Frage nicht zur Gewissensfrage zu machen oder im Geiste
alttestamentlicher Gesetzlichkeit zu regeln. Zum evangelischen und
lutherischen Charakter einer Gottesdienstordnung gehört nur, dass
sie nichts Wider-Evangelisches enthalte, den Geist nicht dämpfe
und einenge, sondern die Grundgedanken und Lebenskräfte des
Evangeliums zu lauterem, reinem Ausdruck bringe und zu frischer
ungehemmter Entfaltung kommen lasse, nicht aber, dass sie gerade
alle diejenigen Stücke enthalte, welche die Gottesdienst-Ordnungen
des 16. Jahrhunderts von der Messe herübergenommen, beziehungsweise stehen gelassen haben. Das evangelische Princip der materialen
Wahrheit fordert nicht, dass die Sonntags-Liturgie etwa die ganze
Heils-Ordnung vorführe, den gläubigen Christen gleichsam alles das
repetiren lasse, was Sache persönlichen Ringens und Betens ist.

Dagegen scheint uns das Princip der subjectiven Wahrheit zu
fordern, dass die Liturgie zwischen der Erbauungsversammlung und
der Abendmahlsgemeinde reinlich scheide[1] — nicht so, dass beide
Gottesdienste, der Dienst am Wort und der Genuss des Sacramentes
sollten zeitlich von einander getrennt werden, wohl aber so, dass

---

[1] Darin treffen der verständige Rationalist ADLER und ein gewiss unver-
dächtiger Vertreter der Pietät gegen das geschichtliche Erbe der lutherischen
Kirche, wie G. VON ZEZSCHWITZ zusammen. Der Erstere meint (Schlesw.-Holst.
Agende S. 13): „Eine der ehrwürdigsten christlichen Handlungen ist unstreitig
die Feier des hl. Abendmahls. Sie verliert aber sehr viel von ihrer wohlthätigen
Würkung, wenn sie der öffentlichen Gottesverehrung gleichsam nur als ein
Anhang angefügt wird." — — „Auch diese, zur Belebung der Andacht höchst
wichtige und nothwendige Veränderung, die Abendmahlsfeier zu einer für sich
bestehenden Gottesverehrung zu machen, wird den Predigern an-
gelegentlich empfohlen." G. VON ZEZSCHWITZ erinnert in dem Artikel „Liturgie"
in der Real-Encyclopädie etc. Bd. 9 S. 788 ff. an Luther's, in der lateinischen
Messe von 1523 ausgesprochenen Grundsatz, dass, „wenn Personen vorhanden
sind, die danach begehren, das Sacrament ihnen gereicht werde," „denn es am
Worte, nicht an der Messe liegt" — und fügt hinzu: „Wenn doch unsere modernen Cultusidealisten von diesen ebenso verständigen als heilsmässig correcten
reformatorischen Grundsätzen her lernen wollten! Zunächst würde man dann
so unpraktische Ansprüche, wie den, dass jeder echte lutherische Hauptgottesdienst mit Abendmahlsfeier schliessen, resp. so eingerichtet werden muss, als
folgte dieses in Form von eigentlicher Gemeindefeier, reformatorisch corrigiren".

auf die Einfassung des Dienstes am Worte in die Eucharistie als
auf eine thatsächlich unwahre Illusion grundsätzlich verzichtet, der
Predigt-Gottesdienst ausschliesslich auf die Gabe und Entgegennahme
des Wortes orientirt (also z. B. Confiteor und Credo in den Abend-
mahls-Gottesdienst verwiesen) wird. Denn die empirische Gemeinde
ist nun einmal thatsächlich so, wie sie am Sonntag Morgen „zur
Predigt" kommt, nicht eine Abendmahlsgemeinde, welcher ohne
Weiteres das in den Mund gelegt werden darf, was nur unter der
Voraussetzung vorhergegangener Einkehr und Prüfung mit voller
Betheiligung des eigenen Selbsts und mit voller Wahrheit gesagt
werden kann, und was bei einer ausdrücklich zum Zweck der Communion
versammelten Gemeinde zwar, was die Einzelnen betrifft, auch in
verschiedenem Masse vorhanden ist, aber principiell vorausgesetzt
und gefordert werden darf und muss.

Ueberhaupt wird eine Zeit, welche den geschichtlich ererbten
Formen mit einem weniger lebhaften historischen Interesse entgegen-
kommt und einfach ohne jede Nebenrücksicht und Liebhaberei den
Massstab der objectiven und subjectiven Wahrheit anlegt, gar manches
anders beurtheilen, als die Gegenwart; sie wird vielleicht da Langathmigkeit und monotonen Schematismus entdecken, wo die liebe-
volle Pietät gegen das Erbe der Väter jetzt noch einen geschlossenen
wohlgegliederten Organismus sieht; sie wird manches als leere, trockene
Form einfach wegschneiden, woran jetzt noch in der ersten Freude
des Wiederbesitzes die antiquarische Liebhaberei sich mit einer
Zähigkeit anklammert, als gälte es das Wesen der Sache.

Es bleibt daher auch noch auf lange Zeit hinaus unsere schöne
und dankbare Aufgabe, mit vereinten Kräften und jeder mit seiner
Gabe dazu mitzuhelfen, dass unsere „congressus publici" mehr und
mehr — nach Melanchthon's schönem Ausdruck — werden imago
vitae aeternae, die feiernde Vorausnahme dessen im Geist, was wir
einst in der Zeit der Vollendung wirklich schauen und erleben; dass
unser evangelischer Gottesdienst sei nicht bloss ein *audire*, sondern
auch ein *videre* unseres Herrn, „da unser lieber Herr selbst
mit uns rede durch sein heiliges Wort, und wir wiederum
mit ihm reden durch Gebet und Lobgesang".[1] —

---

[1] Luther ed. Walch XII. S. 2487.

Register.

Sinnstörende Druckfehler.

S. 23 Z. 14 von oben statt „indici" lies „indice".
S. 36 Z. 4 von unten statt „καί" lies „ὅπως."
S. 63 Z. 18 von unten statt „Kabaecla" lies „Kabasila".
S. 246 Z. 6 von oben statt „nach dem" lies „und des".
S. 247 Z. 11 von unten statt „pater" lies „patri".